点字表記辞典

第7版

『点字表記辞典 第7版』編集委員会／編

『点字表記辞典 第7版』上梓に際して

社会福祉法人
視覚障害者支援総合センター
理事長　樺　松　武　男

　本『点字表記辞典』は、1981年12月に初版を世に送り出して以来、第6版まで改訂を重ね、此の度『点字表記辞典　第7版』を上梓することになりました。云うまでもなく、本「辞典」は『日本点字表記法』（日本点字委員会発行）に基づいて言葉の切れ続きについて語例をあげ、編集しています。その「表記法」が17年振り（2018年）に改訂になり、それに伴って『点字表記辞典』も、改訂版として『第7版』を刊行いたしました。

　本「辞典」改訂に当たって、2017年9月に編集委員会をスタートし、1年2ヶ月をかけ、点字使用者にとって「読みよく、書きよく、わかりよく」を常に念頭に置き、日本語としての熟成度を加味しながら、月1回の委員会と、ほぼ毎日のメールによる意見交換を行い、真摯な議論に明け暮れ、慎重に検討を重ねて参りました。時にはグッタリと疲れて体調を崩す委員も出る程、厳しいものでしたが、御陰様で満足できる第7版に仕上りました。見出し語が70語増の約7,700語、語例が400語増の約16,300語となりました。

　なお、初版から度々申し上げている事ですが、本「辞典」の語例（マスあけなど）は絶対のものではなく、一つの参考資料として提供するものです。本「辞典」とは異なる点字の表記を否定するものではありませんことを申し添えておきます。本「辞典」が点字使用者及び点訳者の皆様に点字のマスあけなどに関して判断の拠り所として活用され、机上の友として愛されることを切に望みます。

最後になりましたが、編集委員の皆様には第7版上梓に当たり、衷心より御礼と感謝を申し上げます。また、編集委員の中でも特に、畑中優二氏・畑中真弓氏には、データのとりまとめや原稿作成に多大なご尽力を賜りましたこと、厚く御礼申し上げます。

2019年1月1日

『点字表記辞典　第７版』編集委員

（50音順、敬称略）

田　中　徹　二　　編集委員長、点字使用者
飯　田　三つ男　　点字使用者
江　藤　昌　弘　　点字使用者　（2017年9月～2018年3月参加）
川　元　　　茜
畑　中　真　弓
畑　中　優　二　　点字使用者

本辞典の編集方針

本辞典の特徴

1.　本辞典は、点字を触読する視覚障害者の立場に立っています。視覚障害者にとって、「読みよく、書きよく、わかりよく」という表記を採用しています。例えば、「漢語や和語」というように、ほとんどの人が辞書を引かなければわからない語種によって表記を決めるのではなく、日常に使われている言語感覚を大切にしています。
　　したがって、第6版の語例とはかなり異なった表記が採用されていますので、ご注意ください。

2.　本辞典は、具体的な語の点字表記について一つの答えを提供しています。そのため、一つの語に対して、基本的に一つの点字表記しか採用していません。

3.　本辞典は、日本点字委員会発行の『日本点字表記法　2018年版』(以下、表記法) に準拠しています。表記法の中で、表記に幅をもたせている語については、本辞典の編集方針によって、一つの表記を採用しました。
　　したがって、本辞典の点字表記が唯一絶対なものとは言えません。また、本辞典と異なる表記を否定するものでもありません。

語例の収録方針

4.　以下の3点を中心に、語例をあげてあります。
　（1）点字の仮名遣い
　（2）数字やアルファベットを含む語の書き表し方
　（3）語の切れ続き（マスあけ）
　　ただし、点字を習得している人なら、間違えないと思われる分かち書きについては、収録してありません。

－　iii　－

5. 　語例は、基本的なものを収録し、本辞典に収録していない語の表記については、充分に類推できるように配慮しました。複合名詞の構成要素や接辞なども見出し語として採用しています。

6. 　差別用語とされている言葉についても、点字表記上迷いが生じそうな語についてはあえて収録しています。

参考にした辞典類

7. 　漢字で書かれている語の読み方や、見出し語などについては、以下の辞典類を参考にしました。
　（1）『岩波国語辞典』第7版新版（岩波書店）
　（2）『広辞苑』第7版（岩波書店）
　（3）『新潮国語辞典』（現代語・古語）第二版（新潮社）

点字表記の方針

8. 　本辞典の点字表記、特に5拍、6拍といった短い語の切れ続きについては、視覚障害者の感覚を重視しました。表記法の中で、切れ続きに幅が見られる語については、各種の辞典類を調べて決めるだけではなく、日常生活の中で使われる言語感覚、つまり、その語が1語として熟していて独立性が強いかどうか、発音上続いているかいないかといったことも加味して、切れ続きを決めてあります。

9. 　漢字2字2拍の漢語と和語の組み合わせの5拍以下の語は、マスあけをしないで続けて書くことを原則としました。また、漢字2字からなる漢語の後に続く、漢字1字ずつの独立性の弱い要素がついた4字漢字の切れ続きについては、後半の漢字2字の語が独立性があるとみなされる場合でも、1語としての意味の強い語については、続けて表記することを原則としました。

－ iv －

10.　　外来語は、もっぱら拍数によって切れ続きを決めてありますが、6拍
　　以上のものであっても、1語としての独立性が強いものは続けました。

点 字 一 覧 表 (凸面)

清音

ア イ ウ エ オ
カ キ ク ケ コ
サ シ ス セ ソ
タ チ ツ テ ト
ナ ニ ヌ ネ ノ
ハ ヒ フ ヘ ホ

マ ミ ム メ モ
ヤ 　 ユ 　 ヨ
ラ リ ル レ ロ
ワ ヰ 　 ヱ ヲ

濁音・半濁音

ガ ギ グ ゲ ゴ
ザ ジ ズ ゼ ゾ
ダ ヂ ヅ デ ド

バ ビ ブ ベ ボ
パ ピ プ ペ ポ

撥音・促音・長音

撥音符(ン)　促音符(ッ)　長音符(ー)

拗音・拗濁音・拗半濁音

キャ　キュ　キョ　　　ギャ　ギュ　ギョ

シャ　シュ　ショ　　　ジャ　ジュ　ジョ

チャ　チュ　チョ　　　ヂャ　ヂュ　ヂョ

ニャ　ニュ　ニョ

ヒャ　ヒュ　ヒョ　　　ビャ　ビュ　ビョ　　　ピャ　ピュ　ピョ

ミャ　ミュ　ミョ

リャ　リュ　リョ

特殊音など

イェ　　　　　　　　　ウィ　ウェ　ウォ　　　スィ　ズィ

キェ　　　　　　　クァ　クィ　クェ　クォ　　　ティ　ディ

シェ　ジェ　　　グァ　グィ　グェ　グォ　　　トゥ　ドゥ

チェ　　　　　　　ツァ　ツィ　ツェ　ツォ　　　テュ　デュ

ニェ　　　　　　　ファ　フィ　フェ　フォ　　　フュ　ヴュ

ヒェ　　　　　　　ヴァ　ヴィ　ヴェ　ヴォ　　　フョ　ヴョ

　　　　　　　　　　　　　　　　　　　　　　　　　ヴ

数字など

⠼	⠼	⠼	⠼	⠼	⠼	⠼	⠼	⠼	⠼
1	2	3	4	5	6	7	8	9	0

数符　小数点　位取り点　アポストロフィ　第1つなぎ符

アルファベットなど

a	b	c	d	e	f	g	h	i	j

k	l	m	n	o	p	q	r	s	t

u	v	w	x	y	z

外字符　外国語引用符　大文字符　二重大文字符　ピリオド(.)　スラッシュ(／)

句読符など

句点(。)　疑問符(?)　感嘆符(!)　読点(、)　中点(・)

スラッシュ(／)　詩行符　　二重詩行符

囲みの符号

第1カギ　　　第2カギ　　　ふたえカギ

第1カッコ　　第2カッコ　　二重カッコ

第1指示符　　　第2指示符　　　　第3指示符

点訳挿入符　　第1段落挿入符　　第2段落挿入符

関係符号

第1つなぎ符　第2つなぎ符　第1小見出し符　第2小見出し符

棒線（―）　　点線（…）　　波線（～）

右向き矢印（→）　　左向き矢印（←）　　両向き矢印（↔）

空欄符号（☐）　　文中注記符　　第1星印　　第2星印　　第3星印

伏字とマーク類

伏せ字の〇　伏せ字の△　伏せ字の□　伏せ字の×　その他の伏せ字
　　　　　　　　　　　　　　　　　　　　　　数字の伏せ字

％（パーセント）　＆（アンドマーク）　　＃（ナンバーマーク）　　＊（アステリスク）　　＠（アットマーク）

他の体系の点字への切り替えなど

アドレス囲み符号　　発音記号符　　第1ストレス符　　第2ストレス符

英文記号

ピリオド（.）　コンマ（,）　コロン（:）　セミコロン（;）　疑問符（?）　感嘆符（!）

アポストロフィ（’）　　ハイフン（-）　　ダッシュ（―）

点線（…）　　スラッシュ（／）　　丸カッコ（～）　　角カッコ［～］

コーテーションマーク（"～"）　　シングルコーテーションマーク（'～'）　　アンドマーク（&）

大文字符　二重大文字符　アクセント符　文字符　数符　小数点　終止符

凡　例

1. 見出し語は太ゴシック体で示し、五十音順に並べてあります。見出しのうち、外来語はカタカナ、その他はひらがなで示しました。

2. 見出し語の後ろの【　】の中には、その語の漢字やアルファベット等での表記を記しました。その後にカタカナで示してあるのが点字の表記です。なお、□はマスあけを示します。

3. 重ね数字のような特殊な書き方をするものについては、凸面の墨点字（点字の字形を黒い丸で示したもの）で表しました。

4. 語例中の ⠶ の記号は、その部分に第1つなぎ符をはさむことを示しています。（　）の中には固有名詞など必要と思われる語例に限り墨字表記を補足しました。語例についての補足説明は〔　〕で示しました。また、その見出し語についての参考的な点字表記や付加的説明には※を付けてあります。

5. 語例の点字表記の後の（　）の補足は点字表記の墨字訳であって、（　）の補足が点字表記されているのではありません。

6. 本書では、語例が多い場合、原則として、次のような順序で記載しました。

　　①見出し語が語例の前半にあってその後ろを区切る場合
　　②見出し語が語例の前半にあってその後ろを続ける場合
　　③見出し語が語例の後半にあってその前を区切る場合
　　④見出し語が語例の後半にあってその前を続ける場合

　①～④の中の順序について、更に次のような配慮をしました。
　　ア．見出し語を含めた一続きの語を墨点字で表した語例は、①～④のそれぞれの最初に示した。

イ．見出し語を数字と仮名とで書き分ける場合は、数字を用いる語例を先に
　示した。
ウ．仮名で示した語例は五十音順である。

なお、点字表記を対比させて示したい場合は、前記の原則を変更しています。

記号一覧

【　】	見出し語の漢字表記など
⬚	マスあけ
⠒	第1つなぎ符
（　）	語例の墨字表記
〔　〕	補足説明
※	注記

あ【亜】アエンガンタイ（亜沿岸帯），
アセイソーケン（亜成層圏），
インド␣アタイリク（インド亜大陸），アネッタイ，アリューサン

ああ　アア␣イウ␣フーニ，
アア␣シタ␣モノ，アア␣スベキダ，
アアダノ␣コーダノト，アアナノダ

アーサ【ＡＳＡ】
　　⠿⠿⠿⠿␣４００

ああだ　アアダ␣コーダト

アート　アート␣シアター，
アートシ（アート紙），
モダン␣アート

アーム　アーム␣レスト，
アームチェア，アームレス␣チェア，
ロボット␣アーム

アーリオオーリオ
　　アーリオ␣オーリオ

アール　⠿⠿⠿⠿（１a），
⠿⠿⠿⠿（１アール）

アール　アール␣ヌーヴォー，
アールデコ

アールエッチ【Ｒｈ】
　　⠿⠿⠿⠿␣インシ，
　　⠿⠿⠿⠿␣マイナス，
　　⠿⠿⠿⠿⠿␣ケツエキガタ
　（Ｒｈ式血液型）

あい【相】
アイ␣キョーリョク␣スル，
アイ␣ナカバ␣スル，
アイイレナイ（相容れない），
アイタイスル（相対する），
アイタズサエテ，アイトトノウ，
ドービョー␣アイアワレム

アイ　アイ␣パートナー，
アイ␣ライナー，アイシャドー，
アイバンク，アイマスク，
バッティング␣アイ，キャッツアイ

アイ【ｉ】
　　⠿⠿⠿⠿⠿␣１１（ｉＯＳ11），
　　⠿⠿⠿⠿⠿（iCloud），
　　⠿⠿⠿⠿⠿⠿␣カード
　（iTunes カード），
　　⠿⠿⠿⠿⠿␣
　　⠿⠿⠿⠿（9.7 インチ iPad），
アイパッド，
　　⠿⠿⠿⠿⠿⠿␣
　（iPhoneX），アイフォン

― 1 ―

あ

あい
え
｜
あいま

左段

アイエスオー【ＩＳＯ】

　⠿⠿⠿⠿⠿⠿⠿⠿⠿ □５０００１，

　⠿⠿⠿⠿⠿⠿⠿⠿⠿⠿⠿⠿⠿

　（ISO14001S）

アイエルオー【ＩＬＯ】

　⠿⠿⠿⠿⠿⠿ □ジョーヤク

あいえんきえん【合縁奇縁】

　アイエン□キエン

アイオー【Ｉ／Ｏ】 ⠿⠿⠿⠿⠿⠿⠿⠿

アイキュー【ＩＱ】

　⠿⠿⠿⠿⠿⠿ □１３０

あいきょうげん【間狂言】

　アイキョーゲン

アイス　アイス□クリーム，

　アイス□バーン，アイス□ピック，

　アイス□ホッケー，アイスショー，

　アイスティー，ドライ□アイス，

　チョコアイス

あいそ【愛想】 アイソ□ナシ，

　アイソモ□コソモ，アイソ□ヨク，

　アイソ□ワライ，アイソヅカシ，

　オアイソ

　※ブアイソー（無愛想）

アイソトープ　アイソトープ

アイソメトリック

　アイソメトリック□トレーニング

あいだ【間】

　コノ□アイダヲ□トオリヌケル，

右段

　トーケノ□コトニ□ソーロー□

　アイダ，コノアイダ□アッタバカリ

アイターン【Ｉターン】

　⠿⠿⠿⠿ □ターン

あいたくち【開いた口】

　アイタ□クチガ□フサガラヌ

あいて【相手】 アイテ□シダイ，

　ソーダン□アイテ，ハナシ□アイテ

アイティー【ＩＴ】 ＩＴ□キギョー，

　⠿⠿⠿⠿⠿⠿⠿⠿ （ＩＴ化）

アイディーカード【ＩＤカード】

　⠿⠿⠿⠿⠿⠿ □カード

あいなし

　アイナク□ナミダグミタリ

あいにく【生憎】 オアイニクサマ

あいのこ【合の子・間の子】

　アイノコ〔雑種〕

あいのて【合の手・間の手】

　アイノテヲ□イレル

アイピーエスさいぼう【ｉＰＳ細胞】

　⠿⠿⠿⠿⠿⠿⠿⠿ □サイボー

あいべつりく【愛別離苦】

　アイベツリク

あいまいもこ【曖昧模糊】

　アイマイ□モコ

あいまって【相俟って】

　リョーリョー□アイマッテ

－ 2 －

あいみたがい【相身互い】
アイミタガイ

あいもかわらず【相も変わらず】
アイモ□カワラズ
※アイカワラズ

あう【合う】クチニ□アウ，
ナグリアウ，ハナシアウ，マニアウ

アウト　アウト□サイダー，
アウト□サイド，アウト□プット，
アウト□ライン，アウトドア，
アウトロー，スリー□アウト，
ノック□アウト，ツーアウト

アウトバーン
アウト□バーン〔ドイツ語〕

アウトレット
アウトレット□モール

あえ【和え】アエゴロモ，
キノメアエ，シラアエ

あえない【敢無い】アエナイ□サイゴ

あおい【葵】アオイ□マツリ，
アオイノウエ（葵上），
ミツバ□アオイ

あおいきといき【青息吐息】
アオイキ□トイキ

あおいとり【青い鳥】アオイ□トリ，
アオイトリエン（青い鳥園）

あおかみきりもどき
アオカミキリモドキ〔昆虫名〕

あおにさい【青二才】アオニサイ

あおによし　アオニヨシ

あおり【煽り】アオリ□コーイ，
アオリアシ

あか【赤】アカ□ケイトーノ□フク，
アカケイ（赤系），アカシンゴー，
アカズキンチャン，アカペン

あかずのま【不開の間・開かずの間】
アカズノ□マ

あかぞめえもん【赤染衛門】
アカゾメ□エモン

あがたぬし【県主】
ヤマダノ□アガタヌシ（山田県主）

あかつきやみ【暁闇】アカツキヤミ

あかねさす【茜さす】アカネ□サス

あかのたにん【赤の他人】
アカノ□タニン

あかのまんま【赤の飯】
アカノ□マンマ

あがり【上がり】アガリ□カマチ，
アガリオリ，ウシロ□アガリ，
ガクセイ□アガリ，アメアガリ

あかりしょうじ【明かり障子】
アカリ□ショージ

あがる【上がる】カイダンヲ□アガル，
カワラマチ□4ジョー□アガル（河
原町四条上ル），フロカラ□アガル，
スリアガル，マイアガル

— 3 —

あき【空き】アキジカン、
アキスペース、
1ギョーアキニ□テンジヲ□カク

あきおち【秋落ち】アキオチ□ソーバ

あきた【秋田】アキタ□オバコ、
アキタ□コマチ〔商品名〕

あきたつ【秋立つ】アキ□タツト□
メニワ□サヤカニ□ミエネドモ

あきつ【秋津】アキツ□シマネ、
アキツシマ

あきつかみ【現つ神】アキツカミ

あきのきりんそう
アキノ□キリンソー

あきふゆ【秋冬】
アキフユ□ファッション、
アキフユモノ、
アキ□フユ□トワズ
※シュートー□サンスイズ（秋冬
山水図）

あキュー【阿Q】⠿⠿□セイデン

あきらめ【諦め】アキラメ□ヨイ、
アキラメキレナイ

あく【悪】アクカンジョー、
アクゲンタ、アクセンデン、
シャカイアク、ヒツヨーアク

アクア　アクア□ポリス、
アクア□マリン、アクアビクス、
アクアリウム

アクアパッツァ
アクア□パッツァ〔料理名〕

あくあらい【灰汁洗い】アクアライ

アクサン　アクサン□グラーブ、
アクサン□シルコンフレックス、
アクサンテギュ

アクション　アクション□ドラマ、
カー□アクション

アクセシビリティ
アクセシビリティ

アクセス　アクセス□タイム、
ランダム□アクセス、
ソーアクセススー（総アクセス数）

あくた【芥】チリアクタ

あくたれ【悪たれ】
アクタレ□コゾー、アクタレッコ

あくなき【飽くなき】
アクナキ□チョーセン

あぐねる　カンガエアグネル、
モトメアグネル

あくび　アクビ□シナン

アクリル　アクリル□ジュシ、
アクリルサン□エチル

あくる【明くる】アクル□アサ、
アクル□トシ、アクル□ヒ

アクロバット　アクロバット

アクロポリス　アクロ□ポリス

あけ【明け】アケ□３サイ，
アケノ□ホシ，アケクレ，
ヤスミアケ

あけ【空け】１ギョー□アケル，
ヒトマスアケ

あげおろし【上げ下ろし】
ハシノ□アゲオロシ

あげく【挙句・揚句】アゲクノ□ハテ，
ソノ□アゲク，ミタ□アゲク

あけのみょうじょう【明けの明星】
アケノ□ミョージョー

あげは【揚羽】アゲハチョー，
アオスジ□アゲハ，キアゲハ

あけむつ【明六つ】アケムツ

あげる　カイテ□アゲル，
ミテ□アゲル，アライアゲル，
カキアゲル，モーシアゲル

あこうろうし【赤穂浪士】
アコー□ローシ

アコースティック
アコースティック□ギター

あさ【朝】アサ□ヒル□バン，
アサ１デ□トドケル，アサバン，
アサユー，アクル□アサ，ヨクアサ

あざ【字】ヨシクラ□アザ□ヤワタ
（吉倉字八幡）

あさくさのり【浅草海苔】
アサクサノリ

あさじがはら【浅茅が原】
アサジガハラ

あさなあさな【朝な朝な】
アサナ□アサナ

あさなゆうな【朝な夕な】
アサナ□ユーナ

あさのは【麻の葉】アサノ□ハ，
アサノハ□モヨー，
アサノハモン（麻の葉紋）

あざぶじゅうばん【麻布十番】
アザブ□ジューバン〔地名〕

あさまだき【朝まだき】アサマダキ

あさめしまえ【朝飯前】
アサメシ□マエニ□サンポ□スル，
ソンナ□コトワ□アサメシマエダ

あさり【漁り】オトコ□アサリ，
フルホン□アサリ，カイアサリ

あし【足】アシノ□ウラ，
アシノ□コー，アシシゲク，
ソノ□アシデ□カイモノニ□マワル，
ヤマノ□アシ〔ふもと〕，
ヒノアシガ□ノビル

あじ【味】アジモ□ソッケモ□ナイ，
アジ□シメテ，アジジマン，
アジノモト〔商品名〕，
コイ□アジノ□リョーリ，
ウスアジ，ショーユアジ

－ 5 －

アジア　アジア□チイキ,
　　トーナン□アジア, ヒガシ□アジア,
　　ショーアジア
アジアン　アジアン□カグ,
　　アジアン□テースト,
　　アジアン□ポップス
あじけない【味気無い】アジケナイ
あししげく【足繁く】アシシゲク
あしてまとい【足手纏い】
　　アシテ□マトイ
あしなみ【足並み】
　　アシナミ□ソロエテ
あずかり【預り】
　　イチジ□アズカリ,
　　テニモツ□アズカリジョ
あずかりしらぬ【与り知らぬ】
　　アズカリシラヌ
アスキー【ＡＳＣＩＩ】
　　⠿⠿⠿,
　　アスキー□コード
あずけ【預け】イチジ□アズケ,
　　ダイミョー□アズケ, テラアズケ
アスコットタイ　アスコット□タイ
アステリスク　アステリスク
アストロ　アストロ□ドーム,
　　アス﹅ロノート〔Astronaut〕
あずまおとこ【東男】アズマ□オトコ
あずまげた【吾妻下駄】アズマゲタ

あせ【汗】アセ□ビッショリ,
　　アセミズ□タラシテ, アセミズク,
　　タマノ□アセ,
　　ヒタイニ□アセ□シテ,
　　アブラアセ
アセアン【ＡＳＥＡＮ】
　　⠿⠿⠿
アセチレンガス　アセチレン□ガス
アセトアルデヒド
　　アセト□アルデヒド
あそばす【遊ばす】オヨミ□アソバス,
　　ゴラン□アソバス,
　　シタタメアソバス
あそばせことば【遊ばせ言葉】
　　アソバセ□コトバ
あそび【遊び】アソビ□ジカン,
　　アソビ□トモダチ,
　　アソビ□ハンブン,
　　アソビアカス, アソビクラス,
　　オニンギョーサン□アソビ,
　　トランプ□アソビ, ミズアソビ
あそん【朝臣】ミナモトノ□
　　アソン□ヨリマサ（源朝臣頼政）
あだ【徒】アダヤ□オロソカニワ□
　　デキナイ, アダオロソカ,
　　アダナサケ, アダナス
アダージョ
　　アダージョ□マ□ノン□トロッポ

あたい【直】 ヤマトノ□アヤノ□
アタイノ□コマ （東漢直駒）

あたいせんきん【価千金】
アタイ□センキン

あたう【能う】 アタウ□カギリ
※アトー□カギリ （あとう限り）

あたかもよし【恰もよし】
アタカモヨシ□ソラワ□
ハレワタッタ

あだし【他し・徒し・異し・空し】
アダシ□オトコ，アダシガハラ，
アダシクニ，アダシヨ

アタッシェケース
アタッシェ□ケース

あたま【頭】 アタマ□デッカチ，
アタマゴナシ，クリクリ□アタマ，
サイヅチ□アタマ，
ヒトリ□アタマ□センエン，
イシアタマ

あたらしものずき【新し物好き】
アタラシモノズキ

あたらずさわらず【当たらず障らず】
アタラズ□サワラズ

あたり【当たり】 アタリ□キョーゲン，
アタリ□サワリ□ナイ，
シュッパツニ□アタリ，
⠿⠿⠿⠿⠿⠿ （1 kg 当たり），
1 ニチアタリ□1 マンエン，

1 ⠿ アールアタリ，キロアタリ，
ヒトリアタリ，マノアタリ

あたり【辺り】 アタリ□イチメン，
アタリ□カマワズ，
カレ□アタリガ□テキニンダ，
ココラ□アタリ，コノ□アタリ，
ミナトノ□ミエル□アタリ，
ライネン□アタリ

あたり【中り】 ショキアタリ （暑気
中り），ショクアタリ （食中り）

あたりはずれ【当たり外れ】
アタリ□ハズレガ□ナカッタ，
アタリ□ハズレノ□ドッチ？

あたわず【能わず】 キク□アタワズ，
アジワイアタワザル

あちこち アチコチ

あちらこちら アチラ□コチラカラ

あつかい【扱い】 コドモ□アツカイ，
トクベツ□アツカイ，
ノケモノ□アツカイ，
キャクアツカイ，ヒトアツカイ，
ブタアツカイ

あっけ【呆気】 アッケニ□トラレル，
アッケナイ

あったか【暖か・温か】
アッタカ□ゴハン

あっちこっち アッチ□コッチカラ

— 7 —

あっといまに
　アット□イウ□マニ

アットホーム　アット□ホーム

アットマーク　アット□マーク
　※タベモノ□フェスタ□⠿⠿□
　トーキョー（食べ物フェスタ＠東京）

アッパーカット　アッパー□カット

アップ　アップ□ツー□デート，
　アップ□ロード，バック□アップ，
　ベース□アップ，ギブアップ，
　タイアップ

あっぷあっぷ
　アップ□アップ□スル

アップルパイ　アップル□パイ

あつめ【集め】シリョー□アツメ，
　ヒトアツメ□ジョーズ

あて【当て】アテニ□スル，
　アテモ□ナク，
　ヒトリアテ□５マンエン

あて【宛】イトーアテ（伊藤宛），
　エイギョーブアテニ□オクル，
　⠿⠿⠿⠿（ＮＨＫ宛），
　⠿⠿⠿⠿⠿（Ｐａｒｉｓ
　宛），スズキ□サンアテ（鈴木さん
　宛），タナカ□シアテ（田中氏宛）

あてど【当て所】アテド□ナク，
　アテドモ□ナク

あてなし【当て無し】
　アテ□ナシニ□アルク，
　ミツカル□アテ□ナシ

あてはずれ【当て外れ】アテハズレ

あと【後】３ネン□アトニ□
　チチヲ□ウシナッタ

あと【跡】キチアト（基地跡），
　シロアト，セキショアト，
　ヤケアト，ヤシキアト，
　レンペイジョーアト

あとかたづけ【後片付け】
　アトカタヅケ

あとかたない【跡形ない】
　アトカタ□ナイ

あどけない　アドケナイ

あとしまつ【後始末】アトシマツ

あとのまつり【後の祭り】
　アトノ□マツリ

アドバルーン　アドバルーン

アトランダム　アトランダム
　※アット□ランダム

あな　アナ□オモシロ，
　アナカシコ，アナカマ

アナ　タカハシ□アナ（高橋アナ），
　キョクアナ（局アナ），
　ジョシアナ

あなたまかせ【貴方任せ】
　アナタ□マカセ

－ 8 －

あに【兄】アニ□イモート,
アニ□フーフ, アニデシ,
アニヨメ, ジロー□アニ（二郎兄）

あに【豈】アニ□ハカランヤ

あにき【兄貴】アニキカゼヲ□フカス,
イチロー□アニキ（一郎兄貴）,
ケン□アニキ（健兄貴）〔愛称〕,
ケチアニキ
※ヒデ□アニイ（秀兄イ）〔愛称〕

アニメ　アニメ□エイガ,
アニメーター, テレビ□アニメ

あねさん【姉さん】アネサン□カブリ,
アネサン□ニョーボー
※ヨシエ□アネ

あの　アノ□コ, アノ□コロ,
アノ□ヒ, アノ□ママ,
アノ□ヨ（あの夜）, アノクライ,
アノヨ〔来世〕, アノヨーニ
※アン□トキ, アン□ヒト

あのかた【彼の方】
アノ□カタガ□オッシャルニワ

あのて　アノ□テワ□ダレノ□テ,
アノテ□コノテ

あのへん【あの辺】
アノヘンワ□キケンダ

あのよ【彼の世】アノヨ〔来世〕

あはき　アハキ（あ・は・き）,
アハキ□トーホー（あはき等法）

アパルトヘイト　アパルトヘイト

アバンギャルド　アバンギャルド

アバンゲール　アバンゲール

アバンチュール　アバンチュール

あび【阿鼻】アビ□キョーカン,
アビ□ジゴク

アフター　アフター□ケア,
アフター□サービス, アフター□5

アフタヌーン
アフタヌーン□ショー

あぶなげない【危なげない】
アブナゲ□ナイ

あぶはちとらず【虻蜂取らず】
アブハチ□トラズ

あぶら【油】アブラ□エノグ,
アブラ□ショージ, アブラアゲ,
アブラエ, エゴマ□アブラ,
テンプラ□アブラ, アゲアブラ,
ゴマアブラ, ネギアブラ

アプレゲール　アプレゲール

アフロ　アフロ□アジア□ゴゾク,
アフロヘア

あべかわもち【安倍川餅】
アベカワモチ

アベマリア　アベ□マリア

アポ　アポ□ナシデ□タズネル,
アポナシ□ホーモン,
アポヲ□トル, テレアポ

— 9 —

アポイントメント
　　アポイントメント

あほう【阿房・阿呆】
　　アホー□レッシャ，アホークサイ
　　※アホオヤジ，アホカチョー

あま【海人・海女】アマオトメ，
　　アマオブネ

あま【甘】アマジョッパイ，
　　アマチャン，アマナットー

あま【尼】アマゴゼン，
　　アマショーグン，2⠿イノ□アマ

あます【余す】アマス□トコロ□ナク

アマチュアリズム
　　アマチュアリズム

あまつ【天津】アマツ□ミカミ，
　　アマツカゼ，アマツカミ

あまてらすおおみかみ【天照大神】
　　アマテラス□オオミカミ

あまなつみかん【甘夏蜜柑】
　　アマナツ□ミカン

あまのいわと【天の岩戸】
　　アマノ□イワト

あまのかぐやま【天香具山】
　　アマノ□カグヤマ

あまのがわ【天の川】アマノガワ

あまのはごろも【天の羽衣】
　　アマノ□ハゴロモ

あまのはしだて【天橋立】
　　アマノ□ハシダテ

あまのはら【天の原】アマノハラ

あまり【余り】ヨロコビノ□アマリ，
　　ヨロコブ□アマリ，
　　⠿⠿⠿⠿⠿（1cm余り），
　　1⠿リアマリ（一里余り），
　　30⠿アマリノ□オンナ，
　　ヒトツキアマリ□アル

あまりある【余り有る】
　　オギナッテ□アマリ□アル

あみだ【阿弥陀】アミダ□カブリ，
　　アミダ□ニョライ，アミダクジ

アミノアルデヒド
　　アミノ□アルデヒド□ジュシ

あみのめ【網の目】アミノ□メ，
　　アミノメジョー

アミューズメント
　　アミューズメント

あめ【雨】アメ□アメ□フレ□フレ，
　　アメ□アラレ，アメツユヲ□シノグ，
　　アメモヨー，クモリ□ノチ□アメ，
　　ヤラズノ□アメ，コヌカアメ，
　　ニワカアメ

あめあられ【雨霰】アメ□アラレ

あめがした【天が下】
　　アメガシタニワ□カクレガモ□
　　ナシ〔太平記〕

— 10 —

アメダス【ＡＭｅＤＡＳ】

アメックス【ＡＭＥＸ】

あめのうお
　　アメノウオ〔やまめの地方名〕

あめのうずめのみこと【天鈿女命】
　　アメノ▢ウズメノ▢ミコト

アメリカ　アメリカ▢インディアン,
　　アメリカナイズ, ミナミ▢アメリカ,
　　ラテン▢アメリカ, キタアメリカ

アメリカしろひとり【アメリカ白火取】
　　アメリカ▢シロヒトリ〔昆虫名〕

あやかりもの【あやかり者】
　　アヤカリモノ

あゆついしょう【阿諛追従】
　　アユ▢ツイショー

あらい【洗い】アライ▢マルタ,
　　アライザライ, アライザラシ,
　　アライナオシ, アライナオス,
　　２ド▢アライ, ススギ▢アライ,
　　テモミ▢アライ, モミアライ

あらかしこ　アラカシコ
　　※アララ▢カシコ

アラカルト　アラカルト

アラクレーム
　　シュー▢アラクレーム

あらさがし【粗捜し】アラサガシ

あらし【荒らし】
　　ゲコノ▢サカナ▢アラシ,
　　ドージョー▢アラシ, シマアラシ,
　　トバアラシ, ビルアラシ

あらずして　アラズシテ

あらずもがな
　　アラズモガナノ▢イイワケ

あらそい【争い】
　　シュドーケン▢アラソイ,
　　イイアラソイ, ミズアラソイ

あらため【改め】アラタメ▢ババア,
　　エド▢アラタメ▢トーキョー(江戸
　　改め東京), セキショ▢アラタメ

あらぬ　アラヌ▢カタヲ▢ムク,
　　アラヌ▢コトヲ▢クチバシル

アラビア　アラビア▢ゴムノキ,
　　アラビア▢スージ, アラビアノリ

アラモード　プリン▢アラモード

あられもない
　　アラレモナイ▢スガタ

あらんかぎり【有らん限り】
　　アラン▢カギリノ▢チカラゾエ

ありがたなみだ【有難涙】
　　アリガタ▢ナミダ

ありがためいわく【有難迷惑】
　　アリガタ▢メイワク

ありがとう【有難う】
　　アリガトー▢ゴザイマス

あ

あめた―ありか

ありし【在りし】アリシ□ヒ,
アリシ□ムカシ

ありとあらゆる　アリト□アラユル

ありなし【有り無し】シャッキンノ□
アリナシワ□ワカラナイ
※キボーノ□アル□ナシヲ□キク

ありのとう【蟻の塔】
アリノトー〔蟻塚〕,
アリノトーグサ〔植物名〕

ありのまま【有りの儘】
アリノママニ□ウチアケル

ありのみ　アリノミ〔梨〕

ありゅうさんガス【亜硫酸ガス】
アリューサン□ガス

ある【有る・在る】アル□カギリ,
アル□ナシ, アルカ□ナキカ,
アルカ□ナシ, ナ□アル(名有る),
ノセテ□アル, ハエ□アル,
リカイ□アル
※アリャ□シネエ

ある【或る】
アル□シュノ□ハタラキカケ,
アル□シュ□クーキノヨーナ□モノ,
アル□テイド, アル□トキ,
アル□ヒ, アル□ヨ

あるがまま　アルガ□ママ

アルカリ　アルカリ□ショクヒン,
アルカリセン（アルカリ泉）,

ジャクアルカリ

あるき【歩】アルキ□スマホ,
ヒトリ□アルキ,
ヨチヨチ□アルキノ□コドモ,
ツタイアルキ

アルコール　アルコール□ランプ,
アルコールエキ,
メチル□アルコール

アルツハイマー
アルツハイマービョー

アルト　アルト□カシュ,
アルト□サックス

あるときばらい【有る時払い】
アルトキバライノ□サイソク□ナシ

あるなし【有る無し】
キボーノ□アル□ナシヲ□キク,
ノーリョクノ□アル□ナシニ□
カカワラズ

アルファ【A・α】⠿⠿⠿（A）,
⠿⠿⠿（α）, ⠿⠿⠿⠿（α線）,
⠿⠿⠿□デンプン（αデンプン）,
プラス□アルファ, アルファマイ

アルミ　アルミ□サッシ,
アルミ□ホイル, アルミハク

あれ　アレモ□コレモ,
アレヤ□コレヤ, アレコレ□イウナ,
アレシキノ□コトデ,
ウマク□アレ□シテ□オイテ

アロエ　キダチ□アロエ

アロハシャツ　アロハシャツ

アロマ　アロマ□セラピー，
　　アロマ□テラピー

あわ【泡】アワクッテ□トビダス，
　　アワヲ□クウ

あわ【阿波】アワ□オドリ，
　　アワ□ジョールリ，
　　アワアイ（阿波藍）

あわせ【合せ】アワセ□カガミ，
　　アワセミソ，アワセワザ，
　　イショー□アワセ，カツラ□アワセ，
　　セナカ□アワセ，カオアワセ，
　　ムカイアワセ，メグリアワセ

あわせのむ【併せ呑む】
　　セイダク□アワセノム

あわてふためく【慌てふためく】
　　アワテフタメク

あわよくば
　　アワヨクバ□1⠆イニ□ナリタイ

あん【案】オノ□タロー□アンニ□
　　ナル□セッケイズ（小野太郎案にな
　　る設計図），
　　イシカワ□クラジアンノ□テンジ
　　（石川倉次案の点字），ヨサンアン

あん【暗】アンアンニ，
　　アンアンリニ（暗々裏に、暗々裡に），
　　アンシショク（暗紫色），

アンジュンノー（暗順応）

あん【庵】バショーアン（芭蕉庵）

アン　アンインストール，
　　アンバランス，アンラッキー

アングロ　アングロ□アメリカ，
　　アングロ□アラブ，
　　アングロ□サクソンジン

アンコール　アンコール□アワー，
　　アンコールキョク

アンコール【Ａｎｇｋｏｒ】
　　アンコール□トム，
　　アンコール□ワット

アンゴラ　アンゴラ□ウサギ，
　　アンゴラヤギ（アンゴラ山羊）

あんぜん【安全】アンゼン□チタイ，
　　アンゼン□ピン，アンゼンパイ，
　　アンゼンベン（安全弁）

あんだ【安打】
　　3⠆アンダ□2ダテン

アンダー　アンダー□シャツ，
　　アンダー□パー，アンダー□ライン，
　　2□アンダー
　　※アンダ□ライン

アンチ　アンチ□エイジング，
　　アンチ□テーゼ，アンチ□ロマン

あんちゅう【暗中】
　　アンチュー□モサク

アンツーカー　アンツーカー

アンド
　⠿⠿⠿⠿（Q&A），
　⠿⠿⠿⠿（give & take），
　ギブ□アンド□テイク
アンドロイド
　⠿⠿⠿⠿（Android8.0），
　アンドロイド□⠿⠿
あんのじょう【案の定】
　アンノジョー□ヤッテ□キタ
アンペア【A】 ⠿⠿（１A），
　アンペア□メーター，
　⠿⠿（mA），
　ミリアンペア〔単位名〕
あんらく【安楽】 アンラク□イス，
　アンラク□ジョード

い【伊】 イ□タイシ（伊大使），
　ニチ□ドク□イ□３ゴク□ドーメイ，
　イブンガク（伊文学）

い【胃】 イ□ケンサ，イ□セツジョ，
　イ□センジョー，イアトニー，
　イカイヨー，イカクチョー，
　イケイレン，イカスイ，
　イカタル，イカメラ，イセンコー
いい【言い】 イイナリ□シダイ，
　ネダント□イイ□ナイヨート□
　イイ□テゴロダ
いい【善い・良い・好い】
　イイ□トシ□シテ，イイ□ナカ，
　イイ□ヒト，イイキナ□モノダ，
　キモチ□イイ
いい【唯唯】 イイ□ダクダク
イー【E】 ⠿⠿□ナンド（E難度），
　⠿⠿□メール（Eメール），
　⠿⠿⠿⠿（E-mail），
　⠿⠿⠿⠿（NHK Eテレ），
　ビタミン□⠿⠿（ビタミンE）
いいいい【言い言い】
　グチヲ□イイ□イイ□シテ
いいがいない【言い甲斐無い】
　イイガイ□ナイ
いいかげん【いい加減】
　チョード□イイ□カゲンノ□オンド，
　イイカゲンナ□オトコ，
　イタズラモ□イイカゲンニ□シロ

いいき【いい気】アノ□オトコモ□
　　イイキナ□モノダ,
　　イイキニ□ナッテ

いいこ【いい子】
　　アノ□コワ□イイ□コダ,
　　イイコ□イイコ□シテ,
　　イイコ□ブリッコ, イイコブル

いいことずくめ【いい事尽くめ】
　　イイコトズクメ

イージー　イージー□オーダー,
　　イージー□ケア,
　　イージー□ゴーイング

いいしれぬ【言い知れぬ】
　　イイシレヌ□オモイニ□シズム

イースト　イースト□サイド,
　　ファー□イースト

イート　イート□スペース,
　　イートイン

いいとこどり【良いとこ取り】
　　イイトコドリ

イーパブ【ＥＰＵＢ】⠠⠹⠠⠃⠠⠥⠠⠃

イーブン　イーブン□パー,
　　イーブン□ペース

いう【言う・云う】
　　イウ□ソバカラ□ワスレル,
　　イウニ□コトカイテ,
　　イウマデモ□ナク, アア□イウ,
　　カク□イウ□ワタクシ,

コー□イウ□フーニ,
ソー□イウ□コトワ,
ソンナ□コト□イウテモ,
トワ□イウ□モノノ,
ワルクチ□イウナヨ

いえ【家】
　　イエ□ジュ―ダイノ□ゴホンゾン,
　　イエ□セイド, イエ□ナキ□コ,
　　イコイノ□イエ

イエス　イエス□サマ, シュ□イエス

イエスマン　イエスマン

いえのこ【家の子】
　　ボクワ□コノ□イエノ□コデス,
　　イエノコ□ロートー（家の子郎等）

いえやしき【家屋敷】イエヤシキ

イエロー　イエロー□カード,
　　イエロー□キャブ,
　　イエロー□ストーンガワ（イエロー
　　ストーン川）, パール□イエロー

イオン　カルシウム□イオン,
　　インイオン, フイオン（負イオン）

いか【以下】イカ□リャク,
　　１０□イカ, ソレ□イカ

いか【医科】イカ□シカ□ダイガク

いが【伊賀】イガ□ウエノ（伊賀上
　　野）, イガ□ニンジャ, イガモノ

いがい【以外】コレ□イガイ,
　　ミズ□イガイ□ノメナイ

― 15 ―

いかさま【如何様】
　イカサマ□バクチ，イカサマシ，
　イカサマモノ〔にせもの〕

いかに【如何に】イカニ□シテ

いかんせん　イカン□セン□
　モハヤ□チカラガ□ツキタ

いかんなく【遺憾なく】
　モテル□チカラヲ□イカンナク□
　ハッキ□シタ

いき【息】イキ□タエル，
　イキ□ツク□ヒマモ□ナイ，
　イキノネヲ□トメル

いき【壱岐】イキ□ツシマ（壱岐対馬）

いき【遺棄】シタイ□イキ

いき【意気】イキ□トーゴー，
　イキ□ヨーヨー，ココロイキ

いぎ【異議】イギ□ナシ，
　イギ□モーシタテ

いきおいよく【勢いよく】
　イキオイ□ヨク

いきせききる【息せき切る】
　イキセキキル

いきとしいけるもの【生きとし生け
　るもの】イキトシ□イケル□モノ

いきのね【息の根】
　イキノネヲ□トメル

いく【行く】イク□サキザキ，
　モッテ□イク

いくじ【意気地】イクジ□ナイネ，
　イクジ□ナサ，イクジナシ

いくじゅう【幾十】イク１０，
　イクジューヒャク

いくそばく　イクソバク〔いくばく〕

いくつ【幾つ】１０□イクツ，
　１１０□イクツ

いくどうおん【異口同音】
　イク□ドーオン

いくひさしく【幾久しく】
　イクヒサシク

いくひゃくねん【幾百年】
　イクヒャクネント□ナク

いくら【幾ら】イクラ□ナンデモ

いけ【行け】イケ□イケ□ドンドン，
　イケイケ□ギャル，ソレ□イケ！

いけ【池】
　サルサワノ□イケ（猿沢池），
　シノバズノ□イケ（不忍池），
　コーノイケ（鴻池）

いけ　イケシャアシャアト，
　イケズーズーシイ

いざ　イザ□カマクラ，
　イザ□サラバ，イザシラズ

いさぎよい【潔い】イサギヨイ

いささ　イササ□オガワ，
　イササ□ムラタケ

いし【意志】イシ□ハクジャク

－ 16 －

いし【意思】イシ□ソツー，
イシ□ヒョージ

いし【医師】
イシ□カイカン（医師会館），
ゲカ□イシ，シカ□イシカイ

いじ【維持】ゲンジョー□イジ，
セイメイ□イジ□ソーチ

いじきたない【意地汚い】
イジキタナイ

いじめ【苛め】イジメ□タイシツ，
ママコ□イジメ，ヨメイジメ

いしゃ【医者】イシャイラズ，
ヤブイシャ

いじょう【以上】５０□イジョー，
コレ□イジョー

いしょくじゅう【衣食住】
イショクジュー

いしょくどうげん【医食同源】
イショク□ドーゲン

いじわるい【意地悪い】イジワルイ

いす【椅子】イスカバー，イスセキ，
アンラク□イス，オリタタミ□イス，
ヒジカケ□イス，クルマイス，
パイプイス，ホジョイス

いず【伊豆】
イズ□イナトリエキ（伊豆稲取駅），
イズ□７トー（伊豆七島）

イズム　ナガシマイズム，
ワセダイズム，トルストイズム
※アマチュアリズム

いずれ【何れ】イズレニ□セヨ，
イズレトモ□ナク

いせ【伊勢】イセ□カイドー，
イセ□シマ□コクリツ□コーエン
（伊勢志摩国立公園），
イセ□マイリ，イセエビ，
オイセサマ

いせいよく【威勢よく】イセイ□ヨク

いせさきおり【伊勢崎織】
イセサキオリ

いせさきめいせん【伊勢崎銘仙】
イセサキ□メイセン

いぜん【依然】イゼント□シテ

イソ【ＩＳＯ】
⠿⠿⠿⠿□カンド，
⠿⠿⠿⠿□４００

いたい【痛い】イタイ□メニ□アウ，
カタハライタイ

いたいいたいびょう【イタイイタイ
病】イタイイタイビョー

いたいけない　イタイケナイ

いたきもちいい【痛気持ちいい】
イタキモチイイ

いたしかた【致し方】
イタシカタ□ナク

— 17 —

いたしかゆし【痛し痒し】ソー□
イワレテワ□イタシ□カユシダ

いたす【致す】オネガイ□イタス，
ハッピョー□イタシマス

いただく【頂く・戴く】
オホメ□イタダク，オシイタダク

いたのま【板の間】イタノマ，
イタノマ□カセギ

いため【炒め】イタメ□タマネギ，
イタメミソ，アブラ□イタメ，
キャベツ□イタメ，
ニンニクノ□メ□イタメ，
ニクイタメ，ミソイタメ

いたるところ【至る所・至る処】
イタル□トコロ□ヒトデ□ニギワウ

いたれりつくせり【至れり尽くせり】
イタレリ□ツクセリノ□シンセツ

いち【市】モンゼン□イチヲ□ナス，
ノミノイチ，ホオズキイチ

いち【位置】イチ□エネルギー，
イチ□カンケイ，イチ□スル，
ゲンザイ□イチ，シュビ□イチ，
タチイチ

いち【一】1□ヌケタ，
1□フジ2□タカ□3□ナスビ，
1カラ□ヤリナオス，
1モ□2モ□ナク，
1ヲ□キイテ□10ヲ□シル，

1□シホン□シュギシャ，
1シミン（一市民），
1バツ□ヒャッカイ（一罰百戒），
クラス□1ノ□ビジン，
トナイ□1ノ□サカリバ，
フランス□1ノ□ワインノ□サンチ，
アサ1デ□トドケル，
サンゴク1，セカイ1，
ニホン1□タカイ□ヤマ，
イチロー□クン，ピカイチノ□ヒト

いちあく【一握】イチアクノ□スナ

いちあん【一案】ダイ1□アン，
ソレモ□イチアンダ

いちい【一位】1□イノ□スー，
ショー1□イ（正一位），
ジュ1□イ（従一位）

いちい【一意】イチイ□センシン，
イチイテキ

いちいたいすい【一衣帯水】
イチイタイスイ

いちいち【――】
イチイチ□モンクヲ□ツケル

いちいん【一員】
シューダンノ□イチイン

いちいん【一因】ソレモ□ジコノ□
1□イント□イエル

いちえん【一円】1□エンダマ，
カンサイ□イチエン（関西一円）

いちおう【一応】
イチオー□ヤッテ□ミヨー

いちおし【一押し】 イチオシノ□シナ

いちかばちか【一か八か】
イチカ□バチカ□ヤッテ□ミル

いちがん【一丸】
ウッテ□イチガント□ナッテ

いちがん【一眼】 1ガンモ□ナイ
〔囲碁〕，1ガンレフ

いちぎ【一義】 1ギテキ，ダイ1ギ

いちぎ【一議】 イチギニ□オヨバズ

いちぐう【一隅】 イチグーヲ□テラス

いちぐん【一軍】 1グン□センシュ，
タケダガタノ□イチグン（武田方の
一軍）

いちぐん【一群】
スズメバチノ□イチグン

いちげい【一芸】 1ゲイ□1ノー，
1ゲイニ□ヒイデル

いちげき【一撃】
イチゲキヲ□クワエル

いちげん【一元】
1ゲン□2ジ□ホーテイシキ，
1ゲンカ□スル，1ゲンテキ，
1セイ□1ゲン

いちげん【一見】
イチゲンサン□オコトワリ，
イチゲンノ□キャク

いちげんいっこう【一言一行】
1ゲン□1コーヲ□ツツシム

いちげんきん【一弦琴】
1ゲンキンデ□メイキョクヲ□
カナデル

いちげんこじ【一言居士】
1ゲン□コジ

いちけんしき【一見識】
イチケンシキヲ□モツ

いちげんろん【一元論】 1ゲンロン

いちご【苺】 イチゴ□ジュース，
イチゴジャム，イシガキ□イチゴ，
ハウス□イチゴ，ヘビイチゴ

いちご【一期】 1ゴ□1.:エ，
イチゴノ□フカク，
49サイヲ□イチゴト□シテ

いちご【一語】
アッパレノ□1ゴニ□ツキル

いちごん【一言】 1ゴン□1ク，
1ゴンノ□モトニ□コトワル

いちざ【一座】 1ザノ□セッポー，
1ザノ□ブツゾー，
イチザヲ□ミマワス，
タビシバイノ□イチザ

いちじ【一次】 1ジ□シケン，
1ジシキ（一次式）

いちじ【一事】
コノ□1ジヲ□モッテ□アキラカダ，

— 19 —

イチジガ□バンジ

いちじ【一時】ゴゼン□1ジ,
　イチジ□ノガレ,
　イチジノ□デキゴコロ

いちじいっく【一字一句】
　1ジ□1ク□チガワナイ

いちじき【一時期】1ジキ

いちじきん【一時金】イチジキン

いちじしのぎ【一時凌ぎ】
　イチジ□シノギ

いちじせんきん【一字千金】
　1ジ□センキン

いちじだい【一時代】
　1ジダイヲ□カクシタ

いちしちにち【一七日】

いちじつ【一日】
　1ジツ□3シュー（一日三秋）,
　1ジツ□センシューノ□オモイ,
　1ジツノ□チョー

いちじてき【一時的】
　イチジテキニ□ワカイ□スル

いちじふさいり【一事不再理】
　1ジ□フサイリ

いちじゅ【一樹】1ジュノ□カゲ

いちじゅういっさい【一汁一菜】
　1ジュー□1サイ

いちじゅん【一巡】ダシャ□1ジュン

いちじょ【一助】イチジョニ□ナル

いちじょ【一女】1ナン□1ジョ

いちじょう【一条】
　1ジョー□オオジ（一条大路）,
　1ジョーノ□ヒカリ,
　ケンポー□ダイ1ジョー,
　イチジョー□テンノー

いちじょう【一場】
　イチジョーノ□ユメ

いちじるしい【著しい】イチジルシイ

いちじん【一陣】
　1ジン□2ジン□ハヤ□オチテ,
　イチジンノ□カゼ

いちじんぶつ【一人物】1ジンブツ

いちず【一途】イチズニ□オモイコム

いちせいめん【一生面】
　イチセイメンヲ□ヒラク

いちぜんめしや【一膳飯屋】
　1ゼン□メシヤ

いちぞく【一族】イチゾク□ロートー,
　アベ□イチゾク（阿部一族）

いちぞん【一存】ワタクシノ□
　イチゾンデワ□キメカネマス

いちだい【一代】
　1ダイ□オンナ, 1ダイキ,
　1ダイデ□ザイサンヲ□キズク,
　ヒトワ□1ダイ,
　イチダイノ□セキガク（一代の碩学）

いちだい【一大】 1 ダイ□イベント,
1 ダイ□ケッシン,
1 ダイ□ジギョー, 1 ダイ□ジケン,
1 ダイ□ツーコンジ

いちだいじ【一大事】 イチダイジ

いちだん【一団】
イチダント□ナッテ□アルク,
カンコーキャクノ□イチダン

いちだん【一段】
1 ダン□フミハズシタ,
イチダン□オチタ□シナ,
イチダント□ヨイ□ナガメダ

いちだんらく【一段落】
シゴトガ□イチダンラク□シタ
※ダイ 1 □ダンラクノ□ヨーシ
（第一段落の要旨）

いちてんき【一転機】 チチノ□
シガ□1 テンキト□ナッタ

いちど【一度】
1 ドナラズ□2 ド□3 ド,
オサケワ□シュー□1 ドニ□スル□
コト, モー□1 ド, モ 1 ド,
イチドニ□イッテモ□ワカラナイ,
イチドニ□タベル

いちどう【一同】
ショクイン□イチドー

いちどう【一堂】 1 ドーヲ□タテル,
イチドーニ□カイス

いちどう【一道】
1 ドーニ□チョーズル,
1 ト□1 ドー□2 フ□4 3 ケン

いちどく【一読】
1 ドク□3 タン（一読三嘆）,
イチドク□シテ□イミガ□ワカル

いちとんざ【一頓挫】
イチトンザヲ□キタス

いちなん【一男】
1 ナンヲ□モーケル

いちなん【一難】
1 ナン□サッテ□マタ□1 ナン

いちに【一二】
⠿⠿⠿⠿⠿□アラソウ,
イチニノ□サン〔掛け声〕

いちにち【一日】 1 ニチジュー,
1 ニチマシニ□ハルラシク□ナル,
ハルノ□1 ニチ

いちにょ【一如】
ブッシン□イチニョ

いちにん【一任】
ギチョーニ□イチニン□スル

いちにんまえ【一人前】
スシ□1 ニンマエ,
イチニンマエノ□カオヲ□スル

いちねん【一念】 イチネン□ホッキ,
オモウ□イチネン□イワヲモ□
トオス

— 21 —

いちのいと【一の糸】１ノ□イト

いちのぜん【一の膳】１ノ□ゼン

いちのたにふたばぐんき【一谷嫩軍記】イチノタニ□フタバ□グンキ

いちのとり【一の酉】１ノ□トリ

いちのとりい【一の鳥居】
１ノ□トリイ

いちのみや【一宮】ワカサ□１ノミヤ（若狭一宮）〔神社〕，アイチケン□イチノミヤシ（愛知県一宮市）

いちば【市場】トオカ□イチバエキ（十日市場駅），セイカ□イチバ，ウオイチバ，ハナイチバ

いちばい【一倍】１バイハン，ヒトイチバイ□ハタラク

いちはやく【逸早く】
イチハヤク□トドケタ

いちばん【一番】１バン□シボリ，１バン□ショーブ，１バンドリ，１バンノリ，１バンボシ，イチバン□ウツクシイ，イチバン□カツイデ□ヤロー，イチバン□ハジメ，アサ□１バンデ□トドケル，カイコー□１バン，ココ□１バン，ソレガ□１バンノ□リユーダ，ムラ□１バンノ□カネモチ，

コー１バン（好一番），シランカオガ□１バン，シランカオガ□イチバン□イイ

いちひめにたろう【一姫二太郎】
１ヒメ□２タロー

いちびょうそくさい【一病息災】
１ビョー□ソクサイ

いちぶ【一分】
１ブ□１リン□クルイガ□ナイ，１ブギン（一分銀），１ワリ□１ブ，イチブノ□スキモ□ナイ

いちぶ【一部】
コピーヲ□１ブ□トル，トーショー□１ブ□ジョージョー□キギョー（東証一部上場企業），イチブ□ハンケツ〔↔全部判決〕，イチブノ□ヒトノ□イケン

いちぶしじゅう【一部始終】
イチブ□シジュー

いちぶつじょうど【一仏浄土】
１ブツ□ジョード

いちぶぶん【一部分】イチブブン

いちぶん【一文】
１ブンヲ□ソースル，ケンポーノ□１ブン

いちぶん【一分】
オトコノ□イチブンガ□タタヌ

いちべつ【一瞥】イチベツヲ□ナゲル

いちべついらい【一別以来】
イチベツ□イライ

いちぼう【一望】
イチボーニ□オサメル

いちぼうせんり【一望千里】
イチボー□センリ

いちぼく【一木】 １ボク□１ソー，
１ボクヅクリ

いちまい【一枚】 １マイノ□イタ，
ヤクシャガ□イチマイ□ウエダ，
カレガ□イチマイ□カンデ□イル

いちまいいわ【一枚岩】 １マイイワ

いちまいかんばん【一枚看板】
ミセノ□１マイ□カンバン

いちみ【一味】 アッカンノ□イチミ

いちみゃく【一脈】 イチミャク□
アイツージル□モノガ□アル

いちめい【一名】
オーボシャ□１メイ，
イチメイヲ□ショーリョート□
ゴース（一名を少陵と号す）

いちめい【一命】
イチメイヲ□トリトメル

いちめん【一面】
１メンカラ□イエバ，
アドケナイ□１メンガ□アル，
オコト□１メン（お琴一面），
イチメンノ□ギンセカイ，

カオ□イチメンノ□アセ

いちめんしき【一面識】
イチメンシキモ□ナイ

いちめんてき【一面的】
１メンテキナ□ミカタ

いちもうさく【一毛作】 １モーサク

いちもうだじん【一網打尽】
イチモー□ダジン

いちもく【一目】 １モクノ□マケ，
１モクモ□２モクモ□オク，
カレニ□イチモク□オイテ□イル，
イチモク□シテ□ニセモノト□
ワカル

いちもくさん【一目散】
イチモクサンニ□ニゲダシタ

いちもくりょうぜん【一目瞭然】
イチモク□リョーゼン

いちもつ【一物】
ムネニ□イチモツ□アル□オトコ

いちもん【一文】 １モン□オシミ，
１モン□キナカ（一文半銭），
イチモンナシ

いちもん【一門】
１モン□１トー（一門一党），
イチモン□ソーアタリ，
ヤギュー□イチモン（柳生一門）

いちもんいっとう【一問一答】
１モン□１トー□ケイシキ

― 23 ―

いちもんじ【一文字】
　ヨコ□イチモンジ

いちもんじせせり【一文字せせり】
　イチモンジ□セセリ〔昆虫名〕

いちや【一夜】 1ヤ□カザリ,
　1ヤヅケ, サクラワ□1ヤニシテ□
　チッテ□シマッタ

いちよう【一様】
　ミナ□イチヨーニ□ウナズク

いちようらいふく【一陽来復】
　イチヨー□ライフク

いちょう【胃腸】
　イチョー□ショーガイ,
　イチョーカゼ, イチョーヤク

いちよく【一翼】
　イチヨクヲ□ニナウ

いちらん【一覧】 イチランヒョー

いちらんせい【一卵性】
　1⠼ランセイ□ソーセイジ

いちり【一理】 1⠼リモ□2⠼リモ□
　アル□カンガエカタ,
　ソレモ□イチリ□アルネ

いちり【一利】 ヒャクガイ□アッテ□
　1⠼リ□ナシ

いちりつ【一律】
　イチリツ□1ワリ□ネアゲ

いちりづか【一里塚】 1⠼リヅカ

いちりゅう【一流】
　1リュー□キギョー,
　カレ□イチリューノ□ヤリカタ

いちりょうじつ【一両日】
　1リョージツ

いちりんざし【一輪ざし】
　1⠼リンザシ

いちる【一縷】 イチルノ□ノゾミ

いちれい【一例】
　1⠼レイヲ□アゲレバ

いちれい【一礼】 2⠼レイ□
　2ハクシュ□1⠼レイ,
　イチレイ□シテ□サッタ

いちれん【一連】
　ネックレス□1⠼レン,
　イチレンノ□ジケン

いちれんたくしょう【一蓮托生】
　イチレン□タクショー

いちろ【一路】
　イチロ□キコクノ□トニ□ツク,
　シンジツ□イチロ

いちろく【一六】 ⠼⠼□⠼⠼□ギンコー,
　⠼⠼□⠼⠼□ショーブ,
　イチロク□タルト〔商品名〕

いつ【何時】 イツ□ナンドキ,
　イツトワ□ナシニ, イツイツマデモ

いっか【一価】
　1カ□カンスー（一価関数）,

１カ□キンゾク（一価金属）

いっか【一家】イッカノ□アルジ，
ジロチョー□イッカ（次郎長一家）

いっか【一過】イッカセイ□マヒ，
タイフー□イッカノ□セイテン

いっかい【一介】
イッカイノ□ショセイ

いっかい【一塊】イッカイ

いっかく【一角】２ヘント□１カク
（2辺と1角），マチノ□イッカク，
イッカク〔クジラの一種〕

いっかく【一郭・一廓】
ヨシワラノ□イッカク

いっかくじゅう【一角獣】
１カクジュー

いっかくせんきん【一攫千金】
イッカク□センキン

いっかげん【一家言】
イッカゲンヲ□モツ

いっかつ【一喝】イッカツ□スル

いっかつ【一括】
ギアンノ□イッカツ□ジョーテイ
（議案の一括上程）

いっかん【一環】フクシ□
セイサクノ□イッカント□シテ

いっかん【一貫】
１カンワ□３．７５キログラム，
イッカン□シタ□セイサク，

シューシ□イッカン，
シュビ□イッカン

いっかん【一巻】ゼン□１カン（全
一巻），イッカンノ□オワリ

いっき【一揆】ヒャクショー□イッキ

いっき【一気】イッキ□カセイ，
イッキニ□カキアゲル，
イッキノミ

いっきいちゆう【一喜一憂】
イッキ□イチユー

いっきうち【一騎討】１キウチ

いっきく【一掬】
イッキクノ□ナミダ

いっきとうせん【一騎当千】
１キ□トーセン

いつきのみや【斎宮】イツキノミヤ

いっきょ【一挙】１キョ□１ドー，
イッキョ□リョートク，
イッキョニ□カンセイ□サセタ

いっきょう【一驚】
イッキョーヲ□キッスル

いっきょう【一興】
ソレモ□イッキョーダ

いっきょく【一極】
１キョク□シューチュー（一極集
中），１キョクカ

**いっきょしゅいっとうそく【一挙手
一投足】**１キョシュ□１トーソク

― 25 ―

いつくしみ【慈しみ】
　イツクシミ□フカキ,
　イツクシミソダテル
いっけい【一系】
　バンセイ□1ケイ（万世一系）
いっけい【一計】
　イッケイヲ□アンズル
いっけつ【一決】 シューギ□イッケツ
いっけん【一件】 1ケン□ラクチャク,
　ギダイワ□1ケンダケデス,
　アノ□イッケンワ□ドー□ナッタ
いっけん【一見】
　ヒャクブンワ□1ケンニ□シカズ,
　イッケン□ヤクシャノヨーダ,
　イッケン□シテ□ワカル,
　イッケンニ□アタイ□スル
いっけんや【一軒家】 1ケンヤ
いっこ【一己】
　ワタクシ□イッコノ□カンガエ
いっこ【一個】
　1コノ□ニンゲント□シテ
いっこ【一顧】
　イッコダニ□シナカッタ
いっこう【一行】 1ゲン□1コー,
　ゴイッコーサマ,
　シセツダンノ□イッコー
いっこう【一考】
　イッコーヲ□ヨースル

いっこく【一国】
　1コク□1ジョーノ□アルジ,
　1コクノ□シュショータル□モノ,
　1コクヲ□アゲテ□カンゲイ□スル
いっこく【一刻】 1コク□センキン,
　イッコクナ□ロージン,
　イッコクヲ□アラソウ,
　コク□イッコク
いっこだて【一戸建て】 1コダテ
いっこん【一献】
　イッコン□サシアゲマショー
いっさい【一再】
　イッサイニ□トドマラズ,
　イッサイナラズ
いっさい【一切】
　イッサイ□オマカセ□シマス,
　イッサイ□ガッサイ
いっさく【一策】
　キューヨノ□1サク,
　イッサクヲ□アンズル
いっさく【一昨】 イッサク□ミッカ,
　イッサクサクネン, イッサクジツ
いっさつ【一札】
　1サツ□ショーモンヲ□イレル
いっさんかたんそ【一酸化炭素】
　1サンカ□タンソ
いっし【一子】 1シ□ソーデン,
　1シヲ□モーケル

いっし【一矢】イッシヲ□ムクイル

いっし【一死】
1 シ□7ショー（一死七生），
1 シ□ホーコク（一死報国）

いっし【一糸】イッシ□マトワズ，
イッシ□ミダレズ

いっし【一指】1 シモ□フレズ，
1 シヲ□ソメル

いっしき【一式】ドーグ□イッシキ，
ハカマ□イッシキ

いっしつ【一室】ホテルノ□1 シツ

いっしはんせん【一紙半銭】
イッシ□ハンセン

いっしゃせんり【一瀉千里】
イッシャ□センリ

いっしゅ【一種】オサケノ□1 シュ，
イッシュ□ドクトク，イッシュノ□
アイジョー□ヒョーゲン

いっしゅう【一周】1 シューネン，
セカイ□1 シュー

いっしゅう【一蹴】
テイアンヲ□イッシュー□サレタ

いっしゅくいっぱん【一宿一飯】
1 シュク□1 パン

いっしゅん【一瞬】イッシュンニシテ

いっしょ【一所】
1 ショ□フジュー（一所不住），
イッショ□ケンメイ

いっしょう【一生】
イッショー□ケンメイ，
オンナノ□イッショー

いっしょう【一笑】
イッショーニ□フスル

いっしょうがい【一生涯】
イッショーガイ

いっしょうさんたん【一唱三嘆】
1 ショー□3 タン

いっしょく【一色】
アオ□1 ショクノ□ウミ，
シロ□1 ショクニ□カベヲ□
ヌル，オオユキデ□アタリワ□
ハク□1 ショクダ，ジモトワ□
カンゲイ□ムード□1 ショクダ

いっしょくそくはつ【一触即発】
イッショク□ソクハツ

いっしん【一審】1 シン□ハンケツ

いっしん【一心】
イッシン□ドータイ，
イッシン□フラン

いっしん【一新】
メンボクヲ□イッシン□スル

いっしん【一身】
イッシンジョーノ□モンダイ

いっしんいったい【一進一退】
イッシン□イッタイ

― 27 ―

いっしんきょう【一神教】
　１シンキョー

いっすい【一睡】
　イッスイモ□セズニ□ガンバル

いっすん【一寸】
　１スン□サキワ□ヤミ，
　１スン□ノガレ，１スンノ□
　ムシニモ□５ブノ□タマシイ，
　１スンダメシ（一寸試し），
　１スンボーシ

いっせ【一世】１セ□１ダイ，
　オヤコワ□１セ（親子は一世）

いっせい【一世】１セイ□１ゲン，
　チャールズ□１セイ，
　イッセイヲ□フービ□シタ

いっせき【一夕】１チョー□１セキ

いっせき【一石】１セキ□２チョー，
　１セキヲ□トーズル

いっせき【一席】１セキ□ウカガウ，
　１セキ□モーケマショー

いっせきがん【一隻眼】
　イッセキガンヲ□ソナエル

いっせつ【一節】
　『ボッチャン』ノ□１セツ

いっせつ【一説】１セツニ□イワク

いっせつたしょう【一殺多生】
　１セツ□タショー

いっせつな【一刹那】イッセツナ

いっせん【一戦】
　１センヲ□マジエル

いっせん【一線】１センキュー（一
　線級），ヨコ□１センニ□ナラブ，
　イッセンヲ□カクス（一線を画す）

いっせん【一閃】
　デンコー□イッセン（電光一閃）

いっせん【一銭】１センヲ□ワラウ□
　モノワ□１センニ□ナク，
　１セン□ジョーキ（一銭蒸気），
　１センヂャヤ

いっそう【一双】ビョーブ□１ソー

いっそう【一掃】
　テキヲ□イッソー□スル

いっそくとび【一足飛び】
　イッソクトビ

いっそのこと　イッソノ□コト

いったい【一体】１タイノ□ブツゾー，
　イッタイ□ドー□シタノ，
　イッタイ□ゼンタイ，
　コンゼン□イッタイ，フーフ□
　イッタイト□ナッテ□ハタラク，
　イッタイカ，イッタイカン

いったい【一隊】ダイ１タイ，
　トーゾクノ□イッタイ

いったん【一端】
　ショシンノ□イッタンヲ□ノベル，
　ハシノ□イッタン（橋の一端）

いったん【一旦】
　イッタン□キメタカラニワ
いっち【一致】
　イッチ□ダンケツ□スル,
　ゲンコー□イッチ
いっちはんかい【一知半解】
　イッチ□ハンカイ
いっちゅうぶし【一中節】
　イッチューブシ
いっちゅうや【一昼夜】1チューヤ
いっちょう【一朝】1チョー□1セキ,
　イッチョー□コト□アル□トキワ,
　キンカ□1チョーノ□ユメ
いっちょう【一丁】
　ザルソバ□1チョー,
　モー□1チョー,
　イッチョー□アガリ,
　イッチョー□ヤロー,
　イッチョーマエ,
　フンドシ□イッチョー
いっちょう【一聴】
　1チョー□シテ□リカイ□シタ,
　イッチョーノ□カチ□アリ
いっちょういったん【一長一短】
　イッチョー□イッタン
いっちょうら【一張羅】イッチョーラ
いっちょくせん【一直線】
　イッチョクセン

いっつい【一対】
　1ツイノ□メオトヂャワン,
　コー1ツイ（好一対）
いって【一手】
　1テ□タリナイ〔囲碁・将棋用語〕,
　1テ□ゴシナンヲ,
　ツギノ□1テト□シテ,
　イッテ□ハンバイ,
　イッテニ□ヒキウケル,
　オシノ□イッテデ□カツ
いっていじ【一丁字】
　イッテイジ□ナク
いってき【一滴】
　サケワ□1テキモ□ノメナイ,
　タイカイノ□1テキ（大海の一滴）
いってきます　イッテ□キマス
いってつ【一徹】オイノ□イッテツ,
　ガンコ□イッテツ
いってのける【言って退ける】
　イッテ□ノケル
いってまいります
　イッテ□マイリマス
いってん【一天】
　イッテン□ニワカニ□カキクモリ
いってん【一転】シンキ□イッテン,
　ソーバガ□イッテン□スル
いってん【一点】1テンノ□ヒノ□
　ウチドコロモ□ナイ,

1テンヲ□ミツメル,
コー□1テン, イッテンバリ

いってんき【一転機】
チチノ□シガ□1テンキト□ナッタ

いっと【一途】
アッカノ□イットヲ□タドル

いっとう【一刀】
1トー□リョーダン,
1トーヲ□タバサム, 1トーボリ

いっとう【一等】1トーショー,
1トーセイ（一等星）,
ツミ□1トーヲ□ゲンズル,
トシンノ□1トーチ（都心の一等地）,
コレガ□イットー□イイ

いっとう【一統】ゴイットーサマ,
テンカ□イットー

いっとう【一党】1トー□1パ,
1トー□ドクサイ

いっとう【一頭】ブタ□1トー,
イットーチヲ□ヌク（一頭地を抜く）

いっとき【一時】イットキ□ノガレ
　※昔の時間区分で、明らかに2時間
　をさしているときは「1トキ」

いっとく【一得】イットク□イッシツ,
ソレモ□イットクダ

いつなんどき【何時何時】
イツ□ナンドキ

いつに【一に】キヲ□イツニ□スル,
ショーハイワ□イツニ□トキノ□
ウン

いつになく【何時になく】
イツニ□ナク□ゲンキガ□ナイ

いつのまにか【何時の間にか】
イツノマニカ

いっぱ【一波】1パ□ウゴケバ□
バンパ□ショーズ

いっぱ【一派】1パヲ□タテル,
カレラ□1パノ□シワザダ,
キリストキョーノ□1パ

いっぱい【一杯】1パイ□キゲン,
1パイ□ノミヤ, 1パイノ□ビシュ,
サケデモ□1パイ□ヤルカ,
イッパイ□クワセル,
ジカン□イッパイ,
ジョーナイ□イッパイノ□ヒト,
ハラ□イッパイ,
モー□イッパイ□イッパイダ,
セイイッパイ, メイッパイ

いっぱい【一敗】1ショー□1パイ,
イッパイ□チニ□マミレル（一敗
地に塗れる）

いっぱく【一泊】
ホテルニ□1パク□スル

いっぱく【一白】1パク□スイセイ

いっぱく【一拍】1パク□オイテ

いっぱつ【一発】ジューセイ□1パツ，
ホームラン□1パツニ□ナイタ，
イッパツ□オミマイ□スル，
イッパツ□カイトー，
イッパツ□ギャクテン，
イッパツ□ゴーカク，
イッパツ□ショーブ，
イッパツ□ヤッテ□ミルカ，
イッパツヤ

いっぱん【一半】キミニモ□
セキニンノ□イッパンワ□アル

いっぱん【一般】イッパン□カイケイ，
セケン□イッパン

いっぴき【一匹・一疋】
1ピキ□オオカミ，1ピキノ□ネコ，
オトコ□1ピキ，
ネコ□1ピキ□イナイ

いっぴつ【一筆】1ピツセン（一筆箋），
1ピツニ□トーキ□スル〔←→分筆・
合筆〕，イッピツ□カキソエル，
イッピツ□ケイジョー

いっぴん【一品】1ピン□リョーリ，
テンカ□イッピン

いっぴんいっしょう【一顰一笑】
イッピン□イッショー

いっぷいっさい【一夫一妻】
1プ□1サイ

いっぷいっぷ【一夫一婦】
1プ□1プセイ

いっぷう【一風】カレノ□クワ□
1プーヲ□ナシテ□イル，
イップー□カワッタ□ヒト

いっぷう【一封】キン□イップー

いっぷく【一服】1プク□モル，
1プクノ□セイリョーザイ，
オチャヲ□1プク□ドーゾ，
ツカレタノデ□イップク□シヨー

いっぷく【一幅】1プクノ□メイガ

いっぺき【一碧】
スイテン□イッペキ（水天一碧）

いっぺん【一片】1ペンノ□ハナビラ，
イッペンノ□ウタガイ，
イッペンノ□リョーシンモ□ナイ

いっぺん【一変】
ジタイガ□イッペン□スル

いっぺん【一遍】
1ペン□キタ□コトガ□アル，
モー□1ペン，
イッペンニ□カタヅク，
トオリ□イッペン，
ブコツ□イッペン

いっぺんとう【一辺倒】イッペントー

いっぽ【一歩】1ポ□ススンダ□セツ，
1ポモ□ユズラナイ，
イマ□1ポ□オヨバナイ

— 31 —

いっぽう【一報】
ブジノ□1ポーガ□ハイッタ,
ダイ1ポー,
ゴイッポー□クダサイ

いっぽう【一方】1ポー□ツーコー,
イッポーワ□ミカタデ□タホーワ□
テキダ,
アノ□ヒトワ□ノム□イッポーダ

いっぽう【一法】ソレモ□1ポーダ

いっぽん【一本】1ポン□ショーブ,
1ポンノ□マツ, 1ポンカ□スル,
1ポンガチ, 1ポンジメ,
1ポンゼオイ, 1ポンズリ,
1ポンミチ, ウデ□1ポンデ□
クラシヲ□タテル,
イッポン□トラレタナア,
イッポンギナ□ヒト,
イッポンダチ, イッポンヂョーシ,
イッポンヤリ

いつわり【偽り・詐り】
ウソ□イツワリ□ナイ

いでたつ【出で立つ】イデタツ

いと【意図】イト□フメイ,
イト□スル

いど【井戸】イドヂャワン,
クルマイド, ツルベイド,
ホリヌキイド

いとあやつり【糸操り】イトアヤツリ

いな【異な】イナ□コト, イナ□モノ

いない【以内】コレ□イナイ

いなおりごうとう【居直り強盗】
イナオリ□ゴートー

いなか【田舎】イナカ□ゲイシャ,
イナカ□シンシ, イナカミソ,
カタイナカ

いながら【居ながら】イナガラニシテ

いなずま【稲妻】イナズマ

いなや【否や】ツクヤ□イナヤ

イニング　イニング□スコア,
1□イニング

いぬおうもの【犬追物】イヌオウモノ

いぬちくしょう【犬畜生】
イヌチクショーニモ□オトル

いぬねこびょういん【犬猫病院】
イヌネコ□ビョーイン

いぬのえんどう【犬野豌豆】
イヌノエンドー〔植物名〕

いぬのふぐり【犬の陰嚢】
イヌノ□フグリ,
オオ□イヌノ□フグリ〔植物名〕

いのいちばん【いの一番】イノ1バン

いのししむしゃ【猪武者】
イノシシ□ムシャ

いのちからがら【命からがら】
イノチ□カラガラ

いのちしらず【命知らず】
　イノチ□シラズノ□ランボーモノ

いのちみょうが【命冥加】
　イノチ□ミョーガ

いのふ【胃の腑】イノフ

いのまま【意のまま】イノ□ママ

いばしんえん【意馬心猿】
　イバ□シンエン

いびり　シュートメ□イビリ，
　ヨメイビリ

イブニング　イブニング□ドレス

いま【今】イマ□１ド，
　イマ□ゲンザイ，
　イマ□スコシ□ミギニ□ヨレ，
　イマ□ナオ，
　イマ□ヒトツ□イカガデスカ，
　イマガ□イマ，イマノ□ウチニ，
　イマノ□トコロ，イマワ□ムカシ，
　イマイチ，イマサッキ，
　イマナリヒラ，タッタ□イマ

いまじぶん【今時分】イマジブン

いまだ【未だ】イマダ□カツテ

いまち【居待ち】イマチノ□ツキ，
　イマチヅキ

いまにして【今にして】
　イマニシテ□オモエバ

いまもって【今以て】イマモッテ

いまわのきわ【今際の際】
　イマワノ□キワ

いみ【忌み】イミキラウ，
　イミツツシム

いみ【意味】イミ□アリゲ，
　イミ□シンチョー，
　イミ□スル□トコロ，イミ□ナイ，
　イミ□フメイ，イミシン

いみことば【忌み詞】イミコトバ

イメージ　イメージ□アップ，
　イメージ□チェンジ，
　マイナス□イメージ

いもせやまおんなていきん【妹背山
　婦女庭訓】
　イモセヤマ□オンナ□テイキン

いもめいげつ【芋名月】イモメイゲツ

いや【彌】イヤサカエニ□サカエル，
　イヤメズラシキ□ウメノ□ハナ

いや【否】イヤイヤ□ソーデワ□ナイ，
　イヤガ□オーデモ，イヤオー□ナク，
　イヤオー□ナシニ，イヤオーモ□ナイ

イヤー　イヤー□ブック，
　オリンピック□イヤー，
　ハッピー□ニューイヤー

いやいや【嫌嫌】イヤイヤ□シタガウ，
　イヤイヤヲ□スル，イヤイヤナガラ

いやがうえに【彌が上に】
　イヤガウエニ

いやはや イヤハヤ□アキレタ

いよ【伊予】 イヨ□スダレ, イヨ□ミカン

いらい【以来】 アレ□イライ

いらず イシャイラズ, ネコイラズ

イラスト イラスト□ガカ, イラスト□マップ, イラストレーター

いらつめ【郎女・嬢・娘】 キノ□イラツメ（紀郎女）, ソガノ□オチノ□イラツメ（蘇我越智娘）, サカノウエノ□オオイラツメ（坂上大嬢）

イランイラン イランイラン〔植物名〕

いり【入り】 ⠿⠿⠿⠿⠿⠿⠿（100g入り）, １００グラムイリ, ⠿⠿⠿⠿⠿⠿⠿（五割入り）〔この場合のつなぎ符は「⠿」が位取り点と誤読されるため〕, カンノ□イリ, ヒガンノ□イリ, ２ゴーイリ, ヒノイリ, モヨーイリ

いりおもてやまねこ【西表山猫】 イリオモテ□ヤマネコ

いりこさく【入り小作】 イリコサク

いる【入る】 エツニ□イル, キニ□イル, ミガ□イル, オソレイル

いる【入】 カモガワスジ□ニシ□イル（加茂川筋西入）, キヤマチ□ヒガシ□イル（木屋町東入）

いる【居る】 ミテ□イル□マニ, ホンヲ□ヨンデ□イル, ナミイル□ヒトビト

いるか【海豚】 バンドー□イルカ, ガンジス□カワイルカ, マイルカ

いろ【色】 イロ□アセタ, イロ□コク, イロ□トリドリ, イロ□ヨク□ユデアゲル, イロオトコ, イロコイザタ, イロシューサ（色収差）, イロメガネ

いろめきたつ【色めき立つ】 イロメキタツ

いろよい【色好い】 イロヨイ□ヘンジ

いわい【祝】 イワイガエシ, ソツギョー□イワイ, ウチイワイ

いわく【曰く】 イワク□アリゲ, イワク□イイガタシ, イワクツキ

いわし【鰯・鰮】 イワシ□クジラ, タタミ□イワシ, アカイワシ

いわしみず【岩清水・石清水】 イワシミズ

いわずかたらず【言わず語らず】 イワズ□カタラズ

いわずもがな【言わずもがな】
　イワズモガナノ□コトヲ□イウ

いわれ【謂れ】イワレ□インネン,
　イワレ□ナイ□ウタガイ

いん【院】オクノイン,
　ケンレイ□モンイン（建礼門院）,
　ゴシラカワイン（後白河院）

イン　バッター□イン□ザ□ホール,
　インコース,
　インフィールド□フライ

いんきくさい【陰気臭い】
　インキクサイ

いんきょ【隠居】ゴインキョサン,
　ラクインキョ

いんぎん【慇懃】インギン□ブレイ

インク
　インク□ジェット□プリンター,
　インクケシ, スペア□インク,
　アカインク

いんごう【因業】インゴー□オヤジ

いんしょう【印象】
　インショー□シュギ,
　インショーハ, ダイ１□インショー,
　コーインショー（好印象）

インスタント
　インスタント□ショクヒン,
　インスタント□ラーメン

インター　インター□カレッジ,
　インター□チェンジ,
　インター□ナショナル,
　インター□ネット, インターセプト,
　インターハイ, インターフェロン,
　インターホン, ダイ１□インター

いんたいぞう【隠退蔵】
　インタイゾー□ブッシ

インテリ　インテリ□ヤクザ,
　インテリゲンチア

インテルサット【ＩＮＴＥＬＳＡＴ】
　⠿⠿⠿⠿⠿⠿⠿⠿⠿

インドア　インドア□スポーツ

イントラネット　イントラ□ネット

インナーシティー
　インナー□シティー

インフィールド
　インフィールド□フライ

インフォーマル　インフォーマル

インフォームドコンセント
　インフォームド□コンセント

インプット　インプット

インフラ
　インフラ□ストラクチャー,
　シャナイ□インフラ（社内インフラ）

インフルエンザ
　インフルエンザ□ウイルス,
　インフルエンザ□ノーショー

うい【有為】 ウイ□テンペン,
ウイノ□オクヤマ

うい ウイ□ヤツダ

ウイーク ウイーク□エンド,
ウイークデー, バード□ウイーク

ウイークポイント
ウイーク□ポイント

ウイルス
インフルエンザ□ウイルス,
エイズ□ウイルス, ノロ□ウイルス,
ロタ□ウイルス, カゼウイルス（風邪ウイルス）

ウィンドウズ【Windows】
⠿⠿⠿⠿⠿⠿□
⠿⠿⠿⠿⠿⠿(Windows Vista),
⠿⠿⠿⠿⠿⠿□⠿⠿
(Windows10),
ウィンドウズ□⠿⠿⠿（XP）
※⠿⠿⠿⠿⠿（Win7）

ウーパールーパー
ウーパー□ルーパー

ウーマン ウーマン□リブ,
キャリア□ウーマン

ウール ウール□マーク, ウールタイ,
シルク□ウール

ううん ウウン□チガウヨ〔否定〕
※ウーン□ドー□シヨー〔思案〕

うえ【上】 イチバン□ウエノ□アニ,
カクナル□ウエワ,
サケノ□ウエノ□シッパイ,
シラベタ□ウエデ□コタエル,
ミギ□ナナメ□ウエ, ヒダリウエ,
ミノウエ, ムラサキノウエ（紫上）

ウエア ウエア□ハウス,
レディス□ウエア
※スキーウェア

ウェア ソフトウェア, ハードウェア

ウエアラブル
ウエアラブル□コンピュータ,
ウエアラブル□タンマツ

ウエイ ドライブ□ウエイ,
ロープ□ウエイ, ハイウエイ
※ロープウェイ

うえした【上下】
ウエ□シタノ□ガクネン,
ウエシタニ□ナル〔逆さまになる〕,
ウエシタモ□ナク□ハナミヲ□
タノシンダ〔身分の上下関係〕

ウエスト　ウエスト□ライン,

　　ハイ□ウエスト

ウエスト　ウエスト□コースト,

　　ウエスト□サイド□モノガタリ,

　　ウエスト□ミンスター□ジイン

　　　（ウエストミンスター寺院）

うえつがた【上つ方】ウエツガタ

ウエット　ウエット□ガス,

　　ウエット□スーツ

ウエディング

　　ウエディング□ケーキ,

　　ウエディング□ベル

ウェブ【Ｗｅｂ】

　　⠿⠿⠿⠿⠿⠿⠿⠿⠿　（Web上）,

　　⠿⠿⠿⠿⠿⠿□ページ,

　　ウェブサイト

ウエルフェア　ウエルフェア□キキ

　　　（ウエルフェア機器）

うおうさおう【右往左往】

　　ウオー□サオー□スル

ウオーク　ウオーク□イン,

　　ウオーク□ラリー

　　※ウォークイン□クローゼット,

　　ウォークマン〔商品名〕

ウオーター　ウオーター□シュート,

　　ウオーター□ポロ,

　　アイス□ウオーター

ウオーミングアップ

　　ウオーミング□アップ

ウオッチ　アラーム□ウオッチ,

　　ストップ□ウオッチ

うおのめ【魚の目】ウオノメ

うおんびん【ウ音便】ウオンビン

うか【羽化】ウカ□トーセン

うか【雨下】

　　ダンガン□ウカ　（弾丸雨下）

うかうか　ウカウカ□クラス,

　　ウカウカ□スルト□オイコサレル

うかがい【伺い】ウカガイシレナイ,

　　オウカガイ□スル,

　　ゴキゲン□ウカガイ

うかぬかお【浮かぬ顔】ウカヌ□カオ

うかのみたま【宇迦御魂・倉稲魂】

　　ウカノ□ミタマ

うかびあがる【浮かび上がる】

　　ウカビアガル

うかぶせ【浮かぶ瀬】

　　ソノウチニ□ウカブ□セモ□アル

うかれ【浮かれ】ウカレ□チョーシ,

　　ウカレ□ボーズ,

　　ウカレメ　（浮かれ女）

うきあしだつ【浮き足立つ】

　　ウキアシダツ

うきかわたけ【浮き河竹】

　　ウキカワタケ

うきよ【浮世】ウキヨ□オトコ,
　ウキヨエ, ウキヨゾーシ,
　ウキヨバナレ

うけ【受け】ウケニ□マワル,
　テレビウケガ□イイ,
　ウケネライ, シンブンウケ

うけ【有卦】ウケニ□イル

うごう【烏合】ウゴーノ□シュー

うこさべん【右顧左眄】
　イタズラニ□ウコ□サベン□スル

うさんくさい【胡散臭い】
　ウサンクサイ

うじ【氏】ウジ□スジョー,
　ウジノ□カミ（氏の上）,
　ウジノ□チョージャ（氏の長者）,
　ミヤモト□ウジ（宮本氏）

うじ【宇治】ウジ□キントキ,
　ウジ□マッチャ, ウジチャ

うしのときまいり【丑の刻参り】
　ウシノ□トキ□マイリ

うしのひ【丑の日】ウシノ□ヒ

うしみつ【丑三つ】ウシミツドキ

うしろ【後ろ】ウシロ□スガタ,
　ウシロ□ハチマキ, ウシロマエ,
　ウシロユビ, ヒダリ□ウシロ,
　ミギウシロ

うす【薄】ウスクレナイ,
　ウスヨゴレタ, キノリウス,

ミコミウス

うすきみわるい【薄気味悪い】
　ウスキミワルイ

うすばかげろう【薄羽蜉蝣】
　ウスバ□カゲロー

うすら【薄ら】ウスラアカリ,
　ウスラサムイ, ウスラトンカチ,
　ウスラバカ, ウスラワライ

うそ【嘘】ウソ□イツワリ,
　ウソ□ツケ！, ウソツキ,
　マッカナ□ウソ

うぞうむぞう【有象無象】
　ウゾー□ムゾー

うそはっぴゃく【嘘八百】
　ウソ□ハッピャク

うた【歌】ウタ□ウタウ,
　ウタウタイ〔歌手〕, ウタマクラ,
　ウタモノガタリ, トリノ□ウタ,
　イロハウタ, オエカキウタ

うたいもんく【歌い文句】
　ウタイ□モンク

うたごかいはじめ【歌御会始】
　ウタゴカイ□ハジメ

うたれ【打たれ】ウタレヅヨイ,
　ウタレヨワイ

うち【内】□ウチニ
　（二、三日うちに）, アサノ□ウチ,
　イマノ□ウチ, ミルミル□ウチニ,

ムネノ□ウチ, ソノ□ウチノ□
フタリワ□ソノウチ□カエルヨ,
ハラモ□ミノ□ウチ,
テノウチヲ□ヨマレル,
コナイダウチカラ, ナカマウチ

うちあげはなび【打ち上げ花火】
ウチアゲ□ハナビ

うちでのこづち【打出の小槌】
ウチデノ□コヅチ

うちの【内の】
ウチノ□オオド (内大臣),
ウチノ□タクミノ□ツカサ (内匠寮),
ウチノ□ヒト, ウチノ□ヤツ,
ウチノウエ〔天皇〕

うちわもめ【内輪揉め】ウチワモメ

うつ【鬱】ウツ□ショージョー,
ウツ□ジョータイ, シンガタ□ウツ,
コーウツヤク (抗うつ薬),
ソーウツビョー

うっかり ウッカリ□ミス,
ウッカリモノ

うつぎ【空木】ハコネ□ウツギ,
ベニウツギ

うつし【写】ウツシエ,
2ジュー□ウツシ,
キクゴロー□ウツシ (菊五郎写),
イキウツシ

うつつ【現】ウツツヲ□ヌカス,
ウツツナシ, ユメカ□ウツツカ,
ユメウツツ

うって【打つ手】ウツ□テ□ナシ

うってかわる【打って変わる】
ウッテ□カワッタ□タイド

うってつけ ウッテツケノ□シゴト

うってでる【打って出る】
センキョニ□ウッテ□デル

ウッド ウッド□デッキ,
ウッド□ハウス,
ウッド□ペッカー, ウッドチェア,
ウッドチョー (ウッド調)

うつらうつら ウツラ□ウツラ

うつり【移り】ウツリ□ヤマイ,
ウツリカワリ, ココロ□ウツリ

うつり【映り】シャシン□ウツリ

うでたてふせ【腕立て伏せ】
ウデタテフセ□30カイ

うどん【饂飩】キツネ□ウドン,
ナベヤキ□ウドン, スウドン,
ミニウドン, ヤキウドン

うなぎ【鰻】ウナギ□ノボリ,
ウナギパイ, ウナギメシ,
ヤツメ□ウナギ, ハリウナギ

うのはな【卯の花】ウノハナ

うのめたかのめ【鵜の目鷹の目】
ウノメ□タカノメ

うべ【宜】ウベナルカナ
　※ムベナルカナ

うまい【甘い・旨い】
　ウマイ□コト□ヤッタ,
　ウマイ□シルヲ□スウ,
　ウマイ□モノ□イチバ,
　ウマク□イッタ, ウマク□スルト,
　ウマイモノクイ（旨いもの食い）

うまおいむし【馬追い虫】
　ウマオイムシ

うまずたゆまず【倦まず弛まず】
　ウマズ□タユマズ

うまのあし【馬の足・馬の脚】
　ウマノ□アシ〔下級の役者〕

うまのあしがた【毛莨】
　ウマノ□アシガタ〔植物名〕

うまのほね【馬の骨】ドコノ□
　ウマノ□ホネダカ□シラナイガ

うまれ【生まれ】ウマレ□コキョー,
　ウマレカワリ, ウマレソダツ,
　２ガツ□ウマレ, ツ□ウマレ（津
　生まれ）, トーキョー□ウマレ

うみ【産み・生み】
　ウミノ□クルシミ, ウミノ□ハハ,
　ウミソダテル

うみ【海】セトノ□ウミ（瀬戸の海）,
　イチメン□ヒノ□ウミダ,
　デワノウミベヤ（出羽海部屋）

うみせんやません【海千山千】
　ウミセン□ヤマセン

うみのおや【産みの親・生みの親】
　ウミノ□オヤヨリ□ソダテノ□オヤ

うみのこ【産みの子・生みの子】
　ウミノ□コ□ドーゼンニ□ソダテル

うめ【梅】ウメノ□ハナ, ウメガエ
　（梅が枝）, ウメガカ（梅が香）

うやむや【有耶無耶】ウヤムヤ

うよきょくせつ【紆余曲折】
　ウヨ□キョクセツ

うら【浦】ウラノ□トマヤ（浦の苫
　屋）, マツホノ□ウラ（松帆の浦）,
　カスミガウラ（霞が浦）,
　タゴノウラ（田子の浦）,
　フタミガウラ（二見浦）

うら【裏】ウラ□６ク（裏六句）,
　ウラオモテ, ウラカイドー,
　ウラセンケ（裏千家）, ウラメニュー,
　９カイ□ウラ, ゴールウラ,
　タイイクカンウラ

うら　ウラサビシイ, ウラハズカシイ

うらない【占い】ウラナイ□ジンセイ,
　ジプシー□ウラナイ,
　ヒトリ□ウラナイ, コイウラナイ

うらみ【恨み・怨み】
　ウラミ□カサナル,
　ウラミ□コツズイ,

ウラミ□ツラミ，サカウラミ

うりことば【売り言葉】
ウリコトバニ□カイコトバ

うりぬすびと【瓜盗人】ウリヌスビト

うりふたつ【瓜二つ】ウリフタツ

うるう【閏】ウルウドシ，
ウルウビョー，ブンジ□2ネン□
ウルウ□7ガツ（文治二年閏七月）

うるし【漆】ウルシ□カブレ，
ウルシマケ

ウルトラ
ウルトラ□ ⠆⠒ ⠠⠆ （ウルトラC），
ウルトラ□ソニック，
ウルトラ□ナショナリズム，
ウルトラ□マリン，
ウルトラキュー（ウルトラ級）

うれいさんじゅう【愁い三重】
ウレイ□3ジュー

うれし【嬉し】ウレシ□ハズカシ，
ウレシナミダ

うれつ【ウ列】ウレツ□チョーオン

うろうろ　ウロウロ□スル，
ウロウロ□マナコ

うわさ【噂】ウワサ□スル，
カゼノ□ウワサ

うわのそら【上の空】ウワノソラ

うん【運】ウン□フウン，
ウン□ヨク，ウンノ□ツキ，

ウンマカセ

うんでいのさ【雲泥の差】
ウンデイノ□サ

うんどう【運動】ウンドー□キノー，
ウンドー□マヒ，
クサノネ□ウンドー，
エンウンドー（円運動）

うんともすんとも
ウントモ□スントモ□コタエナイ

うんどんこん【運鈍根】
ウン□ドン□コン

うんぬん【云云】
ウンエイ□ウンヌンノ□コトワ，
コーカヲ□ウンヌン□スル

うんのつき【運の尽き】
ウンノ□ツキ

うんぷてんぷ【運否天賦】
ウンプ□テンプ

うんめいろんしゃ【運命論者】
ウンメイロンシャ

― 41 ―

え ⠷

え【絵】ヒガシヤマ□カイイ□エ
（東山魁夷絵），ダマシエ

え【枝】ウメガエ

え　ウタモ□エ□ヨマズ〔呼応〕

エア　エア□コンディショナー，
エア□ブレーキ，エア□ポケット，
エアコン，エアチェック，
エアポート，エアメール，
エアライン，オンエア

エアロビクス　エアロビクス

えい【詠】ショーワ□５６ネン□エイ

えい【英】エイ□ジョオー，
エイ□ベイ□フツ□ドク，
エイベイ□ブンガク，
エイコクミン（英国民）

えい【嬰】エイハタンチョー

エイコサペンタエンさん【エイコサ
ペンタエン酸】
エイコサペンタエンサン
※ ⠿⠿⠿⠿⠿（ＥＰＡ）

えいじはっぽう【永字八法】
エイジ□８ポー

エイズ【ＡＩＤＳ】 ⠿⠿⠿⠿⠿，
エイズ□ウイルス

えいせい【衛生】
エイセイ□ギョーセイ，
エイセイガク，
コーシュー□エイセイ，フエイセイ

えいせい【衛星】エイセイ□トシ，
エイセイコク，ジンコー□エイセイ

エイトック【ＡＴＯＫ】
⠿⠿⠿⠿⠿⠿□２０１７

エイトビート　エイト□ビート
※８ビート

えいぶん【英文】
エイブン□ガクシャ，
エイブンポーロン

エー【Ａ】 ⠿⠿⠿□ギンコー（Ａ銀行），
⠿⠿⠿□ライン（Ａライン），
⠿⠿⠿⠿⠿⠿（Ａ級品），
⠿⠿⠿⠿⠿（Ａ組），
⠿⠿⠿⠿⠿（Ａ５判），
⠿⠿⠿⠿⠿□ザイジューノ□
⠿⠿⠿□シ（Ａ市在住のＡ氏），
⠿⠿⠿⠿⠿□ヘンカン（Ａ／Ｄ
変換），⠿⠿⠿⠿⠿（Ａ判），
ビタミン□⠿⠿⠿（ビタミンＡ），
⠿⠿⠿⠿⠿（３Ａ）

エーエフディーエフ【ＡｆＤＦ】
⠿⠿⠿⠿⠿⠿⠿〔アフリカ開発基金〕

エーエム【ＡＭ・ａｍ】
⠿⠿⠿□8ジ（ＡＭ8時），
8□⠿⠿⠿（8ａｍ）

エーケービーフォーティエイト【ＡＫＢ48】⠿⠿⠿⠿⠿⠿□⠿⠿⠿

エーシー【ＡＣ】
⠿⠿⠿□⠿⠿⠿⠿（ＡＣ100Ｖ）

ええじゃないか
ソレモ□エエジャ□ナイカ，
エエジャナイカ□ウンドー

エーディー【ＡＤ】⠿⠿⠿□50

エービーシー【ＡＢＣ】
⠿⠿⠿⠿□ヘイキ(ＡＢＣ兵器)，
⠿⠿⠿⠿⠿（ＡＢＣ順），
ビタミン□⠿⠿⠿⠿□⠿⠿⠿
（ビタミンＡＢＣ）

エーブイ【ＡＶ】
⠿⠿⠿□キキ（ＡＶ機器）

エープリルフール
エープリル□フール

エカフェ【ＥＣＡＦＥ】
⠿⠿⠿⠿⠿

えき【役】
ゼン9ネンノ□エキ（前九年の役）

えき【駅】エキ□カカリイン，
エキ□コーナイ，サクライノ□
エキノ□ワカレ(桜井の駅の別れ)，
オチャノミズ□エキマエ（御茶ノ水
駅前），カガ□オンセンエキ（加賀温
泉駅），ワカヤマシエキ（和歌山市駅）

エキス　バイニク□エキス，
モルト□エキス，
ニクエキス（肉エキス）

エキスパート
エキスパート□システム

エキセントリック
エキセントリック

エキゾチック　エキゾチック

エクスクラメーション
エクスクラメーション□マーク

エクスチェンジ
エクスチェンジ□レート

えこ【依怙】エコヒイキ

エコ　エコ□タイサク，
エコ□ポイント，
エコカー□ゲンゼイ，エコマーク，
エコライフ

えし【壊死】エシ□セツジョ，
ハイ□エシ

えし【絵師】エシ□ナカマ，
ゴヨー□エシ（御用絵師），
ウキヨエシ

えしゃじょうり【会者定離】
　エシャ□ジョーリ

えず【絵図】メイショ□エズ

エスエヌひ【Ｓ／Ｎ比】

エスエフ【ＳＦ】
　□ショーセツ,
　□ミタイダ,
　（ＳＦ的）

エスオーエス【ＳＯＳ】

エスノセントリズム
　エスノセントリズム

エスプレッソ
　エスプレッソ□コーヒー

えせ【似非・似而非】
　エセエコロジスト,　エセガクシャ,
　エセドーワ□コーイ(似非同和行為)

えぞ【蝦夷】エゾ□ナキウサギ,
　エゾ□ブギョー,　エゾチ

えたり【得たり】エタリ□カシコシ,
　エタリヤ□オート□タチアガル

えちご【越後】エチゴ□チヂミ,
　エチゴ□ヘイヤ,　エチゴジシ

エチルアルコール
　エチル□アルコール

えつ【悦】エツニ□イル

エックス【Ｘ】□コーセン,
　□センショクタイ,

（Ｘ脚),
（Ｘ線),
（Ｘ線管),
（Ｘデー),
（Ｘマス),
（Xmas),
（X'mas)

エックスオージャン【ＸＯ醤】
　〔調味料〕

えっさらおっさら
　エッサラ□オッサラ

エッチ【Ｈ】
　（Ｈ氏賞),
　（Ｈ形鋼),
　□コンベアー（Ｈ形
コンベアー),　□ノ□
エンピツ（２Ｈの鉛筆)

えっちゅう【越中】エッチュー□
　トヤマノ□クスリウリ,
　エッチュー□フンドシ,
　エッチュージマ

えっちらおっちら
　エッチラ□オッチラ□ヤマノボリ

えて【得手】エテ□フエテ,
　エテニ□ホ,　エテカッテスギル

えてして【得てして】エテシテ

えど【江戸】エド□アキナイ,
　エド□ウチワ,　エド□オモテ,

— 44 —

エド□コトバ, エド□ジダイ,
エド□センケ, エド□ナガウタ,
エド□ヒキマワシ,
エド□マチブギョー,
エド□ムラサキ〔染料〕,
エド□ワズライ, エドウタ,
エドマエ

エトセトラ　エトセトラ

エヌエイチケー【ＮＨＫ】
⠿⠿⠿⠿⠿⠿⠿⠿⠿（ＮＨＫ杯),
⠿⠿⠿⠿⠿⠿⠿⠿⠿（ＮＨＫ向き)

エネルギー　エネルギーゲン,
ゲンシ□エネルギー,
タイヨーネツ□エネルギー,
ショーエネルギー（省エネルギー),
ネツエネルギー

えば【絵羽】エバ□ハオリ,
エバ□モヨー, エバヌイ

エバー　エバー□グリーン,
エバー□ソフト

エバミルク　エバミルク

えび【蝦・海老】
エビ□マカロニ□グラタン,
エビカツ□サンド, エビタイ,
エビチリソース, エビフライ,
タイショーエビ, レイトーエビ

えびす【恵比須・恵比寿・夷・戎】
エビス□サブロー,

エビス□スガタ, エビス□マツリ,
エビスウタ, エビスコー,
エビスサマ, アズマ□エビス

エフエーせい【ＦＡ制】
⠿⠿⠿⠿⠿⠿⠿⠿⠿

エフエム【ＦＭ】
⠿⠿⠿⠿□ホーソー,
⠿⠿⠿⠿⠿⠿⠿⠿（ＦＭ局)

エフビーアイ【ＦＢＩ】⠿⠿⠿⠿⠿⠿

エフワン【Ｆ１】
⠿⠿⠿⠿□レーサー

えほう【恵方・吉方】
エホー□マイリ, エホーマキ

エポックメーキング
エポック□メーキング

えま【絵馬】エマ□イシャ, エマドー

エム【Ｍ】⠿⠿⠿⠿⠿⠿⠿（ＭＩ６),
⠿⠿⠿⠿⠿⠿⠿⠿⠿
（ＭＳ－ＤＯＳ)

エムピースリー【ＭＰ３】
⠿⠿⠿⠿⠿⠿

エムペグ【ＭＰＥＧ】⠿⠿⠿⠿⠿⠿

えもいわれぬ【えも言われぬ】
エモ□イワレヌ□ヨイ□カオリ

エラー　エラー□メッセージ,
タイムリー□エラー, ノーエラー

えらび【選び】エラビヌク,
ハナヨメ□エラビ,

― 45 ―

イシャエラビ, ムコエラビ

エリア エリア□マップ,
ゴール□エリア, サービス□エリア

エル【L】 ⠿□サイズ,
⠿ （L字鋼）

**エルジービーティーキュー【LGB
TQ】** ⠿

エルピー【LP】
⠿□レコード,
⠿ （LP盤）

エレキギター エレキ□ギター

エレクトロ
エレクトロ□テクニックス,
エレクトロニクス

エロ エログロ□ナンセンス,
エロザッシ, エロジジイ,
エロフィルム

えん【円】 エン□シャッカン,
エンキドー, エングラフ,
エンソーバ, ニホンエン

えん【縁】 エン□アッテ,
エン□ナキ□シュジョー,
エンムスビ, クサレエン

えん【塩】 エンキセイエン（塩基性
塩）, アルミニウムエン

えんか【塩化】 エンカ□カリ,
エンカ□ナトリウム,
エンカ□ビニール

えんき【塩基】 エンキ□ハイレツ,
エンキセイ□センリョー,
エンキセイエン, エンキド（塩基度）,
１０⠿エンキツイ

えんぎ【縁起】 エンギ□エマキ,
エンギ□ナオシ, エンギ□ワルイ,
エンギデモ□ナイ□コトヲ□イウナ,
エンギモノ, １２⠿エンギ（十二縁起）

えんグラフ【円グラフ】 エングラフ

エンゲージリング
エンゲージ□リング

えんじ【園児】 ヨーチエンジ

えんせきがいせん【遠赤外線】
エンセキガイセン

エンゼルフィッシュ
エンゼル□フィッシュ

エンターテイナー
エンターテイナー

エンターテインメント
エンターテインメント

エンタープライズ
エンタープライズ

エンド エンド□ユーザー,
エンドレス, ジ□エンド,
ハッピー□エンド,
ブック□エンド, ハイエンド

えんのぎょうじゃ【役行者】
エンノ□ギョージャ

えんのした【縁の下】エンノシタ
エンパワーメント
　エンパワーメント
えんぴつ【鉛筆】エンピツ□ケズリ,
　エンピツガ（鉛筆画）, イロエンピツ
えんま【閻魔】エンマ□コオロギ,
　エンマ□ダイオー, エンマサマ
えんやら　エンヤラヤ,
　エンヤラヤット
えんりえど【厭離穢土】エンリ□エド
えんりょ【遠慮】
　エンリョ□エシャク□ナク,
　エンリョ□ナク

お

お【御】オオモイスゴシ□ナサッテ,
　オカネ□モーケ,
　オキキトドケニ□ナル,
　オキキ□ナサイ, オソマツ,
　オヒナ□マツリ, オヒル□ヤスミ,
　オワビ□イタシマス

おあいにくさま【御生憎様】
　オアイニクサマ
おい【老い】オイノ□イッテツ,
　オイノ□サカ, オイサラバエル,
　オイボレイヌ, トシ□オイ
おいえ【御家】オイエ□キョーゲン,
　オイエ□ソードー
おいそれと　オイソレト
おいつおわれつ【追いつ追われつ】
　オイツ□オワレツ
おいて【措いて】カレヲ□オイテ□
　テキニンシャワ□ナイ
おいて【於いて】オイテヲヤ,
　ガクニ□オイテ□カレニ□マサル,
　モンブ□カガク□ダイジンニ□
　オイテ□コレヲ□ケッス
おいで【お出で】
　オイデ□オイデヲ□スル,
　オイデ□ナサイ, オイデニ□ナル
オイル　オイル□サーディン,
　オイル□ショック, オイル□ダラー,
　サラダ□オイル, ベビー□オイル,
　サンオイル, ヘアオイル
おう【負う】キズヲ□オウ,
　オータ□コニ□オシエラレ
おう【王】ホームランオー, リヤオー
おう【翁】８０オー,
　ショーオー（蕉翁）,

フクザワ▢ユキチオー（福沢諭吉翁）

おうおう【快快】オーオート▢シテ

おうおう【往往】オーオーニシテ

おうぎ【扇】オーギ▢アワセ,
オーギガタ, オーギマチエキ〔大阪
市、川崎市〕, マイオーギ

おうじょう【往生】
オージョー▢ヨーシュー（往生要
集）, オージョーギワ,
ゴクラク▢オージョー,
タチオージョー

おうせ【逢瀬】オーセヲ▢タノシム

おうちょう【王朝】
カ▢オーチョー（夏王朝）,
カン▢オーチョー（漢王朝）,
ブルボン▢オーチョー

おうめ【青梅】
オーメ▢カイドー（青梅街道）

おお【大】オオ▢キタノ▢マンドコロ,
オオイナル, オオカブキ, オオキミ,
オオサカ（大阪）, オオジシン,
オオジダイ, オオシバイ,
オオショーブ, オオタチマワリ,
オオヅカミ, オオツゴモリ,
オオドオリ, オオニンズー,
オオブタイ, オオマカ
※オオタ（太田）

オー【O】 ⠼⠌⠼⠑⠼⠛（O157），
⠼⠁⠓化（ＯＡ化），
⠼⠁⠃会（ＯＢ会），
⠼⠁⠝▢対決（ＯＮ対決）

おおあざ【大字】
アスカムラ▢オオアザ▢アスカ
（明日香村大字飛鳥）

おおい【多い】オオイメニ▢モル,
カズ▢オオイ, ユメ▢オオイ

おおいちばん【大一番】オオ1バン

おおう【覆う・被う】オオウ

オーエス オー▢エス〔かけ声〕

おおがい【頁】オオガイ

おおかた【大方】オオカタナラズ

おおかみ【狼】オオカミ▢オトコ,
オオオオカミ（大狼），
オクリ▢オオカミ

おおかれすくなかれ【多かれ少なか
れ】オオカレ▢スクナカレ

おおくにぬしのみこと【大国主命】
オオクニヌシノ▢ミコト

オーケー【ＯＫ】 ⠼⠁⠅▢シタ,
オーケー▢シタ

おおざと【邑・阝】オオザト

おおしい【雄雄しい・男男しい】
オオシイ

おおしこうちのみつね【凡河内躬恒】
オオシコーチノ▢ミツネ

48

おおしま【大島】
アマミ□オオシマ（奄美大島），
イズ□オオシマ（伊豆大島）

おおせ【仰せ】オオセツカワス，
オオセツケル

おおせる【果せる・遂せる】
オオセル，カクシオオセル

オーソレミオ　オー□ソレ□ミオ

オーダー　オーダー□メード，
オーダーフク（オーダー服），
イージー□オーダー，
ラスト□オーダー

オーディオ　オーディオ□キキ
（オーディオ機器），
オーディオ□ショー，
カー□オーディオ

オーデコロン　オーデコロン

オート　オート□キャンプ，
オート□3□リンシャ，
オート□フォーカス，
オート□レース，オートクレーブ，
オートマチック，オートメーション

オートクチュール　オートクチュール

オードトワレ　オードトワレ

オードパルファム　オードパルファム

オートミール　オート□ミール

おおのやすまろ【太安万侶】
オオノ□ヤスマロ

オーバー　オーバー□ウエート，
オーバー□タイム，
オーバー□ホール，
オーバー□ラップ，オーバー□ラン，
オーバー□ワーク，7□オーバー
※オーバ□ライン

おおはし【大橋】
5ジョー□オオハシ（五条大橋），
オーミ□オオハシ（近江大橋），
セト□オオハシ（瀬戸大橋）

オーブン　オーブン□トースター，
ガス□オーブン

オープン　オープン□シャツ，
オープン□セット，オープンカー，
オープンセン（オープン戦），
プレ□オープン

おおむね【概ね】オオムネ

おおやけ【公】オオヤケ

おおよそ【大凡】オオヨソ

おおらか　オオラカ

オール　オール□1，
オール□ウエーブ□ラジオ，
オール□スター□キャスト，
オール□バック

オールド　オールド□ファッション，
オールド□ブラック□ジョー，
オールド□ボーイ，
オールド□ミス

― 49 ―

お

おおし―おおる

オールマイティー
オールマイティー

おおわらわ【大童】オオワラワ

おおん【御・大御】オオンオーギ,
オオンカタ, オオントキ

**おがさわらちびひょうたんひげなが
ぞうむし【**小笠原ちび瓢箪髭長象
虫**】**
オガサワラ□チビヒョータン□
ヒゲナガ□ゾームシ

おかしい【可笑しい】
チャンチャラ□オカシイ,
オモシロオカシイ

おかしらつき【尾頭付】
タイノ□オカシラツキ

おかちめんこ　オカチメンコ

おかどちがい【お門違い】
オカド□チガイ

おかまい【御構】オカマイ□ナク□
ヤッテ□クダサイ,
イチドー□オカマイ□ナシ,
エド□オカマイニ□ナル,
ヒトノ□メイワク□オカマイ□
ナシニ

おがみ【拝み】オガミタオス,
カタテ□オガミ

おかめはちもく【岡彐八目】
オカメ□ハチモク

おき【置き】オキテガミ,
オキミヤゲ, ２ジカンオキニ,
ナンネンカオキニ, ヒトリオキ

おき【沖】オキノエラブジマオキ
（沖永良部島沖）,
サンリクオキ（三陸沖）

**おきあがりこぼし【起き上がり小法
師】**オキアガリ□コボシ

おきつ【沖つ】オキツ□シラナミ,
オキツウミ, オキツカゼ,
オキツクニ, オキツナミ

おきな【翁】タケトリノ□オキナ

おきにいり【お気に入り】
オキニイリ

おきのくち【沖の口】オキノクチ

おきのどくさま【御気の毒様】
オキノドクサマ

おく【置く】トッテ□オク

おく【奥】オクザシキ, オクブカイ,
オクフカイ□モリ, モリノ□オク□
フカク, ミギテ□オク,
カウンターオク, ヤマオク

おく【屋】オクジョー□オクヲ□カス

おくちょう【億兆】オクチョー□
ココロヲ□イツニ□シテ

おくつかた【奥つ方】オクツカタ

おくつき【奥つ城】オクツキ,
オクツキドコロ

― 50 ―

おくに【御国】オクニ□コトバ,
オクニ□ジマン,
オクニ□ジョールリ,
オクニ□ナマリ

おくの【奥の】オクノ□ホーニ□アル,
オクノイン, オクノテ, オクノマ,
オクノヤ（奥の屋）

おくめん【臆面】オクメン□ナク,
オクメンモ□ナク

おくり【送り】オクリ□オオカミ,
オクリ□ショーガツ,
オクリ□ムカエ, オクリビ,
ケンジキョク□オクリ,
ノベノ□オクリ, ジュンオクリ

おくれ【遅れ】オクレ□ツイデ,
１ジカン□オクレデ□トーチャク,
チエオクレ

おけさ オケサ□オドリ,
サド□オケサ（佐渡おけさ）

おこし【起し】アラクレ□オコシ,
ムラオコシ

おこそずきん【御高祖頭巾】
オコソ□ズキン

おこたりなく【怠りなく】
オコタリ□ナク

おこと【御事】オコト□オサメ,
オコト□ハジメ

おさえ【押え】オサエ□トーシュ,
オサエコミニ□ハイル,
オサエツケル, カミオサエ,
サシオサエ

おさき【お先】オサキ□タバコ,
オサキ□マックラ

おさな【幼な】オサナトモダチ,
オサナナジミ

おさめ【納め】オサメ□ソーバ,
オサメ□テヌグイ, オサメフダ,
ゴヨー□オサメ, ミオサメ

おさんかた【御三方】オ３カタ

おさんじ【お三時】オ３ジ

おさんのま【御三の間】オ３ノマ

おし【押し】オシガ□ツヨイ,
オシイタダク, オシススメル,
オシツケル, オシナベテ,
メジロオシ

おじ【小父・伯父・叔父】
アシナガ□オジサン,
ゲン□オジ（源叔父）

おしあいへしあい【押し合いへし合
い】オシアイ□ヘシアイ□スル

おしえ【教え】オシエノ□ニワ,
オシエサトス, オシエミチビク

おしかけにょうぼう【押し掛け女房】
オシカケ□ニョーボー

おくに—おしか

お

— 51 —

おじぎ【お辞儀】
　オジギ□ナシニ□イタダキマス,
　オジギ□スル

おしくらまんじゅう
　オシクラ□マンジュー

おしげ【惜しげ】オシゲ□ナク

おしちや【お七夜】オ7ヤ

**おしつけがましい【押しつけがまし
　い】**オシツケガマシイ

おしてしるべし【推して知るべし】
　オシテ□シルベシ

おしみない【惜しみない】
　オシミナイ□ハクシュ,
　オシミナク□アタエル

おしもんどう【押し問答】
　オシモンドー

おしゃかさま【お釈迦様】
　オシャカサマ

おじょうさま【お嬢様】
　オジョーサマ□キブン,
　オジョーサマ□ソダチ,
　オジョーサマゲイ

オシログラフ　オシコグラフ

オシロスコープ　オシロスコープ

おす〔方言〕　アツー□オシタ,
　サビシュー□オスナア,
　ヨロシュー□オスヤロ
　※サビシュオスナア, ヨロシオス

おすきやぼうず【御数寄屋坊主】
　オスキヤ□ボーズ

オストメイト　オストメイト

おすなおすな【押すな押すな】
　オスナ□オスナノ□サワギ

おせおせ【押せ押せ】
　オセオセ□ムード,
　オセオセニ□ナル

おそかれはやかれ【遅かれ早かれ】
　オソカレ□ハヤカレ

おそしさま【御祖師様】オソシサマ

おそば【お側】
　オソバ□ゴヨー□トリツギ,
　オソバ□ゴヨーニン,
　オソバ□サラズ, オソバヅキ

おそるおそる【恐る恐る】
　オソル□オソル

おそれいる【恐れ入る】
　オソレイル, オソレイリマス

おそれおおい【恐れ多い・畏れ多い】
　オソレオオイ

おそれおののく【恐れ戦く】
　オソレオノノク

オゾン　オゾン□ホール,
　オゾンソー（オゾン層）

おたいこ【お太鼓】オタイコ□ムスビ

おたく　アニメ□オタク,
　クルマ□オタク,

－ 52 －

ツリオタク（釣りおたく）

おだて【煽て】オダテ□ジョーズ

おたまりこぼし　オタマリ□コボシ

おためごかし【お為ごかし】
　オタメゴカシ

おたんこなす　オタンコナス

おちおち　オチオチ□ネムレナイ

おちぼひろい【落穂拾い】
　オチボ□ヒロイ

おちむしゃ【落武者】オチムシャ

おちゃ【お茶】オチャヲ□ニゴス，
　オチャノコ□サイサイ，
　オチャノマ，オチャボーズ

おちゃっぴい　オチャッピイ

おっかなびっくり　オッカナビックリ

オックスフォード　オックスフォード

おっちょこちょい　オッチョコチョイ

おっつかっつ　オッツ□カッツ

おっとどっこい　オット□ドッコイ

おてのもの【お手の物】オテノモノ

おてやわらかに【お手柔らかに】
　オテヤワラカニ

おてんとさま【御天道様】
　オテントサマ

おと【音】オト□タテテ，
　オトニ□キク，カゼノ□オト□スル

おとうと【弟】オトート□デシ

おとぎ【御伽】オトギゾーシ（御伽草
　子），オトギバナシ

おとこ【男】オトコ□１ピキ，
　オトコ□ゲイシャ，
　オトコ□ミョーリ，
　オトコ□ロクシャク，
　オトコノ□セック，
　オトコノ□ヒト，
　オトコノコ〔少年〕，オトコマエ，
　４０□オトコ，アズマ□オトコ，
　ダイノ□オトコ，ダテオトコ

おとさた【音沙汰】オトサタ□ナシ

おとし【落し】オトシ□タマゴ，
　オトシブタ，ショージン□オトシ，
　ダルマ□オトシ，ツルベ□オトシ，
　タキオトシ（焚き落とし）

おどし【脅し・威し・嚇し】
　オドシ□モンク，オドシデッポー，
　モグラ□オドシ，コケオドシ，
　シシオドシ（鹿威し）

おどし【縅】クロイト□オドシ，
　ヒオドシ

おととい【一昨日】
　オトトイ□キヤガレ，サキオトトイ

おとなげない【大人気ない】
　オトナゲナイ□コトヲ□スル

おとなはずかし【大人恥かし】
　オトナハズカシ

― 53 ―

おどり【踊】オドリ□コトバ,
　オドリ□ネンブツ, オドリアカス,
　アワ□オドリ（阿波踊）,
　エエジャナイカ□オドリ,
　ボンオドリ

おとりそうさ【囮捜査】
　オトリ□ソーサ

おどろおどろしい
　オドロオドロシイ

おどろきあきれる
　オドロキアキレル

おなごりおしい【お名残惜しい】
　オナゴリオシイ

おなじゅう【同じゅう】
　トキヲ□オナジュー□シテ

おなみだちょうだい【お涙頂戴】
　オナミダ□チョーダイ

おに【鬼】オニワ□ソト,
　オニカントク, オニコロシ,
　メカクシオニ

おね【尾根】オネアノキ, オネヅタイ,
　ハッポーオネ（八方尾根）

おのがじし【己がじし】オノガジシ

おは【尾羽】オハ□ウチカラス

おば【小母・伯母・叔母】
　ヨーコ□オバ

おばあさん【お祖母さん・お婆さん】
　オバアサン, ヒイオバアサン

オバキュー【オバＱ】

おばけ【お化け】オバケ□ヤシキ

おばこ
　アキタ□オバコ（秋田おばこ）

おはよう【お早う】
　オハヨー□ゴザイマス,
　オハヨーサン

おびしろはだか【帯代裸】
　オビシロ□ハダカ

おひゃくど【御百度】
　オ１００ド□マイリ

オフ　オフ□リミット, オフサイド,
　オフライン, オフレコ,
　オフロード, シーズン□オフ,
　テイクオフ, レイオフ

オフィス　オフィス□レディー,
　オフィスガイ（オフィス街）,
　オフィスビル

オペック【ＯＰＥＣ】

オペラ　オペラ□カシュ,
　オペラ□グラス,
　オペラ□ブッファ, ３モン□オペラ

おぼえ【覚え】オボエ□メデタイ,
　ココロ□オボエ, ヒトツ□オボエ,
　ウロオボエ, キキオボエ

おまちどおさま【お待ち遠様】
　オマチドオサマ

おまつりさわぎ【お祭り騒ぎ】
オマツリ□サワギ

おみ【臣】キノ□オミ（紀臣）

おめいへんじょう【汚名返上】
オメイ□ヘンジョー

おめし【御召】オメシ□チリメン，
オメシ□レッシャ，オメシモノ，
モンオメシ

おめずおくせず【怖めず臆せず】
オメズ□オクセズ

おめにかかる【御目に掛る】
オメニ□カカル

おもい【思い】オモイモ□カケナイ，
オジイサン□オモイ，
オヤキョーダイ□オモイ，
ハハオヤ□オモイ，オヤオモイ

おもいあがり【思い上がり】
オモイアガリ

おもいあまる【思い余る】
オモイアマッテノ□ソーダン

おもいおもい【思い思い】
オモイ□オモイノ□フクソー

おもいがけない【思いがけない】
オモイガケナク□テニ□イレタ

おもいきり【思い切り】
オモイキリ□ヨク

おもいすごし【思い過し】
オモイスゴシ

おもいだしわらい【思い出し笑い】
オモイダシ□ワライ

おもいちがい【思い違い】
オモイチガイ

おもいどおり【思い通り】
オモイドオリニ□ナル

おもいとどこおる【思い滞る】
オモイトドコオル

おもいとどまる【思い止まる】
オモイトドマル

おもいのたけ【思いの丈】
オモイノ□タケヲ□ツクス

おもいのほか【思いの外】
オモイノ□ホカ

おもいめぐらす【思い巡らす】
オモイメグラス

おもうさま【思う様】オモウサマ

おもうぞんぶん【思う存分】
オモウ□ゾンブン

おもうつぼ【思う壺】
オモウ□ツボニ□ハマル

おもしろおかしい【面白可笑しい】
オモシロオカシイ

おもしろはんぶん【面白半分】
オモシロ□ハンブン

おもて【表】オモテ□ゲンカン，
オモテ□ザシキ，オモテ□８ク，
エド□オモテ（江戸表），

お

おまつ〜おもて

－ 55 －

9 カイノ□オモテ□ウラ,
コインノ□オモテ□ウラ,
タタミ□オモテ, ウラオモテ

おもわずしらず【思わず知らず】
オモワズ□シラズ

おや【親】
オヤ□ダイダイノ□シキタリ,
オヤキョーダイ□オモイ,
オヤコーコー, オヤシラズ,
オヤナシゴ, オヤバカ

おや オヤ□マア,
オヤオヤ□オカシイゾ

おやこ【親子】オヤコ□デンキュー,
オヤコ□ドンブリ,
オヤコ□ナンバン,
ゲイニン□オヤコ

おやじ【親父】カミナリ□オヤジ,
ガンコ□オヤジ, クソオヤジ

おやしらず【親知らず】
オヤシラズヲ□ヌク

おやすみなさい
ハヤク□オヤスミ□ナサイ,
オヤスミナサイ〔挨拶〕

おやま【女形】オヤマ□ニンギョー

およぎ【泳ぎ】カエル□オヨギ,
ヒラオヨギ, ヨコオヨギ

おり【折】オリ□アシク,
オリ□アラバ, オリ□ヨク,

オリモ□オリ, オリイッテ,
ソノ□オリ

おりおり【折折】
4 キ□オリオリ（四季折折）

おりたくしばのき【折たく柴の記】
オリタク□シバノ□キ〔書名〕

おる【居る】ソコニ□タッテ□オレ,
ワカッテ□オル, ヌカシオッタ,
ヒカエオロー！

オルガン オルガン□ミサ,
パイプ□オルガン,
ハモンド□オルガン

オレ トーニュー□オレ,
カフェオレ, バナナオレ,
マッチャオレ
※バナナ□オーレ

オレンジ オレンジ□ジュース,
サマー□オレンジ

おろか【愚か】イウモ□オロカ

おろし【卸】オロシ□ネダン,
オロシネ, タナオロシ

おろし【下し】オロシ□ショーガ,
ダイコン□オロシ

おろし【颪】アカギ□オロシ（赤城颪）,
ヤマオロシ

おわすれなく【お忘れなく】
オワスレ□ナク

おわり【終り】オワリ□チカク，
オワリ□ハツモノ

オン　オン□ステージ，
オン□パレード，オンエア，
オンザロック，オンライン，
スイッチ□オン□スル，
グリーンニ□2⠿オン□スル

おんがく【音楽】
オンガク□シカ（音楽史家），
オンガク□ビガク，オンガクカ

おんきせがましい【恩着せがましい】
オンキセガマシイ

オングストローム
オングストローム〔単位名〕

おんこちしん【温故知新】
オンコ□チシン

オンザロック　オンザロック

おんしつ【温室】
オンシツ□コーカ□ガス，
オンシツ□ソダチ，
カキ□オンシツ（花卉温室）

おんしらず【恩知らず】オンシラズ

おんせつ【音節】オンセツ□モジ，
1⠿オンセツ

おんせん【温泉】オンセン□マーク，
オンセンヤド，
クサツ□オンセン（草津温泉），
ツタ□オンセン（蔦温泉）

おんぞうえく【怨憎会苦】
オンゾーエク

おんちゅう【御中】
モンブ□カガクショー□
オンチュー（文部科学省御中）

おんと【音吐】オント□ローロー

おんど【音頭】オンドトリ，
イセ□オンド（伊勢音頭）

おんな【女】オンナ□コドモ，
オンナ□3ノミヤ（女三の宮），
オンナ□シャチョー，
オンナ□シュジンコー，
オンナ□ジョーイ，
オンナ□タラシ，オンナオビ，
オンナダテラニ，オンナミコ，
オンナモジ，オンナノコ〔少女〕，
カレワ□アノ□オンナノ□コデス，
センタク□オンナ，
ヒステリー□オンナ，
キョーオンナ（京女）

おんなけいず【婦系図】
オンナ□ケイズ〔書名〕

おんなだいがく【女大学】
オンナ□ダイガク〔書名〕

おんのじ【御の字】オンノジ

おんばひがさ【乳母日傘】
オンバ□ヒガサデ□ソダテラレタ

おんぴょうもじ【音標文字】
　オンピョー□モジ
おんびん【音便】イオンビン，
　ウオンビン，ソクオンビン（促音便），
　ハツオンビン（撥音便）
おんぷ【音符】４ブ□オンプ，
　フテン□オンプ，ゼンオンプ
オンブズマン　オンブズマン
　※オンブズ□パーソン
オンリー　オンリー□ワン，
　シゴト□オンリー

か【化】（ＯＡ化），
　エイガカ□スル，ミンシュカ
か【可】カ□フカ□ナク，
　カショブン□ショトク，
　カナラザル□コト，
　ショーリャク□カ
か【歌】シュダイカ，
　ブッソクセキカ（仏足石歌）

か【科】セイケイ□ゲカ，
　ホケン□タイイクカ，
　リガク□リョーホーカ，
　ホーシャセンカ
か【家】コーズカ（好事家），
　センモンカ，ショシ□ヒャッカ
か【過】カカンショー（過干渉），
　カフソク，カホゴ
が　ウメガエ（梅が枝），
　ウメガカ（梅が香），オニガシマ，
　キミガヨ□セイショー，
　キミガ□タメ
が【画】タケヒサ□ユメジ□ガ（竹
　久夢二画），スイサイガ，ニホンガ
カー　カー□ステレオ，
　カー□ナビゲーション，
　カー□ヨーヒン，カーナビ，
　カーラジオ，スポーツカー，
　センデンカー（宣伝カー），
　パトカー，パトロールカー，
　マイカー，リニア□モーターカー，
　レーシングカー，ワンマンカー
かあさん【母さん】
　カアサン□ウサギ，カアサンネコ，
　キモッタマ□カアサン，
　ノンビリ□カアサン
カーテン　カーテン□コール，
　エア□カーテン

ガーデン　ガーデン□パーティー，
　ビア□ガーデン

カード　カード□システム，
　カード□ボックス，
　▨□カード（ＩＣカード），
　キャッシュ□カード，
　スリー□カード，コーカード（好
　カード），フォアカード

ガード　ガード□レール，
　ガードマン，ボディー□ガード

カーボン　カーボンレス□ペーパー，
　ノー□カーボン

ガール　ガール□スカウト，
　ガール□ハント，
　ガール□フレンド，
　エレベーター□ガール，
　チアガール，バスガール，
　ヤマガール（山ガール）

かい【甲斐】カイ□ナイ□グチ，
　ドリョクノ□カイ□アッテ

かい【会】エイガ□トモノ□カイ，
　ササエル□カイ，マモル□カイ，
　マチヲ□アルコーカイ（街を歩こ
　う会），イインカイ，テンランカイ

かい【皆】カイシュッセキ（皆出席），
　コクミン□カイホケン

がい【該】ガイ□ジンブツ（該人物）

ガイガーけいすうかん【ガイガー計
　数管】ガイガー□ケイスーカン

かいき【回帰】カイキネツ，
　ミナミ□カイキセン，
　キタカイキセン

かいき【回忌】３３カイキ，
　ネンカイキ

かいぎ【会議】ガクジュツ□カイギ，
　ハンカイギ（班会議）

かいきいわい【快気祝い】
　カイキ□イワイ

かいきゅう【階級】
　カイキュー□セイド，
　ダイ３□カイキュー，
　チシキ□カイキュー，
　２カイキュー□トクシン

かいきょう【海峡】エイフツ□
　カイキョー□トンネル，
　サド□カイキョー（佐渡海峡）

かいきんシャツ【開襟シャツ・開衿
　シャツ】カイキン□シャツ

かいけい【会計】カイケイ□ネンド，
　カイケイガカリ，オカイケイ

かいご【介護】カイゴ□フクシシ（介
　護福祉士），カイゴショク（介護食），
　ローロー□カイゴ（老老介護），
　ヨーカイゴ□３，
　ヨーカイゴド□クブン

かいこう【開口】カイコー□１バン

かいしゃ【会社】
カイシャ□コーセイホー，
カブシキガイシャ

がいしゅういっしょく【鎧袖一触】
ガイシュー□イッショク

がいじゅうないごう【外柔内剛】
ガイジュー□ナイゴー

かいじょう【会場】
ダイ２□カイジョー，
テンラン□カイジョー，
ヒローエン□カイジョー，
シュカイジョー（主会場）

かいじょうたつ【下意上達】
カイ□ジョータツ

かいしょうなし【甲斐性無し】
カイショーナシ

かいすいよくじょう【海水浴場】
カイスイヨクジョー

かいちゅう【懐中】
カイチュー□ジョーギ，
カイチュードケイ，
カイチューモノ□ゴヨージン

かいづかいぶき【貝塚伊吹】
カイヅカ□イブキ〔植物名〕

かいて【買い手】
カイテ□シジョー（買い手市場）

かいてん【開店】カイテン□イワイ，
カイテン□キューギョー

かいてん【回転】カイテン□イス，
カイテン□ドア，カイテンジク，
カイテンマド，カイテンヨク（回
転翼），ザヒョー□カイテン，
ギャクカイテン

がいでん【外伝】
ギシ□ガイデン（義士外伝）

ガイド　ガイド□ブック，
カンコー□ガイド，
シン□ガイド□ライン，
プレイ□ガイド，ツリガイド（釣り
ガイド），バスガイド

かいどう【海道】
カイドー□１ノ□オオオヤブン，
ナンカイドー（南海道）

かいどう【街道】オーメ□カイドー
（青梅街道），ミト□カイドー（水
戸街道），ウラカイドー

かいとうらんま【快刀乱麻】
カイトー□ランマ

かいどく【買い得】オカイドクヒン

かいのくち【貝の口】
カイノクチ〔帯の結び方の一種〕

がいはんぼし【外反母趾】
ガイハン□ボシ

かいひ【会費】イジ□カイヒ,
ケンシュー□カイヒ, ネンカイヒ

かいぶし【蚊燻し】
カイブシヲ□タク

かいまみる【垣間見る】カイマミル

かいらい【傀儡】
カイライ□セイケン, カイライシ

がいらい【外来】
ガイライ□カンジャ, ガイライゴ

かいり【解離】デンキ□カイリ,
ネツカイリ

かいりゅう【海流】
ニホン□カイリュー（日本海流）

かいろうどうけつ【偕老同穴】
カイロー□ドーケツ

カイロプラクティック
カイロプラクティック

カウント　カウント□ダウン,
アウト□カウント,
ノー□カウント, フル□カウント,
３カウント

かえで【楓】イタヤ□カエデ,
トー□カエデ

かえり【返り】カエリ□ニューマク

かえりしんざん【帰り新参・返り新
参】カエリ□シンザン

かえる【蛙】カエル□オヨギ,
トノサマガエル

かえるまた【蛙股】カエルマタ

かお【顔】カオカタチ, カオナジミ,
カオミシリ, オオカオアワセ,
ヘンナ□カオ□スル,
シランカオ□スル

かおり【薫り・香り】
カオリ□タカイ, カオリタツ

かか【呵呵】カカ□タイショー

かが【加賀】カガ□ソードー,
カガ□ユーゼン, カガトビ

がか【画家】シンシン□ガカ（新進
画家）, ニホンガカ, ヨーガカ

かかえ【抱え】カカエ□リキシ,
オカカエ□ウンテンシュ

かがみ【鏡】カガミモジ,
カガミモチ, アワセ□カガミ

かがり【縢り】チドリ□カガリ

かかりむすび【係り結び】
カカリ□ムスビ

かかる　キニ□カカル（気にかかる）,
キメテ□カカル, コロサレカカル,
シニカカル

かかわらず　ニモ□カカワラズ

かかわりない【関わり無い】
カカワリ□ナイ

かき【柿】カキノ□タネ,
モモ□クリ□３ネン□カキ□
８ネン, カキヨーカン

— 61 —

かき【夏季】カキ□キューカ

かぎ　カギカッコ，ダイ１カギ，
フタエカギ（二重かぎ）

がき【餓鬼】ガキ□ムシャ，
ガキゾーシ

かぎのて【鉤の手】カギノテ

かきのは【柿の葉】カキノ□ハ，
カキノハズシ，カキノハチャ

かぎゅうかくじょう【蝸牛角上】
カギュー□カクジョーノ□
アラソイ

かぎり【限り】カギリ□アル□ヨ
（限りある世），┐ド□カギリ，
イノチ□アル□カギリ，
コンゲツマツ□カギリ，
シンダイ□カギリ（身代限），
ソノバ□カギリノ□ハナシ，
チカラ□カギリ，
デキル□カギリ，キョーカギリ，
コンカギリ（根限っ）

かぎりない【限り無い】
カギリナイ□ミライ，
カギリナク□ツヅク□ミチ，
カズ□カギリ□ナイ

かく【斯く】カク□ノウ□ワタシ，
カク□スル□ウチニ，
カクカク□シカジカ，
カクナル□ウエワ

かく【各】カク□ク（各区），
カク□ケン（各県），カク□シ（各
市），カク□シ（各氏），カク□シャ
（各社），カク□ツキ（各月），
カク□トイ（各問），カク□トー（各
党），カク□ブ（各部），カク□ブン
（各文），カク□ホーメン，カク□
エキニ□カクエキ□テイシャ，
カクシ（各紙），カクシュ（各種），
カクジン□カクヨー（各人各様），
カクチ（各地），カッカイ（各界），
カッコ（各戸），カッコ（各個），
カッコク（各国）

かく【格】カクジョシ（格助詞），
ジム□キョクチョーカク，
ホージンカク

かく【核】カク□エネルギー，
カク□カクサン□ボーシ□
ジョーヤク，カク□ジュンコー□
ミサイル，カク□ドクセン，
カク□ハイキブツ，カクカイハツ，
カクコーゲキ，カクジッケン，
カクセンソー，カクネンリョー，
カクバクハツ，カクハンノー，
カクブンレツ，カクヘイキ，
ゲンシカク□ハンノー，
ヒカク□３ゲンソク
※カクタンパクシツ

かく【角】 ⠿⠿⠿⠿⠿⠿⠿⠿

（5cm角），３センチカクニ□キル

（３センチ角に切る）

かぐ【家具】 カグ□ウリバ，

シューノー□カグ，

ユニット□カグ

かくい【各位】 カイイン□カクイ

かくい【隔意】

カクイ□ナイ□ハツゲン

かくかく【斯く斯く】

カクカク□シカジカ

かくかぞく【核家族】 カクカゾク

かくし【隠し】 カクシ□カメラ，

カクシ□ザイサン，

カクシ□ボタン，カクシ□メツケ，

カクシバショ，ショーコ□カクシ，

テレカクシ

がくし【学士】 ケイザイ□ガクシ，

ブンガクシ，リガクシ

かくして【斯くして】 カクシテ

がくしゃ【学者】

エイブン□ガクシャ（英文学者），

コーコ□ガクシャ（考古学者），

シンリ□ガクシャ，

ビンボー□ガクシャ，

ホーイガクシャ（法医学者）

かくしゃく【矍鑠】

カクシャクタル□ロージン

がくしょう【楽章】

ダイ１□ガクショー，

シューガクショー（終楽章）

かくする【画する・劃する】

１ジキヲ□カクスル（一時期を画

する）

かくだい【拡大】 カクダイ□モジ，

カクダイキョー

がくだん【楽団】

アマチュア□ガクダン，

コーキョー□ガクダン，

スイソー□ガクダン

カクテル カクテル□バー，

カクテル□パーティー，

フルーツ□カクテル

がくは【楽派】

ウィーン□コテン□ガクハ，

ロマン□ガクハ

かくびき【画引き】

カクビキ□サクイン（画引き索引）

がくぶ【学部】 キョーイク□ガクブ，

リコー□ガクブ，イガクブ

※スイソーガクブ（吹奏楽部）

かくべえじし【角兵衛獅子】

カクベエジシ

がくや【楽屋】 ガクヤ□スズメ，

ガクヤウラ

かくよう【各様】
カクジン□カクヨー

かくれ【隠れ】カクレ□アソビ,
カクレ□キリシタン,
カクレモ□ナイ,
ミエカクレ□スル

かけ【賭け】カケマージャン

かけがえない【掛け替えない】
カケガエ□ナイ□イノチ

かけね【掛値】カケネ□ナシ

かげひなた【陰日向】
カゲヒナタ□ナク,
カゲヒナタノ□ナイ□ヒト

かける　キニ□カケル,
オボレカケル,タタミカケル,
ハタラキカケル

かげん【加減】
カゲン□ジョージョ（加減乗除）,
フロノ□カゲンヲ□ミル,
ウツムキ□カゲン,
コゴミ□カゲンノ□スガタ,
バカサ□カゲン,シオカゲン,
カネノ□ヘリカゲン

かげんみ【過現未】
カゲンミ〔過去・現在・未来〕

かご【駕籠】トオシ□ゴ,
トーマルカゴ
※カイモノカゴ（買い物籠）

かご【過誤】イリョー□カゴ

かごぬけ【籠脱け】カゴヌケ□サギ

かごのとり【籠の鳥】カゴノ□トリ

かこぶんし【過去分詞】
カコ□ブンシ

かさね【重ね】カサネ□コトバ,
カサネアワセ,　２マイガサネ

かざり【飾り】カザリ□ショクニン,
カザリ□ボタン,　カザリマド,
ホーライ□カザリ,　マツカザリ

かざん【火山】カザンガス,
カザンガン,
カン□タイヘイヨー□カザンタイ
（環太平洋火山帯）,
カツカザン,　キューカザン

かさんかすいそ【過酸化水素】
カサンカ□スイソスイ

かし【貸し】カシイショー,
カシカイギシツ,　カシカリ□ナシ,
カシジテンシャ

かし【仮死】カシ□ジョータイ

かし【菓子】カシ□ショクニン,
カシオリ,　カシパン

かし【華氏・カ氏】カシ□３２ド

かじ【鍛冶】カジショクニン,
カタナカジ,　テッポーカジ

かじ【家事】
カジ□ドーサ□クンレン,

カジ□ミナライ

かじ【火事】カジ□ショーゾク,
カジドロ, カジバ□ドロボー,
カジミマイ

がし　キコエヨガシ, コレミヨガシ,
デテイケガシ

かじきとう【加持祈祷】カジ□キトー

かしきり【貸し切り】
カシキリ□デンシャ,
カシキリ□バス

かしこうせん【可視光線】
カシ□コーセン

かしこきあたり【畏き辺り】
カシコキ□アタリ

かしつ【過失】
カシツ□ソーサイ（過失相殺），
カシツ□チシ, カシツハン,
ジューカシツ□ショーガイ

かじゃ【冠者】タロー□カジャ
（太郎冠者）〔狂言〕

かしゃく【仮借】
カシャク□ナキマデニ

かしゅ【歌手】オペラ□カシュ,
ソロ□カシュ, ドーヨー□カシュ

カジュアル　カジュアル□ウエア,
カジュアル□スーツ,
アメリカン□カジュアル,
ノンカジュアル

かしゅう【歌集】
アイショー□カシュー,
セイシュン□カシュー,
リューコー□カシュー（流行歌集），
コキン□ワカシュー（古今和歌集）

かしょう【過小】
カショー□ヒョーカ

かしら　ドー□シタノカシラ,
ドーカシラ, ドー□ナルカシラ

かしらもじ【頭文字】カシラモジ

がしんしょうたん【臥薪嘗胆】
ガシン□ショータン

かず【数】カズ□オオイ,
カズ□カギリ□ナイ,
カズ□シレズ, カズナラヌ□ミ,
モノノ□カズデワ□ナイ

ガス　ガス□ジサツ,
ガス□ストーブ, ガスコンロ,
ガスタンク, ガスレンジ,
ＬＰ□ガス, アセチレン□ガス,
カネンセイ□ガス,
タンサン□ガス,
プロパン□ガス, スイソガス,
トシガス, メタンガス

かずのこ【数の子】カズノコ

かずら【葛】ヒカゲ□カズラ,
ビナン□カズラ, ダンカズラ

か

かし―かすら

― 65 ―

かぜ【風邪】カゼウイルス，
イチョーカゼ，オタフクカゼ，
ホンコンカゼ

かぜ【風】カゼ□ナオル，
カゼノ□ウワサ，
カゼノ□オト□スル，コドモワ□
カゼノ□コ□オトナワ□ヒノ□コ，
カゼノ□タヨリ，
カゼアタリガ□ツヨイ，
カゼトオシガ□ヨイ，
オキツカゼ（沖つ風），
オクビョーカゼ

かせい【苛性】カセイ□カリ，
カセイ□ソーダ

かせぎ【稼ぎ】イタノマ□カセギ，
ジカン□カセギ

カセット　カセット□テープ，
カセット□デッキ
ビデオ□カセット

かせん【歌仙】３６カセン，
６カセン（六歌仙）

かそ【過疎】カソ□タイサク，
カソ□チク

がそ【画素】３３４マンガソ（334万
画素），ソーガソスー（総画素数）

ガソリン　ガソリン□スタンド，
ガソリンカー

かた【型】カタバンゴー，
⠿⠿⠿⠿⠿⠿⠿⠿⠿⠿⠿⠿（Ｂ787
型機），⠿⠿⠿⠿⠿⠿⠿□カンエン
（Ｂ型肝炎），オハ□３４ガタ

かた【肩】カタ□ヨセアウ，
カタカンセツ，カタヒジ□ハル

かた【方】イシダ□イチローカタ（石
田一郎方），コノ□カタワ？（この
方は？），スギコシ□カタ，
オイチノカタ（お市の方），
ホンノ□カリカタ，
チチカタノ□シンセキ，
チョーサカタヲ□イライ□スル，
ハナシカタ，
マカナイカタヲ□ツトメル，
ムネン□ヤルカタナク

かた【片】カタイジヲ□ハル，
カタイッポー，カタイナカ

かた【過多】
イサン□カタ（胃酸過多）

かだい【過大】カダイ□ヒョーカ

がたい【難い】エガタイ□ソンザイ，
コーシガタイ（抗しがたい）

かたがた【方方】
ゴライジョーノ□カタガタ

かたがた【旁】ユースズミ□
カタガタ□カイモノ□スル

かたぎ【気質】ショクニン□カタギ
　※ガクセイ□キシツ

かたくない【難くない】
　ソーゾーニ□カタク□ナイ

かたじけない【忝い】カタジケナイ

かたつ【下達】
　ジョーイ□カタツ（上意下達）

かたづける【片付ける】カタヅケル

かたておち【片手落ち】カタテオチ

かたなかじ【刀鍛冶】カタナカジ

かたなし【形なし】カタナシダ

かたはらいたい【片腹痛い】
　ミノホド□シラズデ□
　カタハライタイ

かたひじ【肩肘】カタヒジ□ハル

かち【価値】カチ□キジュン，
　カヘイ□カチ，フカ□カチ

かちまけ【勝ち負け】
　カチマケワ□トキノ□ウン

かちょう【花鳥】
　カチョー□フーゲツ

かちょう【課長】ショム□カチョー，
　マンネン□カチョー，
　ソーサ□１カチョー

かつ【且つ】
　カツ□ノミ□カツ□ウタウ，
　ヒツヨー□カツ□ジューブンナ□
　ジョーケン

がっか【学科】ガッカ□シケン，
　シンリ□ガッカ
　※シガクカ（史学科）

がっかい【学会】シンリ□ガッカイ
　※トーヨー□イガクカイ

かっかそうよう【隔靴掻痒】
　カッカ□ソーヨー

かつかつ　ジカンニ□カツカツ□
　マニアッタ，ツキ□１マンエン□
　カツカツシカ□ナイ

がつがつ　ガツガツ□クウ

がっき【楽器】モッカン□ガッキ，
　カンガッキ

かっこ　カッコイイ，カッコヨイ，
　カッコツカナイ，カッコツケル，
　カッコワルイ，エエカッコシイ

かっこう【格好】カッコー□イイ，
　４０□カッコーノ□オトコ

がっこう【学校】
　カクシュ□ガッコー，
　コートー□ガッコー，
　ヨーゴ□ガッコー，
　ショーチューガッコー，
　チューガッコー，モーガッコー

カッター　カッター□シャツ，
　カッター□ナイフ

かって【勝手】カッテ□キママ，
　カッテ□シダイ，カッテ□シッタ，

ジブン□カッテ,

ワガママ□カッテ, エテカッテ

かってでる【買って出る】

ケンカヲ□カッテ□デル

カット　カット□グラス,

カット□ケーキ, カットオフ,

ケーキ□カット, テープ□カット,

ノーカット, ヘアカット

がっぴ【月日】セイネンガッピ

カップ　カップ□ケーキ,

カップメン（カップ麺）,

デビス□カップ, ティーカップ

がっぺい【合併】

チョーソン□ガッペイ

かつまた【且つ又】カツマタ

かつよう【活用】カツヨー□ゴビ,

カミ１ダン□カツヨー,

サヘン□カツヨー　クカツヨー,

シクカツヨー

かててくわえて【糅てて加えて】

カテテ□クワエテ

がてら　カエリガテラ, ハナミガテラ

がでんいんすい【我田引水】

ガデン□インスイ

かといって　カト□イッテ

カトリック

カトリック□キョーカイ（カトリック教会）, ローマン□カトリック

かな【仮名】

カナ□タイプ□ライター,

カナ□ニューリョク,

カナ□ヘンカン, カナタイプ,

カナモジ,

カンジ□カナマジリブン

かなり【可なり】

ユーベニ□シストモ□カナリ

かねない【兼ねない】シネト□

イワレレバ□シニカネナイ,

ランボー□シカネナイ

かねる【兼ねる】

イスト□シンダイトヲ□カネル,

ミルニ□ミカネテ,

モーシカネマスガ

かの【彼の】カノ□キミ,

カノ□チ（彼の地）, カノ□ヒト

かのえ【庚】カノエ□ネ（庚子）

かのこ【鹿の子】カノコ,

カノコ□シボリ, カノコ□マダラ,

カノコモチ

かのと【辛】カノト□ウシ（辛丑）

カバー　カバー□ガール,

カバーキョク（カバー曲）,

フトン□カバー, イスカバー,

ヌノカバー（布カバー）

がはく【画伯】ヨコヤマ□

タイカン□ガハク（横山大観画伯）

かばのき【樺の木】カバノ□キ，
カバノキカノ□ジュモク（カバノ
キ科の樹木）

かはん【河畔】アブクマ□カハン，
セーヌ□カハン

かばん【鞄】カバンモチ，
ガクセイ□カバン，
テサゲ□カバン，カワカバン

かひ【可否】カヒ□ドースー

かぶ【株】カブ□カイシメ，
カブ□カイトリ，カブ□トーシ，
カブ□トリヒキ，
カブ□バイキャクエキ，カブケン，
カブナカマ〔近世の同業組合〕，
カブヌシ，セイチョーカブ，
ミコーカイカブ，ユーリョーカブ

かぶ【歌舞】カブ□オンギョク

カフェ　カフェ□カプチーノ，
カフェオレ，カフェテラス，
カフェバー

かふきゅう【過不及】
カフキュー□ナク

カフスボタン　カフス□ボタン

かふそく【過不足】カフソク□ナシ

かぶれ　アメリカ□カブレ，
ウルシ□カブレ，
ガイコク□カブレ，
ヤブレ□カブレ

かふん【花粉】スギ□カフンショー，
スギカフン

かべ【壁】カベ□ヒトエ（壁一重），
カベシンブン，
カベソショー（壁訴訟）

かほうもの【果報者】カホーモノ

かほうわ【過飽和】
カホーワ□ジョーキ

かぼちゃ【南瓜】
セイヨー□カボチャ，
クリカボチャ

かまくらぶし【鎌倉武士】
カマクラ□ブシ

かまじょうせっけっきゅうしょう
　【鎌状赤血球症】カマジョー□
セッケッキューショー

がまん【我慢】ガマン□クラベ，
ガマン□ナラナイ，
ガマンヅヨイ，ヤセガマン

かみ【上】カミ□ゴ１ニン（上御一人），
ハイクノ□カミ５（俳句の上五），
オカミサン

かみ【守】イズノカミ（伊豆守），
サツマノカミ（薩摩守）

かみ【紙】カミショージ，
カミヅツミ，カミネンド，
カミノキ（紙の木），カミバイタイ
（紙媒体），カミヒトエ

かみ【神】
アメノ□ミナカヌシノ□カミ（天御
中主神），ウミノ□カミ，
ヒノ□カミ，オオミカミ，
フクノカミ，ヤマノカミ〔妻〕

かみ【頭】ウタノカミ（雅楽頭），
サマノカミ（左馬頭）

かみいちだんかつよう【上一段活用】
カミ１ダン□カツヨー

かみかけて【神掛けて】
カミ□カケテ

かみかたち【髪形】カミカタチ

かみこうち【上高地】カミコーチ

かみさま【神様】カミサマ

かみしほうがため【上四方固め】
カミシホーガタメ

かみしんじん【神信心】
カミシンジン

かみそりまけ【剃刀負け】
カミソリマケ

かみつ【過密】カミツ□トシ

かみつよ【上つ世】カミツヨ

かみなりおやじ【雷親父】
カミナリ□オヤジ

かみのく【上の句】ヵミノク

かみのけ【髪の毛】カミノケ

がむしゃら【我武者羅】ガムシャラ

カムチャツカはんとう【カムチャツ
カ半島】カムチャツカ□ハントー

かむりづけ【冠付け】カムリヅケ

かめのこ【亀の子】カメノ□コ〔亀
の子供〕，カメノコダワシ

かめのこう【亀の甲】
カメノ□コーヨリ□トシノ□コー

カメラ　カメラ□リハーサル，
カメラ□ワーク，カメラマン，
カメラルポ，ビデオ□カメラ，
イカメラ（胃カメラ）

かめん【仮面】カメン□ブトーカイ，
カメン□ライダー，
ゲッコー□カメン（月光仮面），
テッカメン（鉄仮面）

かも【鴨】カモナンバンソバ，
カモネギ，カモロース，
イイ□カモダ

かも　ソーカモ□シレナイ，
ハルニ□ナリニケルカモ

かも【彼も】ナニモ□カモ

かもく【科目】ヒッシュー□カモク，
５カモク

かもしれない　カモ□シレナイ

かもつ【貨物】カモツ□トラック，
カモツ□レッシャ，カモツセン

かもなくふかもなし【可も無く不可も
無し】カモ□ナク□フカモ□ナシ

かものはし【鴨の嘴】

カモノハシ〔動物名〕

かもんのかみ【掃部頭】

カモンノカミ

かやくこ【火薬庫】 カヤクコ

かよう【通う】 ガッコーニ□カヨウ，

ココロノ□カヨータ□トモ

かよう【歌謡】 カヨーショー，

キキ□カヨー（記紀歌謡），

ラジオ□カヨー

から【空】 カライバリ，

カラシュッチョー，

カラノ□ス□ショーコーグン，

カラネンブツ，カラヤクソク

から【殻】 モヌケノ□カラ

から カラ□イクジガ□ナイ，

カラッペタ

カラー カラー□テレビ，

カラー□フィルム，

ツートン□カラー，

ポスター□カラー，

ローカル□カラー，オフカラー，

テクニカラー

からい【辛い】 カライ□メヲ□ミル

がらがら

ガラガラ□シタ□ショーブン，

ガラガラモノ

からし【芥子】

カラシ□レンコン，カラシユ

からして

スーガクカラ□シテ□ミヨー，

コノ□トキカラシテ□，

セイカツガ□カワッタ，

コンナ□ジョータイデ□，

アルカラシテ□マケタノダ，

スガタカラシテ□ウツクシイ

からす【烏・鵲】 カラス□テング，

カラス□ノエンドー〔植物名〕，

カラスネコ，ハシブトガラス

ガラス ガラス□ショージ，

ガラスドア，アミイリ□ガラス，

クモリ□ガラス，

クリスタル□ガラス，スリガラス

からすかんざえもん【烏勘左衛門】

カラス□カンザエモン

からたけわり【唐竹割り】

カラタケワリ

からだじゅう【体中】 カラダジュー

からてんじく【唐天竺】

カラ□テンジク

からとて

クルシイカラトテ□クジケルナ

からには ト□イウカラニワ

がらみ ４０ガラミノ□オトコ，

ヨサンガラミ

がらん【伽藍】７ドー□ガラン□
ヤエザクラ（七堂伽藍八重桜）

かり【仮】カリ□ブッピン□
シャクヨーショ，
カリシャクホー，
カリテイリュージョ

カリ　カリエン（カリ塩），
カサンカ□カリ（過酸化カリ），
セイサン□カリ

かりかつよう【かり活用】
カリカツヨー

かりのよ【仮の世】カリノ□ヨ

カリひりょう【カリ肥料】
カリ□ヒリョー

かりぼしきりうた【刈干切唄】
カリボシキリウタ

がりょうてんせい【画竜点睛】
ガリョー□テンセイ

かりょうびんが【迦陵頻伽】
カリョービンガ

かりんさんせっかい【過燐酸石灰】
カリンサン□セッカイ

かるがゆえに　カルガ□ユエニ

カルタ　カルタ□アソビ，
イロハガルタ，ハナガルタ

カレー　カレー□ライス，
カレーパン，ライス□カレー，
カツカレー

かれこれ　カレコレ□イウ

かれんちゅうきゅう【苛斂誅求】
カレン□チューキュー

かろうじて【辛うじて】カロージテ

かろとうせん【夏炉冬扇】
カロ□トーセン

かわ【川・河】カワクダリ，
アズサガワ（梓川），
キソガワ□クダリ，
キノカワ（紀ノ川），
シマントガワ（四万十川），
ハシノ□ナイ□カワ〔書名〕

がわ【側】ヒノ□アタル□ガワ，
ミル□ガワ，コチラガワ，
シカイシャガワノ□リード

がわしい　ミダリガワシイ

かわせ【為替】カワセ□レート，
デンポーガワセ

かわせがき【川施餓鬼】カワセガキ

かわのかみ【河の神】カワノ□カミ

かわら【瓦】カワラヤネ，ヤネガワラ

かわら【河原・川原・磧】
サイノ□カワラ（賽の河原），
４ジョーガワラ（四条河原）

かわらこじき【河原乞食】
カワラ□コジキ

かわり【変り】カワリ□ナイ，
カワリハテル，カワリモノ，

ウツリカワリ，ウマレカワリ

かわりばんこ【代わり番こ】
　カワリバンコ

かん【燗】サケノ□カン□スル，
　アツカン

かん【刊】２０１７ネン□カン，
　イワナミ□ショテン□カン(岩波書
　店刊)，サイシンカン（最新刊）

かん【奸】
　クンソクノ□カン（君側の奸）

かん【肝】カン□シッカン（肝疾
　患)，カン□ジョーミャク(肝静脈)，
　カンコーヘン，シボーカン(脂肪肝)

かん【缶】カン□インリョー，
　カンチューハイ，カンビール，
　ドラムカン

かん【冠】セカイニ□カンタリ

かん【巻】ゼン□６カン（全六巻)，
　ダイ３カン，
　マンガンノ□ショ（万巻の書）

かん【感】カン□キワマル，
　カン□ムリョー

かん【寒】カンノ□イリ，
　カンノ□モドリ

かん【閑】ボーチュー□カン□アリ

かん【関】
　カン□８シュー（関八州)，
　カンコクカン（函谷関）

かん【間】カン□ハツヲ□イレズ
　（間髪を入れず)，アノ□カン，
　コノカン，ソノカン，
　ガイコクジンカンノ□ウワサ（外
　国人間の噂)，
　トーキョー⁝⁝オオサカカン（東
　京～大阪間）

かん【簡】
　カンニシテ□ヨーヲ□エル

かん【漢】カン□オーチョー，
　カン□ミンゾク，カンブンガク，
　カンガクシャ

かん【環】カン□タイヘイヨー□
　ジョーヤク（環太平洋条約）

がん【癌】ガン□カンジャ，
　ガン□ケンシン，ガン□コクチ，
　ガン□センター，ガン□ソシキ，
　ガン□ビョートー，ガン□ヨボー，
　ガンサイボー，イデンテキ□ガン，
　ダイ１キ□ガン，イガン，
　ショクドーガン，
　マッキガン□カンジャ

がん【眼】ガン□シッカン，
　ガンヒロー，カンシキガン

がん【丸】クレオソートガン

ガン　ガン□アクション，
　ガン□ファイター，ガンマン，
　スピード□ガン，マシンガン

— 73 —

かんいっぱつ【間一髪】
　カン□イッパツ

かんうんやかく【閑雲野鶴】
　カンウン□ヤカク

かんがえちがい【考え違い】
　カンガエ□チガイ

かんがえもの【考え物】
　カンガエモノ

かんきゅう【緩急】
　カン□キュー□カンノ□
　３ガクショー（緩急緩の三楽章），
　カンキューノ□サ（緩急の差）

かんぎゅうじゅうとう【汗牛充棟】
　カンギュー□ジュートー

かんきょう【環境】
　カンキョー□ハカイ，
　キョーイク□カンキョー，
　ジューカンキョー（住環境）

がんくつおう【巌窟王】
　ガンクツオー

かんけい【関係】
　カンケイ□ダイメイシ，
　カンケイ□ナイ，カンケイヅケル，
　オンナ□カンケイ，
　タイジン□カンケイ，
　チカラ□カンケイ

かんげんがくだん【管弦楽団】
　カンゲン□ガクダン

がんこ【頑固】ガンコ□オヤジ

かんこう【菅公】
　カンコー〔菅原道真〕

かんこう【観光】カンコー□トシ，
　カンコー□バス

かんこうへんしょう【肝硬変症】
　カンコーヘンショー

かんこつだったい【換骨奪胎】
　カンコツ□ダッタイ

かんこんそうさい【冠婚葬祭】
　カンコン□ソーサイ

がんざん【元三】ガンザン〔三が日〕

かんざんじっとく【寒山拾得】
　カンザン□ジットク

かんじいる【感じ入る】カンジイル

がんじがらめ【雁字搦め】
　ガンジガラメ

かんじつげつ【閑日月】
　カンジツゲツヲ□スゴス

かんじゃ【患者】ガン□カンジャ，
　ケッカク□カンジャ

かんじゃ【間者】オンナ□カンジャ

かんしゃく【癇癪】カンシャクダマ，
　カンシャクモチ

かんじょうずく【勘定ずく】
　カンジョーズク

がんしょく【顔色】
　ガンショク□ナシ

かんじん【肝心・肝腎】
　カンジン□カナメ
がんす〔方言〕　オバンデ□ガンス，
　ソデ□ガンス，オハヤガンス
がんすいたんそ【含水炭素】
　ガンスイ□タンソ
がんぜない【頑是無い】ガンゼナイ
かんぜんちょうあく【勧善懲悪】
　カンゼン□チョーアク
かんそんみんぴ【官尊民卑】
　カンソン□ミンピ
かんたん【肝胆】
　カンタン□アイテラス
かんだん【間断】カンダン□ナク
かんづく【感付く】カンヅク
かんとうげん【巻頭言】
　カントーゲン
がんどうぢょうちん【龕燈提灯】
　ガンドーヂョーチン
がんとして【頑として】
　ガント□シテ
かんのむし【疳の虫・癇の虫】
　カンノムシ
かんばんむすめ【看板娘】
　カンバン□ムスメ
かんぷなきまで【完膚なきまで】
　カンプ□ナキマデ

かんぽう【漢方】
　カンポー□ヤッキョク
ガンマせん【γ線・ガンマ線】
　，ガンマセン
かんみん【官民】カンミン□イッタイ，
　カンミン□カクサ，
　サン□ガク□カン□ミン（産学官民）
かんむり【冠】カンムリ□タイカイ，
　クサカンムリ
かんむりょう【感無量】
　カン□ムリョー
かんれいぜんせん【寒冷前線】
　カンレイ□ゼンセン

き

き【木・樹】スギノ□キ，
　ホオノ□キ，マツノ□キ，
　モミノ□キ
　※エノキ，クスノキ，ヒノキ
き【生】ウイスキーヲ□キデ□ノム，
　キノ□ママ，キジョーユ，
　キブドーシュ

き【気】キガ□キク，
　　キガ□キデワ□ナイ，キガ□ツク，
　　キニ□イル，キニ□クワナイ，
　　キニ□ナル，キノ□キイタ，
　　キヲ□ツケル，ソノ□キニ□ナル，
　　ヤル□キガ□ナイ，オキニイリ，
　　キノドク

き【忌】３カイキ（三回忌），
　　カッパキ（河童忌）

き【紀】ジュラキ（ジュラ紀），
　　ニホン□ショキ（日本書紀）

き【記】８ガツ□１５ニチ□キ（八月
　　十五日記），ヤマダ□タロー□キ（山
　　田太郎記），コジキ（古事記），
　　ショーモンキ（将門記），タンケンキ
　　（探険記），ヨブキ（ヨブ記）

き【軌】キヲ□イツニ□スル

き【基】１キ（一基），
　　カルボキシルキ，メチルキ

き【貴】キ□ショーテン（貴商店），
　　キキンゾク，キシャ（貴社）

ぎ【義】ギギョーダ〝，ダイ１ギ

ぎ【儀】コンレイノ□ギ，
　　ソノ□ギバカリ，チチ□タロー□ギ
　　（父太郎儀），ソノホーギ（その方儀），
　　ワタクシギ，チキューギ

ぎ【擬】ギ□ミンシュ□シュギ，
　　ギコッカイ（擬国会），ギコブン

（擬古文），ギヨーセイ（擬陽性）

ギア　ギア□ボックス，
　　ギアチェンジ，セカンド□ギア，
　　トップギア

きい【紀伊】キイ□サンチ，
　　キイ□スイドー（紀伊水道），
　　キイ□ダイナゴン（紀伊大納言）

キー　キー□パーソン，
　　キー□パンチャー，キー□ポイント，
　　キー□ボックス，キー□ホルダー，
　　キーノート，キーワード，
　　⠿⠿⠿□キー（Ｅｓｃキー），
　　⠿⠿⠿□キー（Ｆ１キー），
　　⠿⠿⠿⠿⠿□キー
　　（Ｓｈｉｆｔキー），
　　コントロール□キー，
　　ショート□カット□キー，
　　マスター□キー，ロクオン□キー，
　　テンキー，ルームキー

きいたふう【利いた風】
　　キイタ□フー

きいっぽん【生一本】
　　キイッポンナ□ショーブン，
　　ナダノ□キイッポン

きうそうだい【気宇壮大】
　　キウ□ソーダイ

きおう【気負う】
　　キオウベキジャ□ナイ

きおうしょう【既往症】
　キオーショー

ぎおんしょうじゃ【祇園精舎】
　ギオン□ショージャ

きか【幾何】キカ□キュースー，
　キカ□モヨー，カイセキ□キカ

きか【机下】ブチョー□キカ

きが【飢餓】キガ□ジョータイ，
　キガ□リョーホー

ぎかい【議会】ギカイ□ギイン，
　ニイガタケン□ギカイ，
　フクオカシ□ギカイ，
　ケンギカイ，シギカイ

きガスるい【希ガス類・稀ガス類】
　キガスルイ

きかんき【利かん気】キカンキ
　※キカヌ□キ

きかんぼう【利かん坊】キカンボー

きき【危機】キキ□イシキ，
　キキ□イッパツ，セキユ□キキ

きき【機器】キキ□セイビ，
　:::::::::::::□キキ（ＡＶ機器），
　ジム□キキ

きき【鬼気】キキ□セマル

きき【記紀】キキ□カヨー，
　キキ□マンヨー

ききかいかい【奇奇怪怪】
　キキ□カイカイ

ききぐるしい【聞き苦しい】
　キキグルシイ

ききじょうず【聞き上手】
　キキジョーズ

ききずてならない【聞き捨てならな
　い】キキズテ□ナラナイ

ききづらい【聞き辛い】キキヅライ

ききん【飢饉】ミズキキン

きく【菊】キクカ□ナマス，
　キクカチャ（菊花茶），
　キクカモン（菊花紋），
　キクニンギョー，キクノ□セック，
　キクバン（菊判）
　※キッカショー

きくならく【聞くならく】
　キクナラク

きげん【機嫌】キゲン□ウカガイ，
　キゲン□ヨク，１パイ□キゲン，
　オトソ□キゲン

きこえ【聞こえ】キコエ□タカイ

きこえよがし【聞こえよがし】
　キコエヨガシ

ぎこちない　ギコチナイ

きさいのみや【后の宮】
　キサイノミヤ

きざみ【刻み】キザミ□タバコ，
　１スン□キザミ

きじ【生地】シロ□ジ（白生地），
　パンキジ

きじ【記事】キジ□サシトメ，
　３メン□キジ，コラム□キジ

ぎし【義士】ギシ□ガイデン，
　アコー□ギシ（赤穂義士）

ぎじ【擬似】ギジ□コレラ

きしかいせい【起死回生】
　キシ□カイセイ

きしせんめい【旗幟鮮明】
　キシ□センメイ

きしつ【気質】ガクセイ□キシツ，
　ソーウツ□キシツ（躁鬱気質）

きしもじん【鬼子母神】キシモジン

きしゃ【記者】キシャ□クラブ，
　ジケン□キシャ

きしょうかち【希少価値】
　キショー□カチ

きしょうてんけつ【起承転結】
　キショー□テンケツ

きしょく【気色】キショク□ワルイ

ぎしわじんでん【魏志倭人伝】
　ギシ□ワジンデン

きずく【築く】シロヲ□キズク

きずつける【傷つける】キズツケル

きするところ【帰する所】
　キスル□トコロ□コー□ナル

きするところ【期する所】
　ココロニ□キスル□トコロガ□
　アル

きせずして【期せずして】
　キセズシテ

きそ【基礎】キソ□イガク，
　キソ□ゴイ（基礎語彙），
　キソ□タイシャ

きそ【木曽】
　キソ□オンタケ（木曽御嶽），
　キソ□カイドー，
　キソ□５ボク（木曽五木），
　キソ□ヒノキ，キソ□フクシマ（木
　曽福島），キソコマ（木曽駒）

きそう【競う】ワザヲ□キソウ

きそうてんがい【奇想天外】
　キソー□テンガイ

きそくただしい【規則正しい】
　キソク□タダシイ

きた【北】キタ１ジョー□ニシ（北
　一条西），キタアルプス，
　キタカイキセン，キタハンキュー，
　アサガヤ□キタ，サガ□キタ□
　コーコー（佐賀北高校）

きたきりすずめ【着た切り雀】
　キタキリ□スズメ

きたのかた【北の方】
　キタノ□カタ〔北の方角〕，

き
きしーきたの

— 78 —

キタノカタ〔奥方・貴人の妻〕

きたのまんどころ【北の政所】

キタノ□マンドコロ

ぎだゆう【義太夫】ギダユー

きたんない【忌憚ない】

キタン□ナイ

きちがい【気違い・気狂い】

キチガイ□ナスビ，キチガイザタ，

ヤキュー□キチガイ，

ウマキチガイ

きづかい【気遣い】キヅカイ

きっかり ５ジ□キッカリ

きづかれ【気疲れ】キヅカレ

きっきゅうじょ【鞠躬如】

キッキュージョト□シテ

キック キック□ボール，

キック□ボクシング，キックオフ，

ゴール□キック

きづく【気付く】

ヨク□キヅク□ヒト

きづけ【気付】

テイコク□ホテル□キヅケ（帝国

ホテル気付）

きったはった

キッタ□ハッタノ□オオソードー

きっちり １マンエン□キッチリ

キッチン キッチン□ウエア，

システム□キッチン

きっての

チョーナイ□キッテノ□ビジン

きつねのぼたん【狐の牡丹】

キツネノ□ボタン〔植物名〕

きつねのよめいり【狐の嫁入り】

キツネノ□ヨメイリ

きづまり【気詰り】キヅマリ

きづよい【気強い】キヅヨイ

きど【輝度】キドケイ（輝度計），

サイダイ□キド，ホーシャ□キド，

コーキド（高輝度）

きど【喜怒】キド□アイラク

きとくけんえき【既得権益】

キトク□ケンエキ

きどごめん【木戸御免】

キド□ゴメン

きどり【気取り】

ニョーボー□キドリ

きにいり【気に入り】

ミタ□トタンニ□キニ□イリ，

キニイリノ□フク，オキニイリ

きにいる【気に入る】キニ□イル

きぬこまちいと【絹小町糸】

キヌコマチイト

きねづか【杵柄】

ムカシ□トッタ□キネヅカ

きのう【昨日】キノー□キョーノ□

ツキアイジャ□ナイ，

キノーノ□キョー

きのう【機能】ウンドー□キノー，
カン□キノー□ケンサ（肝機能検
査）

きのえ【甲】キノエ□ネ（甲子），
キノエネ□マツリ（甲子祭り）

きのか【木の香】
キノ□カモ□アタラシイ

きのじ【喜の字】キノジノ□イワイ

きのと【乙】キノト□ウシ（乙丑）

きのどく【気の毒】
キノドク□センバン，
オキノドクサマ

きのは【木の葉】キノ□ハガ□マウ
※コノハ

きのみ【木の実】
オイシイ□キノ□ミ
※コノミ

きのみきのまま【着の身着の儘】
キノミ□キノママデ□ニゲタ

きのめ【木の芽】
ヤナギノ□キノ□メ，
キノメ□デンガク，
キノメアエ，キノメダチ

きのりうす【気乗り薄】キノリウス

きば【騎馬】キバ□ミンゾク，
キバ□ムシャ

きはちじょう【黄八丈】
キハチジョー

きひ【忌避】チョーヘイ□キヒ

きふ【寄付・寄附】キフ□コーイ，
キフキン，コーガク□キフ

ぎふ【岐阜】ギフ□ウチワ，
ギフ□ハシマ（岐阜羽島），
ギフヂョーチン

ギブ　ギブ□アンド□テイク，
ギブアップ

ギフト　ギフト□カード，
ギフト□チェック，
⠿⠿⠿⠿⠿⠿⠿⠿⠿⠿（gift券）

きぶん【気分】キブン□ナオシ，
イイ□キブン，ウカレ□キブン

きぼ【規模】キボ□コーダイ，
ケイエイ□キボ，
ダイキボ□ガッコー

きまえ【気前】キマエ□ヨク

きまま【気儘】カッテ□キママ

きまり【決まり・極まり】
キマリガ□ツク，
キマリガ□ワルイ，キマリワルイ，
オキマリノ□コゴト

きまりもんく【決まり文句】
キマリ□モンク

きみ【君】
キミ□ボクノ□アイダガラ，

イッテン□バンジョーノ□キミ
（一天万乗の君），マサコノ□キミ
（政子の君），セノキミ（背の君）
※キミイ（君ィ）

きみ【気味】キミガ□イイ，
キミガ□ワルイ，キミワルイ，
イイ□キミダ，
カゼノ□キミデ□ヤスム

きみ【公】ウサノ□キミ（宇佐公）

ぎみ【君】イモートギミ（妹君），
タケチヨギミ（竹千代君），
ヨドギミ（淀君）

きみがよ【君が代】
キミガヨ□セイショー，
キミガ□ヨワ□チヨニ□ヤチヨニ

きみょう【奇妙】
キミョー□キテレツ

ぎむ【義務】ギム□キョーイク，
シュヒ□ギム（守秘義務）

きめ【木目・肌理】
キメ□コマカイ□ハイリョ，
キメ□コマヤカニ□セツメイ□
スル

きもち【気持】キモチ□ヨイ，
キモチ□ワルイ，イイ□キモチ，
ホンノ□キモチバカリ

ぎゃく【逆】
ギャク□3カク□カンスー，

ギャク□ソーカン□カンケイ，

（逆V字型），ギャク3カクケイ，
ギャクコース

ギャグ　ギャグネタ，オヤジギャグ

きゃくあしらい【客あしらい】
キャクアシライ

きゃくあつかい【客扱い】
キャクアツカイ
※オキャク□アツカイ

キャスト
オール□スター□キャスト，
ミスキャスト

キャッシュ　キャッシュ□カード，
キャッシュレス

キャッチ　キャッチ□コピー，
キャッチ□セールス，
キャッチ□ボール，キャッチバー，
キャッチホン，ナイス□キャッチ，
フェアキャッチ

キャッチャー
キャッチャー□ボート

キャップ　キャップ□ランプ，
キャップレス，ナイト□キャップ，
ヘアキャップ

キャベツ　キャベツ□イタメ，
ロール□キャベツ，ハルキャベツ

き

きみ―きゃへ

― 81 ―

キャラ　キャラガ□タツ,
　　コイ□キャラノ□モチヌシ,
　　ゴトーチ□キャラ, ユルキャラ

キャラメル
　　チョコレート□キャラメル,
　　ミルク□キャラメル

キャリア　キャリア□ガール,
　　ノンキャリア

きやりくずし【木遣崩し】
　　キヤリ□クズシ

ギャル　ギャル□オジサン,
　　オヤジギャル, コギャル

キャンデー　キャンデー□ボックス,
　　アイス□キャンデー

キャンプ　キャンプ□ファイア,
　　キャンプチ（キャンプ地）,
　　ダイ1□キャンプ

きゆう【杞憂】キユーニ□スギナイ

きゅう【灸】キュー□チリョー,
　　サンリニ□キュー□スル,
　　ハリ□キュー□アンマ,
　　シンキュー□マッサージ,
　　ニンニクキュー,
　　ハリキュー□チリョー

きゅう【急】キューテイシャ,
　　キューピッチ,
　　フーウン□キューヲ□ツゲル

きゅう【宮】12キュー（十二宮）,
　　ハクヨーキュー（白羊宮）

きゅう【級】⠿⠿⠿⠿⠿⠿（A
　　級）, ⠿⠿⠿⠿⠿⠿□グルメ（B
　　級グルメ）, 48キロキュー,
　　エイケン□2キュー（英検二級）,
　　ライト□ヘビーキュー

きゅう【旧】
　　キュー□カゾク（旧華族）,
　　キュー□ケイホー（旧刑法）,
　　キュー□コクドー□21ゴーセン,
　　キュー□ザイバツ,
　　キュー□ソレン（旧ソ連）,
　　キュー□トーカイドー（旧東海道）,
　　キュー□ハンシュ（旧藩主）,
　　キューハン□ジダイ（旧藩時代）,
　　キューカナヅカイ,
　　キューコクドー,
　　キューシガイ（旧市街）,
　　キューショーガツ,
　　キューセカイ（旧世界）,
　　キューセッキ□ジダイ,
　　キュータイリク

きゅう【給】ジカンキュー,
　　ショニンキュー

ぎゅう【牛】ギュー□ヒレニク,
　　ギューヒレ,
　　マツサカギュー（松坂牛)

キューアンドエー【Q＆A】
⠀⠿⠿⠀⠿⠿⠀⠿⠿⠀⠿⠿

きゅうか【休暇】キューカ□トドケ，
カキ□キューカ（夏季休暇）

きゅうかんちょう【九官鳥】
キューカンチョー

きゅうぎゅう【九牛】
9ギューノ□1モー（九牛の一毛）

きゅうきん【球菌】
ブドージョー□キューキン

きゅうきん【給金】
キューキン□ナオシ

きゅうこう【急行】キューコーケン，
ノボリ□キューコー

きゅうし【九死】
9シニ□1ショーヲ□エル（九死
に一生を得る）

きゅうし【九紫】9シ

きゅうし【休止】キューシフ（休止
符），4ブ□キューシフ（四分休止
符），ショーキューシ（小休止），
ゼンキューシフ（全休止符）

きゅうしゅう【九州】
キューシュー□チホー

きゅうじょう【球場】
コーシエン□キュージョー（甲子園
球場），タキュージョー（他球場）

きゅうじん【九仞】
9ジンノ□コーヲ□1キニ□カク
（九仞の功を一簣に欠く）

きゅうす【休す】バンジ□キュース

きゅうす【窮す】
キュースレバ□ツーズ

きゅうせい【九星】9セイ
〔1パク（一白）、ジコク（二黒）、
3ペキ（三碧）、4⠿ロク（四緑）、
5⠿オー（五黄）、6パク（六白）、
7セキ（七赤）、8パク（八白）、
9シ（九紫）〕

きゅうせん【九泉】
キューセン〔あの世〕

きゅうそ【窮鼠】
キューソ□ネコヲ□カム

きゅうぞく【九族】
9ゾク〔9代の親族〕

きゅうたいりく【旧大陸】
キュータイリク

きゅうちゅう【宮中】
キューチュー□ウタカイ□ハジメ，
キューチュー□3デン（宮中三殿）

きゅうてん【急転】
キューテン□チョッカ

きゅうテンポ【急テンポ】
キューテンポ

きゅうはい【九拝】

　３パイ□９ハイ（三拝九拝）

きゅうび【九尾】９ビノ□キツネ

きゅうり【久離・旧離】

　キューリ□キッテノ□カンドー

　（久離切っての勘当）

きよ【毀誉】キヨ□ホーヘン

きょ【居】スズキ□キョ（鈴木居），

　セキシュンキョ（惜春居）

きょ【虚】キョヲ□ツク，

　１ケン□キョニ□ホユレバ（一犬

　虚に吠ゆれば）

きよう【器用】キヨー□ビンボー，

　キヨーモノ（器用者）

きょう【今日】キョー□コノゴロ，

　キョー□アスノ□ウチニ，

　キョーカギリ

きょう【経】キョーカタビラ，

　ハンニャ□シンギョー（般若心経），

　ホケキョー（法華経）

きょう【興】キョー□フカイ

きょう【狂】ケイバキョー，

　ヤキューキョー

きょう【京】キョーオンナ，

　キョーコトバ，キョーニンギョー，

　ニシノキョー（西の京），

　ヘイアンキョー（平安京）

きょう【峡】

　テンリューキョー（天竜峡），

　サンダンキョー（三段峡）

きょう【強】キョーダシャ（強打者），

　１□オクニン□キョー，

　シンド□５□キョー，

　４キョーガ□デソロッタ

きょう【教】イスラムキョー，

　キリストキョー，ブッキョー

きょう【卿】

　イワクラキョー（岩倉卿），

　オオクラキョー（大蔵卿），

　シュンゼイキョー（俊成卿），

　ヒョーブキョー（兵部卿）

きょう【郷】オンセンキョー，

　リソーキョー

きょう【境】ムジンノ□キョー，

　コーコツキョー

きょう【橋】キンモンキョー（金門橋），

　ホドーキョー

ぎょう【業】セイゾーギョー

きょういく【教育】

　キョーイク□ママ，キョーイクシャ，

　コートー□キョーイク，

　サイキョーイク，

　モーキョーイク（盲教育）

きょうか【教科】キョーカ□カテイ，

　キョーカショタイ（教科書体）

きょうかい【教会】
　キリスト□キョーカイ
　※キリストキョーカイ（キリスト教
　界）

ぎょうかい【業界】ギョーカイジン，
　カンレン□ギョーカイ，
　センイ□ギョーカイ

ぎょうぎ【行儀】
　ギョーギ□ミナライ，
　ギョーギ□ヨク，
　タニン□ギョーギ

きょうげん【狂言】
　キョーゲン□ゴートー，
　キョーゲン□マワシ，
　アタリ□キョーゲン

ぎょうしゃ【業者】
　オロシウリ□ギョーシャ，
　ケンチク□ギョーシャ，
　ジエイギョーシャ（自営業者），
　シュコーギョーシャ（手工業者）

ぎょうじゅうざが【行住坐臥】
　ギョージュー□ザガ

きょうせい【強制】
　キョーセイ□ロードー，
　ハンキョーセイテキ（半強制的）

ぎょうせい【擬陽性】ギョーセイ

きょうだい【兄弟】
　キョーダイ□デシ，

キョーダイブン，
　３ニン□キョーダイ，
　オヤキョーダイ□オモイ

きょうつう【共通】
　キョーツー□ブブン，
　キョーツーコー（共通項）

ぎょうてん【仰天】
　ビックリ□ギョーテン

きょうてんどうち【驚天動地】
　キョーテン□ドーチ

きょうと【教徒】
　イスラム□キョート，
　ブッキョート（仏教徒）

きょうどう【共同・協同】
　キョードータイ，
　サンガク□キョードー（産学協同），
　サン□ガク□カン□キョードー
　（産学官共同），
　ダンジョ□キョードー□サンカク

きょうねん【享年】キョーネン□８０

きょうみ【興味】
　キョーミ□アル□ワダイ，
　キョーミ□シンシン，
　キョーミ□ハンブン，
　キョーミブカイ

きょうわおん【協和音】
　キョーワオン，フキョーワオン

きょうわらべ【京童】キョーワラベ

きょきょじつじつ【虚虚実実】
　キョキョ□ジツジツ

きょく【局】ジムキョク,
　ホーソーキョク, ショトー□
　チュートー□キョーイク□
　キョクチョー（初等中等教育局長）

きょく【曲】
　ヤマダ□コーサク□キョク
　（山田耕筰曲）, コーキョーキョク

ぎょくあんか【玉案下】
　ギョクアンカ

きょくたん【極端】
　リョーキョクタン

きょくちょう【局長】
　ジム□キョクチョー,
　トーキョー□ユーセイ□
　キョクチョー, イキョクチョー,
　ホーソー□ソーキョクチョー

きょこくいっち【挙国一致】
　キョコク□イッチ□ナイカク

ぎょしやすい【御しやすい】
　ギョシヤスイ

ぎょめいぎょじ【御名御璽】
　ギョメイ□ギョジ

きょよう【許容】
　キョヨー□ハンイ,
　キョヨーリョー

きょり【距離】キョリ□キョーギ,
　サイタン□キョリ,
　シキン□キョリ, タンキョリ

きょりゅう【居留】キョリューチ,
　キョリューミンダン（居留民団）

きら【綺羅】キラ□ホシノゴトク,
　キラボシ

キラー　キラー□⠿⠿⠿□サイボー
　（キラーＴ細胞）, マダム□キラー

きられよさ【切られ与三】
　キラレ□ヨサ

きり【切り・限】
　キリ□ナク□ツヅク, ７ガツキリ,
　イッタキリ, ソレッキリダ

ぎり【義理】ギリ□アル□ナカ,
　ギリ□イッペン（義理一遍）,
　ギリ□ニンジョー, ギリガタイ,
　ギリシラズ, ギリズク,
　ギリチョコ

きりきり　キリキリ□シャント,
　キリキリ□タチハタラク,
　キリキリマイ□スル

ぎりぎり
　ジカン□ギリギリデ□マニアッタ

きりこうじょう【切り口上】
　キリコージョー

キリシタン　キリシタン□バテレン,
　コロビ□キリシタン

きりすて【切り捨て・斬り捨て】
キリステ□ゴメン,
ショースーテン□イカ□キリステ

キリスト キリスト□キョート(キリ
スト教徒), キリストキョー□
シャカイ□シュギ,
キリストキョーコク(キリスト教国)

きりだし【切り出し】
キリダシ□ナイフ

きりづま【切妻】キリヅマヅクリ,
キリヅマヤネ

きりどおし【切り通し】アサヒナ□
キリドオシ(朝比奈切通し)

きりなし【限無し】
キリナシニ□シャベル

きりひとは【桐一葉】キリ□ヒトハ

きりぼし【切り干し】
キリボシ□ダイコン

きりょう【器量】キリョージン,
キリョーマケ, キリョーヨシ

きりりしゃんと キリリ□シャント

きれい【奇麗・綺麗】
キレイ□サッパリ

きれじ【切れ地・布地】キレジ

キロ ⠀⠀⠀⠀⠀(1 kg),
⠀⠀⠀⠀⠀(20km/s),
⠀⠀⠀⠀⠀(1 kWh),
1キロリットル,

40キロ□レース,
エイギョーキロ

きろく【記録】キロク□ヤブリ,
セカイ□キロク, シンキロク

きわ【際】イマワノ□キワ

きわまり【窮まり・極まり】
ブレイ□キワマリ□ナイ

きわまる【窮まる・極まる・谷まる】
カン□キワマッテ,
シンタイ□キワマル

きをつけ【気を付け】
キヲツケノ□シセイ

きをつける【気を付ける】
キヲ□ツケル
※キイ□ツケナハレ,
オキヲツケ□クダサイ

きん【金】キン□イップー,
キン□カイキン, キン□トリヒキ,
キンソーバ, ヒトツ□キン□
100マンエンナリ(一金百万円也),
18キン

きん【菌】セキリキン,
ブドージョー□キューキン

きん【筋】キン□イシュクショー
(筋萎縮症), キン□キンチョー
(筋緊張), キン□ソシキ,
キン□ムリョクショー, キンセンイ
(筋繊維), キンボースイ(筋紡錘),

ダイタイ□4トーキン（大腿四頭
筋），フズイイキン（不随意筋）

きんいつ【均一】
　１００□□エン□ニンイツ
　※１００キン（百均）

きんか【槿花】
　キンカ□1チョーノ□ユメ（槿花
　一朝の夢）

きんが【謹賀】キンガ□シンネン

きんかぎょくじょう【金科玉条】
　キンカ□ギョクジョー

ぎんがけい【銀河系】
　ギンガケイガイ□セイウン（銀河
　系外星雲）

きんかんしょく【金環蝕】
　キンカンショク

きんきじゃくやく【欣喜雀躍】
　キンキ□ジャクヤク

キング　キング□コング，
　キング□サーモン，
　ライオン□キング

きんぐち【金口】キングチ□タバコ

きんごう【近郷】
　キンゴー□キンザイ

ぎんこう【銀行】５５□ギンコー（五
　十五銀行），シチュー□ギンコー，
　ニッポン□ギンコーケン，
　コート□オツノ□2ギンコー（甲

と乙の二銀行）

きんざんじみそ【金山寺（径山寺）味
　噌】キンザンジ□ミソ

きんジストロフィー【筋ジストロ
　フィー】キン□ジストロフィー

きんしつ【琴瑟】
　キンシツ□アイワス（琴瑟相和す）

きんじょ【近所】
　キンジョ□ガッペキ，
　キンジョ□メイワク，
　トナリ□キンジョ

きんじょう【錦上】
　キンジョー□ハナヲ□ソエル

きんぞく【金属】ヒテツ□キンゾク，
　キキンゾクショー

きんだん【禁断】
　キンダンノ□コノミ

きんちさん【禁治産】
　キンチサンシャ，
　ジュンキンチサンシャ（準禁治産者）

きんでんぎょくろう【金殿玉楼】
　キンデン□ギョクロー

きんてんさい【禁転載】
　キン□テンサイ

きんとき【金時】キントキ□アズキ，
　キントキ□ムスメ，
　キントキノ□カジミマイ，
　サカタノ□キントキ（坂田金時）

きんのこと【琴の琴】キンノ□コト
きんぴらごぼう【金平牛蒡】
　キンピラ□ゴボー
きんほんい【金本位】
　キンホンイ□セイド
ぎんゆうしじん【吟遊詩人】
　ギンユー□シジン
きんらん【金襴】キンラン□ドンス
きんり【禁裏・禁裡】
　キンリサマ（禁裏様）

く【区】コクラ□キタク（小倉北区），
　タイトーク（台東区），
　テンノージク（天王寺区）
く【苦】ク□アレバ□ラク□アリ，
　クニ□スル，クモ□ナク
ぐ【愚】グニモ□ツカヌ，
　グノ□コッチョー
ぐあい【具合】イイ□グアイニ，
　フクラミ□グアイ，
　フトコロ□グアイ，ハラグアイ

くいあらためる【悔い改める】
　クイアラタメル
クイーン
　クイーン□エリザベスゴー，
　レース□クイーン
クイズ　クイズ□バングミ，
　カチヌキ□クイズ
クイック　クイック□ターン，
　クイック□パス
くう【食う】クウカ□クワレルカ，
　クウヤ□クワズ，クーテ□ミイ，
　ナニクワヌ□カオ
ぐう【寓】サトー□グー（佐藤寓）
ぐう　グー□チョキ□パー
くうこう【空港】
　コクサイ□クーコー，
　シンクーコー（新空港）
くうぜんぜつご【空前絶後】
　クーゼン□ゼツゴ
くうそくぜしき【空即是色】
　クー□ソク□ゼ□シキ
ぐうのね【ぐうの音】
　グーノネモ□デナイ
くうやねんぶつ【空也念仏】
　クーヤ□ネンブツ
クーラー　カー□クーラー，
　ルーム□クーラー

クーリング　クーリング□オフ,
　　クーリング□タフー

クエスチョンマーク
　　クエスチョン□マーク

くかい【区会】クヮイ□ギイン

くかつよう【く活用】クカツヨー

くぎ【区議】キタ□クギ（北区議）,
　　シンジュク□クギ（新宿区議）

くぎづけ【釘付け】クギヅケ

くく【九九】⠿⠿⠿□⠿⠿
　　（九九八十一）, ククヲ□トナエル

くくり【括り】ククリ□ズキン,
　　ククリ□マクラ, ククリツケル,
　　ククリバカマ

くぐり【潜り】タイナイ□クグリ,
　　チノワ□クグリ

くげ【公家】クゲ□カゾク,
　　クゲ□ショハット,
　　ビンボー□クゲ, アオクゲ

くさい【臭い】
　　クサイ□モノ□ミ□シラズ,
　　ガスクサイ, フンベツクサイ

くさき【草木】クサキモ□ネムル

くさのいおり【草の庵】
　　クサノ□イオリ

くさのね【草の根】
　　クサノ□ネヲ□ワケテモ,
　　クサノネ□ウンドー

くさばのかげ【草葉の陰】
　　クサバノ□カゲカラ

くさぶき【草葺き】クサブキヤネ

くさりかたびら【鎖帷子】
　　クサリ□カタビラ

くされ【腐れ】クサレ□ボーズ,
　　クサレエン

くじ【九字】9ジヲ□キル

くじゃく【孔雀】
　　クジャク□ミョーオー,
　　インド□クジャク, シロクジャク

くしゃくにけん【九尺二間】
　　9シャク□2ケンノ□ウラナガヤ

くじゅうくりはま【九十九里浜】
　　クジュークリハマ

くじょ【駆除】ハエ□カ□クジョ

くじら【鯨】クジラトリ,
　　シロナガス□クジラ,
　　ミンク□クジラ, ツチクジラ

ぐず【愚図】グズオトコ,
　　グズグズ□スルナ, グズヤロー

くずし【崩し】クズシジ,
　　キャリ□クズシ,
　　シマダ□クズシ,
　　ショタイ□クズシ,
　　マンジ□クズシ

ぐずつく　グズツク

くすのき【楠・樟】クスノキ

くすり【薬】
　クスリ□クソーバイ（薬九層倍）

くずれ【崩れ】 ケショー□クズレ，
　トッコータイ□クズレ，
　ヤクシャ□クズレ，
　ドシャクズレ，ヤマクズレ

くすんごぶ【九寸五分】
　クスンゴブ〔短刀〕

くせ【癖】 カネモチノ□クセニ，
　シッテル□クセ□シテ，
　ソノクセ□カネガ□ナイ，
　ナクテ□ナナクセ□アッテ□
　４８クセ

くそ【糞】 クソクラエ，クソヂカラ，
　クソババア，クソベンキョー，
　クソマジメ，ナニクソ

くださる【下さる】
　オイデ□ナサッテ□クダサイマシ，
　オヨミ□クダサイ，
　ゴメン□クダサイ

くだし【下し】 タイドク□クダシ，
　ムシクダシ

くたびれもうけ【草臥儲け】
　クタビレ□モーケ

くだり【下り】 クダリ□レッシャ，
　クダリザカ，アマゾン□クダリ，
　カワクダリ

くち【口】 クチ□アラク□ノノシル，
　クチヲ□キク，
　アイタ□クチガ□フサガラナイ，
　コノ□クチノ□シナワ□ワルイ，
　クチウツシ，クチヅタエ

くちうるさい【口煩い】
　クチウルサイ

くちさがない【口さがない】
　クチサガナイ

くちのは【口の端】
　クチノハニ□カカル

**くちはっちょうてはっちょう【口八丁
手八丁】**
　クチハッチョー□テハッチョー

くちはばったい【口幅ったい】
　クチハバッタイ

くちぶちょうほう【口不調法】
　クチブチョーホー

くちやかましい【口喧しい】
　クチヤカマシイ

クッション クッション□ボール，
　エア□クッション

くつずれ【靴擦れ】 クツズレ

くったく【屈託】
　クッタク□ナイ□ヨース

くってかかる クッテ□カカル

グッド グッド□ナイト，
　グッドバイ

― 91 ―

くづめらくがみ【苦爪楽髪】
　クヅメ□ラクガミ

ぐでんぐでん
　グデン□グデンニ□ヨウ

くどき【口説き】クドキ□モンク,
　クドキオトシ

くない【区内】
　シンジュク□クナイ（新宿区内）,
　２３クナイ, センキョクナイ

くに【国】クニノ□ツカサ（国司）,
　クニノカミ（国守）,
　イズモノ□クニ（出雲国）,
　トオトーミノ□クニ（遠江国）

くにつ【国津】クニツ□ミカミ,
　クニツカミ

くにづくし【国尽し】クニヅクシ

くにのみやつこ【国造】
　クニノ□ミヤツコ

くぬぎへびとんぼ
　クヌギ□ヘビトンボ〔昆虫名〕

くねんぼ【九年母】
　クネンボ〔くだもの〕

くのいち【くの一】クノイチ

くばり【配り】ココロ□クバリ,
　チラシ□クバリ, ビラクバリ

くびのざ【首の座】クビノ□ザ

くぶくりん【九分九厘】
　９ブ□９⠠⠂リン□セイコーダ

くほん【九品】９ホン□ライゴーズ,
　クホンブツ（九品仏）〔地名〕

くまこうはちこう【熊公八公】
　クマコー□ハチコー

くまなく【隈なく】
　クマナク□サガス

くまのい【熊の胆】
　クマノイ〔漢方薬〕

くみ【組】３ネン□⠠⠃グミ
　（三年Ｂ組）, ラクダイグミ

グミ　グミ□キャンデー,
　オレンジ□グミ, ソフトグミ

くみする【与する】クミスル,
　クミシヤスイ□アイテ

ぐむ　ナミダグム, メグム（芽ぐむ）

くも【雲】
　クモ□ツクバカリノ□オオオトコ

くものうえ【雲の上】
　クモノ□ウエ, クモノウエビト

くものこ【蜘蛛の子】
　クモノ□コヲ□チラスヨー

くものす【蜘蛛の巣】クモノ□ス,
　クモノスジョー

くもりガラス【曇りガラス】
　クモリ□ガラス

くやし【悔し】クヤシナミダ,
　クヤシマギレ

くよう【九曜】９ヨー〔占い〕

くよくよ　クヨクヨ□スルナ

くらい【位】
　　クライ□ジンシンヲ□キワメル，
　　センノ□クライ（千の位），
　　ナカホドニ□クライ□スル，
　　コレクライ，ドノクライ〔どれほど〕，
　　ネコグライノ□オオキサ，
　　１００ニングライ□アツマル，
　　メニ□ミエナイクライダ

くらげ【水母・海月】
　　サカサ□クラゲ，デンキ□クラゲ，
　　ミズクラゲ

くらし【暮し】クラシ□ジョーズ，
　　クラシムキ

クラシック　クラシックカー，
　　ニュー□クラシック，
　　セミクラシック

クラス　クラス□１ノ□ビジン，
　　クラス□メート，クラスベツ，
　　⠿⠿□クラスノ□シナ（Ａクラス
　　の品），トップ□クラス，
　　ハイクラス

グラス　グラス□ウール，
　　グラス□ファイバー，グラスフキ，
　　ワイン□グラス，サングラス

グラタン　マカロニ□グラタン，
　　エビグラタン，ナスグラタン

クラブ　クラブ□カツドー，
　　ライフル□クラブ

グラフ　オレセン□グラフ，
　　エングラフ，ボーグラフ

グラフィー
　　コツ□シンチグラフィー，
　　サーモグラフィー，
　　ジオグラフィー，
　　フォトグラフィー，
　　ポルノグラフィー，
　　マンモグラフィー

クラフト　クラフト□パルプ，
　　クラフトマンシップ，
　　ハンディ□クラフト

くらべ【比べ・競べ】
　　コンキ□クラベ，チカラ□クラベ，
　　コンクラベ，チエクラベ

くらべもの【比べ物】
　　クラベモノニ□ナラナイ

グラム　⠿⠿□⠿⠿（ｘｇ），
　　⠿⠿⠿⠿⠿⠿（10ｇ入り），
　　⠿⠿⠿⠿⠿⠿（何ｇ重），
　　５０グラム

クラムチャウダー
　　クラム□チャウダー

クランクイン　クランク□イン

グランド　グランド□オペラ，
　　グランド□キャニオン，

グランド□ショー,
グランド□スラム,
グランド□ピアノ

クリア　クリア□カット,
クリア□ファイル,
クリアランス□セール

クリーニング　クリーニングテン,
クリーニングヤサン,
ドライ□クリーニング

クリーム　クリーム□ソース,
クリームパン, コールド□クリーム,
ソフト□クリーム, ナマクリーム

クリーン　クリーン□アップ,
クリーン□ヒット,
クリーンナップ

グリーン　グリーン□ピース,
グリーン□ベルト, グリーンティー,
ダーク□グリーン, モスグリーン
※グリンピース

くりから【倶利伽羅】
クリカラ□トーゲ（倶利伽羅峠）,
クリカラ□モンモン

くりくり　クリクリ□ボーズ

クリスマス　⠿⠿⠿⠿(Xmas),
⠿⠿⠿⠿（X'mas）,
クリスマス□イブ,
クリスマス□ツリー,
メリー□クリスマス

グリニッジじ【グリニッジ時】
グリニッジジ

くりん【九輪】
9⠿リンガ□カガヤク,
クリンソー〔植物名〕

くる【来る】
クル□ヒモ□クル□ヒモ,
チョット□ミテ□クル

グループ　グループ□ワークロン
（グループワーク論）,
トップ□グループ,
ショーグループ（小グループ）

くるしまぎれ【苦し紛れ】
クルシマギレ

くるま【車】クルマ□シャカイ,
クルマイス, クルマイド,
クルマヒキ, ヒノクルマ

くるみ　クルミ□セイホン,
クルミ□ボタン

くるみわりにんぎょう【胡桃割人形】
クルミワリ□ニンギョー

くれ【暮】アキノ□クレ,
トシノ□クレ, ヒノクレ, ボンクレ

グレー　グレー□ゾーン,
ダーク□グレー,
ロマンス□グレー

グレート
グレート□バリア□リーフ,

グレート□ブリテン

グレーハウンド

グレー□ハウンド〔動物名〕

グレープ　グレープ□ジュース，
グレープ□フルーツ

クレジット　クレジット□カード

くれむつ【暮六つ】クレムツ

くれる【呉れる】

ヨク□キテ□クレタネ，
メモ□クレナイ，イッテ□クレ
※イットクレ

くろうと【玄人】

クロート□ハダシノ□ゲイ，
クロートスジ

くろうど【蔵人】

クロードノ□トー（蔵人頭）

クローズアップ

クローズ□アップ□レンズ

クローン　クローン□ヒツジ，
クローンウシ，ウシ□クローン

クロス

クロス□カントリー□レース，
クロス□ゲーム，
クロス□ワード□パズル，
サザン□クロス，モトクロス

クロノグラフ　クロノグラフ

クロノメーター　クロノメーター

クロロホルム　クロロホルム

くわえたばこ【銜え煙草】

クワエ□タバコ

くん【君】イチロー□クン（一郎
君），ヤマダ□クン（山田君），
ウンテンシュクン（運転手君），
モーショークン（孟嘗君）

くん【勲】クン□1トー

ぐん【軍】グン□シキカン，
キョジングン（巨人軍），3グン

ぐん【郡】トオダグン（遠田郡），
ヤズグン（八頭郡）

ぐん【群】グンセイタイガク（群生態
学），リューヒョーグン

くんし【君子】クンシ□ヒョーヘン

ぐんじ【軍事】グンジ□キチ，
グンジ□キョーレン

くんしゅ【君主】

クンシュ□セイタイ（君主政体），
クンシュコク

ぐんしょるいじゅう【群書類従】

グンショ□ルイジュー

ぐんしれいかん【軍司令官】

グン□シレイカン

くんずほぐれつ【組んずほぐれつ】

クンズ□ホグレツ

くんだり　アフリカ□クンダリ

くんづけ【君付け】

クンヅケデ□ヨブ

ぐんとう【群島】
　ウジ□グントー（宇治群島），
　ハボマイ□グントー（歯舞群島），
　マーシャル□グントー
ぐんばいうちわ【軍配団扇】
　グンバイ□ウチワ
ぐんゆうかっきょ【群雄割拠】
　グンユー□カッキョ

け【気】
　コーケツアツノ□ケガ□アル，
　サムケ，シオケ，ヒトケノ□ナイ，
　ヒノケガ□ホシイ
け　ケオサレル（気圧される），
　ケダカイ，ケダルイ
け【家】シマヅケ（島津家），
　ショーグンケ，ヘイケ（平家），
　ミヤケ（宮家）
ケア　ケア□ワーカー，ケアハウス，
　アフター□ケア，
　コーレイシャ□ケア，デイケア

けい【兄】
　ケイタリガタク□テイタリガタシ，
　カトー□ケイ（加藤兄），ギケイ，
　チョーケイ
けい【系】フランスケイ□イミン，
　ブンガクケイ
けい【径】ケイ□10センチ，
　2ｃｍ⠰⠆ケイ，2センチケイ
けい【軽】ケイキカンジュー，
　ケイキンゾク，ケイ4⠰⠆リンシャ，
　ケイロードー
けい【計】ケイ□1マンエン，
　100ネンノ□ケイ，カンダンケイ
けい【渓】ケイコクビ，
　ヤバケイ（耶馬渓）
げい【芸】ゲイダッシャ，
　オジョーサンゲイ，リクゲイ（六芸）
ゲイ　ゲイバー，ゲイボーイ
けいき【景気】ケイキ□ヨク，
　ケイキヅケ，ジンム□ケイキ（神武景気），コーケイキ，フケイキ
けいけん【経験】ケイケンソク（経験則），ジツム□ケイケン，
　ミケイケンシャ
けいざい【経済】
　ケイザイ□ガクシャ，
　ケイザイ□セイチョーリツ，
　シケイザイ（私経済）

けいさつ【警察】
ケイサツ□カンチョー（警察官庁），
ケイサツカン，
コーツー□ケイサツ，
ムケイサツ□ジョータイ（無警察状態）

けいさん【計算】 ケイサン□チガイ，
リシ□ケイサン

けいじか【形而下】 ケイジカ

けいしき【形式】 ケイシキバル，
シ□ケイシキ（詩形式），
ソナタ□ケイシキ

けいじじょうがく【形而上学】
ケイジジョーガクテキ

げいしゃ【芸者】 ゲイシャ□アガリ，
ゲイシャカイ（芸者買い），
タツミ□ゲイシャ（辰巳芸者）

げいじゅつ【芸術】
ゲイジュツ□センショー，
ゲイジュツインショー，
ゲイジュツカハダ，
ゼンエイ□ゲイジュツ

けいしょう【敬称】
ケイショー□リャク

けいとくちんよう【景徳鎮窯】
ケイトクチンヨー

げいなし【芸無し】
ゲイナシ□タレント，ゲイナシザル

げいにん【芸人】
ダイドー□ゲイニン，
ピン□ゲイニン

けいはくたんしょう【軽薄短小】
ケイハク□タンショー

けいはんざいほう【軽犯罪法】
ケイハンザイホー

けいゆ【経由】 ケイユチ，
パリ□ケイユ

けいようどうし【形容動詞】
ケイヨー□ドーシ

ケーオー【ＫＯ】
⠿⠿⠿⠿⠿⠿⠿⠿（ＫＯ勝ち）

ケーキ ケーキ□カット，
ショート□ケーキ，
ホット□ケーキ，パンケーキ

ケース ケース□バイ□ケース，
ケース□ワーカー，
スーツ□ケース，ブック□ケース，
ショーケース

ケーてん【Ｋ点】
⠿⠿⠿⠿⠿⠿⠿⠿（Ｋ点越え）

ゲート ゲート□ボール，
ゲートイン，
ウオーター□ゲート，
ゴールデン□ゲート，
メーン□ゲート

ケープタウン ケープタウン

− 97 −

ケーブル　ケーブル□テレビ,
　ケーブルカー

ゲーム　ゲーム□セット,
　オセロ□ゲーム, デーゲーム

けがれ【汚れ】
　ケガレ□ナキ□イタズラ

げきさく【劇作】
　ゲキサクカ（劇作家）
　※ニンギョーゲキ□サッカ

げこく【下刻】
　タツノ□ゲコク（辰の下刻）

げこくじょう【下剋上】
　ゲコクジョー

けしょうまわし【化粧廻し】
　ケショー□マワシ

げす〔「ございます」の転〕
　ソーデゲス

げす【下種・下衆・下司】
　ゲスヤロー

ゲスト
　ゲスト□カシュ（ゲスト歌手），
　ゲスト□ハウス, メーン□ゲスト

けずり【削り】ケズリブシ,
　エンピツ□ケズリ, アラケズリ

げた【下駄】アズマゲタ,
　ヒヨリゲタ

けちょんけちょん
　ケチョン□ケチョンニ□ケナス

げっか【月下】
　ゲッカ□ビジン〔植物名〕,
　ゲッカ□ヒョージン

けっかふざ【結跏趺坐】
　ケッカ□フザ

けっせき【結石】
　タンノー□ケッセキ,
　ボーコー□ケッセキ,
　ジンケッセキ（腎結石）

ケット　タオル□ケット,
　ブランケット

ケッヘル【K.・KV.】
　□□□□□□□□□□550（K.550），
　□□□□□□□□□□□626（KV.626），
　□□□□□□□□466（K466）

けづめ【蹴爪】ケツメ

ゲノム　ポスト□ゲノム□ジダイ,
　ヒトゲノム

けびいし【検非違使】ケビイシ

けみする【閲する】ケミスル

ゲルトナーきん【ゲルトナー菌】
　ゲルトナーキン

けん【腱】ケン□エンチョージュツ（腱
　延長術），ケンショーエン（腱鞘炎），
　ケンハンシャ（腱反射）

けん【県】ケン□タイイクカン,
　ケン□タンイ（県単位），
　ケン□ケイサツ□ホンブ,

― 98 ―

ケンケイ（県警），ケンキョーイ（県
教委），ギフ□ケンナイ（岐阜県内），
オオイタケン（大分県）

けん【兼】
シュショー□ケン□ガイショー

げん【元】
２ゲン□１ジ□ホーテイシキ

げん【原】ゲン□ハムレット，
ゲンニホンジン（原日本人）

げん【減】３パーセント□ゲン，
シサン□ゲン，リエキ□ゲン，
シゼンゲン（自然減）

げん【現】ゲン□チジ，
ゲン□リジチョー，ゲンジテン（現
時点），ゲンジューショ，
ゲンソンザイ（現存在）〔哲学〕，
ゲンダンカイ，ムショゾク□ゲン

けんか【県下】
ケンカ□イチエン（県下一円）

けんがみね【剣が峰】ケンガミネ

けんかよつ【喧嘩四つ】ケンカヨツ

げんき【元気】ゲンキ□ヨク，
カラゲンキ

げんき【原器】メートル□ゲンキ

けんぎかい【県議会】
ケンギカイ□ギイン，
サイタマケン□ギカイ

けんきょうふかい【牽強付会】
ケンキョー□フカイ

げんきん【現金】
ゲンキン□アキナイ，
ゲンキン□カケネ□ナシ，
ゲンキン□トリヒキ

げんけいしつ【原形質】
ゲンケイシツ□ウンドー，
ゲンケイシツマク

けんけん【喧喧】
ケンケン□ゴーゴー

げんご【言語】ゲンゴ□コードー，
ゲンゴカン（言語観）

けんこう【兼行】
チューヤ□ケンコー

けんこう【軒昂】イキ□ケンコー

げんこう【原稿】
ゲンコー□ヨーシ，ゲンコーリョー

けんこんいってき【乾坤一擲】
ケンコン□イッテキ

げんざい【現在】イマ□ゲンザイ，
ショーゴ□ゲンザイノ□キオン

げんさいばん【原裁判】
ゲンサイバン

げんざいりょう【原材料】
ゲンザイリョー

げんさん【原産】ゲンサンチ，
アフリカ□ゲンサン

げんざんみよりまさ【源三位頼政】
ゲン３ミ□ヨリマサ

げんし【原子】
ゲンシ□エネルギー,
ゲンシ□バンゴー,
ゲンシカク□ネンリョー,
ゲンシカク□ブンレツ

げんじ【源氏】
ゲンジノ□タイショー,
セイワ□ゲンジデノ□ブショー
（清和源氏出の武将）

けんしゃ【権者】
ジュキューケンシャ,
ソチケンシャ（措置権者）,
チョサクケンシャ（著作権者）

けんじゅつつかい【剣術使い】
ケンジュツ□ツカイ

げんしょう【現象】
ゲンショーガクテキ□ケイコー,
シゼン□ゲンショー,
チンゲンショー

けんじょうはかた【献上博多】
ケンジョー□ハカタ

げんすんだい【原寸大】
ゲンスンダイ

げんせんかぜい【源泉課税】
ゲンセン□カゼイ

げんだいごやく【現代語訳】
ゲンダイゴヤク□スル

けんちじ【県知事】 ケンチジ,
タナカ□ハヤシ□リョーケンチジ
（田中・林両県知事）,
ギフケン□チジ（岐阜県知事）

げんど【限度】 サイダイ□ゲンド,
サイテイ□ゲンド

けんとう【見当】 ケントー□チガイ,
ケントー□ツケル,
５０□ケントーノ□オトコ

けんどちょうらい【捲土重来】
ケンド□チョーライ

けんない【圏内】
ゴーカク□ケンナイ,
セイソー□ケンナイ（成層圏内）,
トーセン□ケンナイ（当選圏内）

げんのしょうこ ゲンノショーコ

げんばのじょう【玄蕃允】
ゲンバノジョー

げんまん ユビキリ□ゲンマン

けんもほろろ ケンモ□ホロロ

けんれいもんいん【建礼門院】
ケンレイ□モンイン

げんろく【元禄】 ゲンロク□,
キンギン, ゲンロク□モヨー,
ゲンロクキン, ゲンロクソデ

— 100 —

こ【子】コガイシャ，アノ□コ，
ナカナカ□イイ□コダ，
イヌノ□コ，モトモ□コモ□ナイ，
オトコノコ〔少年〕，
オンナノコ〔少女〕

こ【粉】コヲ□フク，
ミヲ□コニ□シテ，コムギコ

こ【小】コアキナイ，コ１ジカン，
コ１ﾄﾞﾘ，コニクラシイ，
コハントキ

こ【古】コ□コーチ□ドイツゴ（古高
地ドイツ語），コセイブツガク，
コビジュツヒン

こ【故】コ□ハクシ，
コ□ヨシダ□シゲル（故吉田茂）

こ【湖】トワダコ（十和田湖）

ご【期】コノゴニ□オヨンデ

ご【御】ゴアイサツ，イセノ□ゴ（伊
勢の御）〔女官〕，メイゴサマ

ご【語】ゴイシキ（語意識），
ヒョージュンゴ，フランスゴ

ご【後】ゴ３ネンノ□エキ（後三年の
役），ゴシラカワ□テンノー（後白
河天皇），ソノゴ，２０ネンゴ，
ホーカゴ

コア　コア□システム，コアタイム，
ペーパー□コア，ハードコア

こい【濃い】コイ□アカ，
コイ□シオアジ，コイチャ□テマエ
（濃茶点前），イロ□コイ

こい【恋】コイ□スル，
コイモノガタリ，コイワズライ，
イロコイザタ

ごい【語彙】キホン□ゴイ

ごいさぎ【五位鷺】ゴイサギ

こいしい【恋しい】コイシイ□ヒト，
ヒトコイシイ

こいちゃ【濃茶】
コイチャ〔↔薄茶〕
※コイ□チャノ□クツ

ごいっしん【御一新】ゴイッシン

こいねがわくは【希くは・冀くは】
コイネガワクワ

コイン　コイン□ゲーム，
コイン□ロッカー，コインイレ，
キネン□コイン，ニセコイン

ごいん【五音】５ﾄﾞｲﾝ〔五つの音〕

こう　コー□イウ□バアイ，
コー□シタ□モノ，コー□シテ，

— 101 —

コー□ナッテ，コーカ□アアカ，
コーシカ□デキテイ，コーダッタ，
コーデス，コーマデ□ウマク□
ツクレマイ，コーラシイ

こう【工】インサツコー，
シノーコーショー

こう【功】コー□1キュー，
コー□ナリ□ナ□トグ，
ローシテ□コー□ナシ

こう【公】エジンバラコー，
ノブナガコー（信長公），ハチコー

こう【好】コーコーヤ（好好爺），
コージンブツ，コーツゴー

こう【甲】コー□オツ□ヘイ，
アシノ□コー，テノ□コー

こう【校】イートンコー，
シュッシンコー

こう【考】マクラノ□ソーシ□コー
（枕草子考），ミズカガミ□コー

こう【行】ホッキコー（北帰行），
マナスルコー

こう【抗】
コー□エンショー□サヨー，
コー□ヒスタミンザイ，
コーガンザイ，コーセイ□ブッシツ

こう【幸】コー□フコー

こう【港】トサ□シミズコー，
ヨコハマコー

こう【講】サイショーオーコー（最勝
王講），タノモシコー，
ホッケ□8コー

こう【候】シュンダンノ□コー

こう【侯】ウンシューコー（雲州
侯），マツダイラコー（松平侯）

こう【高】
コー□ブッカ□スイジュン（高物価
水準），コーエネルギー，
コーケツアツショー，
コーシケツショー（高脂血症），
コーシチョーリツ，
コーニョーサンケツショー（高尿酸
血症），コーネンレイ，
キューセイ□1コー

こう【稿】7ガツ□ナノカ□コー

ごう【郷】シラカワゴー（白川郷）

ごういつ【合一】
チコー□ゴーイツ（知行合一）

こういっつい【好一対】
コー1ツイノ□フーフ

こういってん【紅一点】
コー□1テン

こういん【光陰】
コーイン□ヤノゴトシ

こううんりゅうすい【行雲流水】
コーウン□リュースイ

— 102 —

こうえん【公園】
シンリン□コーエン,
トシ□コーエン,
ミナトク□シバ□コーエン(港区芝
公園), ミナトノ□ミエル□オカ□
コーエン (港の見える丘公園),
ワセダ□ニシ□コーエン(早稲田西
公園)

こうおつ【甲乙】
コー□オツ□ヘイ□テイ,
コー□オツカンノ□ケイヤク,
コーオツ□ツケガタイ

ごうか【豪華】ゴーカ□キャクセン,
ゴーカ□ケンラン, ゴーカバン

こうかい【後悔】
コーカイ□サキニ□タタズ

こうかいぎ【公会議】コーカイギ

こうかいどおう【広開土王】
コーカイドオー

**こうかがくスモッグ【光化学スモッ
グ】**コーカガク□スモッグ

こうかく【口角】
コーカク□アワヲ□トバス

こうかく【広角】コーカク□レンズ

こうがく【工学】キソ□コーガク,
ニンゲン□コーガク

こうかんしんけい【交感神経】
コーカン□シンケイ,

フクコーカン□シンケイ

こうがんむち【厚顔無恥】
コーガン□ムチ

こうきょうがくだん【交響楽団】
コーキョー□ガクダン

こうくうぼかん【航空母艦】
コークー□ボカン

こうけい【口径】
３２コーケイノ□ケンジュー

こうげん【高原】
コーゲン□キャベツ,
ナス□コーゲン (那須高原)

こうこう【孝行】コーコー□ムスコ,
オクサン□コーコー,
オヤコーコー

こうごうせい【光合成】
コーゴーセイ

こうこく【公国】モナコ□コーコク

こうざ【口座】カクシ□コーザ,
ヨキン□コーザ,
ヤミコーザ (闇口座)

こうざい【功罪】
コーザイ□アイ□ナカバ□スル

こうさん【恒産】コーサン□ナキ□
モノワ□コーシン□ナシ

ごうざんぜ【降三世】ゴー３ゼ

こうし【公私】コーシ□コンドー,
コーシトモ□タボー,

コーシリツ□ガッコー

こうし【孔子】コーシノ□オシエ

こうじ【小路】
オシアブラノ□コージチョー（押油小路町），ニシキ□コージ（錦小路），ヒロコージ

こうじ【好事】コージ□マ□オオシ

こうしゃ【巧者】スモー□コーシャ，ミゴーシャ（見巧者）

こうじゅう【講中】
タノモシコーノ□コージュー

こうしょう【交渉】
ダンタイ□コーショー，ボツコーショー

こうしょう【行賞】
ロンコー□コーショー

こうしょう【項症】
ダイ１コーショー，トクベツコーショー

ごうじょう【強情】
ゴージョー□ガマン

こうしょうがい【公生涯】
コーショーガイ
〔←→シショーガイ〕

こうじょうせん【甲状腺】
コージョーセン□ホルモン，コージョーセンガン，コージョーセンシュ（甲状腺腫）

こうしょく【好色】
コーショク□１ダイ□オトコ，コーショク□５ニン□オンナ

ごうせい【合成】ゴーセイ□ゴム，ゴーセイ□センイ

こうせいしんやく【向精神薬】
コー□セイシンヤク

こうせいぶっしつ【抗生物質】
コーセイ□ブッシツ

こうせん【工船】カニコーセン

こうせん【鉱泉】
ラジウム□コーセン

こうそ【皇祖】
コーソ□コーソー（皇祖皇宗）

こうそ【酵素】
□ゴーセイ□コーソ（ＡＴＰ合成酵素），カスイ□ブンカイ□コーソ，マクコーソ（膜酵素）

こうぞう【構造】シンリ□コーゾー，ジューコーゾー（柔構造）

こうそくど【高速度】
コーソクド□サツエイ，コーソクドコー（高速度鋼）

こうた【小唄】マツノキ□コウタ

こうだ　アアダ□コーダト□イウ，ソノ□リューワ□コーダ

こうたいごう【皇太后】
コータイゴー□ヘイカ,
コータイゴーグー□ダイブ（皇太
后宮大夫）

こうたせあみ【小打瀬網】
コウタセアミ

こうちゃ【紅茶】
セイロン□コーチャ

こうちょうどうぶつ【腔腸動物】
コーチョー□ドーブツ

こうちょく【硬直】
シゴ□コーチョク

こうつう【交通】 コーツー□キカン,
コーツー□マヒ, コーツーモー,
トシ□コーツー

こうてい【皇帝】
コーテイ□ナポレオン,
ドイツ□コーテイ,
シンノ□シコーテイ（秦の始皇帝）

こうど【高度】
コード□１マンメートル,
コードサ（高度差）

こうとうむけい【荒唐無稽】
コートー□ムケイ

こうどくそ【抗毒素】 コードクソ

こうのとり【鸛】 コーノトリ

こうのもの【香の物】 コーノモノ

ごうのもの【剛の者】 ゴーノ□モノ

こうば【工場】
キャラメル□コーバ, マチコーバ

こうはんい【広範囲】 コーハンイ

こうぶ【公武】 コーブ□ガッタイ

こうふちょう【好不調】
コー□フチョーノ□ナミ

**こうぶんしかごうぶつ【高分子化合
物】** コーブンシ□カゴーブツ

こうへい【公平】 コーヘイ□ムシ,
フコーヘイ

こうほうじん【公法人】
コーホージン〔←→シホージン〕

こうめい【公明】
コーメイ□セイダイ

ごうもくてき【合目的】
ゴーモクテキセイ,
ゴーモクテキテキ

こうもり【蝙蝠】 コーモリ□オトコ,
キューケツ□コーモリ

こうもんのじってつ【孔門の十哲】
コーモンノ□１０テツ

こうやひじり【高野聖】
コーヤ□ヒジリ

こうらく【行楽】
コーラク□シーズン,
コーラクキャク,
コーラクビヨリ

こうた―こうら

― 105 ―

こうり【小売り】コウリ□カカク，
　　コウリ□ギョーシャ，
　　コウリショー

こうりょ【行旅】
　　コーリョ□ビョーシャ

こうりんまきえ【光琳蒔絵】
　　コーリン□マキエ

こうれい【高齢】
　　チョー□コーレイ□シャカイ

こうろ【行路】アンヤ□コーロ

こうろ【航路】ハワイ□コーロ

こうろんおつばく【甲論乙駁】
　　コーロン□オツバク

こうわかまい【幸若舞】
　　コーワカマイ

ごうん【五蘊】5□ウン〔仏教用語〕

こうんそうぎょう【小運送業】
　　コウンソーギョー

こえ【声】コエ□カギリニ，
　　コエ□カケル，
　　コエカケ□ウンドー，
　　コエ□ナキ□コエ，
　　コエヲ□ノム，トキノ□コエ，
　　ムシノ□コエ

ごえ【越え】
　　イガゴエ□ドーチュー□
　　スゴロク（伊賀越道中双六），
　　ヒヨドリゴエ（鵯越え）

こえかぎり【声限り】コエ□カギリ

ごえつどうしゅう【呉越同舟】
　　ゴエツ□ドーシュー

ゴー　ゴー□ストップ，
　　ゴーゴー□ダンサー，
　　ゴーゴーヲ□オドル，ゴーサイン

こおう【呼応】アイ□コオー□スル

ごおう【五黄】5□オー□ドセイ

こおうこんらい【古往今来】
　　コオー□コンライ

こおうみ【古近江】
　　コオーミノ□チズ

ゴーカート　ゴーカート

コース　コース□ライン，
　　コース□ロープ，コースジュン，
　　コースベツ，アウト□コース，
　　ソクセイ□コース，インコース，
　　ナンコース（難コース）

ゴースト　ゴースト□タウン，
　　ゴースト□ライター

コーチン　ナゴヤ□コーチン（名古
　　屋コーチン）

コート　P□コート，
　　ダスター□コート，
　　レイン□コート，
　　ロング□コート，ハンコート

コード　コードレスホン，
　　デンゲン□コード

コード　コード▢ネーム，
　　コード▢ブック，コードヒョー，
　　テンジ▢コード（点字コード）

コートジボアール
　　コート▢ジボアール

コーナー　コーナー▢ワーク，
　　アウト▢コーナー，イン▢コーナー，
　　ダイ１▢コーナー

コーヒー　コーヒー▢ブレイク，
　　コーヒー▢ポット，
　　コーヒー▢ミル，
　　コーヒーマメ（コーヒー豆），
　　アイス▢コーヒー，
　　カンコーヒー（缶コーヒー）

コープ【ＣＯＯＰ】 ⠰⠦⠠⠉⠕⠕⠏⠰⠴

こおり【郡】コオリ▢ブギョー，
　　カラシマノ▢コオリ（辛島郡），
　　タマノゴオリ（多摩郡），
　　ミカワゴオリ（三河郡）

こおり【氷】コオリ▢アズキ，
　　コオリ▢マクラ，コオリガシ，
　　コオリミズ

こおる【凍る・氷る】
　　ミズガ▢コオル

コール　コール▢ガール，
　　コール▢サイン，
　　コレクト▢コール，
　　モーニング▢コール

ゴール　ゴール▢キーパー，
　　ゴール▢ボール，ゴールイン，
　　ノーゴール

コールタール　コール▢タール

ゴールデン　ゴールデン▢アワー，
　　ゴールデン▢バット

コールド　コールド▢ゲーム

コールド　コールド▢クリーム，
　　コールド▢パーマ

ゴールド　ゴールド▢コースト，
　　ゴールド▢ラッシュ，
　　ホワイト▢ゴールド

こおろぎ【蟋蟀】コオロギモドキ，
　　ツヅレサセ▢コオロギ

コーン　コーン▢スープ，
　　コーン▢スターチ，
　　コーン▢フレーク，ポップ▢コーン

コーンビーフ　コーン▢ビーフ
　　※コンビーフ

ごかい【五戒】 ５カイ〔仏教用語〕

ごかいどう【五街道】 ５カイドー

ごかくけい【五角形】 ５カクケイ

ごかし　オタメゴカシ，
　　シンセツゴカシ

こがね【黄金】コガネ▢ハナ▢サク，
　　コガネヅクリ

ごかん【五感】
　　５カンヲ▢トギスマス

こおと―こかん

107

ごきげん【御機嫌】
　ゴキゲン□ウカガイ,
　ゴキゲン□ナナメ,
　ゴキゲン□ヨロシュー,
　ゴキゲンヨー

ごきしちどう【五畿七道】
　５キ□７ドー

こきみよい【小気味よい】
　コキミ□ヨイ

こきゅう【呼吸】
　コキュー□チュースー,
　コキューキ□ケイトー,
　コキューキビョー（呼吸器病）,
　ヒトコキュー□オク

ごきょう【五経】
　４ショ□５キョー（四書五経）

ごぎょう【五行】インヨー□
　５ギョーセツ（陰陽五行説）

こきんわかしゅう【古今和歌集】
　コキン□ワカシュー

こく【放く】ウソ□コクナ,
　ビックラ□コイタ, ヘコキムシ

こく【刻】ウマノ□コク□サガリ,
　ネノ□コク□サンジョー

ごく【極】ゴク□ジョートーダ,
　ゴクジューアクニン,
　ゴクジョーノ□シナ,
　ゴクチョータンパ

こくいっこく【刻一刻】
　コク□イッコクト□ヘンカ□スル

ごくう【御供】ヒトミ□ゴクー

こくおう【国王】
　イギリス□コクオー,
　エイコクオー（英国王）

こくがくしゃ【国学者】
　コクガクシャ

こくし【国司】
　イナバノ□コクシ（因幡国司）

こくし【国師】
　ムソー□コクシ（夢窓国師）

こくしむそう【国士無双】
　コクシ□ムソー

こくじゅう【国中】
　ニホンコクジュー

こくち【告知】コクチ□ギム,
　コクチバン, ガン□コクチ

ごくつぶし【穀潰し】ゴクツブシ

ごくどう【極道】ゴクドー□ムスコ,
　ゴクドーモノ

こくない【国内】
　アメリカ□コクナイ,
　ニホン□コクナイ（日本国内）,
　ベイコクナイ（米国内）

こくないがい【国内外】
　コクナイガイ
　※クニ□ナイガイ

こくぶんにじ【国分尼寺】
　コクブン□ニジ

こくみん【国民】
　コクミン□カイホケン,
　コクミン□ソーセイサン,
　ヒコクミン（非国民）,
　ニホン□コクミン,
　エイコクミン（英国民）,
　ベイコクミン（米国民）

ごくらく【極楽】
　ゴクラク□オージョー,
　ゴクラク□トンボ, ゴクラクチョー

こくりつ【国立】
　コクリツ□コーエン,
　ヨコハマ□コクリツ□ダイガク
　（横浜国立大学）

ごくろうさま【御苦労様】
　ゴクローサマ

こけ【虚仮】 コケオドシ

ごけ【後家】 ３０□ゴケ,
　イカズゴケ

こけしみず【苔清水】 コケシミズ

こけむす【苔むす】
　コケムス□カバネ

こけらおとし【柿落し】
　コケラ□オトシ

こける ネムリコケル,
　ヤセコケル, ワライコケル

ここ【此処】 ココ□１バン,
　ココ□⠿⠿⠿⠿⠿⠿⠿□
　トーゲダ（ここ二、三日が峠だ）,
　ココカラ□トーキョーマデ（ここ
　から東京まで）,
　ココヲ□モッテ〔これゆえに〕,
　ココノ□トコロ, ココン□トコロ,
　コト□ココニ□イタル, ソコココ

ここ【個個・箇箇】 ココ□ベツベツ

ここ【呱呱】 ココノ□コエ

ごこう【五更】
　５コー〔時間の区分法の一つ〕

ごこうごみん【五公五民】
　５コー□５ミン

ここかしこ【此処彼処】
　ココ□カシコ

ごこく【五穀】 ５コク□ホージョー

ここじん【個個人】 ココジン

ここちよい【心地好い】 ココチヨイ

ここのえ【九重】 ココノエ

ココム【ＣＯＣＯＭ】
　⠿⠿⠿⠿⠿⠿⠿⠿,
　ココム□リスト

こころ【心】 ココロ□アタタマル,
　ココロ□ココニ□アラズ,
　ココロ□サビシイ,
　ココロ□シズカニ,
　ココロ□シテ□イケ,

ココロ□ナゴム,
ココロ□ノコリ,
ココロ□ヒソカニ,
ココロ□ヤサシイ,
ココロ□ヤスマル,
ココロマチニ□スル

こころあたり【心当り】
ココロ□アタリ

こころある【心有る】
ココロ□アル□サバキカタ

こころえちがい【心得違い】
ココロエ□チガイ

こころおきなく【心置き無く】
ココロオキナク□ハナス

こころおぼえ【心覚え】
ココロ□オボエ

こころくばり【心配り】
ココロ□クバリ

こころじょうぶ【心丈夫】
ココロ□ジョーブ

こころづくし【心尽し】
ココロヅクシ

こころづもり【心積り】
ココロヅモリ

こころない【心無い】
ココロ□ナキ□ミニモ□アワレ,
ココロナイ□シウチ

こころなし【心成し】
ココロナシカ□ヤツレタヨーダ

こころならずも【心ならずも】
ココロナラズモ

こころにくい【心憎い】
ココロニクイ

こころまかせ【心任せ】
ココロ□マカセ

こころもち【心持ち】
ココロモチ□ミギニ□ヨセル,
イイ□ココロモチダ

こころもとない【心許無い】
ココロモトナイ□ヘンジ

こころやすい【心安い】
ココロヤスイ

こころゆく【心行く】
ココロユクマデ

こころよい【快い】
ココロヨイ□ソヨカゼ

こころよわい【心弱い】
ココロヨワイ

ごこん【五根】５コン〔仏教用語〕

ごごん【五言】５ゴン□ゼック

ごさ【誤差】ソクテイ□ゴサ

ございます
アリガトー□ゴザイマス,
サヨーデ□ゴザイマス,
タクサン□ゴザイマス

－ 110 －

ござなく【御座無く】ソレニ□
　　ソーイ□ゴザナク□ソーロー

ごさん【五山】５サン□ブンガク，
　　カマクラ□５サン（鎌倉五山）

ごさんけ【御三家】ゴ３ケ

ござんす　ソコニ□ゴザンス，
　　ヨー□ゴザンス，
　　エエ□ヨゴザンス

ごさんねんのえき【後三年の役】
　　ゴ３ネンノ□エキ

ごさんのきり【五三桐】
　　⠿⠶⠿⠂⠿⠒□キリ

こし【腰】コシヲ□ヌカス，
　　ハカマ□ヒトコシ

こし【虎視】コシ□タンタン

こじ【故事】イワレ□インネン□
　　コジ□ライレキ

こじ【居士】１ゲン□コジ，
　　テンネン□コジ（天然居士）

ごし【五指】５シニ□アマル

こしかける【腰かける】コシカケル

こしかた【来し方】
　　コシカタ□ユクスエ

ごしき【五識】５シキ〔仏教用語〕

ごしき【五色】５シキノ□イト，
　　５シキノ□クモ，５シキバリ（五色
　　針），ゴシキ□インコ，
　　ゴシキヌマ，ゴシキマメ

ごしちご【五七五】
　　⠿⠒⠿⠂⠿⠒□⠿⠒⠿⠂（五七五
　　七七）

ごしちちょう【五七調】
　　⠿⠒⠿⠂⠿⠒⠿⠂

ごしちにち【五七日】⠿⠒⠿⠂⠿⠂

ごじっぽひゃっぽ【五十歩百歩】
　　５０ポ□１００ポ

こしのもの【腰の物】コシノモノ

こしのゆき【越乃雪】
　　コシノユキ〔菓子名〕

ごしゃごしゃ
　　ゴシャゴシャト□カキマゼル

ごじゅうおん【五十音】５０⠰⠂オン

ごじゅうかた【五十肩】５０カタ

ごじゅうさんつぎ【五十三次】
　　５３ツギ

ごじゅうにちかずら【五十日蔓】
　　５０ニチ□カズラ

ごしゅきょうぎ【五種競技】
　　５シュ□キョーギ

ごしょ【御所】ゴショコトバ，
　　ゴショサマ，トーグー□ゴショ，
　　ハナノ□ゴショ

ごしょいんばんがしら【御書院番頭】
　　ゴショイン□バンガシラ

ごしょう【五障】
　　５ショー〔仏教用語〕

－　111　－

ごしょう【後生】
ゴショー□ダイジニ，
ゴショーダカラ□ヤメテ□クレ，
ゴショーラク（後生楽）

ごじょう【五条】 5ジョーノ□3ミ
（五条三位）〔藤原俊成〕，
5ジョーザカノ□ミヤゲモノヤ，
キョーノ□5ジョーノ□ハシノ□
ウエ（京の五条の橋の上）

**こしょうぐみばんがしら【小姓組番
頭】**コショーグミ□バンガシラ

ごじょうげん【五丈原】
ゴジョーゲン

こじん【個人】コジン□コーゲキ，
コジンサ，コジンテキ，
ボク□コジン

ごしんさん【御新さん】ゴシンサン

ごず【牛頭】ゴズ□メズ（牛頭馬頭）

ごすい【五衰】
テンニン□5スイ（天人五衰）

コスト　コスト□アップ，
ランニング□コスト，ローコスト

コスモポリタン　コスモポリタン

ごすんくぎ【五寸釘】5スンクギ

ごせち【五節】5セチノ□マイヒメ

ごせっく【五節句】5セック

ごぜん【午前】ゴゼン□3ジ，
ゴゼンサマ

ごぜん【御前】ゴゼンサマ，
トキワ□ゴゼン（常盤御前），
トモエ□ゴゼン（巴御前），
アマゴゼン，ヒメゴゼン

ごぜん【御膳】ゴゼンソバ

ごせんし【五線紙】5センシ

こそ　イマデコソ□オチブレテ□
イルガ，オシテモ□ツイテモ□
ウゴカバコソ，
カンシャコソ□スレ，
キミコソ□ワガ□イノチ

こぞう【小僧】イタズラ□コゾー，
ネズミ□コゾー，
ワンパク□コゾー，ヒザコゾー

ごぞうろっぷ【五臓六腑】
5ゾー□6プ

ごぞく【語族】
インド□ヨーロッパ□ゴゾク

ごぞんじ【御存じ】ゴゾンジ□ナイ

こだい【古代】コダイ□ギリシア，
コダイ□トシ，コダイ□ムラサキ

こだい【誇大】コダイ□コーコク，
コダイ□モーソーキョー

ごたい【五体】ショドー□5タイ，
ゴタイ□マンゾクニ□ウマレツク

ごだい【五大】5ダイ□ミョーオー，
5ダイコ（五大湖），5ダイシュ（五
大種），5ダイリキ□ボサツ

こだわりなく　コダワリ□ナク

ごちそう【御馳走】
　　ゴチソーサマデシタ

こちのひと【此方の人】
　　コチノ□ヒト

こちら　コチラサマ,
　　アチラ□コチラ,
　　オニサン□コチラ

こぢんまり【小ぢんまり】
　　コヂンマリ□シタ□イエ

こつ【骨】コツ□ソシキ,
　　コツ□ソショーショー(骨粗鬆症),
　　コツ□ナンカショー,
　　コツニクシュ,コツミツド,
　　オコツ□ヒロイ

こっか【国家】コッカ□シケン,
　　トシ□コッカ

こづかい【小使・小遣】コヅカイ

こづきまわす【小突きまわす】
　　コヅキマワス

こっきり　１カイ□コッキリ

コックピット　コックピット

こづくり【小作り】
　　コヅクリナ□カオ

ごっこ　ゴッコ□アソビ,
　　オイシャサンゴッコ,
　　サムライゴッコ,シバイゴッコ

ごつごうしゅぎ【御都合主義】
　　ゴツゴー□シュギ

こっこく【刻刻】
　　コッコクト□ヘンカ□スル,
　　ジジ□コッコク（時々刻々）

こっせつ【骨折】
　　ダイタイ□コッセツ（大腿骨折）,
　　シコッセツ（趾骨折）

こづち【小槌】ウチデノ□コヅチ

こづつみ【小包】
　　コヅツミ□ユービン,
　　サッシ□コヅツミ

ゴッド　ゴッド□ハンド,
　　ゴッド□ファーザー,
　　オー□マイ□ゴッド

こっぱ【木端】コッパ□ミジン,
　　コッパ□ヤクニン

コッペパン　コッペパン

こて【小手・籠手】コテヲ□ウツ,
　　コテサキ,コテシラベ,
　　タカテ□コテニ□シバリアゲル

ごて【後手】ゴテ□ゴテト□ナル,
　　ゴテヲ□ヒク

こてんこてん
　　コテン□コテンニ□ヤッツケル

こと【事】コトトモ□セズ,
　　ハヤク□イク□コト,
　　イソグ□コトワ□ナイ,

こたわ―こと

イッチョー□コト⌐アル□トキ,
ウマイ□コト□ヤッタ,
コノ□コトガ□アッテ□ノチ,
イマヲ□サル□コト,
ナガイ□コト□ハナス,
ヨマナイ□コトニ□スル,
ジロチョー□コト□ヤマモト□
チョーゴロー,
ワタクシ□コト□コノタビ,
サルコトナガラ,
ヒトツコトヲ□クリカエス
※アブナカ□コツワ□ナカト

こと　ソレデ□イイコト?,
マア□キレイナ□ハナダコト

こと【異】コーシュ□トコロヲ□
コトニ□スル

ごと　ＰＣ∴ゴト□ヌスマレル,
ホネゴト□タベル

ごと【毎】１カゲツゴト, アウ□
ヒトゴト□ミナ□ソー□イウ,
ヒトアメ□フルゴトニ

ことあたらしい【事新しい】
コトアタラシク□イウマデモ□
ナイ

ごとおび【五十日】
ゴトオビナノデ□ジカンガ□
カカル

ことかく【事欠く】
イウニ□コトカイテ,
ショクジニモ□コトカク□シマツ

ことかわる【こと変わる】
ツネノ□ヨースト□コトカワッテ

こときれる【事切れる】
ツイニ□コトキレタ

ごとく【如く】ユメノゴトク

ごとく【五徳】
５トクワ□イツツノ□トクモク,
ゴトクニ□ヤカンヲ□ノセル

ことこまか【事細か】
コト□コマカナ□セツメイ

ごとし【如し】
オマエゴトキ□ソコツモノ,
マエニ□セツメイ□シタゴトク,
ヨッテ□クダンノゴトシ,
ラッカ□ユキノゴトシ,
サノゴトシ（左の如し）

ことたりる【事足りる】コトタリル

ことづて【言伝】
コトヅテヲ□タノム

ことづめ【琴爪】コトヅメ

ことなかれ【事勿れ】
コトナカレ□シュギ,
モンクヲ□イウ□コト□ナカレ

ことなく【事無く】
マヨウ□コト□ナク□ススンダ,

１カゲツワ□コトナク□スギタ

※コト□ナキヲ□エタ

ことによると【事に依ると】

コトニ□ヨルト

ことのは【言の葉】

コトノハノ□ミチ

ことのほか【殊の外】

コトノホカ□ヨロコブ

ことば【言葉】コトバ□アソビ,

コトバ□スクナニ, コトバタラズ,

ニョーボー□コトバ,

ハナシ□コトバ, ハヤリ□コトバ,

ヤマト□コトバ, カキコトバ

ことはじめ【事始め】

ランガク□コトハジメ（蘭学事始）

ごとべい【五斗米】５トベイノ□

タメニ□コシヲ□オル

ことほどさように【事程左様に】

コトホド□サヨーニ

こども【子供】

コドモ□コドモ□シタ,

コドモ□ダマシ,

オンナ□コドモ

こともあろうに【事もあろうに】

コトモ□アローニ

こともなげ【事も無げ】

コトモナゲニ□イッテ□ノケル

ことよせる【事寄せる】

チョーサニ□コトヨセル

ことりまわし【小取り回し】

コトリマワシガ□ヨイ

ことわり【断】コトワリ□ナク

ことわり【理】コトワリ□スギテ,

コトワリ□ナシ

ごなんつづき【御難続き】

ゴナン□ツヅキ

ごにんばやし【五人囃子】

５ニンバヤシ

コネ　コネ□サイヨー,

コネ□シャカイ

この【此の】

コノ□ウシロニ□アル□タテモノ,

コノ□エワ□ケッサクダ,

コノ□ツギ,

コノ□テノ□シナモノ,

コノ□トコロ, コノ□

⠿⠿□イソガシカッタ

（この二、三日忙しかった）,

コノ□ホンヲ□アゲヨー,

コノ□バカヤロー, コノ□ヤロー,

コノヨーナ□デキゴト

※コン□コト, コン□ナカ,

コンチクショー

このあいだ【此の間】

コノ□アイダワ□トオレマセン,

コノアイダ□アッタバカリダ

このうえ【此の上】トケイヲ□
コノ□ウエニ□オキナサイ,
コノウエ□ドー□シロト□
イウノダ

このうえとも【此の上とも】
コノウエトモ□ヨロシク

このうえない【此の上無い】
コノウエ□ナイ□ヨロコビデス

このかた【此の方】コノ□カタワ□
エライ□ガクシャデス,
１０ネン□コノカタノ□デキゴト

このかん【此の間】コノカン□
カレワ□シャベラナカッタ,
カレワ□コノカンノ□
ジジョーニ□クワシイ

このくらい【此の位】
コノクライニ□シテ□ヤローカ

このご【此の期】コノゴニ□オヨンデ

このごろ【此の頃】
コノゴロ□キイタ□ハナシダ
※コノ□コロワ□モノガ□
ヤスカッタ

このさい【此の際】コノ□サイ□
メンキョガ□ヒツヨーダ,
コノサイ□ハッキリ□サセヨー

このさき【此の先】
コノ□サキニ□コーバン□アリ,

コノサキノ□ミトオシガ□
タタナイ

このじ【コの字】
コノジニ□ナラベル

このしたやみ【木の下闇】
コノシタヤミ

このせつ【此の節】コノ□セツト□
コノ□セツヲ□アンショー□
シナサイ, コノセツワ□
クラシニクク□ナッタ

このたび【此の度】コノタビワ□
オセワニ□ナリマシタ

このてがしわ【児手柏】
コノテガシワ

このは【木の葉】コノハ,
コノハ□シグレ, コノハ□センベイ,
コノハノ□アメ
※キノ□ハガ□マウ

このはな【此の花・木の花】
コノハナ〔梅・桜の花〕,
ナニワヅニ□サクヤ□コノハナ□
フユゴモリ（難波津に咲くや此の花
冬ごもり）

このはなのさくやひめ【木花之開耶姫】
コノハナノ□サクヤヒメ

このぶん【此の分】コチラノ□
コノ□ブンワ□ワタシノダ,
コノブンデワ□アメカモ□

116

シレナイ

このへん【此の辺】コノ□ヘンノ□
ナガサヲ□モトメヨ,
コノヘンニ□スンデ□イタ

このほう【此の方】
コノ□ホーガ□ムズカシイ,
コノホーニ□サシダスガ□ヨイ
〔目下に対する一人称〕

このほど【此の程】
コノホド□キコク□シタバカリダ

このま【木の間】コノマガクレ

このまえ【此の前】コノ□マエニ□
クルマヲ□トメルナ,
コノマエ□キミニ□アッタノワ

このまま【此の儘】
コノママ□オマチ□クダサイ,
コノママデワ□スマナイ
※コノマンマデ□イインダモン

このみ【木の実】
キンダンノ□コノミ
※キノ□ミ

このめ【木の芽】
コノメヅキ（木の芽月）

このゆえに【此の故に】
コノ□ユエニ

このよ【此の世】
コノヨノ□カギリ
※コノ□ヨノナカ

こはいかに【此は如何に】
コワ□イカニ

ごばいし【五倍子】
ショーヤクノ□ゴバイシ

コバルト　コバルト□ブルー,
コバルト□６０,
コバルトイロノ□ソラ

こはん【湖畔】
カワグチ□コハン（河口湖畔）,
ネス□コハン（ネス湖畔）,
アシノコハン（芦ノ湖畔）

ごはん【御飯】ゴハンヂャワン,
オヒル□ゴハン,　カヤク□ゴハン,
アサゴハン,　マゼゴハン

こはんにち【小半日】コハンニチ

ごび【語尾】ゴビ□ヘンカ,
カツヨー□ゴビ

コピー　コピー□ライター,
コピー□ライト,　ハード□コピー

こびへつらう【媚び諂う】
コビヘツラウ

ごひゃくらかん【五百羅漢】
５００□ラカン

こぶ【瘤】コブツキノ□オンナ,
コブトリ□ジイサン,
メノ□ウエノ□コブ

ごぶ【五分】
５ブ□５ブノ□ショーブ,

― 117 ―

5ブニ□ワタリアウ，5ブガリ，
1スンノ□ムシニモ□5ブノ□
タマシイ

ごふうじゅうう【五風十雨】
5フー□10□ウ

ごぶさた【御無沙汰】
ゴブサタ□イタシマシタ，
ゴブサタ□シテ□オリマス

コブラ　コブラ□ツイスト，
キング□コブラ

こぶん【子分】
1ノ□コブンワ□オオマサ，
オヤブン□コブンノ□サカズキ

ごへいかつぎ【御幣かつぎ】
ゴヘイ□カツギ

ごぼう【御坊】
シノ□ゴボー（師の御坊）

ごぼうぬき【牛蒡抜き】ゴボーヌキ

こぼれ【零れ】コボレ□マツバ，
オチコボレ

こま【独楽】コママワシ

ごま【胡麻】ゴマアエ，ゴマアブラ，
ゴマスリ□ニンゲン，ゴマミソ

こまち【小町】コマチ□ムスメ，
オノノ□コマチ（小野小町），
カヨイ□コマチ，
ホンチョー□コマチ

ごまのはい　ゴマノハイ〔賊・盗人、
「ゴマノハエ」とも〕

こまわり【小回り】
コマワリガ□キク，ヒダリ□
コマワリ□ミギ□オオマワリ

ごまん【五万】
ショーコワ□ゴマント□アル

こみ【込】サービスリョー□
コミデ□1マンエン，
ソーリョー□コミ，
ゼイコミ□3マンエン，
コミコミデ□7マンエン

ごみ　ゴミ□センソー，
ゴミショリ，ゴミバケツ，
ゴミヒロイ，ゴミヤシキ，
ソダイゴミ，ブンベツゴミ

コミック　コミック□オペラ，
コミック□ショー

コミュニケーション
マス□コミュニケーション，
テレコミュニケーション

ゴム　ゴム□ナガグツ，
ゴムゾーリ，ゴムホース，
イリョーヨー□ゴム（医療用ゴム），
インド□ゴムノキ，
テンネン□ゴム

ゴムのき【ゴムの木】ゴムノキ

ごむりごもっとも【御無理御尤】
　ゴムリ□ゴモットモ

こめ【米】コメ□カコーヒン,
　コメソードー,
　コメノジノ□イワイ

こめつきばった【米搗き飛蝗】
　コメツキ□バッタ

ごめん【御免】ゴメン□クダサイ,
　ゴメン□コームル,
　ゴメンナサイ〔挨拶〕,
　テンカ□ゴメンノ□ムコーキズ

コメント　ノー□コメント

ごもく【五目】５モク□ナラベ,
　ゴモクズシ

こもち【子持ち】コモチ□シシャモ,
　コモチガレイ, コモチケイ（子持罫）,
　コモチジマ（子持縞）

こもん【小紋】エド□コモン（江戸小
　紋）, サメコモン

ごもん【御門】
　ハマグリ□ゴモン（蛤御門）

コモンセンス　コモン□センス

こや【小屋】コヤガケ, コヤモノ,
　ホッタテゴヤ

こやみ【小止み】
　コヤミ□ナク□フル□アメ

こゆう【固有】コユー□ザイサン,
　コユー□メイシ,

コユーホー（固有法）

ごよう【御用】ゴヨー□オサメ,
　ゴヨー□シンブン,
　ゴヨーヂョーチン,
　ナンノ□ゴヨー

ごようまつ【五葉松】５ヨーマツ

こよなく　コヨナク□アイスル

コラボ　コラボ□サクヒン,
　コラボレーション,
　コラボレート, ハツコラボ

コラム　コラム□キジ（コラム記事）,
　コラムニスト

ごらん【御覧】ゴランニ□イレル,
　ゴラン□クダサイ,
　ゴラン□ナサイ,
　アレヲ□ゴラン, カイテ□ゴラン,
　ヤッテ□ゴランナサイ

ごりむちゅう【五里霧中】
　ゴリムチュー

ごりょうかく【五稜郭】
　５リョーカク

こりょうりや【小料理屋】
　コリョーリヤ

ゴリラ　マウンテン□ゴリラ

ごりん【五輪】５リン□センシュ,
　５リンノ□ショ, ５リンキ

ゴルフ　ゴルフ□クラブ,
　ゴルフ□ボール, ミニゴルフ

これ【此】 コレ□アルカナ,
　コレ□サイワイト, コレ□
　スナワチ□ヒトツノ□フシギ,
　コレ□マタ, コレ□ユエニ,
　コレクライノ□ハコ,
　コレト□イッタ□ワダイモ□ナイ,
　コレワ□コレワ□ヨーコソ,
　ニホンワ□コレ□シンコクナリ
　（日本は此神国也）

これしき ナンノ□コレシキ

コレステロール
　コレステロール□シシツ,
　⠿⠿⠿⠿□コレステロール
　（ＨＤＬコレステロール),
　アクダマ□コレステロール,
　ソーコレステロールチ（総コレス
　テロール値）

これはしたり コレフ□シタリ

これみよがし
　コレミヨガシノ□タイド

これやこの
　コレヤ□コノ□ユクモ□カエルモ

ころ【頃】
　コロワ□ゲンロク□１５ネン（頃
　は元禄十五年),
　ソノ□コロ□キテ□イタ□ユカタ,
　キョネンノ□ハルゞ□コロ,
　ワカリシ□コロ,

ショーガツノ□ヤスミアケゴロニ

ごろ セイジゴロ, フクシゴロ

ごろ【語呂】 ゴロアワセ

ゴロ ゴロベース,
　ピッチャー□ゴロ, ショートゴロ

ころがし【転がし】
　トチ□コロガシ, タマコロガシ

ころくがつ【小六月】 コ６ガツ

ころし【殺し】 コロシ□モンク,
　コロシバ（殺し場), ゴケゴロシ,
　ハメゴロシノ□マド

コロッケ レイトー□コロッケ,
　カニコロッケ

コロノ コロノスコピー,
　コロノスコープ,
　ＣＴ□コロノグラフィー

ごろはちぢゃわん【五郎八茶碗】
　ゴロハチヂャワン

ころびキリシタン【転びキリシタン】
　コロビ□キリシタン

こわい【怖い・恐い】
　コワイ□モノ□シラズ,
　コワイ□モノ□ナシ,
　コワイ□モノ□ミタサ,
　コワイ□モノワ□ナニモ□ナイ,
　マンジュー□コワイ

ごわす〔方言〕
　オサッシ□ネガイトー□ゴワス

こん【今】コン□コッカイ,
コン□シリーズ, コン□ヤハン,
コンガッキ, コンシーズン,
コンネンド

こん【根】コン□ツメル,
コンカギリ, コンクラベ

ごん【権】ゴン□ダイナゴン,
ゴンノ□ダイソージョー,
ゴンノカミ,
ダザイノ□ゴンノソツ（大宰権帥）

ごんぐじょうど【欣求浄土】
ゴング□ジョード

コンクリート
コンクリート□ホソー,
コンクリート□ミキサー,
コンクリートカベ,
テッキン□コンクリート

ごんげん【権現】ゴンゲンサマ,
ゴンゲンヅクリ,
クマノ□ゴンゲン（熊野権現）

こんごう【金剛】コンゴー□リキシ,
コンゴーセキ, コンゴーヅエ

こんごうぶじ【金剛峯寺】
コンゴーブジ

コンサート　コンサート□ホール,
コンサート□マスター,
ミニ□コンサート,
レコード□コンサート,

ハツコンサート（初コンサート）

こんしこんでい【紺紙金泥】
コンシ□コンデイ

こんじゃく【今昔】
コンジャクノ□カン,
コンジャク□モノガタリ

こんじょう【根性】
コンジョー□マガリ,
ヒガミ□コンジョー,
ビンボーニン□コンジョー,
ドコンジョー

こんせい【混成】コンセイ□チーム,
コンセイガン（混成岩）

こんせつ【懇切】
コンセツ□テイネイ

コンチェルト
ピアノ□コンチェルト

コンテスト　コンテスト□アラシ,
ビジン□コンテスト

コンデンスミルク
コンデンス□ミルク

コントラバス　コントラバス

コントロール　コントロール□キー,
コントロール□タワー,
ノー□コントロール

こんにち【今日】
コンニチ□タダイマ,
コンニチサマ, コンニチワ

こん
こん
に

コンパクト
　コンパクト□ディスク，
　コンパクトカー
コンピュータ　コンピュータ□キキ
　（コンピュータ機器），
　コンピュータ□ゲーム，
　コンピュータライズ，
　ミニ□コンピュータ
こんぶ【昆布】トロロ□コンブ，
　ラウス□コンブ，マコンブ
ごんべえ【権兵衛】ゴンベエヤキ，
　ナナシノ□ゴンベエ
コンベヤー　ベルト□コンベヤー
コンマ　コンマ□イカ，
　０□コンマ□１
こんりゅう【建立】
　コンリュー□ホーガ（建立奉賀），
　１ザ□コンリュー（一座建立）
こんりゅう【根粒・根瘤】
　コンリュー□バクテリア
こんりょうのそで【袞竜の袖】
　コンリョーノ□ソデ
こんろ【焜炉】セキユ□コンロ，
　ガスコンロ

さ【差】１テンサノ□ゲーム，
　（20cm差），
　０ビョー□９５サ，ダンジョサ
ザ　ザ□ショーシャ，
　イン□ザ□ルーム，
　ストップ□ザ□オンダンカ
さあ　サア□オイデ，
　サア□サア□イラッシャイ
サークル　サークル□カツドー，
　テンジ□サークル，
　ベビー□サークル
サーチ　サーチ□ライト，
　エゴサーチ
サード【３ｒｄ】
サービス　サービス□エース，
　サービス□エリア，
　サービスギョー，サービスデー，
　セルフ□サービス，
　フル□サービス
ざあますことば【ざあます言葉】
　ザアマス□コトバ

サーモ サーモ□フォーム,
サーモ□メーター,
サーモグラフィー,
サーモスタット

サーモン サーモン□ピンク,
キング□サーモン,
スモーク□サーモン

さあらぬてい【さあらぬ態】
サアラヌ□テイ

さい【再】
サイ□ショーニン□カンモン,
サイサイテイシュツ,
サイシュッパツ□スル,
サイセイサンヒン, サイハッコー

さい【際】
ホーモン□シタ□サイ,
ソノ□サイ

さい【最】 サイコーレイシャ,
サイジューテン□カダイ,
サイジョーキューセイ,
サイユーシュー

ざい【在】 ザイ□フザイヲ□トウ,
ザイ□ロンドン,
ザイエイ□タイシ（在英大使）,
ウツノミヤ□ザイ（宇都宮在）

さいおうがうま【塞翁が馬】
サイオーガ□ウマ

さいきかんぱつ【才気煥発】
サイキ□カンパツ

さいきょう【最強】
サイキョー□グンダン,
サイキョー□チーム

サイクル サイクル□ヒット,
レンタ□サイクル,
メガサイクル〔単位名〕

さいけいこくたいぐう【最恵国待遇】
サイケイコク□タイグー

さいげんない【際限ない】
サイゲン□ナイ

サイコ サイコ□キネシス,
サイコ□セラピー,
サイコ□ドラマ, サイコロジー

さいこう【最高】
サイコー□ガクフ,
サイコー□サイバンショ,
サイコーサイ（最高裁）

さいさきよい【幸先よい】
サイサキ□ヨイ

さいさん【再三】
サイサン□サイシ,
サイサン□チューイ□スル

さいしょう【最少】
サイショー□ゲンド,
サイショー□コーバイスー,
サイショーゲン

さ

さあもーさいし

─ 123 ─

サイズ ⠿⠿⠿⠿⠿□サイズ（Ａ４
サイズ），⠿⠿⠿⠿⠿□サイズ
（３Ｌサイズ），Ｌ□サイズ，
ミニサイズ

さいそくがましい【催促がましい】
サイソクガマシイ

ざいだん【財団】
ザイダン□ホージン，
イッパン□ザイダン，
コーエキ□ザイダン

さいづちあたま【才槌頭】
サイヅチ□アタマ

サイド　サイド□スロー，
サイド□テーブル
サイド□ボード，
サイド□ワーク，サイドカー，
プール□サイド，オフサイド，
シーサイド，ノーサイド

さいのかわら【賽の河原】
サイノ□カワラ

さいのめ【采の目・賽の目】
サイノメ

さいはじける【才弾ける】
サイハジケル

さいぼう【細胞】
サイボー□ソシキ，
サイボー□ブンレツ，
サイボーマク，

⠿⠿⠿⠿⠿□サイボー（ｉＰＳ
細胞），シンケイ□サイボー，
モーマク□ガサイボー（網膜芽細
胞），ランサイボー

さいほうじょうど【西方浄土】
サイホー□ジョード

さいもん【祭文】
サイモン□カタリ，
サイモンブシ，サイモンヨミ

さいろく【才六】サイロク〔丁稚〕

さいわい【幸い】
カゼガ□サイワイ□シタ，
サイワイニシテ

サイン　サイン□アップ，
サインイン，サインペン，
⠿⠿⠿⠿□サイン（Ｖサイン），
ネオン□サイン，ゴーサイン

サウジアラビア　サウジ□アラビア

サウス　サウス□カロライナ，
サウス□ダコタ，サウスポー

サウナ　サウナ□マッサージ，
サウナバス

サウンド
サウンド□テーブル□テニス，
サウンド□トラック，
ディスコ□サウンド

さえ　キミニサエ□デキル，
ジショサエ□アレバ，

ミサエ□スレバ

さおさす【棹さす】
ジョーニ□サオサセバ

さが【嵯峨】 サガ□ニッキ，
サガ□ニンギョー，
オクサガ□メグリ

さかい〔方言〕 ワカラヘンサカイ

さかさことば【逆さ言葉】
サカサ□コトバ

さがし【探し】 サガシアグネル，
サガシモノ，タカラ□サガシ，
マクラ□サガシ，イエサガシ，
ヘヤサガシ

さかとうじ【酒杜氏】 サカトージ

さがり【下がり】 サガリフジ〔紋所〕，
ウマノ□コク□サガリ（午の刻下
がり），オクミ□サガリ，
ナナツ□サガリ，３サガリ，
ヤツサガリ

さがる【下がる】
テラマチ□３ジョー□サガル（寺
町三条下ル）

さき【先】 イチバン□サキニ，
３ゲン□サキ，３ネン□サキ，
ゲンカンサキ

さぎ【詐欺】 サギオトコ，
サギマガイ，オレオレ□サギ，
カゴヌケ□サギ，

ケッコン□サギ，フリコメ□サギ

さきおととい【一昨昨日】
サキオトトイ
※イッサクサクジツ

さきざき【先先】 ユク□サキザキ

さきにおう【咲き匂う】 サキニオウ

さく【作】 ２０１８ネン□サク，
ナツメ□ソーセキ□サク（夏目漱石
作），ヘイネンサク

さく【昨】 サク□１１ニチ，
サクバン

さく【策】 セイリョク□
バンカイヲ□サクスル

さくづけめんせき【作付面積】
サクヅケ□メンセキ

さくら【桜】 サクラ□ゼンセン，
サクラ□フブキ，サクラミソ

ざこ【雑魚】 ザコノ□トトマジリ
（雑魚の魚まじり），
ザコバカリ□ツカマッタ
※チリメンジャコ

さこうべん【左顧右眄】
サコ□ウベン

ささげつつ【捧銃】 ササゲ□ツツ

サザンクロス サザン□クロス

さじかげん【匙加減】 サジカゲン

さしさわりない【差障りない】
サシサワリ□ナイ

— 125 —

さしつかえ【差支え】
　サシツカエ□ナイ
　※ただし、動詞「さしつかえる」の
　否定形ととれる場合は続けて書く
さしつさされつ【差しつ差されつ】
　サシツ□ササレツ
さすてひくて【差す手引く手】
　サステ□ヒクテ
さすれば　サスレバ
させる　ソー□サセル,
　ベンキョー□サセル,
　ネンレイヲ□カンジサセル,
　ムリニ□ワカレサセラレタ
さた【沙汰】 サタノ□カギリ,
　サタノ□ホカ, サタナシ,
　サタヤミ, ショーキノ□サタ
さだめ【定め】 サダメ□ナキ□ヨ,
　ドキョー□サダメ
ざつ【雑】 ザツシシュツ,
　ザツシューニュー,
　ザツショトク, シゴトガ□ザツダ
　※ザッピ
さつきつつじ【五月躑躅】
　サツキ□ツツジ
ざっくばらん ザックバラン
さっしゃる
　アンシン□サッシャイ,
　ミサッシャレ

さっちょう【薩長】
　サッチョー□レンゴー,
　サッチョードヒ（薩長土肥）
さっぱり　サッパリ□スル
さつまのかみ【薩摩守】
　サツマノカミ
さつまはやと【薩摩隼人】
　サツマ□ハヤト
さておく【扨置く・扨措く】
　サテオク
さてまた【扨又・偖又】 サテマタ
さと【里】
　ヨシノノ□サト（吉野の里）,
　フミノサト（文の里）〔地名〕
さど【佐渡】 サド□オケサ,
　サド□トキ□ホゴ□センター
さとうきび【砂糖黍】 サトーキビ
さとうだいこん【砂糖大根】
　サトー□ダイコン
さとことば【里言葉】 サトコトバ
サドンデス　サドンデス□ホーシキ
さながら【宛ら】
　センジョー□サナガラ
さなきだに【然なきだに】
　サナキダニ
さなり　サナリ
さにあらず　サニ□アラズ

さばき【捌き】 タヅナ□サバキ,
ホーチョー□サバキ, スソサバキ

さばき【裁き】 サバキノ□ニワ,
オオオカ□サバキ

さばく【砂漠】 ゴビ□サバク

さばさば サバサバ□シタ□キブン

サブ サブ□カルチャー,
サブ□タイトル,
サブ□ネット□ワーク,
サブ□リーダー, サブウエイ,
サブザック, サブノート

さへんどうし【サ変動詞】
サヘン□ドーシ

さま【様】 イエス□サマ,
タナカ□サマ,
コバヤシ□サマカタ（小林様方）,
オイシャサマ, オカアサマ,
オシャカサマ, ガクシサマ（学士様）,
カズノミヤサマ（和宮様）,
カミサマ, カンノンサマ,
タカハシ□ショチョーサマ（高橋所
長様）, ムラノ□チンジュサマ,
ツキサマ（月様）〔通称〕,
ホトケサマ

ざま ザマ□ミヤガレ,
ザマア□ミロ, ザマヲ□ミロ,
ソノ□ザマワ□ナンダ,
フリカエリザマ

ざま【座間】 ザマ□キチ,
ザマ□キャンプ

サマー サマー□スクール,
サマー□タイム

さまさま【様様】
オカネ□サマサマダ,
スズキ□サマサマ,
ブチョー□サマサマ

ざます ソーザマス,
シニトーザマス
※ナンザンス

さまのかみ【左馬頭】 サマノカミ

**さめやらぬ【覚め遣らぬ・醒め遣ら
ぬ】** ユメ□サメヤラヌ□ヨース

さもあらばあれ【遮莫】
サモ□アラバ□アレ

さもありなん サモ□アリナン

さもない サモナイ□ザッソー

さもないと サモ□ナイト

さもなければ サモ□ナケレバ

ざゆうのめい【座右の銘】
ザユーノ□メイ

さようしからば【左様然らば】
サヨー□シカラバ

さよちどり【小夜千鳥】 サヨチドリ

さよふけて【小夜更けて】
サヨ□フケテ

さらさら
ウラミワ□サラサラ□ナイ

さらし【晒し】 サラシ□クジラ,
サラシ□モメン, サラシクビ

さらそうじゅ【沙羅双樹】
サラソージュ

サラダ サラダ□オイル,
サラダ□ボウル, サラダバー,
ポテト□サラダ, ツナサラダ

さらなり【更なり】 サラナリ

さらぬ サラヌ□テイ

サラリーマン サラリーマン
※サラキン

さりげ サリゲモ□ナイ,
サリゲナイ

さりながら サワ□サリナガラ

さる【去る】
サル□フツカノ□アサ,
サル□モノワ□ヒビニ□ウトシ

さる【猿】 サルカニ□カッセン,
サルヂエ

さる サル□トコロ,
サルコトナガラ

さるとりいばら
サルトリ□イバラ〔植物名〕

さるのこしかけ【猿の腰掛】
サルノ□コシカケ〔植物名〕

さるもの【然る者】 サルモノニテ,
テキモ□サルモノ

される オハナシ□サレル,
コーゲキ□サレル

サロン サロン□エプロン,
サロンカー, ピンク□サロン,
ティーサロン

さわぎ【騒ぎ】 オマツリ□サワギ,
カジサワギ, カラサワギ,
バカサワギ

さん ⠿⠿□サン（Aさん）,
⠿⠿□サン（B子さん）,
⠿⠿□サン（○○さん）,
タカハシ□サン,
トチニシキ□サン,
ゾーノ□ハナコ□サン,
サザエ□サン,
マスオ□サン□ゲンショー,
ウサギサン, オイシャサン,
オオヨシサン〔通称〕,
カスガサン〔春日大社〕,
⠿⠿（IBMさん）,
ソニーサン〔会社名〕,
タナカ□シャチョーサン（田中社長
さん）,
バンツマサン（阪妻さん）,
ミカワヤサン, ヤマサン〔愛称〕

さん【三】

⠿ （三三が九），

3 ⠿ アクドー（三悪道），

3 マクドー（三悪道）〔仏教用語〕，

3 ガイ（3 階），3 ダイ□マツリ，

3 ノ□イト（三の糸），

3 ノ□ゼン（三の膳），

3 ノ□トリ（三の酉），3 ノマ（三
の間），3 ノマル（三の丸），

3 ボンジメ，

イチニノ□サン〔掛け声〕

さん【山】 エトナサン（エトナ山），

サンガネサン（三ヶ根山），

デワ□3 ザン（出羽三山），

ショーワ□シンザン（昭和新山），

フジサン（富士山）

さん【産】 サン□ガク□カン，

アキタノ□サン（秋田の産），

1982 ネンサン□ワイン，

アフリカサン，フドーサン

サン サン□バイザー，

サングラス，サンシャイン，

サンルーム，

ミッド□ナイト□サン

サン サン□マルコ□ジイン（サン
マルコ寺院），

サン□アントニオ〔人名〕，

サンアントニオ〔地名〕，

サンサルバドル，

サンフランシスコ，サンホセ

さんえん【三猿】 3 ⠿ エン〔見猿、聞
か猿、言わ猿〕

さんか【酸化】 サンカテツ，

2 サンカ□タンソ

さんかい【山塊】

タンザワ□サンカイ（丹沢山塊）

さんがい【三界】

オンナ□3 ガイニ□イエ□ナシ，

コワ□3 ガイノ□クビカセ，

アメリカ□サンガイマデ□デムク

さんがいまつ【三蓋松】

3 ガイマツ〔紋所〕

さんかきんたい【山河襟帯】

サンカ□キンタイ

さんかく【三角】 3 カク□カンケイ，

3 カクキン（三角筋），

3 カクケイ，3 カクス（三角洲），

3 カクテン，セイ 3 カクケイ，

メヲ□3 カクニ□シテ，

サンカク□ヤロー

さんがにち【三が日】 3 ガニチ

さんかめいちゅう【三化螟虫】

3 カ□メイチュー

さんかんしおん【三寒四温】

3 カン□4 ⠿ オン

さんきゃく【三脚】 3 キャク

129

さんぎょう【三業】
 ３ギョー□クミアイ，３ギョーチ

さんけい【山系】
 ヒマラヤ□サンケイ

さんげん【三弦】３ゲン〔三味線〕

さんげん【三軒】３ゲン□ナガヤ，
 ムコー□３ゲン□リョードナリ，
 セタガヤク□サンゲンヂャヤ（世田
 谷区三軒茶屋）

さんご【珊瑚】サンゴショー，
 モモイロ□サンゴ，シロサンゴ

さんこう【三更】
 ３コー〔五更の筰３〕

さんこうごじょう【三綱五常】
 ３コー□５ジョー

さんごく【三国】
 ３ゴク□デンライ，３ゴクシ，
 サンゴク１ノ□ハナヨメ

さんこのれい【三顧の礼】
 ３コノ□レイ

さんごや【三五夜】⠿⠿⠿⠿⠿

さんさ【三叉】
 ３サ□シンケイツー，
 ３サロ（三叉路）

さんさがり【三下り】３サガリ

さんさしぐれ【さんさ時雨】
 サンサ□シグ

さんさんくど【三三九度】
 サンサンクド

さんさんごご【三三五五】
 サンサンゴゴ

さんさんななびょうし【三三七拍子】
 ⠿⠿⠿⠿⠿⠿⠿⠿⠿⠿

さんじ【三時】オ３ジ

さんしきすみれ【三色菫】
 ３シキ□スミレ

さんしすいめい【山紫水明】
 サンシ□スイメイ

さんした【三下】サンシタ□ヤッコ

さんしちにち【三七日】
 ⠿⠿⠿⠿⠿⠿⠿

さんしのれい【三枝の礼】
 ３シノ□レイ

さんしゃかいだん【三者会談】
 ３シャ□カイダン

さんじゃくおび【三尺帯】
 サンジャクオビ

さんじゃまつり【三社祭】
 サンジャ□マツリ

さんじゅうさんげんどう【三十三間堂】
 ３３ゲンドー

さんじゅうさんしょ【三十三所】
 ３３ショ

さんじゅうろっかせん【三十六歌仙】
 ３６カセン

さんじゅうろっけい【三十六計】
３６ケイ□ニゲルニ□シカズ

さんしゅのじんぎ【三種の神器】
３シュノ□ジンギ

さんじょ【三女】 ３ジョ

さんしょう【三唱】
バンザイ□３ショー

さんじょう【三条】
３ジョー□オオハシ，
サンジョー□サネトミ（三条実美）

さんしん【三振】
カラブリ□３シン，
⠿⠿⠿⠿⠿（２三振）

さんしん【三線】 ３シン〔蛇皮線〕

さんすくみ【三竦み】 ３スクミ

さんすけ【三助】 サンスケ

さんずのかわ【三途の川】
サンズノ□カワ

さんずん【三寸】 シタ□３ズン，
ムネ□３ズン

さんぜそう【三世相】 ３ゼソー

さんぜんいん【三千院】 キョート□
オオハラ□サンゼンイン

さんぜんせかい【三千世界】
３ゼン□セカイ

さんせんのおしえ【三遷の教え】
３センノ□オシエ

さんせんべん【三尖弁】 ３センベン

さんそう【山荘】
ハルナ□サンソー（榛名山荘），
フジ□サンソー（富士山荘）

サンタ サンタ□クロース，
サンタ□マリア，
サンタ□ルチア，
サンタサン（サンタさん）

さんだい【三大】 ３ダイ□ジケン，
３ダイ□ショーセツ

さんたまちく【三多摩地区】
３タマ□チク

さんたん【三嘆】 １ドク□３タン

さんだん【三段】
３ダン□ロンポー，３ダントビ

さんち【山地】
キイ□サンチ（紀伊山地）

さんちょう【山頂】
アサマ□サンチョー（浅間山頂），
ヤリガタケ□サンチョー（槍ヶ岳
山頂）

さんディーケー【３ＤＫ】
⠿⠿⠿⠿⠿⠿

さんてんセット【三点セット】
３テン□セット

さんど【三度】
３ド□３ドノ□ショクジ，
ホトケノ□カオモ□３ド

サンド　タマゴ□サンド,
　ミックス□サンド, カツサンド,
　ハムサンド

サンド　サンド□ペーパー,
　サンド□バッグ

サンドイッチマン
　サンドイッチマン

さんとうせいじ【三頭政治】
　3トー□セイジ

さんどがさ【三度笠】サンドガサ

さんどびきゃく【三度飛脚】
　3ドビキャク

さんなん【三男】3ナン

ざんねんむねん【残念無念】
　ザンネン□ムネン

さんぱいきゅうはい【三拝九拝】
　3パイ□9ハイ

さんばいず【三杯酢】3バイズ

さんばがらす【三羽烏】3バガラス

さんぱくがん【三白眼】3パクガン

さんばそう【三番叟】
　アヤツリ□サンバソー

さんぱちじゅう【三八銃】
　サンパチジュー

さんはんきかん【三半規管】
　3ハンキカン

さんびゃくだいげん【三百代言】
　3ビャク□ダイゲン

さんぴん【三一】サンピン

さんぷく【三伏】サンプク〔暦〕

さんぷくつい【三幅対】3プクツイ

さんふじんか【産婦人科】
　サンフジンカイ

さんぺき【三碧】3ペキ□モクセイ

さんぼう【三方】
　3ボー□1リョーゾン,
　サンボーニ□ノセル

さんぼうかん【三宝柑】
　サンボーカン

さんぼうこうじん【三宝荒神】
　3ボー□コージン

さんぼん【三盆】ワサンボン

さんまい【三昧】ドクショザンマイ

さんまい【三枚】
　3マイニ□オロス,
　3マイメ□ヤクシャ,
　ブタノ□サンマイニク〔ばら肉〕

さんみ【三位】3ミ□1タイ,
　ジュ3ミ, ショー3ミ

さんみゃく【山脈】
　オーウ□サンミャク（奥羽山脈）

さんみんしゅぎ【三民主義】
　3ミン□シュギ

さんめん【三面】3メン□キジ,
　3メン□6ピ, 3メンキョー

さんもん【三文】
　ハヤオキワ□3モンノ□トク，
　3モン□ブンシ，3モンバン，
　2ソク□3モン
さんもん【三門】
　トーフクジ□3モン（東福寺三門）
さんやく【三役】 3ヤク
さんよっか【三四日】　⠒⠒⠒⠒⠒⠒⠒⠒
さんり【三里】 アシノ□サンリ
さんりく【三陸】
　サンリク□カイガン
さんりょう【三療】 3リョーカ
さんりんしゃ【三輪車】
　3⠰リンシャ
さんりんぼう【三隣亡】
　サンリンボー
さんろく【山麓】
　フジ□サンロク（富士山麓）
さんわおん【三和音】 3ワオン

し　メヲ□マルク□シ，
　　アイシ□コイ□シ□ケッコン□シ
し　コドモジャ□アルマイシ，
　　ユキワ□フルシ□カゼモ□
　　フクシ
し【氏】 ⠒⠒⠒⠒□シ（H氏），
　⠒⠒⠒⠒⠒⠒⠒⠒（H氏賞），
　ヤスイ□シ（安井氏）〔敬称〕，
　フジワラシ〔藤原一族を意味する場
　合〕，エジプトジンシ，
　カイシャインシ，
　イジョー□3シ，
　ハンセンシビョー，
　ボーシ（某氏），ムメイシ
　※ゲンジ（源氏）
し【詩】 ナカハラ□チューヤ□シ
　　（中原中也詩），サンブンシ
し【誌】 アララギ□シジョー，
　　シューカン□シジョー，
　　⠒⠒⠒⠒⠒（A誌），
　　アララギシ

し【市】ツ□シナイ（津市内），
パリ□シナイ（パリ市内），
⠿⠿⠿⠿□（Ａ市），
アイヅ□ワカマツシ（会津若松市），
オヂヤシ（小千谷市），
サンダシ（三田市），
ヒタチ□オオタシ（常陸太田市），
ミノ□カモシ（美濃加茂市）

し【師】カンダ□ハクザンシ（神田伯山師），ホメイニシ

じ【地】ジノ□ブン，ジメン，
シロジ

じ【字】ジアマリ，
セイノ□ジデ□カゾエル（正の字で数える），
ダイノ□ジヲ□カク，
⠿⠿⠿⠿⠿□カーブ（Ｓ字カーブ），
⠿⠿⠿⠿⠿⠿（Ｌ字溝），
⠿⠿⠿⠿⠿⠿⠿（Ｙの字型），
カワノジニ□ネル，
コノジニ□ナラベル，
コメノジノ□イワイ，
ダイノジニ□ネル，
ニノジノ□ゲタノ□アト，
ハノジニ□ナラベル，
アノ□コニ□ホノジ

じあえんそさん【次亜塩素酸】
ジアエンソサン

しあげ【仕上げ】シアゲ□カンナ，
ケショー□シアゲ

シアン　シアン□カゴーブツ（シアン化合物），シアンカ□カリウム，
シアンカブツ（シアン化物）

しい【椎】シイノ□キ，シイノ□ミ，
シイノミ□ガクエン

しい【四囲】シイノ□ジョーキョー

シー【Ｃ】
⠿⠿⠿⠿⠿⠿⠿□カンエン（Ｃ型肝炎），⠿⠿⠿⠿⠿⠿（Ｃ調）

シー　シー□コントロール，
シーサイド，シーフード，
シーレーン，ディズニー□シー

ジー【Ｇ】⠿⠿⠿□ガ□カカル，
⠿⠿⠿□マーク（Ｇマーク），
⠿⠿⠿⠿⠿（Ｇ７），
⠿⠿⠿⠿⠿⠿□レース（ＧⅡレース），
⠿⠿⠿⠿⠿⠿⠿⠿⠿□アリア（Ｇ線上のアリア），
⠿⠿⠿⠿⠿⠿（Ｇメン）

じいうんどう【示威運動】
ジイ□ウンドー

シーエス【ＣＳ】
⠿⠿⠿⠿⠿⠿□チューナー

シーエム【ＣＭ】

⠿⠿⠿⠿⠿⠿（ＣＭ撮り），

テレビ□⠿⠿⠿⠿⠿

しいか【詩歌】

シイカヲ□タノシム

じいさん　ゲン□ジイサン，

コブトリ□ジイサン

※ゴサク□ジイ，

マツジイ〔末造じいさん〕

しいしい

オシャベリ□シイ□シイ，

エンリョ□シイ□シイ

シーシー【ｃｃ】

⠿⠿⠿⠿⠿（20cc）

シージーエスたんい【ＣＧＳ単位】

⠿⠿⠿⠿⠿□タンイ

シースルー　シースルー□ルック

シーズン　シーズン□オフ，

オフ□シーズン，

スキー□シーズン，ライシーズン

シーソーゲーム

シーソー□ゲーム

ジーティーしゃ【ＧＴ車】

⠿⠿⠿⠿⠿

シーディーロム【ＣＤ－ＲＯＭ】

⠿⠿⠿⠿⠿⠿⠿

シード　ダイ１□シード，

シードケン

シーハイル　シーハイル

ジーピーエス【ＧＰＳ】

⠿⠿⠿⠿キノー

シーン　ラスト□シーン，

ラブシーン

シェア　シェア□カクダイ，

シェアウェア，シェアハウス，

ブランド□シェア

シェイプアップ　シェイプ□アップ

ジェーアール【ＪＲ】

⠿⠿⠿⠿□カク□セン（ＪＲ各

線），

⠿⠿⠿⠿□トーカイ（ＪＲ東海），

⠿⠿⠿⠿（ＪＲ線）

ジェーオーシー【ＪＯＣ】

⠿⠿⠿⠿□カイチョー

ジェーポップ【Ｊ－ＰＯＰ】

⠿⠿⠿⠿，

⠿⠿⠿□ポップ

ジェーリーグ【Ｊリーグ】

⠿⠿⠿□リーグ

ジェット　ジェット□エンジン，

ジェット□キリュー，

ジェット□コースター，

ジェットバス，

ジャンボ□ジェット，

リアジェット

しえんかたんそ【匹塩化炭素】
4┅エンカ□タンソ

ジエンド コレデ□ジ□エンドダ

ジェンヌ タカラジェンヌ,
パリジェンヌ

しお【塩】シオ□コショー□スル,
シオコージ, シオラーメン

しおからとんぼ【塩辛蜻蛉】
シオカラ□トンボ

しおたれる【潮垂れる】シオタレル

しおん【四恩】
4┅オン〔仏教用語〕

しか【史家】キョー↘□シカ,
ブンカ□シカ, レキシカ

しか【歯科】シカ□イシカイ,
シカ□イシ□カイヮン, シカイ,
コークー□シカ

じか【自家】ジカ□チュードク,
ジカ□ヤクローチュー (自家薬籠
中), ジカヨーシャ

じが【自我】ジガ□イシキ,
チョージガ

しかいけいてい【四海兄弟】
シカイ□ケイテイ

しかく【四角】4カクケイ,
4カクニ□キル, ナガ4カク,
マ4カク, シカク□シメン,
シカクバル

しかくい【四角い】シカクイ,
シカクク

じがじさん【自画自賛】
ジガ□ジサン□スル

しかして【然して・而して】
シカシテ

じかせんえん【耳下腺炎】
ジカセンエン

しかた【仕方】シカタ□アルマイ,
シカタガ□ナイ,
シカタ□ナシニ, シカタナイ,
シカタナク□ナル,
シカタガ□ナク□ナル

じかたび【地下足袋】ジカタビ

じかだんぱん【直談判】
ジカダンパン

しがつばか【四月馬鹿】4ガツバカ

しかとさようか シカト□サヨーカ

しかのみならず シカノミナラズ

しかみひばち【獅噛火鉢】
シカミ□ヒバチ

しかもうす【然申す】シカ□モース

しかるあいだ【然る間】
シカル□アイダ

シガレットケース
シガレット□ケース

しかん【史観】コーコク□シカン,
ユイブツ□シカン

じかん【時間】
１ジカン□３０プン，
１ジカンハン，ジカン□タンイ，
ジカン□ツブシ，ソージカンスー

しき【四季】４キ□オリオリ

しき【式】シキ□シダイ，
ヘボンシキ□ローマジ，
タナカラ□ボタモチシキノ□
ハッソー，ユキダルマシキ

しき【指揮】カラヤン□シキ

しぎ【市議】ツ□シギ（津市議），
ヨコハマ□シギ（横浜市議）

じき【時期】ジキ□ショーソー，
１ジキ

じき【時季】ジキハズレ

じき【磁気】ジキ□サヨー，
ジキ□ディスク，ジキアラシ

じき【次期】ジキ□ソーサイ

しきさんば【式三番】シキサンバ

しきじょう【式場】
シキジョー□サガシ，
ケッコン□シキジョー

しきそくぜくう【色即是空】
シキ□ソク□ゼ□クー

しきぶ【式部】
イズミ□シキブ（和泉式部），
ムラサキ□シキブ（紫式部），
トーシキブ（藤式部）

しきゅう【子宮】シキューガン，
シキュー□キンシュ，
シキュー□ケイガン，
シキューケイカン（子宮頸管）

しきり【仕切り】シキリ□ネダン，
シキリナオシ

ジグザグコース　ジグザグ□コース

しくちょうそん【市区町村】
シクチョーソン

しくはっく【四苦八苦】
４ク□８ク〔仏教用語〕，
シクハック□スル

しぐれ【時雨】
シグレ□サイギョー（時雨西行），
シグレ□ハマグリ，
オオサカ□シグレ，
サンサ□シグレ，セミシグレ

しげく【繁く】アシシゲク

しけつしょう【脂血症】
コーシケツショー，
テイシケツショー

しげん【資源】シゲンゴミ，
チカ□シゲン，ミズシゲン

しこ【四股】シコヲ□フム

しこ【四顧】
シコ□スル〔周囲を見回す〕

じこ【事故】ジコ□ゲンバ，
バス□ジコ

じこ【自己】ジコ□シホン,
　　ジコ□シュギ,
　　ジコ□ナイカイ〔自己内界〕,
　　ジコアイ, ジコリュー

じご【事後】ジゴ□ショリ

しこう【志向】ブランド□シコー

しこうして【然して・而して】
　　シカリ□シコーシテ

じごうじとく【自業自得】
　　ジゴー□ジトク

しごき【扱き】シゴキオビ,
　　シンジン□シゴキ

しごく【至極】ドーリ□シゴク,
　　メイワク□シゴク

じこく【二黒】ジコク□ドセイ

じごく【地獄】ジゴク□8ケイ,
　　ジゴク□メグリ, ジゴクヘン（地獄
　　変）, シケン□ジゴク,
　　アリジゴク

しこくはちじゅうはちかしょ【四国八
　　十八箇所】シコク□88カショ

じこけんお【自己嫌悪】
　　ジコ□ケンオ

じごしょうだく【事後承諾】
　　ジゴ□ショーダク

しごと【仕事】1ニチ□シゴト,
　　ノラシゴト

しこのかん【指呼の間】
　　シコノ□カン

しこみ【仕込み】シコミオケ,
　　シンシュノ□シコミ

じさ【時差】ジサ□シュッキン,
　　ジサボケ

しさい【子細・仔細】
　　シサイ□アリゲナ□カオ

しさん【四散】
　　イッカワ□シサン□シタ

しし【四肢】4シ□5タイ,
　　4シ□マヒ

しし【獅子】
　　シシ□シンチューノ□ムシ（獅子
　　身中の虫）, シシ□フンジン

しじ【四時】
　　4ジノ□ベツ□ナク□オトズレル

じじ【時事】ジジ□カイセツ,
　　ジジ□ヨーゴ, ジジネタ

じじこっこく【時時刻刻】
　　ジジ□コッコク

ししそうしょう【師資相承】
　　シシ□ソーショー

ししそんそん【子子孫孫】
　　シシ□ソンソン

しじみ【蜆】シジミチョー,
　　セタ□シジミ（瀬田蜆）,
　　ヤマト□シジミ

ししゃごにゅう【四捨五入】

　４シャ□５ニュー

じしゃぶぎょう【寺社奉行】

　ジシャ□ブギョー

しじゅう【四十】　４０□オトコ，

　４０⠰⠆ウデ，４０カタ

しじゅうから【四十雀】

　シジューカラ

しじゅうくにち【四十九日】

　４９ニチ

しじゅうしちし【四十七士】　４７シ

しじゅうそう【四重奏】

　４ジューソーダン

しじゅうはって【四十八手】　４８テ

じじょ【次女・二女】

　ジジョガ□ウマレタ

しじょう【四条・四條】

　４ジョー□カワラマチ，

　４ジョーガワラ，

　シジョー□ナワテシ（四條畷市）

しじょう【史上】

　ニホン□ブンガク□シジョー，

　マラソン□シジョー

ししょうかぶ【視床下部】

　シショー□カブ

じじょうじばく【自縄自縛】

　ジジョー□ジバク

ししょごきょう【四書五経】

　４ショ□５キョー

しじん【詩人】ギンユー□シジン，

　ジョジョー□シジン

じしん【地震】オオジシン，

　サンリクオキ□ジシン

じしん【自身】カレ□ジシン，

　ワタシ□ジシン

システム　システム□キッチン，

　システム□テチョー，

　オンライン□システム，

　コア□システム

ジスマーク【ＪＩＳマーク】

　⠚⠊⠎□マーク，

　ジスマーク

しずまりかえる【静まり返る】

　シズマリカエル

しせい【四姓】４セイ〔①インドの階

　級制度、②源・平・藤原・橘の４名

　家〕

しせい【四声】

　４セイ〔漢字の声調〕

しせい【四聖】

　４セイ〔釈迦・キリスト・孔子・ソ

　クラテスのこと〕

しせいはがき【私製葉書】

　シセイ□ハガキ

しぜん【自然】シゼン□シュギ,
シゼン□ゾーシュー,
シゼン□トータ, シゼンゾー,
チョーシゼン

じぞう【地蔵】ジゾー□ボサツ,
オジゾーサマ, カサジゾー

しそうのうろう【歯槽膿漏】
シソー□ノーロー

しそく【四則】4ソクザン

しそく【四足】4ソク□ドーブツ

した【下】シタシラベ,
イウ□シタカラ□ボロヲ□ダス,
ミッツ□シタノ□イモート,
ギョランザカシタ（魚籃坂下）,
コーカセンシタ, ニダリシタ,
ミギシタ

じた【自他】ジタ□ヽモニ□ユルス

したい【四諦】4タイ〔仏教用語〕

しだい【四大】
4ダイ□クーニ□ニス

しだい【次第】シダイ□シダイニ,
ヒトガ□アツマリ□シダイ,
アナタ□シダイ,
イイナリ□シダイニ□ナル,
オモッタ□シダイデス,
シキ□シダイ,
ドリョク□シダイ,
ジゴクノ□サタモ□カネシダイ,

カネガ□デキシダイ

じたい【自体】ソレ□ジタイ

じだい【時代】ジダイ□オクレ,
ジダイ□マツリ, エド□ジダイ,
オオジダイテキ

したきりすずめ【舌切り雀】
シタキリ□スズメ

したさきさんずん【舌先三寸】
シタサキ□3ズン

したさんずん【舌三寸】
シタ□3ズン

しだし【仕出し】
シダシ□リョーリ, シダシメシ

したたかもの【強か者】
シタタカモノ

したたらず【舌足らず】シタタラズ

したて【仕立】シタテ□アガリ,
シタテ□グアイ, シタテナオシ

したなめずり【舌舐り】
シタナメズリ

したのね【舌の根】
シタノ□ネモ□カワカヌ□ウチニ

しだれやなぎ【枝垂柳】
シダレ□ヤナギ

じだんだ【地団太・地団駄】
ジダンダ□フム

じち【自治】ジチ□ダンタイ,
ジチタイ, チホー□ジチ

しちかいき【七回忌】 7 カイキ

しちかはちれつ【七花八裂】

　7 カ□ 8 ⠿ レツ

しちけん【質権】

　フドーサン□シチケンシャ

しちごさん【七五三】 ⠿⠿⠿⠿⠿

しちごちょう【七五調】

　⠿⠿⠿⠿⠿

しちごんぜっく【七言絶句】

　7 ゴン□ゼック

しちさい【七彩】

　7 サイ〔7 種の色〕

しちさん【七三】

　⠿⠿⠿⠿□ワケル

しちしちにち【七七日】

　⠿⠿⠿⠿⠿

　※ナナナノカ

しちしょう【七生】

　7 ショー□ホーコク

しちせき【七赤】 7 セキ□キンセイ

しちてんはっき【七転八起・七顛八
起】 シチテン□ハッキ

しちてんばっとう【七転八倒・七顛
八倒】 シチテン□バットー

しちどうがらん【七堂伽藍】

　7 ドー□ガラン

しちぶ【七分】 7 ブソデ,

　7 ブヅキマイ

しちふくじん【七福神】 7 フクジン

しちへんげ【七変化】 7 ヘンゲ

しちみとうがらし【七味唐辛子】

　7 ミ□トーガラシ

しちめんちょう【七面鳥】

　シチメンチョー

しちめんどうくさい【七面倒臭い】

　シチメンドークサイ

しちや【七夜】 7 ヤノ□イワイ,

　オ 7 ヤ

シチュー　シチューナベ,

　ビーフ□シチュー, タンシチュー

しちゅうすいめい【四柱推命】

　4 チュー□スイメイ

しちよう【七曜】 7 ヨーヒョー

しちょう【市長】

　ツ□シチョー（津市長）

しちょうしゃ【市庁舎】

　シチョーシャ,

　ヤマガタシ□チョーシャ

しちょうそん【市町村】

　シチョーソンチョー,

　シチョーソンミンゼイ

しちりがはま【七里ケ浜】

　シチリガハマ

しちりけっかい【七里結界】

　7 ⠿ リ□ケッカイ

しちりん【七輪・七厘】
シチリンデ□サンマヲ□ヤク

しつ【室】ダテ□マサムネ□シツ,
セイシツ（正室）,
ソクシツ（側室）

じつ【実】
ジツ□コーソク□ジカン,
ジツヲ□アゲル, ジツショトク,
ジツジンイン, ジッセイカツ

しつうはったつ【四通八達】
シツー□ハッタツ

じっかい【十戒・十誡】１０カイ

しつがいこつ【膝蓋骨】
シツガイコツ

しっかり　シッカリ□スル,
シッカリ□ヤレ, シッカリモノ

しっかん【疾患】カン□シッカン,
ジン□シッカン

じっかんじゅうにし【十干十二支】
１０カン□１２シ

しつけんとうしき【失見当識】
シツケントーシキ

しっこう【執行】
シッコー□ユーヨ,
シッコーニン, ケイ□シッコー

じっこくとうげ【十国峠】
ジッコク□トーゲ

じっし【十指】１０シニ□アマル

しつじつごうけん【質実剛健】
シツジツ□ゴーケン

じっしゅきょうぎ【十種競技】
１０シュ□キョーギ

じっしんほう【十進法】
１０シンホー

じつぞん【実存】ジツゾン□シュギ

じつそんざい【実存在】
ジツソンザイ

しった【叱咤】シッタ□ゲキレイ

しっちゃかめっちゃか
シッチャカ□メッチャカ

じっちゅうはっく【十中八九】
⠼⠂⠒⠿⠭⠲⠦⠇⠐⠀⠼⠳⠔⠟⠕⠦⠳

じって【十手】ジッテ□トリナワ

じっとく【十徳】
ジットクヲ□ミニ□ツケル

しつないがく【室内楽】
シツナイガク□ソーシャ,
シツナイ□ガクダン

じっぱひとからげ【十把一からげ】
ジッパ□ヒトカラゲ

シップ　シップ□オーナー,
スペース□シップ□ツー,
ボトル□シップ

シップ　スカラシップ,
スキンシップ,
スポーツマンシップ,

フレンドシップ，リーダーシップ

しっぷうじんらい【疾風迅雷】
シップー□ジンライ

じつぶつとりひき【実物取引】
ジツブツ□トリヒキ

じっぺんしゃいっく【十返舎一九】
ジッペンシャ□イック

しっぽう【七宝】シッポーヤキ

じっぽう【十方】
ジッポー□セカイ

しつめいし【失名氏】シツメイシ
〔氏名のわからない人〕

しつりょう【質量】
シツ□リョー□トモニ□
マサッテ□イル，
シツリョーヲ□ケイサン□スル

して　１ジカン□シテ，
１０プンクライ□シテ，
アソビサエ□シテ，
イッタリナド□シテ，
シズカニ□シテ□クダサイ，
ハヤク□シテ□クダサイ，
ワタクシト□シテワ，
ワタクシニ□シテ□ミレバ，
ワラッタリ□シテ，
エテシテ，オーオーニシテ，
オサナクシテ□ハハヲ□ナクシ，
カレヲシテ□イワシムレバ，

ナミ□シズカニシテ，
ソレカラシテ□オカシイ，
ソレダカラシテ，
ヨロコビニ□タエズシテ，
ソーデワ□ナクシテ，
ウミニ□ナミ□ナクシテ，
フタリシテ，ミルベクシテ

しで【四手・垂】
シメナワニ□シデヲ□ツケル

しで【死出】シデノ□タビ，
シデノ□ヤマ

シティー　シティー□バンク，
シティー□ホール，
オクラホマ□シティー，
ソルト□レイク□シティー，
メキシコ□シティー，
ニューシティー

してき【史的】
シテキ□ユイブツロン，
ゲンダイシテキ□タチバ，
ニホンシテキ□ケンチ

してみると
シテミルト□ソレワ□オカシイ，
ソー□シテ□ミルト

してやったり　シテ□ヤッタリ

してやられる　シテ□ヤラレル

してんのう【四天王】４テンノー，
シテンノージ（四天王寺）

しと【使徒】シト□ギョーデン，
12シト

しと【使途】シト□フメイ

じどう【自動】
ジドー□2⠃リンシャ，
ジドードア，
ゼンジドー□センタクキ

しとうかん【四等官】
4トーカン〔律令制の官職〕

しどけない　シドケナイ

しどろもどろ　シドロ□モドロ

しな【品】シナ□ヨク□オドレ，
トコロ□カワレバ□シナ□
カワル，シナサダメ

しな【支那】シナ□リョーリ，
シナソバ

しなのき【科の木】シナノキ

シナリオライター
シナリオ□ライター

じなん【次男・二男】ジナン
※⠆⠇□⠆⠇（二・三男），
2ナンヲ□モーケル

しにおくれる【死に遅れる・死に後れ
る】シニオクレル

しにしょうぞく【死装束】
シニショーゾク

しにものぐるい【死物狂い】
シニモノグルイ

しにゆく【死に行く】シニユク

しぬものびんぼう【死ぬ者貧乏】
シヌ□モノ□ビンボー

シネマ　シネマ□スコープ，
ニューシネマ

しのうこうしょう【士農工商】
シノーコーショー

しのぎ【凌ぎ】シノギヤスイ，
アツサ□シノギ，
キューバ□シノギ

しのごの【四の五の】
シノゴノ□イワズニ

しのつく【篠つく】シノツク□アメ

しのはい【死の灰】シノ□ハイ

しのび【忍び】シノビ□ワライ，
シノビノ□モノ，シノビナイ

じば【磁場】ジバアラシ，
チキュー□ジバ

しばい【芝居】シバイ□ケンブツ，
シバイヂャヤ，イナカ□シバイ

じばさんぎょう【地場産業】
ジバ□サンギョー

しばせん【司馬遷】シバ□セン

しばらく【暫く】
シバラク□オマチ□クダサイ，
シバラク□シテ，シバラクブリ

しばり【縛り】シバリクビ，
カメノコ□シバリ，カナシバリ

しばりあげる【縛り上げる】
シバリアゲル

しはん【四半】 ４ハンセイキ，
４ハンブン，ダイ２□４ハンキ

じばんちんか【地盤沈下】
ジバン□チンカ

じびいんこうか【耳鼻咽喉科】
ジビ□インコーカ

じひしゅっぱん【自費出版】
ジヒ□シュッパン

じひしんちょう【慈悲心鳥】
ジヒシンチョー〔季語、鳥の名〕

しひゃくしびょう【四百四病】
シヒャクシビョー

しひゃくよしゅう【四百余州】
シヒャクヨシュー

シビル シビル□ミニマム

じぶ【治部】
イシダ□ジブ□ショーユー□
ミツナリ（石田治部少輔三成）

しぶいた【四分板】 ４ブイタ

シフト シフト□ダウン，
シフトキー，フロア□シフト，
ギアシフト

しぶろく【四分六】
４ブ６ノ□ジョーケン

じぶん【時分】 ソノ□ジブン，
イマジブン

しぶんごれつ【四分五裂】
シブン□ゴレツ

しへん【四辺】 ４ヘンケイ，
シヘン〔あたり〕

しほう【四方】 ４ホーハイ，
１０メートル□４ホー，
シホー〔まわり〕，
シホー□ハッポー

じぼうじき【自暴自棄】
ジボー□ジキ

しぼり【絞り】 シボリ□タオル，
シボリカス，１バン□シボリ，
チャキン□シボリ，チチシボリ

しほんばしら【四本柱】
４ホンバシラ

しま【島】 シマメグリ，
アマミ□オオシマ（奄美大島），
キカイガシマ（鬼界ヶ島）

しま【志摩】 シマ□ハントー，
イセ□シマ□カンコー（伊勢志摩
観光）

しまおくそく【揣摩憶測】
シマ□オクソク

しまぐにこんじょう【島国根性】
シマグニ□コンジョー

しまだくずし【島田崩し】
シマダ□クズシ

しまつ【始末】アノ□シマツダ,
　アトシマツ

じまん【自慢】オクニ□ジマン,
　ニョーボー□ジマン, ノドジマン

しまんろくせんにち【四万六千日】
　4マン□6センニチ

しみとおる【染み透る】シミトオル

しみんびょうどう【四民平等】
　4ミン□ビョードー

じむ【事務】ジム□キキ,
　ジム□キョクチョー,
　ジム□ヨーヒン,
　ジムキョクヅメ, イニン□ジム

しめ【標・注連】シメカザリ,
　シメナワ

しめこのうさぎ【占め子の兎】
　シメコノ□ウサギ

しめじ　イッポン□シメジ,
　センボン□シメジ, ホンシメジ

しめしあわせる【示し合せる】
　シメシアワセル

しめん【四面】4メンタイ,
　シメン□ソカ

しも【下】シモ1ダン□カツヨー,
　シモツカタ, シモツ□セ,
　シモ4ケタ

しも　ナキニシモ□アラズ

しもうさ【下総】
　カズサ□シモーサ（上総下総）

しものく【下の句】シモノク

しゃ【社】ワガ□シャ,
　⠿⠿⠿□シャ（Ａ社）,
　クラシノ□テチョーシャ（暮しの手
　帖社）, シュフノ□トモシャ（主婦
　の友社）, ヘイシャ（弊社）,
　ヤマト□ケイコクシャ（山と渓谷社）

しゃ【者】ウンメイロンシャ,
　ダイ3シャ

じゃ　ジャ□サヨナラ,
　ソージャ□ナイ？,
　ソージャ□ナイヨ,
　ヘンジャ□ネ？

ジャー
　⠿⠿⠿□ジャー（ＩＨジャー）
　スイハン□ジャー, デンジジャー,
　ランチジャー

シャークスキン　シャーク□スキン

しゃあしゃあ　シャアシャアト,
　イケシャアシャア

シャープペンシル
　シャープ□ペンシル

しゃか【釈迦】シャカ□イチダイ,
　シャカ□3ゾン, シャカ□ニョライ,
　シャカムニブツ, オシャカサマ

しゃかい【社会】シャカイ□カガク,
シャカイ□フクシ□ホージン,
クルマ□シャカイ, ムラシャカイ,
タテシャカイト□ヨコシャカイ

しゃく【癪】シャクニ□サワル,
シャクノ□タネ

じゃく【弱】ジャクアルカリ,
５００メイ□ジャク

しゃくし【杓子】
シャクシ□ジョーギ,
ネコモ□シャクシモ

しゃくちしゃっかほう【借地借家法】
シャクチ□シャッカホー

じゃくにくきょうしょく【弱肉強食】
ジャクニク□キョーショク

しゃくはち【尺八】シャクハチ

じゃくめついらく【寂滅為楽】
ジャクメツ□イラク

しゃくようしょうしょ【借用証書】
シャクヨー□ショーショ

しゃくりあげる【しゃくり上げる】
シャクリアゲル

しゃくりなき【しゃくり泣き】
シャクリナキ

しゃこう【社交】
シャコー□ジレイ,
シャコー□ダンス

じゃじゃうま【じゃじゃ馬】
ジャジャウマ□ムスメ

しゃしゃらくらく【洒洒落落】
シャシャ□ラクラク

しゃしゃりでる【しゃしゃり出る】
シャシャリデル

しゃしんじょうどう【捨身成道】
シャシン□ジョードー

ジャズ　ジャズ□シンガー,
ジャズダンス, ジャズバンド,
ジャズメン, スイング□ジャズ,
ホットジャズ

ジャスト　ジャスト□イン□
タイム□ホーシキ,
ジャスト□フィット,
ジャスト□ミート,
９ジ□ジャスト

シャツ　シャツ□ブラウス,
アンダー□シャツ,
カイキン□シャツ,
⠿⠿⠿⠿（Ｔシャツ）,
⠿⠿⠿⠿（Ｙシャツ）,
アロハシャツ

ジャックナイフ　ジャック□ナイフ

じゃっこうじょうど【寂光浄土】
ジャッコー□ジョード

ジャッジ　ジャッジ□ペーパー,
ジャッジメント,

チーフ□ジャッジ，ミスジャッジ

シャットアウト　シャット□アウト

シャトー　シャトー□ワイン，
シャトーブリアン

シャトル　シャトル□ループ，
シャトルバス，シャトルビン，
スペース□シャトル

しゃなりしゃなり
シャナリ□シャナリ

しゃにむに【遮二無二】シャニムニ

じゃのめ【蛇の目】ジャノメガサ

しゃふ【車夫】オカカエ□シャフ，
ジンリキ□シャフ

しゃぶりつく　シャブリツク

じゃまくさい【邪魔臭い】
ジャマクサイ

しゃみせん【三味線】シャミセン

しゃらくさい【洒落臭い】
シャラクサイ

しゃれ【洒落】オシャレ□オンナ，
シャレオトコ

じゃんけんぽん　ジャンケンポン

ジャンパースカート
ジャンパー□スカート

しゅ【主】シュ□イニス，
シュサンチ，シュモクテキ

じゅ【従】ジュ1∵イ，ジュ3ミ，
ジュ5∵イノ□ゲ（従五位下）

しゅう【州】シュー□セイフ，
ネバダシュー，６０ヨシュー

しゅう【週】シュー□１カイ，
シュー１ノ□ペース，１シューカン

しゅう【衆】ミナノ□シュー，
ムラノ□シュー，オトコシュー
※オナゴシュ，ワカイシュ

しゅう【集】シュータイセイ，
ジッペンシャ□イックシュー（十返
舎一九集），ズイヒツシュー

じゆう【自由】ジユー□ジザイ，
ジユー□シュギ

じゅう【銃】ジュー□キセイ，
ジュー□シャカイ，
ジュートーホー（銃刀法），
ライフルジュー

じゅう【住】ジューセイカツ，
フカガワノ□ジュー（深川の住），
イショクジュー

じゅう【柔】
ジュー□ヨク□ゴーヲ□セイス，
ジューコーゾー

じゅう【重】
セキニンワ□ジュー□カツ□
ダイダ，
ジューカガク□コーギョー，
ジューカサンゼイ，
ジューカシツ□チシ，

— 148 —

ジュータンサン□ソーダ,

2ノジュー,

ムジューカシツ（無重過失）

じゅうあく【十悪】１０□アク

じゅういくつ【十幾つ】

１０□イクツ

じゅういくにん【十幾人】

１０□イクニン

じゅうおうむじん【縦横無尽】

ジューオー□ムジン

しゅうかカリウム【臭化カリウム】

シューカ□カリウム

しゅうぎいん【衆議院】

シューギイン□ギイン

しゅうきょくさんみゃく【褶曲山脈】

シューキョク□サンミャク

ジュークボックス

ジューク□ボックス

シュークリーム　シュー□クリーム

じゅうこうちょうだい【重厚長大】

ジューコー□チョーダイ

じゅうごや【十五夜】１５ヤ

じゅうさんや【十三夜】１３ヤ

しゅうさんりょういんぎいん【衆参
両院議員】

シューサン□リョーイン□ギイン

しゅうしいっかん【終始一貫】

シューシ□イッカン

じゅうじか【十字架】ジュージカ

じゅうじぐん【十字軍】ジュージグン

じゅうしちもじ【十七文字】１７モジ

じゅうじほうか【十字砲火】

ジュージ□ホーカ

じゅうしまつ【十姉妹】ジューシマツ

じゅうじゅう【重重】

ジュージュー□オワビ□スル

しゅうしょうろうばい【周章狼狽】

シューショー□ローバイ

じゅうじろ【十字路】ジュージロ

シューズ　キャラバン□シューズ,

トーシューズ

ジュース　ジュース□スタンド,

イチゴ□ジュース，カンジュース

じゅうすうにん【十数人】

１０スーニン

じゅうぜん【十全】

ジューゼンノ□タイサク

じゅうぜん【十善】

１０ゼン〔仏教用語〕

じゅうだい【十大】

１０ダイ□トシ,

１０ダイ□ニュース

じゅうなんこ【十何個】１０ナンコ

じゅうにきゅう【十二宮】

１２キュー

じゅうにしちょう【十二指腸】
　１２シチョー

じゅうにひとえ【十二単】
　１２ヒトエ

じゅうにぶん【十二分】
　ジューニブン

じゅうにんといろ【十人十色】
　１０ニン□トイロ

じゅうにんなみ【十人並】
　１０ニンナミ

じゅうねんいちじつ【十年一日】
　１０ネン□１ジツ

じゅうのう【十能】
　ジューノーデ□ヒヲ□ハコブ

じゅうはちばん【十八番】１８バン

じゅうはっしりゃく【十八史略】
　１８シリャク

シューフィッター
　シュー□フィッター

じゅうぶん【十分・充分】
　ジューブン□マンゾク，
　ジューブンスギルホド，
　ヤル□キ□ジューブン

じゅうまいめ【十枚目】
　マエガシラ□１０マイメ

じゅうまんおくど【十万億土】
　１０マンオクド

じゅうもく【十目】
　１０モクサデ□カッタ，
　ジューモクノ□ミル□トコロ

じゅうもんじ【十文字】
　ジューモンジ

じゅうやく【十薬】
　ジューヤク〔どくだみ〕

じゅうやねんぶつ【十夜念仏】
　１０ヤ□ネンブツ

じゅうよう【重要】
　ジューヨー□ブンカザイ，
　サイジューヨーシ□スル

じゅうりょう【十両】
　キン□１０リョー，
　ジューリョー〔相撲の位〕

シュールレアリスム
　シュール□レアリスム

じゅうろく【十六】
　１６□ギンコー，
　１６ムサシ〔遊び〕，
　ジューロク□ササゲ，
　ジューロクヌマ〔地名〕

シュガー　シュガー□ポット，
　シュガーレス□ガム，
　コーヒー□シュガー，
　ノンシュガー

しゅぎ【主義】
　シュギ□シュチョー，

キョム□シュギ,

テントリ□シュギ,

ミンシュ□シュギ

しゅく【祝】シュク□カンセイ,

シュクサイジツ

しゅく【宿】

シナガワノ□シュク（品川の宿）

じゅくしくさい【熟柿臭い】

ジュクシクサイ

じゅし【樹脂】ジュシ□カコー,

ゴーセイ□ジュシ

しゅしゃせんたく【取捨選択】

シュシャ□センタク

じゅずつなぎ【数珠繋ぎ】

ジュズツナギ

しゅちにくりん【酒池肉林】

シュチ□ニクリン

しゅつ【出】シュツ□エジプトキ

じゅつ【述】ヒエダノ□アレ□ジュツ

（稗田阿礼述）

しゅっしょう【出生】

シュッショー□トドケ,

シュッショーゼン□シンダン,

テイ□シュッショー□

タイジュージ（低出生体重児）

しゅっせけん【出世間】

シュッセケン〔仏教用語〕

じゅつない【術無い】ジュツナイ

しゅとして【主として】

シュトシテ〔もっぱら〕,

カレノ□シゴトワ□ウンテンヲ□

シュト□シテ□イル,

エホバヲ□シュト□シテ□

アガメル

しゅび【首尾】シュビ□イッカン,

シュビ□ヨク

シュプレヒコール

シュプレヒ□コール

シュラーフザック

シュラーフ□ザック

じゅりん【樹林】

ネッタイ□ジュリン,

シンヨー□ジュリン

じゅろうじん【寿老人】

ジュロージン

しゅわ【手話】シュワ□ツーヤク,

シュワ□ホーシ, ニホン□シュワ

エイシュワ（英手話）,

ショクシュワ

じゅん【準】ジュン□ボシ□

フクシ□ネンキン,

ジュンカンゴシ,

ジュンキンチサンシャ,

ジュンケッショー,

ジュンシャイン,

ジュンジュンケッショー,

ジュン２キュー（準２級）

じゅん【純】
ジュン□コクサンヒン，
ジュン□ニホンフー，
ジュンキンセイ，
ジュンブンガク，ジュンリエキ

じゅん【順】ジュン□フドー，
ジュンオクリ，
セノ□タカイ□ジュン，
⠿⠿⠿（ＡＢＣ順），イロハジュン，
５０□オンジュン

じゅんいつ【純一】ジュンイツ

しゅんかしゅうとう【春夏秋冬】
シュンカシュートー

じゅんかんろんぽう【循環論法】
ジュンカン□ロンポー

しゅんじゅう【春秋】
シュンジュー□タカシ，
イクシュンジュー

じゅんじょよく【順序良く】
ジュンジョ□ヨク

じゅんぷうまんぱん【順風満帆】
ジュンプー□マンパン

しゅんぶんのひ【春分の日】
シュンブンノ□ヒ

しょ【書】
クーカイ□ショ（空海書），

セイキューショ

しょ【諸】
ショ□コクム□ダイジン，
ショ□テイカイハツコク，
ショジジョー，ショモンダイ

じょ【女】シューシキジョ（秋色女），
チヨジョ（千代女）

ジョイスティック
ジョイ□スティック

しょいちねん【初一念】
ショイチネン

しよう【仕様】シヨーガキ，
ドー□シヨーモ□ナイ，
ドーニモ□シヨーガ□ナイ
※ショーガナイ，ショーモナイ

しょう【省】
ショーエネルギー□セイサク，
ショーデンリョク□セッケイ，
シセンショー（四川省），
ケイザイ□サンギョーショー

しょう【正】
ショー□１ジニ□シュッパツ，
ショー４□イ（正四位）

しょう【小】
ショー□シホン□シュギコク，
ショー□デュマ，ショーアジア，
ショーキボ□ジギョー，
ショーキョート（小京都），

ショーノ□ツキ,

シリツ□１ショー,

マツザワショー（松沢小）

しょう【抄】

ゲンジ□モノガタリ□ショー,

ツレヅレグサ□ショー,

シシュー□チエコショー

しょう【庄・荘】

コーズケノ□クニ□ニッタノ□

ショー（上野国新田庄）,

テンリシ□タイノショーチョー

（天理市田井庄町）

しょう【賞】 キクチ□カンショー

（菊池寛賞）,

ゲイジュツインショー,

モンブ□カガク□ダイジンショー

じょう【尉】

クローザエモンノジョー（九郎

左衛門尉）

じょう【掾】

タケモト□チクゴノジョー（竹本

筑後掾）

じょう【丈】

イチカワ□ダンジューロージョー

（市川団十郎丈）

じょう【上】 ジョー□チュー□

ゲノ□３ダンカイ,

ジョーカ□リョーイン,

ジョーゲ□サユー,

コーコガク□シジョー

じょう【条】

５カジョーノ□ゴセイモン,

５ジョー□オオハシ,

サンジョー□サネツム（三条実万）,

ダイ１ジョー,

〜トワ□イイジョー,

〜ニ□ソーロージョー

じょう【嬢】 オジョーサン,

カトージョー（加藤嬢）,

ハルコジョー（春子嬢）,

デンワ□コーカンジョー

じょういかたつ【上意下達】

ジョーイ□カタツ

しょううちゅう【小宇宙】

ショーウチュー

しょうえんだんう【硝煙弾雨】

ショーエン□ダンウ

しょうがい【障害】

ショーガイ□トージシャ,

ノー□ショーガイ（脳障害）,

ショーガイジシャ（障害児者）

しょうかそんじゅく【松下村塾】

ショーカソンジュク

しょうがない ショーガナイ

※シヨーガ□ナイ

153

しょうかんぜおん【聖観世音・正観世音】ショーカンゼオン

しょうぎ【将棋】
　ハサミ□ショーギ，ツメショーギ

じょうきポンプ【蒸気ポンプ】
　ジョーキ□ポンプ

しょうきゅうし【小休止】
　ショーキューシ

じょうげ【上下】
　ジョーゲ□サユー，
　ジョーゲスイドー　ジョーゲダン

しょうけいもじ【象形文字】
　ショーケイ□モジ

じょうご【上戸】
　オコリ□ジョーゴ，
　カベヌリ□ジョーゴ，
　ニワトリ□ジョーゴ，
　ワライ□ジョーゴ，ナキジョーゴ

じょうこう【上皇】
　ゴトバ□ジョーコー（後鳥羽上皇）

しょうこうかいぎしょ【商工会議所】
　ショーコー□カイギショ

しょうこうぎょうしゃ【商工業者】
　ショーコー□ギョーシャ

しょうこうぐん【症候群】
　カラノ□ス□ショーコーグン，
　ギラン□バレー□ショーコーグン，
　ムズムズアシ□ショーコーグン，
　モエツキ□ショーコーグン，
　ユサブラレッコ□ショーコーグン

しょうことなしに
　ショーコト□ナシニ

しょうこりなく【性懲りなく】
　ショーコリ□ナク

しょうさん【硝酸】
　ショーサン□アンモニウム，
　ショーサン□カリ，
　アショーサンエン

しょうし【小史】
　キョーカ□ショーシ（鏡花小史）

しょうじ【小事】
　１ショージニ□スギナイ

しょうじ【障子】アカリ□ショージ，
　ガラス□ショージ

しょうじいれる【請じ入れる】
　ショージイレル

しょうじき【正直】
　ショージキ□ジイサン，
　ショージキ□ムスコ，
　バカショージキ

しょうしせんばん【笑止千万】
　ショーシ□センバン

しょうじゃひつめつえしゃじょうり
　【生者必滅会者定離】
　ショージャ□ヒツメツ□エシャ□
　ジョーリ

しょうしゅう【召集】
ショーシュー□レイジョー,
ショーシューレイ

じょうじゅうざが【常住坐臥】
ジョージュー□ザガ

しょうしょう【少少】
ショーショー□オマチ□クダサイ,
シオ□ショーショー

しょうじょう【少掾】
トヨタケ□エチゼンノ□
ショージョー（豊竹越前少掾）

じょうじょうしんぎ【条条審議】
ジョージョー□シンギ

しょうじょうせぜ【生生世世】
ショージョー□セゼ

しょうじんけっさい【精進潔斎】
ショージン□ケッサイ

しょうしんよくよく【小心翼翼】
ショーシン□ヨクヨク

じょうず【上手】ジョーズモノ,
シカラレ□ジョーズ,
シカリ□ジョーズ,
メイジン□ジョーズ,
キキジョーズ

しょうぞく【装束】
カジ□ショーゾク,
シニショーゾク, ノーショーゾク

しょうたい【正体】
ショータイ□ナク

しょうだく【承諾】
ショーダク□ナシ

しょうちくばい【松竹梅】
ショーチクバイ

しょうちのすけ【承知之助】
ガッテン□ショーチノスケ

しょうちゅう【小中】
ショー□チュー□コーコー,
ショーチューガッコー,
ショーチューガッコーチョーカイ

しょうとうラッパ【消燈ラッパ】
ショートー□ラッパ

しょうとくたいし【聖徳太子】
ショートク□タイシ

じょうどしんしゅう【浄土真宗】
ジョード□シンシュー

しょうとりひき【商取引】
ショートリヒキ

しょうなごん【少納言】
セイショーナゴン（清少納言）

じょうなし【情なし】
ジョーナシ□ヤドロク,
カイシュンノ□ジョー□ナシ

しょうにまひ【小児麻痺】
ショーニ□マヒ

— 155 —

しょうにん【上人】
シンラン□ショーニン（親鸞上人）

しょうにん【商人】
オーミ□ショーニン（近江商人），
ギョーショーニン

しょうひとし【消費都市】
ショーヒ□トシ

じょうまちまわり【定町廻り】
ジョーマチマワリ

しようまっせつ【枝葉末節】
ショー□マッセツ

しょうみ【正味】
ショーミ□100グラム

じょうむ【常務】ジョーム□リジ

しょうめんきって【正面切って】
ショーメン□キッテ

じょうもんしきどき【縄文式土器】
ジョーモンシキ□ドキ

じょうやく【条約】
ショーガイシャ□ケンリ□
ジョーヤク，
シン□アンポ□ジョーヤク

しょうりょうながし【精霊流し】
ショーリョー□ナガシ

じょうるり【浄瑠璃】
オクニ□ジョールリ，
ニンギョー□ジョールリ，
ウタジョールリ

しょうれい【省令】
ソーム□ショーレイ，
モンブ□カガク□ショーレイ

じょうろうにょうぼう【上﨟女房】
ジョーロー□ニョーボー

しょうろうびょうし【生老病死】
ショー□ロー□ビョー□シ

じょうろく【丈六】
ジョー6ノ□ホトケ，
ジョーロクイ（丈六居）

じょうわ【情話】
サド□ジョーワ（佐渡情話）

しょうわる【性悪】
ショーワル□オンナ

じょうわん【上腕】
ジョーワン□2トーキン（上腕二頭
筋），ジョーワンコットー（上腕骨
頭），ミギ□ジョーワンブ

ショー ショー□ウインドー，
ショー□ビジネス，
ショーケース，ショールーム，
マジック□ショー，
ミソラ□ヒバリ□ショー，
カヨーショー，ディナーショー

じょおう【女王】
ジョオー□ヘイカ，
エリザベス□ジョオー

ショート　ショート□カット□キー,
　　ショート□ケーキ,
　　ショート□ショート, ショートヘア

じょがっこう【女学校】
　　コートー□ジョガッコー

しょき【初期】ショキ□ガメン,
　　ショキ□ビドー

しょきあたり【暑気中り】
　　ショキアタリ

しょぎょうむじょう【諸行無常】
　　ショギョー□ムジョー

しょく【食】ショクアタリ,
　　ショクシューカン,
　　ショクセイカツ,
　　ショクチュードク,
　　ショクブンカ,
　　ショクヨージョー（食養生）

しょく【職】
　　ショク□ジュー□キンセツ,
　　ショクサガシ, メイヨショク

しょくじりょうほう【食餌療法】
　　ショクジ□リョーホー

しょくにほんぎ【続日本紀】
　　ショク□ニホンギ

しょくにん【職人】
　　ショクニン□カタギ,
　　カザリ□ショクニン,
　　カゴショクニン, クツショクニン

しょくぶつ【植物】
　　シダ□ショクブツ,
　　ショクチュー□ショクブツ,
　　ツル□ショクブツ

しょげかえる【悄気返る】
　　ショゲカエル

しょざいない【所在無い】
　　ショザイナイ, ショザイナゲニ

じょさいない【如才無い】
　　ジョサイナイ

じょし【女子】ジョシ□ダイガク,
　　ジョシダイセイ

しょしひゃっか【諸子百家】
　　ショシ□ヒャッカ

じょそんだんぴ【女尊男卑】
　　ジョソン□ダンピ

しょたい【所帯・世帯】
　　ショタイ□クズシ,
　　ショタイ□ドーグ,
　　ショタイ□ヤツレ,
　　3ニンジョタイ

しょちなし【処置なし】
　　ショチ□ナシ

しょちゅうみまい【暑中見舞】
　　ショチュー□ミマイ

ショック　ショック□リョーホー,
　　オイル□ショック, ドルショック

157

ショット　ショット□グラス，
　ショットガン，ナイス□ショット，
　ツーショット

ショッピング
　ショッピング□カート，
　ショッピング□バッグ，
　ショッピングカー

ショップ　ショップ□ガール，
　オープン□ショップ，
　コーヒー□ショップ，
　テレショップ

しょなのか【初七日】ショナノカ

じょにだん【序二段】ジョ2ダン

じょのくち【序ノ口】ジョノクチ

じょはきゅう【序破急】
　ジョハキュー

しょり【処理】ショリ□シセツ，
　カガク□ショリ，ゴミショリ

ショルダーバッグ
　ショルダー□バッグ

しらかわよふね【白川夜船・白河夜
　船】シラカワ□ヨフネ

しらきちょうめん【白几帳面】
　シラキチョーメン

しらけ【白け】シラケ□ムード

しらしらあけ【白白明け】
　シラシラアケ

しらず【知らず】イノチ□シラズ，
　オヤノ□ココロ□コ□シラズ，
　コワイ□モノ□シラズ，
　コワサ□シラズ，ツユ□シラズ，
　テンジョー□シラズ，
　ナサケ□シラズ，
　ヨミビト□シラズ，
　オヤシラズ□コシラズ，
　オンシラズ

しらずしらず【知らず知らず】
　シラズ□シラズノ□ウチニ

しらたまつばき【白玉椿】
　シラタマ□ツバキ

しらぬがほとけ【知らぬが仏】
　シラヌガ□ホトケ

しらべ【調べ】シラベノ□オ，
　コーセイ□ロードーショー□
　シラベ，ショーコ□シラベ，
　バンショ□シラベショ（蕃書調所），
　ミモト□シラベ，シタシラベ

しらみつぶし【虱潰し】
　シラミ□ツブシ

しらんかお【知らん顔】
　シランカオ□シテ
　※シラヌ□カオ□シテ

シリアスドラマ　シリアス□ドラマ

シリーズ　シリーズモノ，
　ニホン□シリーズ，シンシリーズ

158

しりきれぞうり【尻切れ草履】
シリキレ□ゾーリ

しりきれとんぼ【尻切れ蜻蛉】
シリキレ□トンボ

しりくらいかんのん【尻暗い観音】
シリクライ□カンノン

シリコーン　シリコーン□クロス，
シリコーン□ジュシ

しりこそばい【尻こそばい】
シリコソバイ

しりしよく【私利私欲】
シリ□シヨク

しりすぼまり【尻窄まり】
シリスボマリ

しりつ【市立】
ヒノ□シリツ□トショカン（日野
市立図書館）

しりつ【私立】シリツ□ガッコー

しりめつれつ【支離滅裂】
シリ□メツレツ

しりょふんべつ【思慮分別】
シリョ□フンベツ

しりん【四隣】シリンノ□ツキアイ

シルク　シルク□ウール，
シルク□ハット，シルク□ロード，
タイ□シルク

シルバー　シルバー□シート，
シルバー□パス，シルバーホン

しれない　カモ□シレナイ，
ハカリシレナイ

しろ
カレニ□シロ□ワタシニ□シロ

しろい【白い】
シロイ□メデ□ミル

しろうと【素人】
シロート□オンナ，
シロート□シバイ，
シロートクサイ，シロートメ

しろく【四緑】
4□ロク□モクセイ

しろくじちゅう【四六時中】

しろくのがま【四六の蝦蟇】
□ガマ

しろくばん【四六判】

しろくぶん【四六文】

しろくろ【白黒】
シロクロ□ツケル，
メヲ□シロクロ□サセル

しろたばいばい【白田売買】
シロタ□バイバイ

じわりじわり
ジワリ□ジワリ□セメル

しん【心】シン□シッカン，
　シン□テイシ，シン□フゼン

しん【神】シン□ジュ□ブツ（神儒
　仏），アポロシン　タイヨーシン

しん【新】シン□カント□ガクハ，
　シン□ゲサクハ，
　シン□コキン□ワカシュー，
　シンコキン，
　シン□コテン□シュギ，
　シン□ソーマブシ，
　シン□チューシャジョー，
　シン□ハムレット〔書名〕，
　シン□フクカイチョー，
　シンカナヅカイ，
　シンカンカクハ，シンサヨク，
　シンジンルイ，
　シンセッキ□ジダイ，
　シンタイソー，
　シンチューゴク（新中国），
　シンハツメイ，シンリーダー，
　ニホン□シン，リーグ□シン

しん【親】
　シン□アラブ□レンゴーハ，
　シンニチカ

じん【仁】
　ジン□ギ□レイ□チ□シン

じん【陣】オオサカ□ナツノ□ジン，
　ホードージン

じん【腎】ジン□トーセキ，
　ジン□フゼン

ジン　ジン□トニック，ジンフィズ，
　サントリー□ジン，ドライジン

しんかろんしゃ【進化論者】
　シンカロンシャ

しんかん【新刊】
　シンカン□ショーカイ，
　シンカン□ショヒョー

じんぎ【仁義】
　ジンギ□ナキ□タタカイ

しんきいってん【心機一転】
　シンキ□イッテン

しんきくさい【辛気臭い】
　シンキクサイ

しんきげん【新紀元】シンキゲン

ジンギスカン
　ジンギスカン□リョーリ，
　ジンギスカンナベ
　※ジンギス□カン〔人名〕，
　チンギス□ハン，フビライ□ハン，
　フビライ□ハーン

しんぎたい【心技体】
　シン□ギ□タイ

しんきゅう【鍼灸】
　シンキュー□アンマ□マッサージ，
　シンキュー□ギョーシャ

－ 160 －

しんぎょうそう【真行草】
シン□ギョー□ソー

じんく【甚句】 スモー□ジンク，
ヨネヤマ□ジンク

しんくい【身口意】
シンクイ〔仏教用語〕

シンクタンク シンク□タンク

シングル シングル□ベッド，
シングルハバ，ギャクシングル

ジングルベル ジングル□ベル

シンクロ シンクロ□スコープ，
シンクロナイズド□スイミング

しんぐんラッパ【進軍ラッパ】
シングン□ラッパ

しんけい【神経】
シンケイ□スイジャク，
３サ□シンケイ（三叉神経），
フクコーカン□シンケイ，
マッショー□シンケイ□マヒ，
ノーシンケイ，ムシンケイ

しんけいえん【神経炎】
キューセイ□デンセンセイ□
タハツセイ□シンケイエン，
シシンケイエン

しんけいそう【神経叢】
ケイ□シンケイソー（頸神経叢），
ワン□シンケイソー（腕神経叢）

しんこうしゅうきょう【新興宗教】
シンコー□シューキョー

しんざんゆうこく【深山幽谷】
シンザン□ユーコク

じんじ【人事】 ジンジ□フセイ

しんしほしゃ【唇歯輔車】
シンシ□ホシャ

じんじゃ【神社】 イナリ□ジンジャ，
ネヅ□ジンジャ，
ヒカワ□ジンジャ

ジンジャー ジンジャー□エール，
ポーク□ジンジャー

じんしゅ【人種】
オーショク□ジンシュ，
ショクジンシュ

しんじゅう【心中】
オヤコ□シンジュー，
ガス□シンジュー，
ムリ□シンジュー

しんしゅつきぼつ【神出鬼没】
シンシュツ□キボツ

しんじゅん【浸潤】 ハイシンジュン

じんじょう【尋常】
ジンジョー□イチヨー，
ジンジョーナラザル□ジタイ

しんしょうひつばつ【信賞必罰】
シンショー□ヒツバツ

しんしょうぼうだい【針小棒大】
シンショー□ボーダイ

しんしん【津津】キョーミ□
シンシンタル□デキゴト

しんじん【信心】カミシンジン

じんしん【人身】ジンシン□ジコ,
ジンシン□バイバイ

しんしんそうしつ【心神喪失】
シンシン□ソーシツ

じんせい【人生】
ジンセイ□コーロ.
ジンセイ□シジン
グータラ□ジンセイ

しんせいしゅ【新清酒】
シンセイシュ

しんせいだい【新生代】
シンセイダイ

しんせかい【新世界】シンセカイ

じんせきみとう【人跡未踏】
ジンセキ□ミトー

しんぜんび【真善美】シン□ゼン□ビ

しんぞ【新造】フリソデ□シンゾ,
ゴシンゾサン

しんそう【新装】
シンソー□カイテン□イワイ,
シンソー□ナッタ□カイカン

しんぞう【心臓】
シンゾー□ベンマクショー,

シンゾー□マヒ,
キョーシンゾー（強心臓）
※シンノゾー

じんぞう【人造】ジンゾー□ケンシ,
ジンゾー□ニンゲン,
ジンゾー□バター, ジンゾーコ

しんたい【身体】シンタイ□ケンサ,
シンタイ□ハップ

しんたい【進退】
シンタイ□ウカガイ,
シンタイ□キワマル

じんだい【神代】ジンダイ□モジ,
ジンダイスギ

しんだいかぎり【身代限】
シンダイ□カギリ

じんだいめいし【人代名詞】
ジンダイメイシ

しんたいりく【新大陸】
シンタイリク

しんち【新地】
ソネザキ□シンチ（曽根崎新地）,
キタシンチ（北新地）

シンチグラフィー
シンチグラフィー

じんちゅうみまい【陣中見舞】
ジンチュー□ミマイ

しんちょうこうき【信長公記】
シンチョーコーキ

しんちんたいしゃ【新陳代謝】
シンチン□タイシャ

しんてんどうち【震天動地】
シンテン□ドーチ

しんと　シント□シタ□ヘヤ

しんど【震度】シンド□4，
シンド□5□キョー

しんとう【振盪・震盪】
ガンキュー□シントー，
ノーシントー

しんとう【神道】
シントー□キョーハ（神道教派）

しんとう【親等】１シントー

しんどう【新道】
ホーヤ□シンドー（保谷新道）

シンナー　シンナー□アソビ，
ラッカー□シンナー

しんないながし【新内流し】
シンナイ□ナガシ

しんにち【親日】
シンニチ□セイサク，シンニチカ

しんにゅう【新入】
シンニュー□シャイン，
シンニューセイ

しんねりむっつり
シンネリ□ムッツリ

しんのう【親王】
シンノー□センゲ，

シキシ□ナイシンノー（式子内親
王），ホーシンノー（法親王）

しんのしこうてい【秦の始皇帝】
シンノ□シコーテイ

じんばいったい【人馬一体】
ジンバ□イッタイ

じんぴん【人品】
ジンピン□イヤシカラヌ□ヒト

しんふぜん【心不全】シン□フゼン

しんぶん【新聞】
シンブン□シジョー，
シンブンシホー（新聞紙法），
カベシンブン

じんぶん【人文】
ジンブン□シュギ，
ジンブン□チリ□ガクシャ

じんぽんしゅぎ【人本主義】
ジンポン□シュギ

しんみち【新道】ガクヤ□シンミチ

じんみゃく【人脈】
タナカ□ジンミャク

じんみん【人民】
ジンミン□センセン，
ジンミン□ニッポー，
チューゴク□ジンミン

しんもんてっか【神文鉄火】
シンモン□テッカ

しんやくせいしょ【新約聖書】
　シンヤク□セイショ
しんよう【信用】
　シンヨー□キンコ，
　シンヨー□トリヒキ，
　シンヨーウリ
しんらばんしょう〔森羅万象〕
　シンラ□バンショー
しんり【心理】シンリ□ガクシャ，
　シンリ□ショーセツ
じんるい【人類】ジンルイアイ，
　ブンカ□ジンルイ□ガクシャ
しんるいづきあい【親類付き合い】
　シンルイヅキアイ
しんれい【心霊】
　シンレイ□ゲンショー，
　シンレイジュツシャ
じんろく【甚六】
　ソーリョーノ□ジンロク
しんわ【神話】ギリシア□シンワ

す【巣】クモノ□ス，トリノ□ス，
　ハチノ□ス，ハチノスジョー
ず【図】ズ□1，
　ジツゲツ□4キズ（日月四季図）
ずいい【随意】ズイイ□カモク，
　フズイイキン
ずいいち【随一】ズイイチ
スイート　スイート□ハート，
　スイート□ホーム，
　スイート□ポテト，スイートピー
すいか【西瓜】スイカトー（西瓜糖），
　コダマ□スイカ
スイカ【Ｓｕｉｃａ】
すいかのなか【水火の仲】
　スイカノ□ナカ
すいさん【水産】
　スイサン□ギョギョー，
　ノーリン□スイサンギョー
すいさんか【水酸化】
　スイサンカ□カリ，
　スイサンカブツ

ずいずいずっころばし

　ズイズイ□ズッコロバシ

すいせいむし【酔生夢死】

　スイセイ□ムシ

すいそうがく【吹奏楽】

　スイソー□ガクダン,

　スイソーガクブ（吹奏楽部）

すいぞくかん【水族館】

　スイゾクカン

すいちゅう【水中】

　スイチュー□メガネ,

　スイチューヨクセン

すいつけたばこ【吸付け煙草】

　スイツケ□タバコ

スイッチ　スイッチ□オン,

　スイッチ□バック,

　サーモ□スイッチ

すいてん【水天】

　スイテン□イッペキ（水天一碧）,

　スイテン□ホーフツ（水天彷彿）

すいどう【水道】

　キイ□スイドー（紀伊水道）,

　ゲスイドー, ジョーゲスイドー,

　ジョースイドー

すいみん【睡眠】

　スイミン□ジカン,

　スイミンブソク, レム□スイミン

すいよく【水浴】カイスイヨク,

　カイスイヨクジョー,

　コスイヨク（湖水浴）

すいりく【水陸】

　スイリク□リョーヨー□センシャ

スイング　スイング□ジャズ,

　ハーフ□スイング

すう【吸う】アマイ□シルヲ□スウ,

　タバコヲ□スーテ□イタ

すう【数】スー１０, スー１０マン,

　スー⠿⠿⠿（数kg）, スーヒャク,

　スーセン, ヒャク□スー１０ニン,

　５０スーニン

ずうずうしい【図図しい】

　ズーズーシイ

スーパー　スーパー□インポーズ,

　スーパー□ダイカイテン,

　スーパー□ビジョン,

　スーパー□マーケット,

　スーパーバイザー, スーパーマン

スープ　スープ□カップ,

　スープパン, コーン□スープ,

　ヤサイ□スープ, マメスープ

ズーム　ズーム□アップ,

　ズーム□レンズ, ズームイン

すえ【末】スエ□ナガク,

　スエツムハナ（末摘花）,

　コンゲツ□スエ, トシノ□スエ,

すい
す
ー
すえ

― 165 ―

ヨモ□スエダ,

２０１８ネン□スエ

※２０１８ネンマツ

ずえ【図会】

ワカン□３サイ□ズエ,

メイショ□ズエ

すえおそろしい【末恐ろしい】

スエオソロシイ

すえしじゅう【末始終】

スエシジュー

すえたのもしい【末頼もしい】

スエタノモシイ

すえつかた【末つ方】

ムツキ□スエツカタ

すえのよ【末の世】スエノヨ

すえひろがり【末広がり】

スエヒロガリ

スカート　スカートタケ,

ギャザー□スカート,

ジャンパー□スカート,

タイト□スカート,

フレア□スカート,

マキスカート, ミニスカート

スカイ　スカイ□ツリー,

スカイ□ブルー, スカイ□メイト,

スカイ□ライン, スカイラブ,

ブルー□スカイ

すかし【透かし】スカシ□モヨー,

スカシオリ, カタスカシ

すがた【姿】スガタ□カタチ,

スガタ□ニンギョー,

ウシロ□スガタ,

ハオリ□ハカマ□スガタ,

ユカタ□スガタ, タビスガタ

すがら　ヒスガラ, ヨモスガラ

ずから　ココロズカラ, テズカラ

ずかん【図鑑】ドーブツ□ズカン

ずかんそくねつ【頭寒足熱】

ズカン□ソクネツ

すぎ【過ぎ】１２ジスギ,

ヤハンスギ, ３０スギノ□オンナ

※３０□スギテ

スキー　スキー□ウエア,

スキー□キョーギ,

スキー□ドーグ,

アルペン□スキー, ヤマスキー

すきかって【好き勝手】スキカッテ

すききらい【好き嫌い】

スキキライガ□ハゲシイ

すきとおる【透き通る】スキトオル

すきや【数奇屋・数寄屋】

スキヤ□ボーズ, スキヤヅクリ

すぎる【過ぎる】

ハル□スギテ□ナツ□キタルラシ,

イイコスギル, イイ□ヒトスギル,

ウツクシスギル,

カンジョーテキスギル,

ジューブンスギルホド,

ホーフスギテ, ワライスギル,

ワルイ□コスギル

スキン　スキン□ヘッド,

スキンケア, スキンシップ,

バック□スキン, ラムスキン

すぐ【直ぐ】スグ□スル,

スグ□ソコニ□アル,

ココロ□スグナル□モノ,

モー□スグダ

すくい【掬い】キンギョ□スクイ,

コマタ□スクイ

すくう【掬う】

キンギョヲ□スクウ□コ,

スクーテ□イル

すくう【巣くう】

トリガ□スクウ□キ

スクール　スクール□ゾーン,

スクール□バス,

アメリカン□スクール,

サマー□スクール

スクエアダンス

スクエア□ダンス

すぐさま　スグサマ

すくない【少ない】

スクナク□ナイ, スクナカラズ,

カズ□スクナイ,

ノコリ□スクナイ

※コトバ□スクナ

すくね【宿禰】

タケノウチノ□スクネ(武内宿禰),

ノミノ□スクネ（野見宿禰）

すくみあがる【竦み上がる】

スクミアガル

ずくめ　イイコトズクメ,

クロズクメ, ケッコーズクメ,

ワカラナイ□コトズクメ

スクラップ　スクラップ□オキバ,

スクラップ□ブック

すぐり【村主】カミノ□スグリ□

ウシカイ（上村主牛養）

すぐる【過ぐる】

スグル□ヒ, スグル□ヨーカ

すけ【助】ノミスケ,

ガッテン□ショーチノスケ

すけ【佐・介】

ウエモンノスケ（右衛門佐）,

ヒタチノスケ（常陸介）

すげ【菅】スゲノ□カサ

スケート　スケート□ファン,

スケート□リンク,

アイス□スケート

スケープゴート　スケープ□ゴート

すきん―すけえ

スケッチ スケッチ□ブック,
スケッチ□リョコー,
マイク□スケッチ

すげない スゲナイ□ソブリ□シテ

スコア スコア□ブック,
スコア□ボード, クロス□スコア,
ハイスコア

すごす【過ごす】サケヲ□スゴス,
シッパイヲ□ミスゴス

スコッチ スコッチ□ウイスキー

すこぶる【頗る】スコブル□ヨイ

すこぶるつき【頗る付き】
スコブルツキノ□ビジン

スコラてつがく【スコラ哲学】
スコラ□テツガク

すごろく【双六】スゴロク

すさむ【荒む】
カゼ□スサム□オノノ□シノハラ
※フキスサブ

すじ【筋】スジチガイ,
ソノ□スジノ□オタッシ,
オオカワスジノ□ボーショ

すしづめ【鮨詰】
スシヅメ□デンシャ

ずして タタカワズシテ□カッタ

すじむこう【筋向こう】スジムコー

すずかけ【篠懸・鈴掛】
スズカケノ□キ

すすぎ【濯ぎ】ススギ□アライ,
2ド□ススギ

すすみぐあい【進み具合】
ススミ□グアイ

すずめ【雀】カワラ□スズメ,
シタキリ□スズメ,
ヨシワラ□スズメ, ムラスズメ

すそみじか【裾短か】スソミジカ

すそもよう【裾模様】スソモヨー

スター【star】
スター□システム,
スター□ダスト, スターダム,
ニンキ□スター

スター【〜ster】
スピードスター, トリックスター

スタート スタート□ダッシュ,
スタート□ライン,
サイスタート□スル

スタイル スタイル□ブック,
フリー□スタイル

スタジオ ロクオン□スタジオ,
カシスタジオ

スタンド スタンド□バー,
スタンド□プレー,
ガソリン□スタンド,
デンキ□スタンド,
メーン□スタンド

168

スチロール　スチロール□ジュシ,
　　ハッポー□スチロール,
　　ポリスチロール

ずつ【宛】 ⠿⠿⠿⠿⠿□ズツ（１㍍
　　宛），１０ニンズツ, ヒトツズツ

すったもんだ【擦った揉んだ】
　　スッタ□モンダ

すってんころり
　　スッテン□コロリト

ずっと　ズット□シテカラ,
　　ズット□マエ, ズット□ムカシ

すっとこどっこい
　　スットコ□ドッコイ

ステーキ　ステーキニク,
　　ビーフ□ステーキ

ステージ　ステージ□１,
　　ステージ□ダンス,
　　ステージ□ママ, オン□ステージ

ステーション
　　ステーション□ビル,
　　キー□ステーション

ステートメント　ステートメント

すておく【捨て置く】 ステオク

すておぶね【捨て小舟】 ステオブネ

ステッキ　ステッキ□ガール,
　　ステッキタテ,
　　ホワイト□ステッキ

ステップ　ステップ□アップ,
　　ステップ□イン,
　　ステップ□バイ□ステップ

ステレオ　ステレオ□セット,
　　ステレオ□ホーソー,
　　カー□ステレオ

ステレオタイプ
　　ステレオ□タイプ

ステンカラージン
　　ステンカ□ラージン

ステンドグラス　ステンド□グラス

スト　⠿⠿⠿⠿⠿□スト（二・一スト）,
　　シテツ□スト, ストヤブリ,
　　ゼネスト

ストアがくは【ストア学派】
　　ストア□ガクハ

すどおし【素通し】 スドオシ

ストーブ　ストーブ□リーグ,
　　ガス□ストーブ

ストーン　ストーン□サークル,
　　ストーンヘンジ,
　　イエロー□ストーン

ストップ　ストップ□ウオッチ,
　　ゴー□ストップ, バス□ストップ

ストライキ　⠿⠿⠿⠿⠿□ストライキ
　　（二・一ストライキ）,
　　ゼネラル□ストライキ
　　※ゼネスト

す

すちろーーすとら

ストリーキング　ストリーキング

ストリップ　ストリップ□ガール,
　ストリップ□ショー

ストレーシープ　ストレー□シープ

ストレス　ストレス□ガクセツ,
　テクノ□ストレス

ストレプトマイシン
　ストレプトマイシン

ストロー　ストロー□ハット,
　プラスティック□ストロー

ストロンチウム
　ストロンチウム□９０

スナック　スナック□キッサ,
　スナック□バー

スナップ　スナップ□シャシン,
　スナップ□ショット

ずにあたる【図に当る】
　タクラミガ□ズニ□アタル

ずにのる【図に乗る】ズニ□ノル

スノー　スノー□モービル,
　スノーシュー, スノーマン,
　マリン□スノー

すのもの【酢の物】スノモノ

スパイク　スパイク□シューズ,
　スパイク□スル

スパンコール　スパンコール

スピード　スピード□アップ,
　スピード□イハン,

スピード□ガン,
　スピード□ボール,
　スピードキョー, フル□スピード,
　チョースピード

スプリング
　スプリング□キャンプ,
　スプリング□コート

すべ【術】ナス□スベ□ナシ

スペア　スペア□タイヤ,
　スペアキー

スペアミント
　スペアミント□ガム

スペース　スペース□シップ,
　スペース□シャトル,
　スペース□バス,
　スペース□ラブ, スペースマン,
　オープン□スペース

すべり【滑り】スベリ□マサツ,
　スベリコミ, コオリ□スベリ,
　ハツスベリ

ずほう【図法】エントー□ズホー,
　メルカトル□ズホー

スポークスマン　スポークスマン

スポーツ　スポーツ□ランド,
　スポーツカー,
　スポーツマンシップ,
　プロ□スポーツ

スポット　スポット□ライト,
　デート□スポット

スポンジ　スポンジ□ケーキ,
　スポンジ□タワシ

スマートフォン　スマートフォン
　※アルキ□スマホ

すみれ【菫】３シキ□スミレ,
　ムラサキ□スミレ,　ツボスミレ

すめら【皇】スメラ□ミクニ,
　スメラ□ミコト

すら　アウ□コトスラ,
　ダイガクセイデスラ□デキナイ

すらり　スラリト□シタ□ビジン

スランプ　スランプ□ジョータイ

スリー　スリー□サイズ,
　スリー□ピース,　ビッグ□スリー,
　ベスト□スリー
　※３⠿ラン□ホームラン（３ラン
　ホームラン）

スリーディー【３Ｄ】
　⠼⠒⠠⠙□エイガ

スリップ　スリップ□ジコ

スリル　スリル□マンテン

する　アシタ□スル,
　イッタリ□キタリ□シテ,
　キニ□スル,　ウツクシク□スル,
　タクマシュー□スル,
　１マンエン□スル,

モー□ミッカ□スレバ,
デンシ□レンジデ□チン□スル,
ホッペニ□チュー□スル,
シバラク□スルト,　オカキ□スル,
カンチガイ□シテ,
メモ□シソコネル,
サケヲ□カン□スル（酒を燗する）,
ソン□シテ□トク□トレ（損して得
取れ）,　トク□シタ（得した）,
ネズニ□バン□シタ（寝ずに番した）,
アカイ□カオ□スル（赤い顔する）,
コイ□セヨ□オトメ（恋せよ乙女）,
キョートヲ□タビ□スル（京都を旅
する）,
アイスル（愛する）,
カンスル（関する）,
ソンスル（存する）,
テキスル（適する）,
キブンヲ□ガイシタ（気分を害した）,
キタイニ□ハンシテ（期待に反して）,
ケンリヲ□ユースル（権利を有する）,
クミスル（与する）,
ケミスル（閲する）,
ヨミスル（嘉する）

ずるずる　ズルズル□ベッタリ,
　ズルズルズル

すれすれ【擦れ擦れ】ゴーカク□
　スレスレノ□セイセキ

－　171　－

スロー スロー□ダウン，
スロー□ビデオ，スロー□ボール，
スロー□モーション，スローモー

スロー スローイン，サイド□スロー

すわ スワ□イチダイジ，
スワ□カマクラ（すわ鎌倉）

すわ【諏訪】 スワ□タイシャ

すわり【座り・坐り】 スワリゴコチ，
オバアサン□スワリ

すん【寸】 スン３ノ□ハリ，
スンタラズ，スンヅマリ，
ナガサ□１スン□５ブ

ずんぐりむっくり
ズングリ□ムックリ

すんしゃく【寸借】
スンシャク□サギ

すんぜんしゃくま【寸善尺魔】
スンゼン□シャクマ

すんで【既】 スンデノ□コト，
スンデノ□トコロ

すんてつ【寸鉄】
スンテツ□ヒトヲ□サス

せ【瀬】 ウカブ□セモ□ナイ，
タツセガ□ナイ

せ【背】 セニ□ハラワ□カエラレヌ

せあかごけぐも【背赤後家蜘蛛】
セアカ□ゴケグモ

せい【所為】
ナマケタ□セイデ□フゴーカク，
ヒトノ□セイニ□スル

せい【正】 セイ３カクケイ，
セイ４カクケイ，
セイ４メンタイ，
セイハンタイ，セイヒレイ，
セイフク□ギチョー，ケンジセイ

せい【生】
１ネンセイ□ショクブツ，
スズキセイ（鈴木生）

せい【性】 セイ□イシキ，
セイ□カンセンショー，
セイ□センショクタイ，
セイ□ドーイツセイ□ショーガイ，
セイ□トーサク，セイカンタイ，

セイキョーイク，セイコーイ，
セイコードー，セイセイカツ，
セイゼンセツ，セイタイケン，
セイテンカン□シュジュツ，
セイホルモン，セイヤクワリ，
テンカンセイ□ホッサ

せい【姓】イトーセイヲ□ナノル
（伊藤姓を名乗る）

せい【制】⠿⠿⠿⠿⠿⠿
（六・三・三制）

せい【製】フランスセイ□コースイ

せい【精】ミズノ□セイ

せい【聖】セイ□アグネス，
セイ□バレンタインデー，
セイカゾク，セイジャ，
セイフンボ□キョーカイ

ぜい【税】ゼイ□フタンガク，
ゼイコミ，ゼイベツ，
ユーキョー□インショクゼイ，
ショーヒゼイ□コミ，
ショーヒゼイ□ベツ

せいいたいしょうぐん【征夷大将軍】
セイイ□タイショーグン

せいいつ【斉一】
ジョーケンワ□セイイツダ

せいいっぱい【精一杯】
ソレガ□セイイッパイダッタ

せいうん【星雲】カニ□セイウン

せいか【聖火】セイカ□リレー，
セイカダイ

せいかつ【生活】
セイカツ□ネンレイ，セイカツク，
セイカツナンニ□オチイル

せいかんざい【政官財】
セイ□カン□ザイ

せいき【世紀】セイキノ□１セン，
セイキマツノ□シソー，
２０セイキ□スエ，
２０セイキマツ

せいき【精気】
セイキ□アフレタ□シアイ，
セイキ□ナク

せいきょう【正教】
ギリシア□セイキョーカイ

せいくらべ【背くらべ】セイクラベ

せいけいげか【整形外科】
セイケイ□ゲカ

せいご【生後】セイゴ□５カゲツ

せいこううどく【晴耕雨読】
セイコー□ウドク

せいこん【精魂】
セイコン□コメル，
セイコン□ツキル

せいざ【星座】オリオン□セイザ

せいさい【精彩・生彩】
セイサイ□ナク□ヤブレタ

せいさつよだつ【生殺与奪】
セイサツ□ヨダツ

せいさん【成算】セイサン□アル,
セイサン□ナイ

せいさんカリ【青酸カリ】
セイサン□カリ

せいしょ【聖書】
キューヤク□セイショ,
シンヤク□セイショ

せいしょうなごん【清少納言】
セイショーナゴン

せいしょうねん【青少年】
セイショーネン□モンダイ

せいしょく【生色】
カオニ□セイショク□ナク

せいしん【精神】
セイシン□カガク,
セイシン□ネンレイ,
セイシン□ハクジャク,
セイシンカイ,
セイシンビョーシャ

せいせいどうどう【正正堂堂】
セイセイ□ドードー□タタカウ

せいせっかい【生石灰】
セイセッカイ

せいせん【生鮮】
セイセン□ショクヒン,
セイセンショク

せいぜん【整然】
セイゼンタル□チツジョ

せいそう【悽愴】
セイソー□メヲ□オオワセル

せいそう【星霜】
イクセイソー□ヘタ

せいそうけん【成層圏】
アセイソーケン,
セイソー□ケンナイ

せいだい【正大】
コーメイ□セイダイナル□セイジ

せいたいこう【西太后】
セイタイコー

せいたいもしゃ【声帯模写】
セイタイ□モシャ

せいたか【背高】
セイタカ□アワダチソー,
セイタカ□ノッポ,
セイタカシギ

せいだく【清濁】
セイダク□アワセノム

せいだす【精出す】
セイダシテ□ハタラク

せいだん【星団】
プレアデス□セイダン

せいてん【青天】セイテン□
ハクジツノ□ミト□ナル

174

せいと【生徒】
セイト□カイチョー,
ガッコー□セイト

せいど【制度】ギカイ□セイド,
セシュー□セイド

せいねんがっぴ【生年月日】
セイネンガッピ

せいはんごう【正反合】
セイ□ハン□ゴー

せいはんたい【正反対】
セイハンタイ

せいひれい【正比例】セイヒレイ

せいひん【製品】
ガイコク□セイヒン,
ゴム□セイヒン,
スイス□セイヒン, カワセイヒン

せいふく【正副】
セイ□フク□カク□1ツー,
セイフク□ギチョー,
セイフクホン

せいぼ【歳暮】オセイボ□ジキ

せいぼう【声望】
セイボー□タカキ□ジンブツ

ぜいほう【税法】
ショトクゼイホー,
チホーゼイホー

せいほん【製本】
イトトジ□セイホン,

カガリ□セイホン,
ジョーセイホン

せいりょく【勢力】
セイリョク□アラソイ,
テキジンニ□セイリョク□ナシ

せいれん【清廉】
セイレン□ケッパクダッタ

せいろう【晴朗】
テンキ□セイローナレドモ□
ナミ□タカシ

セーブ セーブ□ポイント

セーフティー
セーフティー□カラー,
セーフティー□ネット,
セーフティー□バント

セール サイマツ□セール,
バーゲン□セール

セールス セールス□トーク,
セールスマン,
キャッチ□セールス

せおう【背負う】
イッカヲ□セオウ□チチ,
ハハヲ□セオーテ□ソノ□アマリ

せかい【世界】
セカイ□コッカカン（世界国家
観）, セカイ□シン, セカイ1

せかせか セカセカ□アルキ,
セカセカ□スル

175

ぜがひでも【是が非でも】
ゼガヒデモ

セカンド　⠿⠿⠿⠿⠿⠿（2nd），
セカンド□オピニオン

せき【関】
アタカノ□セキ〔安宅関〕，
ミホノセキ（美保関）〔地名〕

せきエチケット　セキ□エチケット

せきがはら【関が原】
テンカ□ワケメノ□セキガハラ

せきじゅうじ【赤十字】
セキジュージ

せきしゅくうけん【赤手空拳】
セキシュ□クーケン

せきしょやぶり【関所破り】
セキショ□ヤブリ

せきせいいんこ　セキセイ□インコ

せきたんガス【石炭ガス】
セキタン□ガス

せきとして【寂として】
セキト□シテ□コニ□ナシ

せきのごほんまつ【関の五本松】
セキノ□５ホンマツ

せきのと【関の戸】
セキノト〔関所〕

せきのやま【関の山】
２マンエン□カシテ□
クレルノガ□セキノヤマダ

セクト　セクト□シュギ，
ノンセクト

せぐりあげる　セグリアゲル

せけん【世間】セケン□サワガセ，
セケン□シラズ，
セケンノ□クチガ□ウルサイ

セし【セ氏】セシ□５０ド
※⠿⠿⠿⠿⠿⠿⠿⠿（50度Ｃ），
⠿⠿⠿⠿⠿⠿⠿⠿（50℃）

ぜぜひひ【是是非非】ゼゼ□ヒヒ

せせらわらう【せせら笑う】
セセラワラウ

せつ【節】ジョーキョーノ□
セツワ□ヨロシク，　ダイ１セツ

せつ【説】ユカワセツ（湯川説）
〔学説〕，　５ガツ□カイサンセツ，
ヤマタイコク□
キタキューシューセツ（耶馬台国北
九州説），　チドーセツ

ぜつ【絶】ゼツフチョー（絶不調）
※ゼッコーチョー

せつがんレンズ【接眼レンズ】
セツガン□レンズ

せっきじだい【石器時代】
キューセッキ□ジダイ，
シンセッキ□ジダイ

せっく【節句】セックバタラキ，
モモノ□セック

－ 176 －

セックス　セックス□アピール，
　セックス□チェック，
　セックスレス，カー□セックス，
　フリー□セックス，ユニセックス

せっけい【設計】セッケイ□ミス，
　セイカツ□セッケイ

せっさたくま【切磋琢磨】
　セッサ□タクマ

せっしやくわん【切歯扼腕】
　セッシ□ヤクワン

せつじょ【切除】ハイ□セツジョ

せつせつ【切切】
　セツセツタル□ネガイ

ぜったい【絶対】
　ゼッタイ□オンカン，
　ゼッタイ□オンド，ゼッタイアク

ぜったいぜつめい【絶体絶命】
　ゼッタイ□ゼツメイ

せっちんづめ【雪隠詰め】
　セッチンヅメ

せっつのくに【摂津国】
　セッツノ□クニ

セット　セット□アップ，
　セット□ポイント，
　セット□リョコー，
　３テン□セット，
　オーセツ□セット，
　コーヒー□セット，

ティーセット，フルセット

ゼットき【Ｚ旗】⠿⠺⠰⠒⠿⠂

せつない【切ない】セツナイ

せっぱつまる【切羽詰まる】
　セッパツマル

せと【瀬戸】
　オンドノ□セト（音戸瀬戸），
　クロノセト（黒ノ瀬戸）

せとないかい【瀬戸内海】
　セトナイカイ

せなかあわせ【背中合せ】
　セナカ□アワセ

ぜにかね【銭金】
　ゼニカネノ□モンダイ

せのきみ【兄の君・背の君】
　セノキミ

ぜひ【是非】ゼヒ□ゼヒ，
　ゼヒ□ナイ□コト

セブン　セブン□イレブン，
　ラッキー□セブン
　※ラッキー□７（ラッキー７）

セブンティーン　セブンティーン

セミ　セミコロン，
　セミコンダクター，
　セミダブルノ□ベッド，
　セミドキュメンタリー，
　セミファイナル，セミプロ

せみしぐれ【蝉時雨】セミシグレ

せ

せつく―せみし

― 177 ―

せみのは【蝉の羽】セミノハ，
　セミノハヅキ

せめさいなむ【責め苛む】
　セメサイナム

せめてもの
　セメテモノ□オヤコーコー

せめどうぐ【責め道具】セメドーグ

せよ
　カレニ□セヨ□ワタシニ□セヨ

セ・リーグ　セリーグ

せりふまわし【台詞回し・科白回し】
　セリフ□マワシ

セルフ　セルフ□コントロール，
　セルフ□サービス，
　セルフ□タイマー，
　セルフ□チェック，セルフケア

ゼロ　０ガ□ヒトツ□オオイ，
　０カラ□スタート□スル，
　０サイジ，０ノ□アタイ，
　ゼロ□カイトー，
　ゼロ□シーリング，
　ゼロ□セイチョー，
　ゼロアワー□システム，
　ゼロセン，ゼロマケ

せわ【世話】セワ□ニョーボー，
　セワコトバ

せわしない【忙しない】セワシナイ

せん【千】
　セン⠿⠿⠿⠿（千四五百），
　セン□ヒャク□⠿⠿⠿⠿（千百
　五六十），１５００⠿エン，
　センノ□カゼ〔曲名〕，
　センゴクブネ，　センニンヅカ，
　センボン□マツバラ，
　センリガン，センリョーバコ，
　１センマン□トミン

せん【先】
　セン□カンブリア□ジダイ，
　セン□コーテイ，センジューミン

せん【線】ＪＲ⠿セン，
　シューシセンルイ（終止線類），
　トーカイドーセン（東海道線），
　バンエツ□サイセン（磐越西線）

せん【戦】ヨコツナ□オオゼキセン，
　ハクヘイセン

せん【選】ミヤ□シュージ□セン
　（宮柊二選），　ケッサクセン，
　ナラ□シギセン（奈良市議選）

ぜん【全】ゼン□３カン，
　ゼン□シンカクリョー，
　ゼン□テイショトクシャ，
　ゼン□テンジ□トショカン，
　ゼンカクリョー，ゼンガクレン，
　ゼンカン，ゼンジドー□センタクキ，
　ゼンジンルイ，　ゼンセカイ，

ゼンニホン

ぜん【前】ゼン□キンダイテキ,
　　ゼン□セイキ〔一世紀前〕,
　　ゼンセイキノ□イブツ,
　　ゼン□ダイジン, ゼンジダイテキ,
　　ゼンダンカイ, ゼンネンドマツ,
　　ゼンハンセイ, カイカイゼン,
　　キゲンゼン,
　　キジツゼン□トーヒョー,
　　シューガクゼン

ぜん【然】ガクシャゼン,
　　ワカオクサマゼン

せんいちやものがたり【千一夜物語】
　　セン１ヤ□モノガタリ

せんいつ【専一】
　　ゴジアイ□センイツニ

ぜんいつ【全一】ゼンイツノ□カミ

せんかたない【せん方ない・詮方な
い】センカタナイ

せんきゃくばんらい【千客万来】
　　センキャク□バンライ

ぜんくねんのえき【前九年の役】
　　ゼン９ネンノ□エキ

せんぐんばんばのかん【千軍万馬の
間】セングン□バンバノ□カン

せんけんのめい【先見の明】
　　センケンノ□メイ

ぜんご【前後】ゼンゴ□サユー,
　　７ジ□ゼンゴ,
　　４０□ゼンゴノ□オンナ

せんこくしょうち【先刻承知】
　　センコク□ショーチ

せんこふえき【千古不易】
　　センコ□フエキ

ぜんこみぞう【前古未曽有】
　　ゼンコ□ミゾウ

せんざいいちぐう【千載一遇】
　　センザイ□イチグー

せんさばんべつ【千差万別】
　　センサ□バンベツ

ぜんじ【禅師】
　　イッキュー□ゼンジ（一休禅師）

せんじつめる【煎じ詰める】
　　センジツメル

せんしばんこう【千思万考】
　　センシ□バンコーノ□スエ

せんしばんこう【千紫万紅】
　　センシ□バンコーニ□イロドラレ

せんしばんたい【千姿万態】
　　センシ□バンタイ

せんじゃまいり【千社参り】
　　センジャ□マイリ

せんじゅかんのん【千手観音】
　　センジュ□カンノン

せ

せん―せんし

せんしょう【選奨】
　ゲイジュツ□センショー

せんじょう【洗浄】イ□センジョー

せんじょう【線上】
　トーラク□センジョー,
　⠿⠿⠿⠿⠿⠿□アリア
　（G線上のアリア）

せんしょうびょうしゃ【戦傷病者】
　センショービョーシャ

せんじんあらそい【先陣争い】
　センジン□アラソイ

ぜんしんぜんれい【全身全霊】
　ゼンシン□ゼンレイ

せんすべなし　セン□スベ□ナシ

せんずるところ【詮ずる所】
　センズル□トコロ

せんせい【先生】
　オンナ□センセイ,
　フクザワ□センセイ（福沢先生）,
　オオセンセイ

ぜんせん【前線】
　カンレイ□ゼンセン,
　サクラ□ゼンセン

ぜんぜん【前前】ゼンゼンカイ,
　ゼンゼンゲツ

せんせんきょうきょう【戦戦恐恐・
　戦戦競競】
　センセン□キョーキョー

ぜんそくりょく【全速力】
　ゼンソクリョク

センター　センター□ポール,
　ガン□センター（癌センター）,
　バス□センター

ぜんたい【全体】
　ゼンタイ□シュギ,
　イッタイ□ゼンタイ,
　クニ□ゼンタイ,
　コドモ□ゼンタイ

ぜんだいみもん【前代未聞】
　ゼンダイ□ミモン

せんたく【洗濯】
　センタク□シタテ,
　センタク□セッケン,
　センタク□ソーダ，センタクキ

センチ　⠿⠿⠿⠿⠿（5cm）,
　5センチノ□ナガサ

ぜんちしき【善智識】
　ゼンチシキ〔仏教用語〕

ぜんてんこうがた【全天候型】
　ゼンテンコーガタ

セント　セント□バーナードケン
　（セントバーナード犬）,
　セント□ヘレナトー（セントヘレ
　ナ島），セント□ポール□ジイン
　（セントポール寺院）,
　セント□ローレンスガワ（セント

ローレンス川)

せんない【詮無い】センナイ□コト

せんにちまいり【千日参り】
センニチ□マイリ

せんのき【栓木・櫼木】センノキ

せんのりきゅう【千利休】
センノ□リキュー

せんばいとっきょ【専売特許】
センバイ□トッキョ

せんばづる【千羽鶴】センバヅル

せんぱばんぱ【千波万波】
センパ□バンパ

せんばん【千万】
シツレイ□センバン,
メイワク□センバン

せんびきこぎって【線引き小切手】
センビキ□コギッテ

せんぶんひ【千分比】センブンヒ

せんべい【煎餅】センベイブトン,
カワラ□センベイ,
ソーカ□センベイ,
シオセンベイ, ミソセンベイ

せんぺんいちりつ【千篇一律】
センペン□イチリツ

せんぺんばんか【千変万化】
センペン□バンカ

ぜんぽう【前方】
ゼンポー□コーエンフン,

ミギ□ゼンポー

せんぼんしめじ【千本しめじ】
センボン□シメジ

せんまいづけ【千枚漬】
センマイヅケ

せんまいどおし【千枚通し】
センマイドオシ

せんまんむりょう【千万無量】
センマン□ムリョー

せんみつ【千三つ】
センミツ〔うそつき〕, センミツヤ

ぜんもんどう【禅問答】
ゼンモンドー

せんやいちやものがたり【千夜一夜
物語】センヤ□1ヤ□モノガタリ

せんりょう【線量】
センリョーケイ,
ホーシャセンリョー

せんりょのいっしつ【千慮の一失】
センリョノ□イッシツ

せんろっぽん【千六本】
センロッポンニ□キザム

そいそしょく【粗衣粗食】
　ソイ◻ソショク

そう【沿う・添う・副う】
　キボーニ◻ソウ,
　カワニ◻ソーテ◻ススム

そう　ソー◻イウ◻フーニ◻イッタ,
　ソー◻イエバ◻コンナ◻
　コトガ◻アル, ソー◻サセル,
　ソー◻シタ◻ケイコーガ◻
　ミラレル, ソー◻シテ◻クダサイ,
　ソー◻ナッテカラデワ◻オソイ,
　ソー◻ヤッテ◻ホシイ,
　ソーシカ◻カンガニラレナイ,
　ソーシテ◻フタリワ◻ケッコン◻
　シタ〔そうして＝接続詞〕,
　ソーダッタ,
　ソートバカリワ◻イエナイ,
　ソーナンデスモノ

そう【総】
　ソー◻コテイ◻シサンゼイ,
　ソー◻ドーメイ◻ヒギョー,
　ソーシハイニン,
　ソードーイン◻メイレイ,
　ソー２カイ, ソーノベニンズー,
　ソーヒノキヅクリ, コクミン◻
　ソー◻ケツエキ◻テチョーセイ,
　１．．オク◻ソーハクチカ

そう【躁】　ソー◻ジョータイ,
　ソーウツビョー

そう【像】　キョーシゾー,
　ニホンノ◻１００ネンゴゾー

ぞう【増】　ゾーカイチク,
　１パーセント◻ゾーノ◻
　シューエキ, ５マンニン◻ゾー,
　フクシヒ◻ゾー, フタン◻ゾー,
　シゼンゾー, ０ゾー◻５ゲン（０増
　５減）

ぞう【蔵】
　コクリツ◻ハクブツカン◻ゾー,
　ムジンゾー

ぞう【贈】　ゾー◻ショー２．．イ（贈正
　二位）, ゾーテイヒン

そういっそう【層一層】
　ソー◻イッソー

そういない【相違ない】
　カノジョニ◻ソーイ◻ナイ

そうかがっかい【創価学会】
　ソーカ◻ガッカイ

— 182 —

そうかのいぬ【喪家の狗】
ソーカノ□イヌ

そうかへいきん【相加平均】
ソーカ□ヘイキン

そうきょういく【早教育】
ソーキョーイク

そうくずれ【総崩れ】ソークズレ

そうげいバス【送迎バス】
ソーゲイ□バス

ぞうげのとう【象牙の塔】
ゾーゲノ□トー

そうこう　ソーコー□スル□ウチニ,
ソーコー□ハナシテ□イル□
トコロエ

そうこんもくひ【草根木皮】
ソーコン□モクヒ

ぞうさ【造作】ゾーサ□ナイ

そうされいじょう【捜査令状】
ソーサ□レイジョー

そうしそうあい【相思相愛】
ソーシ□ソーアイ

そうしゃ【走者】
ダイ1□ソーシャ,
リレー□ソーシャ

そうじゅうせつ【双十節】
ソージューセツ

そうじょう【僧正】
トバ□ソージョー（鳥羽僧正）

そうじょうかじょ【総状花序】
ソージョー□カジョ

そうじょうのじん【宋襄の仁】
ソージョーノ□ジン

ぞうじょうまん【増上慢】
ゾージョーマン

そうず【添水】ソーズ〔鹿威し〕

そうず【僧都】
ゴンノ□ダイソーズ

そうすれば　ソー□スレバ

そうぜん【蒼然】コショク□
ソーゼンタル□ショモツ

そうそう　ソーソー□イイ□
カオモ□デキナイ, ソーソー□
コンナ□コトガ□アッタ

そうそう【早早】
カエル□ソーソー,
シンネン□ソーソー

そうそう【錚錚】
ソーソータル□ガクシャ

そうそふぼ【曽祖父母】ソーソフボ

そうだ　カレダッテ□ソーダ,
ワケガ□アリソーナ□クチブリ,
ガイコクニ□イクソーデス,
アレデモ□シューサイダソーダ,
アメガ□フリソーダ

そうたいせいげんり【相対性原理】
ソータイセイ□ゲンリ

そうちょう【総長】
　　ケンジ□ソーチョー,
　　サンボー□ソーチョー,
　　ジム□ソーチョー

そうついぶし【総追捕使】
　　ソーツイブシ

そうとう【相当】１マンエン□
　　ソートーノ□シナモノ,
　　ソレ□ソートーノ□ショチ

そうどう【騒動】オイエ□ソードー,
　　ガッコー□ソードー,
　　バケモノ□ソードー, コメソードー

そうどういんれい【総動員令】
　　ソードーインレイ

そうトンすう【総トン数】
　　ソートンスー

そうなさい　ソー□ナサイ

ぞうに【雑煮】
　　キョーフー□ゾーニ, ミソゾーニ

そうば【相場】アズキ□ソーバ,
　　カワセ□ソーバ, ヘオリ□ソーバ,
　　コメソーバ

そうばい【層倍】３ソーバイ,
　　クスリ□クソーバイ

**そうはつせいちほうしょう【早発性
　痴呆症】**
　　ソーハツセイ□チホーショー

そうべんもうそうるい【双鞭毛藻類】
　　ソーベンモー□ソールイ

そうぼう【蒼茫】
　　ソーボータル□タイカイ（蒼茫た
　る大海）

そうほんざん【総本山】
　　ソーホンザン

そうめん【素麺・索麺】
　　テノベ□ソーメン, ミワ□ソーメン
　　（三輪素麺）, ウオゾーメン

ぞうり【草履】シリキレ□ゾーリ,
　　ゴムゾーリ, ワラゾーリ

そうりふれい【総理府令】
　　ソーリフレイ

そうりょう【総領】
　　ソーリョー□ジトー,
　　ソーリョー□ムスコ,
　　ソーリョーノ□ジンロク

ソウル　ソウル□オリンピック

そうルビ【総ルビ】
　　ソールビツキノ□サンコーショ

そうろう【候】
　　コレ□アリ□ソーロー,
　　ジツゲン□イタシタク□ソーロー,
　　ウケタマワッテ□ソーロー,
　　モーサズ□ソーロー,
　　ココロエモーシソーロー,
　　ゴザソーロー, ゾンジソーロー

そうろうぶん【候文】ソーローブン

そえぢ【添え乳】ソエヂ

ソーシャル　ソーシャル□ダンス，
　ソーシャル□ワーカー

ソース　ウスター□ソース，
　トマト□ソース，ミート□ソース，
　ソイソース

ソーラー　ソーラー□ハウス，
　ソーラーカー

そが【蘇我】
　ソガシ□イチゾク（蘇我氏一族），
　ソガノ□ウマコ（蘇我馬子）

そく【即】
　ソク□ジッコーニ□ウツス，
　ソク□ニューキョ，
　ソクセンリョク

そく【足】タビ□5ソク

ぞく【続】
　ゾク□サルミノ（続猿蓑），
　ゾク□ゾク□パイプノ□ケムリ
　※ショク□ニホンギ（続日本紀）

ぞくしちのわおん【属七の和音】
　ゾク7ノ□ワオン

そくじわたし【即時渡】
　ソクジ□ワタシ

そくしんじょうぶつ【即身成仏】
　ソクシン□ジョーブツ

そくてんきょし【則天去私】
　ソクテン□キョシ

そくてんぶこう【則天武后】
　ソクテン□ブコー

そこいじ【底意地】ソコイジ□ワルイ

そこかしこ　ソコ□カシコ

そこきみわるい【底気味悪い】
　ソコキミワルイ

そここ　ソコココニ□ミラレル

そこしれぬ【底知れぬ】
　ソコシレヌ□チカラ

そこそこ
　100⠿エン□ソコソコノ□シナ

そこぢから【底力】ソコヂカラ

そこなし【底無し】
　ソコナシニ□クウ，ソコナシヌマ

そこのけ　ソコ□ノケ□ソコ□
　ノケ□オウマガ□トオル，
　ホンショク□ソコノケ

そこはかとなく　ソコハカト□ナク

そこふかい【底深い】
　ソコ□フカイ□ガクモン

そこら　ソコラ□アタリ，
　ソンジョ□ソコラ，
　100⠿エンカ□ソコラ

ソシオ　ソシオ□バイオロジー，
　ソシオグラム，ソシオメトリー，
　ソシオロジー

そしょく【蘇軾】
　　ソ□ショク〔人名〕
そそとした【楚楚とした】
　　ソソト□シタ□ムスメ
そぞろあるき【漫ろ歩き】
　　ソゾロ□アルキ
そだいごみ【粗大ごみ】ソダイゴミ
そだち【育ち】
　　オジョーサマ□ソダチ,
　　カゴシマケン□ソダチ（鹿児島県
　　育ち）, ウマレソダチ,
　　キョーソダチ（京育ち）
そちこち【其方此方】ソチコチ
そつ　　ソツ□ナイ□ヤリカタ,
　　シゴトニ□ソツガ□ナイ
そつ【卒】
　　ショーワ□5ネン□ソツ,
　　ダイガク□ソツ, トーダイ□ソツ,
　　ワセダダイ□ソツ, ダイソツ
そっくり　　ソックリサン,
　　チチオヤ□ソックリ
そっけつのかん【則闕の官】
　　ソッケツノ□カン
そっけない　　ソッケイ□ヘンジ
そっけもない
　　アジモ□ソッケモ□ナイ
そつぜん【率然・卒然】
　　ソツゼント□シテ□サル

そっと　　ソット□シテ□オイテ
ぞっと　　ゾット□シタ,
　　ゾット□シナイ□ハナシ
そでなし【袖無し】
　　ソデナシノ□ブラウス
そでのした【袖の下】
　　ソデノシタヲ□ワタス
そと【外】ソトアルキ,
　　ソトカイダン, イエノ□ウチソト
そとおりひめ【衣通姫】
　　ソトオリヒメ
そとづら【外面】ソトヅラガ□イイ
ソナタ　　ソナタ□ケイシキ,
　　トリオ□ソナタ, ピアノ□ソナタ
その【其の】ソノ□ツクエ,
　　ソノ□ホン
　　※ソン□コト, ソン□トキ
そのあたり【其の辺り】
　　ソノ□アタリ
そのうえ
　　ソノ□ウエニ□オイテ□アル,
　　ヨク□カンガエテ□ソノ□
　　ウエデ□キメヨー,
　　ソノウエ□モンクマデ□イウ,
　　ソノウエニ□ヨルマデ□ハタラク
そのうち　　ソノ□ウチノ□ヒトツ,
　　ソノウチ□カレモ□クルヨ,
　　ソノウチニ□クルダロー

― 186 ―

そのおり【其の折】

　ソノ□オリ□モーシアゲマシタ，

　ソノ□オリニ□サシアゲマス

そのかみ　ソノカミ〔当時、昔〕

そのかわり【其の代り】

　ソノ□カワリ

そのかん【其の間】

　ソノカン□ムダ□ナク□スゴス

そのき【其の気】ソノ□キニ□ナル

そのぎ【其の儀】

　ソノ□ギ□タシカニ□ショーチ□

　イタシマシタ

そのくせ

　ソノ□クセヲ□ナオシナサイ，

　ソノクセ□クチダケワ□

　タッシャダ

そのご【其の後】

　ソノゴ□オゲンキ？，

　ソノゴノ□コトワ□シラナイ

そのころ【其の頃】ソノ□コロ□

　カレワ□ガクセイダッタ

そのさい【其の際】ソノ□サイ

そのじつ【其の実】

　ソノジツ□カレワ□ナニモ□

　ワカッチャ□イナイ

そのじぶん【其の時分】

　ソノ□ジブン□ワタクシワ□

　キョートニ□イタ

そのすじ【其の筋】

　ソノ□スジノ□オタッシ

そのせつ【其の節】ソノ□

　セツヲ□ヨーヤク□シナサイ，

　ソノセツワ□オセワニ□

　ナリマシタ

そのた【其の他】ソノタ□オオゼイ

そのたび【其の度】

　ソノ□タビニ□ウナズク

そのだん【其の段】ソノ□ダン□

　イカガ□イタシマショー

そのつど【其の都度】ソノ□ツド

そのて【其の手】

　ソノ□テワ□クワナイ

そのでん【其の伝】

　ソノ□デンデ□イク

そののち【其の後】ソノ□ノチ

そのば【其の場】

　ソノ□バニ□イタ□オトコ，

　ソノ□バデ□カイケツ□シタ，

　ソノバ□カギリノ□ヤクソク，

　ソノバ□シノギ，ソノバ□ノガレ

そのはず【其の筈】

　ソレモ□ソノ□ハズ

そのひ【其の日】

　ソノ□ヒ□カレワ□タビダッタ，

　ソノヒグラシノ□セイカツ

そのひと【其の人】ソノ□ヒトワ□
　オンナノ□ヒトダッタ,
　ソノ□ヒトナリノ□イケン,
　ヤッテ□キタノワ□マサニ□
　カレ□ソノヒトダッタ

そのぶん【其の分】ソノ□
　ブンデワ□セイコー□シナイ

そのへん【其の辺】
　ソノ□ヘンニ□スイチョクノ□
　センヲ□カキナサイ,
　ソノヘンニ□イルト□オモイマス

そのほう【其の方】
　ソノ□ホーヲ□ミタラ,
　ソノホー□ゾンジテ□オルカ？

そのほか【其の外】ソノ□ホカ

そのまま【其の儘】
　ソノママ□イッテ□シマッタ
　※ソノマンマ

そのみち【其の道】
　ソノ□ミチノ□タツジン

そのむかし【其の昔】ソノ□
　ムカシ□ココニ□イケガ□アッタ

そのむき【其の向】
　ソノ□ムキノ□オタッシ

そのむね【其の旨】ソノ□ムネ

そのもの【其の物】
　ソノ□モノノ□イロト□
　カタチヲ□シルセ,

ソノモノ□ズバリ, カタチ□
ソノモノワ□ヨク□デキタ

そのゆえ【其の故】ソノ□ユエ

そば【側・傍】
　オソワル□ソバカラ□ワスレル,
　シブヤエキ□ソバ（渋谷駅側）,
　エキソバノ□コーバン

そば【蕎麦】ソバ□アレルギー,
　ソバ□カイセキ, ソバ□サイバイ,
　ソバセット, ソバマンジュー,
　サラシナソバ, テウチソバ,
　テンプラソバ, トシコシソバ

そばづえ【側杖・傍杖】ソバヅエ

そばづかえ【側仕え】ソバヅカエ

そびれる　イイソビレル,
　ネソビレタ

ソフト　ソフト□カラー,
　ソフト□クリーム,
　ソフト□ドリンク,
　ソフト□ボール, ソフトボー,
　ビデオ□ソフト

ソフトウェア　ソフトウェア
　※ソフト□ウエア

そめいよしの【染井吉野】
　ソメイ□ヨシノ

そめる【初める】オモイソメル,
　ヒト□コイソメシ

－ 188 －

そようちょう【租庸調】
　ソヨーチョー

そら【空】ソラ□タカク,
　ソラ□トブ□エンバン,
　ソラオソロシイ, ソラトボケル,
　ソラヨロコビ, ウワノソラ

そら　ソラ□キタ, ソラ□ミロ

それ【其れ】ソレ□ゴラン,
　ソレ□ソーオーニ,
　ソレ□ナシニワ,
　ソレ□ミタ□コトカ, ソレ□ミロ,
　ソレクライノ□タカサ,
　ソレデ□イテ, ソレデ□モッテ,
　ソレニ□ツケテモ

それ【夫れ】
　モシ□ソレ□ジユー□アラズンバ

それかあらぬか　ソレカ□アラヌカ

それからして
　ソレカラシテ□オカシイ

それとなく【其れと無く】
　ソレトナク□チューイ□スル

それとなしに　ソレト□ナシニ

それとはなしに
　ソレトワ□ナシニ□キイテ□イタ

それにしても
　ソレニ□シテモ□オソスギル

それにつけ　ソレニ□ツケ

それにもかかわらず
　ソレニモ□カカワラズ

それのみならず　ソレノミナラズ

それはそうと　ソレワ□ソート

それはそれは
　ソレワ□ソレワ□ドーモ,
　ソレワ□ソレワ□リッパダッタ

それはともあれ
　ソレワ□トモアレ

それゆえ【それ故】
　ソレユエ□ココニ□キタノダ

ソロ　ソロ□カシュ, ピアノ□ソロ

そろばんずく【算盤ずく】
　ソロバンズク

そん【損】ソン□シテ□トク□トレ

そんごくう【孫悟空】ソンゴクー

そんし【孫子】ソンシ

そんしょくない【遜色ない】
　ソンショク□ナイ□デキバエ

そんじょそこら
　ソンジョ□ソコラニワ□ナイ

そんとくずく【損得ずく】
　ソントクズク

そんなこんなで　ソンナ□コンナデ

そんぶん【孫文】ソンブン

ぞんぶん【存分】
　オモウ□ゾンブン□タタカッタ

た【他】タ□テンジ□トショカン, タキュウダン, タコク, ソノタ

たあい【他愛】タアイ□シュギ ※タワイナイ（他愛ない）〔他愛は当て字〕

ダーク ダーク□グノー, ダーク□スーツ, ダーク□ホース

タータンチェック タータン□チェック

タートル タートル□ネック, オフ□タートル

ターボ ターボ□ジェット, ターボファン

ターミナル ターミナル□ケア, ターミナル□デパート, ターミナルエキ, シティー□エア□ターミナル, チカ□ターミナル

たい【体】タイヲ□カワス, タイヲ□ヒク, タイシボーリツ, タイネンレイ, ヒマンタイ

たい【対】タイ□キョジンセン（対巨人戦）, タイ□チューゴク□モンダイ（対中国問題）, タイセンシャホー（対戦車砲）, タイベイ□セイサク（対米政策）, 1□タイ□1, ヒガシ□タイ□ニシ, ヒヨー□タイ□コーカ, クータイクー□ミサイル（空対空ミサイル）

たい【耐】タイ□アルカリセイ, タイ□ショーゲキ□ガラス, タイネツ□ガラス

タイ アスコット□タイ, ウールタイ, ノー□ネクタイ, ノータイ

タイ タイアップ, タイキロク（タイ記録）, タイカイ□タイ（大会タイ）

だい【大】ダイ□スンダ□レットー, ダイ□チュー□ショー, ダイ□デュマ, ダイ□ドボク□ジギョー, ダイエイ□ハクブツカン（大英博物館）, ダイカイゾー□ケイカク（大改造計画）, ダイガクシャ, ダイキョーコー□ジダイ（大恐慌時

代），ダイショー□サマザマ，
ダイダイダイスキ，
ダイトッカ□マツリ，
ダイナリ□ショーナリ，
ダイナンコー（大楠公），
ダイニッポン□テイコク（大日本帝
国），ダイブトーカイ，
１０□エンダマダイ，
４ダイ□ヒゲキ，５ダイコ（五大湖），
コメツブダイ，
チメイ□ダイヒャッカ，
ヨコハマ□シリツダイ（横浜市立
大），ワセダダイ（早稲田大）

だい【台・代】
　２０００□エンダイ，
　６０サイダイ

だいいち【第一】
　ダイ１□ガクショー，
　ダイ１□ガッキ（第一学期），
　ダイ１□４ハンキ，ダイ１カギ，
　ダイ１ギョーメ，ダイ１セイ，
　ダイ１ポー，ケンコー□ダイ１，
　ダイイチ□カネガ□ナイ，
　ソーサ□ダイ１□カチョー
　※ソーサ□１カチョー

だいいちいんしょう【第一印象】
　ダイ１□インショー

だいいちぎ【第一義】ダイ１ギ

だいいちにんしゃ【第一人者】
　ダイ１ニンシャ

だいいちにんしょう【第一人称】
　ダイ１□ニンショー

だいいっせい【第一声】ダイ１セイ

だいいっせん【第一線】
　ダイ１センデ□カツヤクチュー

だいいっぽう【第一報】ダイ１ポー

たいいん【隊員】
　エットー□タイイン，
　キューキュー□タイイン，
　ショーボー□タイイン，
　ジエイタイイン

だいおう【大王】
　アレキサンダー□ダイオー，
　エンマ□ダイオー

たいかい【大会】
　イゴ□タイカイ（囲碁大会），
　キョーサントー□タイカイ，
　ゴルフ□タイカイ，
　トータイカイ（党大会）

だいがくいんせい【大学院生】
　ダイガクインセイ

だいがくのかみ【大学頭】
　ダイガクノカミ

だいかついっせい【大喝一声】
　ダイカツ□イッセイ

たいかなく【大過なく】
タイカ□ナク

たいかのかいしん〔大化改新〕
タイカノ□カイシン

だいかんみんこく【大韓民国】
ダイカン□ミンコク

たいきばんせい【大器晩成】
タイキ□バンセイ

たいぎめいぶん【大義名分】
タイギ□メイブン

たいげんそうご【大言壮語】
タイゲン□ソーゴ

たいけんもんいん【待賢門院】
タイケン□モンイン

たいこうたいごう【太皇太后】
タイコータイゴー

だいこく【大黒】
ダイコク□ズキン, ダイコクサマ

たいごてってい【大悟徹底】
タイゴ□テッテイ

だいごれつ【第五列】
ダイ5レツ〔スパイ〕

だいこん【大根】 ダノコン□オロシ,
ダイコン□ヤクシャ,
ダイコンアシ, ダイコンモチ,
キリボシ□ダイコン,
サトー□ダイコン,
ネリマ□ダイコン

だいさんかいきゅう【第三階級】
ダイ3□カイキュー

だいさんきそう【第三紀層】
ダイ3キソー

だいさんごく【第三国】ダイ3ゴク

だいさんしゃ【第三者】ダイ3シャ

たいし【太子】
ショートク□タイシ（聖徳太子）

だいし【大師】
コーボー□ダイシ（弘法大師),
ダルマ□ダイシ（達磨大師）

だいじ【大事】ダイジナイ

たいしょう【対称】
タイショージク,
サユー□タイショー,
センタイショー（線対称),
メンタイショー（面対称）

だいしょう【大小】
ダイ□チュー□ショー,
ダイショー□サマザマノ□ドーグ,
ダイショーノ□ジンギ（大小の神
祇),
コトノ□ダイショーヲ□トワズ

だいじょう【大掾】
タケモト□セッツノ□ダイジョー
（竹本摂津大掾）

だいじん【大臣】
ダジョー□ダイジン, サダイジン

たいスペクトル【帯スペクトル】

タイスペクトル

だいたい【大腿】

ダイタイ□４トーキン（大腿四頭

筋），ダイタイ□コッセツ，

ダイタイコツトー（大腿骨頭）

だいちょうカタル【大腸カタル】

ダイチョー□カタル

タイトル　タイトル□マッチ，

タイトル□ロール，

サブ□タイトル，

メーン□タイトル，ノンタイトル

だいなごん【大納言】

バン□ダイナゴン（伴大納言）

たいなし【他意無し】タイ□ナシ

だいなし【台無し】

ダイナシニ□スル

だいにぎてき【第二義的】

ダイ２ギテキ

だいにちにょらい【大日如来】

ダイニチ□ニョライ

だいにのさんみ【大弐三位】

ダイニノ□３ミ

ダイニング

ダイニング□キッチン，

ダイニング□ルーム

だいの【大の】ダイノ□オトコ，

ダイノ□コーブツ，ダイノ□ツキ，

ダイノ□ムシ□ショーノ□ムシ

だいのじ【大の字】

ダイノジニ□ネル

たいのや【対の屋】

タイノヤ〔別棟の建物〕

ダイバーシティー【diversity】

ダイバーシティー□

マネージメント

ダイビング　スキン□ダイビング

たいふ【大夫】

ウエモンノ□タイフ（右衛門大夫）

タイプ　タイプ□ライター，

　　　□タイプ（Ａタイプ），

カナモジ□タイプ，カナタイプ，

ワブン□タイプ，

センセイ□タイプ，

ノンビリ□タイプ，

３タイプ□アル，ニュータイプ

だいぶ【大夫】

ウキョーノ□ダイブ（右京大夫），

サキョー□ダイブ（左京大夫）

タイミング　グッド□タイミング

タイム　タイム□アップ，

タイム□カプセル，

タイム□マシン，

タイム□レコーダー，タイムラグ，

ラップ□タイム，ティータイム，

ノータイム，ロスタイム

ダイヤグラム　ダイヤグラム

ダイヤモンド

　ダイヤモンド□ダスト，

　ダイヤモンド□ヘッド

ダイヤル　ダイヤル□イン，

　ダイヤル□⠿⠿⠿⠿（ダイヤルＱ

　２），フリー□ダイヤル

たいらのきよもり【平清盛】

　タイラノ□キヨモリ

ダイレクトメール

　ダイレクト□メール

たいろう【大老】

　イイ□タイロー（井伊大老），

　５タイロー

だいろっかん【第六惑】ダイ６カン

ダウへいきん【ダウ平均】

　ダウ□ヘイキン

タウン　タウン□ページ，

　ベッド□タウン，ニュータウン

ダウン　ダウン□タウン，

　ダウン□ロード，ダウンヒル，

　スロー□ダウン，メルト□ダウン，

　ワンダウン

たえなる【妙なる】

　タエナル□ガクノ□ネ

たえまなく【絶え間なく】

　タエマ□ナク

タオル　タオル□ケット，

　ビーチ□タオル，バスタオル

たか【高】タカ□ククル，

　ウリアゲダカ，３⠢エンダカ

たかい【高い】アクメイ□タカイ，

　カオリ□タカイ，ホコリ□タカイ

たがいちがい【互い違い】

　タガイ□チガイニ□クミアワセル

たかくけい【多角形】タカクケイ

たかだのばば【高田馬場】

　シンジュクク□タカダノババ

たがため【誰が為】タガ□タメ

たかてこて【高手小手】

　タカテ□コテ

たかのつめ　タカノツメ〔植物名〕

たかのは【鷹の羽】タカノハ〔紋所〕，

　ナラビ□タカノハ

たかはりぢょうちん【高張提燈】

　タカハリヂョーチン

たからづくし【宝尽くし】

　タカラヅクシ

たがる　オモイタガル，シリタガル

だかんしへい【兌換紙幣】

　ダカン□シヘイ

たき【滝】タキツボ，

　ケゴンノ□タキ（華厳の滝），

　ナイアガラノ□タキ

たき【多岐】タキ□ボーヨー，
フクザツ□タキ

たく【宅】スズキタク（鈴木宅），
コーチョー□センセイタク，
シャチョータク，ワタクシタク

たくあつかい【宅扱い】
タクアツカイデ□オクル

たぐい【類】タグイ□ナイ，
タグイ□マレナ□ジンブツ，
コノ□タグイ

たくいつ【択一】2シャ□タクイツ

たくしあげる
ソデヲ□タクシアゲル

たけ【丈】タケクラベ，
オモイノ□タケ，セノ□タケ，
ミノタケ

たけ【岳】キソ□コマガタケ（木曾駒
ヶ岳），ノグチ□ゴローダケ（野口
五郎岳），タニガワダケ（谷川岳）

だけ【丈】
クロー□シタダケニ□ウレシイ，
センセイニダケ□ウチアケタ

たけのかわ【竹の皮】
タケノ□カワヅツミ，
タケノ□カワデ□ツツム

たけのこ【竹の子・筍】
タケノコ□セイカツ，
タケノコゾク，タケノコメシ

たけもと【竹本】
タケモト□コシジダユー（竹本越
路太夫），
タケモト□セッツノ□ダイジョー
（竹本摂津大掾）

たける【長ける】
サイ□タケタ□オンナ

タコ　タコ□メーター，タコグラフ

たこのき【蛸の木】タコノキ

ださい【大宰】ダザイノ□ソツ，
ダザイノ□ダイニ（大宰大弐）

たざんのいし【他山の石】
タザンノ□イシト□スル

だし【出汁】チューカフー□ダシ，
ダシノモト〔商品名〕，1バンダシ，
カツオダシ

だしいれ【出し入れ】
カネノ□ダシイレ

たしせいせい【多士済済】
タシ□セイセイ

たしゅたよう【多種多様】
タシュ□タヨー

ダスターコート　ダスター□コート

たずねあわせる【尋ね合せる】
ヤクショニ□タズネアワセル

たた【多多】タタ□アル

ただ【唯・只】タダ□1ド，タダイマ

— 195 —

たたき【叩き】 タタキ□ダイク，
　　タタキオコス，タタキナオシ，
　　モグラ□タタキ

ただすのもり【糺ノ森】
　　タダスノ□モリ

ただならぬ【徒ならぬ・啻ならぬ】
　　タダナラヌ□カオイロ

たたみ【畳】 タタミ□オモテ，
　　タタミ□ヤタイ

たたみいわし【畳鰯】
　　タタミ□イワシ

たたみかける【畳み掛ける】
　　タタミカケル

ただよう【漂う】
　　ミズニ□タダヨウ，
　　タダヨーテ□イルバカリ

たち【達】
　　⠿□クラス（Ａ達の
　　クラス），
　　ブラウン□サンタチ□イッコー，
　　ユージンタチ

たちいふるまい【立居振舞】
　　タチイ□フルマイ

たちいり【立入り】 タチイリ□キンシ

たちおうじょう【立往生】
　　タチオージョー

だつ【奪】 ダツ３シン，
　　ダツエバ（奪衣婆）

だつ【脱】 ダツ□トカイ，
　　ダツ□サラリーマン□セイカツ，
　　ダツサラ

ダッグアウト ダッグ□アウト

ダックスフント ダックスフント

ダッシュボード ダッシュ□ボード

たつせ【立つ瀬】 タツセ□ナイ

たった タッタ□イマ□カエッタ，
　　タッタ□コレダケ

たつたひめ【竜田姫・立田姫】
　　タツタヒメ

タッチ タッチ□アウト，
　　タッチ□パネル，タッチ□ライン，
　　タッチキー，ソフト□タッチ，
　　ノータッチ

ダッチ ダッチ□ロール，
　　ダッチ□ワイフ

たづなさばき【手綱捌き】
　　タヅナ□サバキ

たつのおとしご【竜の落とし子】
　　タツノ□オトシゴ

タップダンス タップ□ダンス

たっぷり タップリ□シタ□
　　ヨーフク，イロケ□タップリ

たて【縦】 タテ□⠿（縦5m），
　　タテホーコー，
　　タテヨコ□ジューモンジ

だて【伊達】ダテオトコ，
　ダテメガネ

たでくうむし【蓼食う虫】
　タデ□クウ□ムシモ□スキズキ

たてつく【楯突く】
　オヤニ□タテツク

たてまつる【奉る】
　オンシナ□タテマツル（御品奉る），
　オネガイ□タテマツル，
　カシコマリタテマツル，
　ネガイタテマツル

だてら　オンナダテラニ

たとする【多とする】タト□スル

だとすると　ダト□スルト

たな【棚】ジブンノ□コトワ□
　タナニ□アゲテ，タナオロシ，
　タナボタシキ

だに　イヌダニ□オンヲ□シル，
　ヒトメダニ□キミニ□アイタシ

たにん【他人】タニン□アツカイ，
　タニン□ギョーギ，
　タニン□マカセ，アカノ□タニン

たぬき【狸】タヌキ□ウドン，
　タヌキ□オヤジ，
　タヌキ□ネイリ，タヌキソバ

たねなしぶどう【種無し葡萄】
　タネナシ□ブドー

たのくさとり【田の草取り】
　タノクサトリ

たのみ【頼み】タノミ□オサメ，
　タノミ□ジョーズ

たのも【田の面】タノモ

たばこ【煙草】タバコゼイ，
　タバコセン，カミマキ□タバコ，
　キザミ□タバコ，マキタバコ

たび【度】タビカサナル，
　ミル□タビニ□オモイダス，
　イクタビ（幾度），
　コノタビ□シューニン□
　イタシマシタ，ミタビ（三度）

たび【旅】タビ□スル，
　タビ□ユク□ヒト，タビノ□ソラ，
　タビアキンド，タビショーゾク，
　タビナレナイ

たびはだし【足袋はだし】
　タビハダシ

タブ　タブ□キノー（タブ機能），
　タブキー

ダブリュー【W】
　⠿⠿⠿⠿⠿⠿⠿（W杯），
　⠿⠿⠿⠿⠿⠿⠿⠿⠿（4WD車）

ダブリューエッチオー【WHO】
　⠿⠿⠿⠿⠿⠿⠿〔世界保健機関〕

ダブリューシー【WC】⠿⠿⠿⠿⠿

た

たて―たふり

— 197 —

ダブル ダブル□スチール,
ダブル□プレー, ダブル□ヘッダー,
ダブル□ベッド, ダブルハバ,
セミダブル

ダブルス コンゴー□ダブルス,
ミックス□ダブルス

たま【玉・珠・球】
タマ□チル□コオリノ□ヤイバ,
オコリッポイノガ□タマニ□
キズダ, イイ□タマ

たま【多摩】タマ□キューリョー,
タマ□チク

たまう【賜う・給う】
コガネ□タマワル（黄金給わる）,
ハッキリ□アヤマリタマエ,
キミ□シニタマウ□コト□ナカレ

たまご【卵】タマゴ□リョーリ,
タマゴトジ, オンセン□タマゴ,
ユデタマゴ

だまし【騙し】ダマシ□ダマシ,
ダマシウチ, コドモ□ダマシ,
テントームシ□ダマシ〔昆虫名〕

たまのあせ【玉の汗】タマノ□アセ

たまのお【玉の緒】タマノオ

たまのこし【玉の輿】
タマノコシニ□ノル

たまむしのずし【玉虫厨子】
タマムシノ□ズシ

たみひゃくしょう【民百姓】
タミ□ヒャクショー

ダム ダム□コージ, ダムサイト,
アスワン□ハイ□ダム,
クロヨン□ダム（黒四ダム）,
アーチダム

ため【為】
ウツクシイガ□タメノ□サイナン,
シッパイ□シナイ□タメニ,
ソノ□タメ, タガ□タメニ

だめ【駄目】ダメオヤジ,
ダメニンゲン

だめだめ【駄目駄目】ソンナ□
コトヲ□シテワ□ダメ□ダメ,
ダメダメナ□ワタシ

ためつすがめつ【矯めつ眇めつ】
タメツ□スガメツ□シテ

だも ユメニダモ□オモワズ

たもる【給る】
ウラミニ□オモーテ□タモルナ,
カシテ□タモ, ノセテ□タモレ

たゆう【大輔・大夫・太夫】
シキブ□タユー（式部大輔）,
ウエモンダユー（右衛門大夫）,
タカオダユー（高尾太夫）

たゆみない【弛み無い】
タユミナイ□ドリョク

たよりない【頼り無い】
　タヨリナイ□ハナシ

だらけ　シャッキンダラケ

たらし【誑し】オンナ□タラシ

たらしい　ビンボータラシイ

だらしない　ダラシナイ□オトコ
　※ホントニ□ダラシガ□ナイネ

たらしめる
　カレヲシテ□ヒトタラシメル

たらず【足らず】
　５００ニンタラズ，
　コトバタラズ，シタタラズ，
　チエタラズ

たらたら　モンク□タラタラ

たらのき【楤の木】タラノキ

たらのめ【楤の芽】タラノメ

だらり
　ダラリノ□オビ□シタ□マイコ

たられば
　ソレワ□タラレバノ□ハナシダ

たり
　アバレタリ□シテ□ワルイ□コダ，
　ミタリ□キイタリ□スル

たりとも　イッコクタリトモ（一刻
　たりとも），ヒトリタリトモ

たる　キョーシタル□モノ，
　ボーバクタル□ダイシゼン

たれ　ヒトノ□カガミタレ

だれ【誰】ダレ□アロー，
　ダレモ□カモ，
　ダレ□ハバカル□コト□ナク，
　ダレダレサン

だれかれ【誰彼】
　ダレカレ□ナシニ□イイツケタ

だれしらぬ【誰知らぬ】
　ダレ□シラヌ□モノ□ナシ

だれそれ【誰それ】ダレソレ

だれひとり【誰ひとり】
　ダレ□ヒトリト□シテ□
　セキヲ□タタナイ

たろう【太郎】
　タロー□カジャ（太郎冠者）〔狂言〕，
　バンドー□タロー（坂東太郎）〔利
　根川〕，１ヒメ□２タロー

タワー　タワービル，
　トーキョー□タワー，
　マリン□タワー

たわいない
　タワイナイ□コトヲ□イウ
　※タワイモ□ナイ□ハナシダッタ

タン　タンシチュー，
　スモークド□タン，ギュータン

だん【段】カク□ダンニ□ナルト（書
　く段になると），コノ□ダン

だん【談】シュショー□ダン，
　マキノ□ハクシ□ダン（牧野博士

た

たより｜たん

－　199　－

談）, シャチューダン（車中談）
たんあたり【反当り】
タンアタリノ☐シューカクリョー
たんい【単位】
１☐タンイ☐ジナン,
マン☐タンイ, １タンイ
たんいち【単一】 タン１☐デンチ
たんいつ【単一】
タンイツ☐クミアイ
だんいん【団員】
ショーボー☐ダンイン,
セイネン☐ダンイン,
ガクダンイン（楽団員），
ボーリョクダンイン
タンク タンク☐トップ,
タンク☐ローリー,
シンク☐タンク, ガスタンク
たんさん【炭酸】 タンサン☐ガス,
タンサン☐カルシウム
ダンス ダンス☐パーティー,
ダンス☐ホール, タップ☐ダンス,
チーク☐ダンス, フラダンス
たんすいかぶつ【炭水化物】
タンスイカブツ
たんちょう【短調】
エイハタンチョー（嬰ハ短調），
ニタンチョー
だんのうら【壇の浦】 ダンノウラ

たんぱ【短波】 チョータンパ,
ゴクチョータンパ
たんぺいきゅう【短兵急】
タンペイキューニ

ち

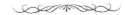

ち【地】 チノ☐ハテ,
メイセイ☐チニ☐オツ
チア チア☐リーダー, チアガール
ちい【地位】 チイ☐キョーテイ,
チイ☐ホゼン
ちいき【地域】 アジア☐チイキ,
ジュータク☐チイキ
チーズ チーズ☐ケーキ,
チーズ☐フォンデュ,
ブルー☐チーズ,
コナチーズ（粉チーズ），
レアチーズ
チーム チーム☐カラー,
チーム☐メート, チーム☐ワーク,
ヤキュー☐チーム, プロチーム

ちえ【知恵】チエノ□ミ,
チエオクレ, チエクラベ,
チエノワ

チェア　チェア□パーソン,
チェアマン,
ロッキング□チェア,
アームチェア

チェーン　チェーン□ストア,
チェーンソー, チェーンテン,
タイヤ□チェーン, ドアチェーン

チェック　チェック□アウト,
チェック□ライター,
チェックイン,
セックス□チェック,
ドアチェック

チェンジ　チェンジ□アップ,
モデル□チェンジ, ギアチェンジ

ちか【地下】チカ□3ガイ,
チカ□ソシキ, チカガイ,
チカテツ, デパチカ, ハンチカ

ちかい【近い】
チカイ□ウチニ□ウカガイマス,
50□チカイ□ネンパイ,
ゲツマツ□チカイ, ホドチカイ

ちがい【違い】2ジカン□チガイ,
ココロエ□チガイ,
ヒトツ□チガイノ□ネエサン,
ホーコー□チガイ, カドチガイ

ちがいない【違いない】
アレニ□チガイ□ナイ,
ソー□スルニ□チガイ□ナイ

ちがいほうけん【治外法権】
チガイ□ホーケン

ちかく【近く】
2メートル□チカクモ□アル,
50□チカクノ□ヒト, コノ□
エキ□チカクニ□スンデ□イル

ちかぢか【近近】チカヂカ

ちかづく【近付く】チカヅク

ちから【力】チカラ□オヨバズ,
チカラ□カンケイ,
チカラ□ツキテ, チカラ□ナク

ちからいっぱい【力一杯】
チカラ□イッパイ□フネヲ□コグ

ちからおとし【力落とし】
オチカラ□オトシデ□
ゴザイマショー

ちからずく【力ずく】
チカラズクデ□ウバッタ

ちからづける【力付ける】
ミンナシテ□チカラヅケテ□ヤレ

ちからづよい【力強い】
カレガ□イルノデ□チカラヅヨイ

ちからなげ【力無げ】
チカラ□ナゲニ□カタヲ□オトス

ち

ちえ―ちから

― 201 ―

ちぎれちぎれ　チギレ□チギレニ□
　　ナッテ□シマッタ

チキン　チキン□スープ，
　　チキン□ナゲット，チキン□ライス，
　　チキンカツ，フライド□チキン，
　　シーチキン

ちく【地区】
　　ブンキョー□チク（文教地区）

ちく【築】チク□３ネン，
　　チクアサ□ブッケン（築浅物件），
　　チクネンスー（築年数）

ちくいち【逐一】
　　チクイチ□ホーコク□スルヨーニ

ちくばのとも【竹馬の友】
　　チクバノ□トモ

ちくりと　チクリト□シタ□イタミ

チケット　チケット□ビューロー，
　　エア□チケット，チケットレス

ちこうごういつせつ【知行合一説】
　　チコー□ゴーイツセツ

ちこくへいてんか【治国平天下】
　　チコク□ヘイテンヵ

ちさんちしょう【地産地消】
　　チサン□チショー

ちじ【知事】
　　アオモリ□アキタ□リョーケン□
　　チジ（青森・秋田両県知事），
　　カクシン□チジ，

カナガワケン□チジ（神奈川県知
　　事），ケンチジ

ちじょうい【知情意】チ□ジョー□イ

ちず【地図】シン□ニホン□チズ，
　　ヨーロッパ□チズ，ハクチズ

ちすいかふうくう【地水火風空】
　　チ□スイ□カ□フー□クー

ちたい【地帯】ツンドラ□チタイ

ちたいなく【遅滞なく】チタイ□ナク

ちぢ【千千】
　　ココロガ□チヂニ□ミダレル

ちちとして【遅遅として】
　　チチト□シテ□ススマナイ

ちちはは【父母】
　　チチ□ハハガ□カシラ□カキナデ，
　　イカニ□イマス□チチ□ハハ

ちぢみ【縮み】チヂミ□グアイ，
　　チヂミ□コンブ，
　　オヂヤ□チヂミ（小千谷縮）

ちぢむ【縮む】ミノ□チヂム□オモイ

ちちんぷいぷい　チチン□プイプイ

チック　オトメチック，
　　ドラマチック，マンガチック，
　　ロマンチック

ちっとやそっと　チットヤ□
　　ソットデワ□ドージナイ

チップ　チップイン，
　　ポテト□チップ

ちどり【千鳥】チドリアシ,
イカル□チドリ, コチドリ,
ハマチドリ

ちぬられた【血塗られた】
チヌラレタ□ニチヨービ

ちのあめ【血の雨】
チノ□アメヲ□フラス

ちのいけ【血の池】
チノ□イケ□ジゴク

ちのうみ【血の海】アタリ□
イチメン□チノ□ウミダッタ

ちのけ【血の気】チノケガ□オオイ

ちのなみだ【血の涙】
チノ□ナミダヲ□ナガス

ちのみち【血の道】
チノミチニ□キク□カンポーヤク

ちのめぐり【血の巡り】
チノ□メグリガ□ワルイ

ちのり【地の利】チノ□リヲ□エル

ちのわ【茅の輪】チノワ□クグリ

チフス　ハッシン□チフス,
チョーチフス, パラチフス

ちほう【地方】
キューシュー□シコク□チホー
（九州四国地方）

チマチョゴリ　チマチョゴリ

ちみもうりょう【魑魅魍魎】
チミ□モーリョー

チャームポイント
チャーム□ポイント

チャイナ　チャイナ□タウン,
チャイナフク

ちゃく【着】
チャクジコク（着時刻）,
チャクメロ,
ゴゴ□７ジ□チャク,
トーキョー□チャク（東京着）,
ダイ１チャク

チャコールグレー
チャコール□グレー

ちゃっかり
チャッカリ□シタ□ヤツ,
チャッカリ□フジン,
チャッカリ□ムスメ

ちゃづけ【茶漬け】
タラコ□チャヅケ,
サケチャヅケ, ノリチャヅケ

ちゃづつ【茶筒】チャヅツ

ちゃのき【茶の木】チャノ□キ

ちゃのこ【茶の子】チャノコ,
オチャノコ□サイサイ

ちゃのま【茶の間】チャノマ

ちゃのみともだち【茶飲み友達】
チャノミ□トモダチ

ちゃのゆ【茶の湯】チャノユ

ちゃばら【茶腹】

チャバラモ□イットキ

ちゃやあそび【茶屋遊び】

チャヤアソビ

ちゃらんぽらん　チャラン□ポラン

チャリティー

チャリティー□コンサート，

チャリティー□ショー

ちゃん

⠿⠿⠿⠿⠿（Ａちゃん），

⠿⠿⠿⠿⠿（○○ちゃん），

イチローチャン（一郎ちゃん）

ちゃんちゃらおかしい

チャンチャラ□オカシイ

ちゃんと　チャント□シタ□ヒト，

チャント□シテ□ネナサイ

チャンピオンシップ

チャンピオンシップ

ちゅう【中】

⠿⠿⠿⠿⠿⠿（十五六名

中），⠿⠿⠿⠿⠿（100ｇ

中），チュー３，

チューコー□イッナン，

チューチョーキ□ケイカク，

チュートロ，ダイ□チュー□ショー，

カイセイチュー（開成中），

フリツ□１チュー

※１ネンジュ，セカイジュー

ちゅう【注・註】チュー□１，

ヒッシャ□チュー，キャクチュー

ちゅう【駐】

チュー□アメリカ□タイシ，

チューロ□タイシ（駐ロ大使）

ちゅう　オトコッチュー□モンワ，

ナンチュー□コッチャ，

ベンキョー□シタイチュータッテ

チューインガム　チューインガム

ちゅうおう【中央】

チューオー□アジア，

エン□チューオーニ□イチ□スル

（円中央に位置する）

ちゅうか【中華】チューカ□ソバヤ，

チューカ□ミンコク，チューカソバ，

ヒヤシ□チューカ

ちゅうけんクラス【中堅クラス】

チューケン□クラス

ちゅうこうねんそう【中高年層】

チューコーネンソー

ちゅうざい【駐在】チューザイサン，

ベイ□チューザイ（米駐在）

ちゅうしょうきぎょう【中小企業】

チューショー□キギョー

ちゅうちゅうたこかいな

チューチュー□タコカイナ

ちゅうどく【中毒】

ガス□チュードク，

ジカ□チュードク,
ショクチュードク

ちゅうとはんぱ【中途半端】
　チュート□ハンパ

ちゅうにかい【中二階】 チュー２カイ

ちゅうやけんこう【昼夜兼行】
　チューヤ□ケンコー

ちゅうようとっき【虫様突起】
　チューヨー□トッキ

ちょ【著】
　サイギョー□チョ（西行著）,
　ユカワ□ハクシ□チョ（湯川博士著）

ちょい　チョイ□ミギ, チョイノマ,
　チョイマチ, チョイワル□オヤジ,
　チョチョイノ□チョイ,
　モー□チョイ

ちょう【丁】 チョーハン,
　イッチョー□アガリ

ちょう【長】
　チョー□ボシ□シンキン（長拇指伸
　筋）, チョーコーゼツ,
　チョーネンゲツ

ちょう【超】
　チョー□⠿⠿⠿⠿（超ＬＳＩ）,
　チョー□１リュー,
　チョー□コッカ□シュギ,
　チョー□スロー□ペース,
　チョージガ, チョータイサク,

チョーデンドー,
チョーマンインノ□カンキャク,
１マンエン□チョー
※チョー□オカシイ, チョー□スキ,
チョー□マジ

ちょう【調】
　⠿⠿⠿⠿⠿⠿⠿（七五調）,
　ソヨーチョー（租庸調）,
　ナニワブシチョー,
　ヘンホチョーチョー（変ホ長調）

ちょうおんそく【超音速】
　チョーオンソク□ジェット

ちょうおんぱ【超音波】
　チョーオンパ

ちょうげんじつしゅぎ【超現実主義】
　チョー□ゲンジツ□シュギ

ちょうこうそう【超高層】
　チョーコーソー□ビル

ちょうこうそく【超高速】
　チョーコーソク□テツドー

ちょうこうそくど【超高速度】
　チョー□コーソクド□サツエイ

ちょうさん【重三】
　チョーサン〔三月三日の節句〕

ちょうさんぼし【朝三暮四】
　チョー３□ボ４

ちょうし【調子】 チョーシ□ハズレ,
　チョーシ□ヨイ, チョーシヅク,

－ 205 －

イイ□チョーシ

ちょうしぜん【超自然】
チョー□シゼン□ゲンショー,
チョー□シゼンテキ

ちょうじゃ【長者】
チョージャ□ヤシキ,
チョージャサマ,
ヒャクマン□チョージャ,
ワラシベ□チョージャ

ちょうしゅう【長袖】
チョーシュー□ヨク□マイ (長袖よ
く舞い), チョーシューシャリュー
(長袖者流)

ちょうじゅうぎが【鳥獣戯画】
チョージュー□ギガ

ちょうスピード【超スピード】
チョースピードデ□トバス

ちょうせんにんじん【朝鮮人参】
チョーセン□ニンジン

ちょうだい【頂戴】 ヲナガレ□
チョーダイ□イタシマス,
オナミダ□チョーダイテキナ□
ハナシ, ハヤク□キテ□チョーダイ

ちょうたいこく【超大国】
チョータイコク

ちょうちょう【長調】
ニチョーチョー,
ヘンホチョーチョー

ちょうちょうはっし【丁丁発止】
チョーチョー□ハッシ

ちょうど【丁度・恰度】
チョード□ヨイ, ９ジ□チョード

ちょうとうは【超党派】
チョートーハ□ケツギ

ちょうどきゅう【超弩級】
チョードキュー□サクヒン

ちょうとっきゅう【超特急】
チョートッキュー

ちょうのうりょく【超能力】
チョーノーリョク

ちょうぶ【町歩】
２０チョーブノ□デンパタ

ちょうめ【丁目】
１チョーメ□２３バン□４ゴー

ちょうもんのいっしん【頂門の一針】
チョーモンノ□１シン

ちょうれいぼかい【朝令暮改】
チョーレイ□ボカイ

ちょくおうまいしん【直往邁進】
チョクオー□マイシン

チョコ チョコ□スナック,
チョコパフェ, スイート□チョコ,
イタチョコ, ギリチョコ,
ミルクチョコ

ちょっきり センエン□チョッキリ

ちょっくらちょっと
　チョックラ□チョット

ちょっと【一寸・鳥渡】
　チョット□シタ□キズ,
　チョットヤ□ソットデワ□
　ワカラナイ,
　６ジ□チョット□マエ,
　モー□チョット□シタラ□カエル
　※モー□チョットン□トコジャ

ちょっとみ【一寸見】
　チョットミデワ□ワカラナイ

ちょはっかい【猪八戒】
　チョハッカイ

ちょんのま【ちょんの間】
　チョンノマ

ちらし【散らし】チラシ□コーコク,
　チラシ□ドンブリ,
　チラシ□モヨー, チラシズシ,
　モミジ□チラシ

ちらちら　ユキガ□チラチラ□スル

ちらほら　チラホラ□シテ□イル

ちらりちらり
　チラリ□チラリ□スル

ちらりほらり　チラリ□ホラリ

ちり【地理】チリ□ガクシャ,
　シゼン□チリ

チリ　チリ□ペッパー, チリソース

ちりあくた【塵芥】
　チリアクタノ□タグイ

チリしょうせき【チリ硝石】
　チリ□ショーセキ

ちりぢりばらばら【散り散りばらば
　ら】チリヂリ□バラバラニ□ナル

ちりめん　【縮緬】
　チリメンエ（縮緬絵）,
　チリメンジャコ,
　オメシ□チリメン,
　シナ□チリメン（支那縮緬）,
　シロチリメン

ちんざ【鎮座】チンザ□マシマス

チンする
　デンシ□レンジデ□チン□スル

ちんたいしゃく【賃貸借】
　チンタイシャク□ケイヤク

ちんちんかもかも
　チンチン□カモカモ

ちんぷんかん　チンプンカン
　※チンプン□カンプン

ちんむるい【珍無類】
　チン□ムルイナ□フクソー

－ 207 －

つ オイツ□オワレツ□スル,
ユキツ□モドリツ□シテ
ツアー ツアー□ガイド,
スキー□ツアー, エコツアー
ついて【就いて】
ヒトリニ□ツイテ□5エン,
ニホンノ□フーゾクニ□ツイテ
ついで【序で】シゴへノ□ツイデニ,
ハナシ□ツイデニ, ミタ□ツイデニ,
タベツイデニ□モー□ヒトシナ
ついのすみか【終の栖】
ツイノ□スミカ
ツイン ツイン□ベッド,
ツイン□ルーム, ツインカム,
ツインキャブ
つう【痛】シンケイツー（神経痛）,
ダイ1ジツー（第1次痛）,
フーキ□センツー（風気疝痛）,
ヘンズツー
ツー ツー□ステップ, ツーアウト,
ツーウエイ□ソファー,

ツーショット, ツートップ,
ツーピース
※2トップ
つうじょうはがき【通常葉書】
ツージョー□ハガキ
ツーテンジャック
ツー□テン□ジャック
ツートンカラー ツートン□カラー
ツーバイフォー ツーバイフォー
ツールドフランス
ツール□ド□フランス
つえはしら【杖柱】
ツエ□ハシラトモ□タノム
つかい【使い】マホー□ツカイ,
モージュー□ツカイ, ヘビツカイ
つかいはしり【使い走り】
ツカイ□ハシリ
つかいふるし【使い古し】
ツカイフルシ
つかずはなれず【付かず離れず】
ツカズ□ハナレズノ□カンケイ
つかぬこと【付かぬ事】
ツカヌ□コトヲ□ウカガイマスガ
つかのま【束の間】ツカノマ
つかまつる【仕る】
シツレイ□ツカマツリマス
つかれ【疲れ】ツカレ□シゴト

つき【尽き】アクウン□ツキテ,
　ウンノ□ツキ

つき【付き】オミヤゲツキ,
　リョコー□クーポンケンツキ

つき【就き】
　1コニ□ツキ□5□エン,
　テイキュービニ□ツキ□
　キューギョー

つき【月】ツキ1ノ□シゴト,
　ツキノ□イリ, ツキノ□デ,
　ツキ□ミチテ□ウマレタ,
　ツキタラズノ□コ, ツキリョコー,
　ツキロケット, ダイノ□ツキ

つぎ【次】ソノ□ツギ, ニノツギ

づき【付き】
　シャチョーヅキノ□ヒショ

つきあわせる【突き合せる】
　ヒザ□ツキアワセル,
　ツノツキアワセル

つきなか【月中】ツキナカノ□コロ

つきなかば【月半ば】
　ツキ□ナカバニシテ

つきのさわり【月の障り】
　ツキノ□サワリ

つぎのま【次の間】
　ツギノマニ□ヒカエル

つきのもの【月の物】ツキノモノ

つきゆきはな【月雪花】
　ツキ□ユキ□ハナ
　※セツゲツカ（雪月花）

つく【付く】キガ□ツク,
　ハナニ□ツク, メニ□ツク

づくし【尽くし】
　ココロヅクシノ□モテナシ,
　タカラヅクシ

つくしじろう【筑紫二郎】
　ツクシ□ジロー〔筑後川〕

つくづく【熟】
　ツクヅク□イヤニ□ナル

つくね　ツクネ□ニンギョー

つくり【作り・造り】
　ツクリ□ヤマイ, ツクリナオシ,
　アゼクラヅクリ, キクヅクリ

つくりもの【作り物】
　ツクリモノノ□ハナ

つくりものがたり【作り物語】
　ツクリ□モノガタリ

つくりわらい【作り笑い】
　ツクリ□ワライ

つくろう【繕う】
　カギザキヲ□ツクロウ,
　ソノ□バヲ□ツクローテ□クレタ

つけ【付け】ウレシイニ□ツケ□
　カナシイニ□ツケ

づけ【付け】ナノナヅケノ□テガミ

づけ【漬け】ヅケノ□ニギリ，
　ヅケドン，１ヤヅケ，
　タクアンヅケ

づける　イチヅケル，テイギヅケル

つごう【都合】ツゴー□シダイ，
　ツゴー□ツク，ツゴー□ヨク，
　ナントカ□ツゴー□スル

っこない
　ソンナ□コト□キケッコ□ナイ

つじ【辻】ツジウラナイ，
　ツジオンガクシ，ツジコーシャク，
　ツジゴートー，
　カギヤノ□ツジ（鍵屋ノ辻），
　フダノツジ（札の辻），ヨツツジ

つたいあるき【伝い歩き】
　ツタイアルキ

つたいあるく【伝い歩く】
　ヤネヲ□ツタイアルク

つちくさい【土臭い】ツチクサイ

つちつかず【土付かず】
　マダ□ツチツカズダ

つちのえ【戊】ツチノエ□ネ（戊子）

つちのと【己】ツチノト□ウ（己卯）

つつ　アルキツツ□ヨム，
　シラベツツ□アル

つついづつ【筒井筒】ツツイヅツ

つつうらうら【津津浦浦】
　ツツ□ウラウラ

つつがない【恙無い】
　ツツガナク□オワリマシタ

つづき【続き】ツヅキ□グアイ，
　イヤナ□コト□ツヅキダ，
　オメデタ□ツヅキ，ソノ□ツヅキ，
　ヒデリ□ツヅキ，ミッツ□ツヅキ，
　アメツヅキ

つつみ【包み】ツツミ□ボタン，
　ツツミカクシノ□ナイ□ハナシ

つづみ【鼓】ツヅミ□クラベ

つつみかくす【包み隠す】
　ツツミカクス

つつみちゅうなごんものがたり【堤中
　納言物語】ツツミ□チューナゴン□
　モノガタリ

つづめる【約める】ツヅメテ□イエバ

つづら【葛籠】ツヅラ

つづり【綴り】ムイミ□ツヅリ，
　ローマジ□ツヅリ

つづりあわせる【綴り合せる】
　ツヅリアワセル

つど【都度】ソノ□ツド□シラベル

つなぎ【繋ぎ】ツナギ□シキン，
　シッポー□ツナギ，ジュズツナギ

つね【常】
　ツネナラヌ□ヒトノ□イノチ，

ヨノ□ツネ

つねづね【常常】

ツネヅネ□イイキカス

つねひごろ【常日頃】ツネヒゴロ

つのつきあい【角突き合い】

ツノツキアイヲ□シテ□イル

つばき【椿】ツバキ□アブラ,

アンコ□ツバキ

つばめ【燕】ツバメ□オモト,

ツバメノ□ス, コシアカ□ツバメ,

イワツバメ

ツはんのう【ツ反応】ツ□ハンノー

つぶし【潰し】ツブシ□シマダ,

ツブシ□ネダン, ツブシアン,

ジカン□ツブシ, ヒマツブシ

つぼ【壺】ツボ□シゲキ,

ツボ□マッサージ, オモウ□ツボ

つぼあたり【坪当たり】

ツボアタリ□３０マンエン

つぼね【局】

カスガノ□ツボネ（春日局）,

オツボネサマ

つまさきあがり【爪先上がり】

ツマサキ□アガリノ□ホソミチ

つまずく【躓く】イシニ□ツマズク

つまみ【摘み・撮み】

ツマミ□アライ,

ツマミ□カンザシ,

ツマミ□ヨーカン, ハナツマミ

つまるところ【詰まる所】ツマル□

トコロ□オレガ□ワルイノダ

つみ【罪】ツミ□イシキ,

ツミツクリ, ツミトガヲ□ユルス,

ツミホロボシ

つむぎ【紬】

オオシマ□ツムギ（大島紬）

つめ【詰め】ツメショーギ,

ケイシチョーヅメ,

ユビツメニ□チューイ

つめこみしゅぎ【詰め込み主義】

ツメコミ□シュギノ□キョーイク

つめる【詰める】

コン□ツメナイヨーニ,

オモイツメル

つもり【積もり】

ドー□スル□ツモリナノ？,

ソノ□ツモリデス

つもりつもって【積もり積もって】

シャッキンガ□ツモリ□

ツモッテ□ミウゴキ□デキナイ

つゆ【露】ツユ□イササカモ,

ツユ□シラズ, ツユノ□マ

つゆ【梅雨】ツユイリ,

ツユノ□イリガ□マヂカク□ナル,

ツユアケ□センゲン

つら【面】ドノ□ツラ□サゲテ

— 211 —

つらい【辛い】ツライ□メニ□アウ

つらにくい【面憎い】
　ツラニクイホド□オチツイテル

つらのかわ【面の皮】
　ツラノ□カワガ□アツイ,
　イイ□ツラノカワダ

つるかめ【鶴亀】
　ツルカメ□ツルカメ〔おまじない〕

つるし【吊し】ツルシ□ダイコン,
　ツルシアゲ

つるべおとし【釣瓶落とし】
　ツルベ□オトシ

つれ【連れ】ツレ□3ニン,
　オツレサマ

つれづれ【徒然】
　ツレヅレナル□ママニ,
　ツレヅレノ□アマリ

つれる【連れる】ソレニ□ツレテ,
　トシガ□タツニ□ツレ,
　ウタワ□ヨニ□ツノ

つんぼさじき【聾桟敷】
　ツンボ□サジキニ□オカレル

て【手】
　テニ□テヲ□トッテ□ニゲル,
　テニ□トルヨーニ□ワカル,
　テナグサミ,
　テハッチョー□クチハッチョー,
　コノ□テノ□シナモノ,
　ソノ□テワ□クワナイ,
　ハハノ□テ□ヒトツ,
　アノテ□コノテ

で【出】ツキノ□デ,
　ヒトノ□デガ□オオイ,
　ダイガクインデ,ノーソンデ,
　ヒノデ,ポットデノ□ワカモノ

てあしくちびょう【手足口病】
　テアシクチビョー

てあしまとい【手足纏い】
　テアシ□マトイ

てあたりしだい【手当たり次第】
　テアタリ□シダイニ□カイマクル

てあて【手当】カゾク□テアテ

である
　ワガハイワ□ネコデ□アル,
　デアルチョーノ□ブンタイ
　※デスマスチョーノ□ブンタイ

てい【体・態】
　テイノ□イイ□コトバ,
　テイヲ□ナス, サアラヌ□テイ,
　ホーホーノ□テイ, ショクニンテイ

てい【低】テイ□シュッショー□
　タイジュージ（低出生体重児）,
　テイカロリー, テイキンリ,
　テイショトクシャソー,
　テイタイオンショー,
　テイネンレイカリツ（低年齢化率）,
　テイハンパツ□マクラ（低反発枕）

てい【邸】アサクラ□フミオテイ（朝
　倉文夫邸）, ボーシテイ（某氏邸）,
　マツシタ□シテイ（松下氏邸）

てい【帝】ケンリューテイ,
　コンスタンチヌステイ,
　ショームテイ（聖武帝）

デイ　デイ□サービス, デイケア,
　デイパック, ワンデイ□パス

ティー【T】
　⠿□サイボー（T細胞）,
　⠿（Tシャツ）,
　⠿（T字路）,
　⠿□ボーン□ステーキ

ティー　ティー□パーティー,
　ティーバッグ, ティールーム,
　アール□グレイティー,
　グリーンティー,
　ジャスミンティー,
　ダージリンティー, レモンティー

ティーヴィー【TV】
　⠿□バングミ（TV番組）

ディーケー【DK】
　⠿□
　マンション（2DK型マンション）

ディーシーはちがたき【DC8型機】
　⠿

ティーン　ティーン□エージャー,
　セブンティーン, ハイティーン

ていかいはつこく【低開発国】
　テイカイハツコク

テイク　テイク□アウト, テイクオフ

ていこく【帝国】
　テイコク□シュギ,
　ズイ□テイコク（隋帝国）

ていさいよく【体裁よく】
　テイサイ□ヨク

デイジー【DAISY】
　⠿,
　デイジー□トショ,
　⠿,
　デイジーバン

ディスク　ディスク□ジョッキー，
　　ジキ□ディスク，
　　ハード□ディスク，ミニディスク

ていっぱい【手一杯】
　　テ□イッパイノ□ニモツ，
　　テイッパイデ□アトワ□ムリ

ていど【程度】
　　２メートル□テイドノ□タカサ，
　　アル□テイド，
　　ドノ□テイド□イケル？，
　　チューテイド，ドーテイド

ていとうながれ【抵当流れ】
　　テイトー□ナガレ

ていよく【体よく】
　　テイヨク□オイハラウ

ていらず【手入らず】テイラズ

てえ
　　トオヤマノ□キンサンテエンダ
　　（遠山の金さんてえんだ），
　　トント□シラネエテエ□コトダ

デー　デーゲーム，
　　（Ｘデー），
　　カンシャデー，
　　ハルノ□ケショーヒンデー，
　　バレンタインデー

データ　データ□ベース，
　　データショー

テープ　テープ□レコーダー，
　　ジキ□テープ，ビデオ□テープ，
　　ロクオン□テープ，カミテープ

テーブル　テーブル□クロス，
　　テーブル□スピーチ，
　　テーブル□センター，
　　テーブル□マナー，
　　サイド□テーブル，マルテーブル

テーマ　テーマ□ソング，
　　テーマ□ミュージック，
　　テーマキョク，
　　ケンキュー□テーマ

テール　テール□エンド，
　　テール□ライト，ポニー□テール

ておりもめん【手織り木綿】
　　テオリ□モメン

てき【的】クニ□ヤブレテ□
　　サンガ□アリテキ□シンジョー，
　　キョーサン□シュギテキ□
　　ケイコー，ヨーロッパテキ

てき【敵】テキ□コーゲキキ，
　　テキ□ミカタ，テキチーム，
　　７ニンノ□テキ□アリ，
　　カソー□テキコク，カソーテキ

てきかく【的確】
　　テキカクナ□ハンダン

てきふてき【適不適】テキ□フテキ

できふでき【出来不出来】
デキ□フデキ

てきほんしゅぎ【敵本主義】
テキホン□シュギ

てきめん【覿面】
コーカ□テキメンダヨ

できる【出来る】デキル□カギリ,
シンライ□デキル,
ソー□デキナイ□コトモ□アル,
リヨー□デキル□モノワ□
リヨー□シロ

てぎわ【手際】
テギワ□ヨク□ショリ□シタ

テク　レンアイ□テク,
ザイテク（財テク）, ハイテク

てぐすね　テグスネ□ヒイテ□マツ

テクノ　テクノ□アート,
テクノ□ポップ,
テクノ□ポリス, テクノロジカル

でくのぼう【木偶の坊】デクノボー

でこぼこ【凸凹】
ミチガ□デコボコ□シテ□イル,
デコボコミチ

デザイナー
フクショク□デザイナー,
ヘア□デザイナー

でさききかん【出先機関】
デサキ□キカン

でし【弟子】デシイリ,
１バン□デシ, オシカケ□デシ,
オトート□デシ, アニデシ,
シンデシ

デジタル　デジタル□カメラ,
デジタルホン
※デジアナ□ヘンカン, デジカメ

デシベル【ｄＢ】 ⠿⠿⠿⠿⠿⠿
（90dB）, ９０デシベル

でずいらず【出ず入らず】
デズイラズノ□ジョータイ

デスク　デスク□トップ,
デスク□プラン, デスク□ワーク

テスト　テスト□ケース,
テスト□パターン, テストラン,
モギ□テスト

デスマスク　デスマスク

でそろう【出揃う】
センシュガ□デソロウ

でたとこしょうぶ【出たとこ勝負】
デタトコ□ショーブ

てぢか【手近】テヂカ

てつ【鉄】
テツ□ケツボーセイ□ヒンケツ
（鉄欠乏性貧血）, サンカテツ,
リュウサン□ダイ１テツ

てつおなんどいろ【鉄御納戸色】
テツオナンドイロ

て

てきふ―てつお

― 215 ―

てっか【鉄火】テッカマキ,
テッカミソ

デッキ デッキ□ゴルフ,
デッキチェア, テープ□デッキ,
サンデッキ

てつがく【哲学】
テツガクカ（哲学科）,
ジンセイ□テツガク,
ショーテツガク（商哲学）,
ホーテツガク（法哲学）

てづくり【手作り】
テヅクリノ□オカシ

てっこうきゃはん【手甲脚絆】
テッコー□キャハン

デッド デッド□ヒート,
デッド□ボール, デッド□ライン,
デッド□ロック

てっとうてつび【徹頭徹尾】
テットー□テツビ

てつのはい【鉄の肺】テツノ□ハイ

ててなしご【父無し子】テテナシゴ

テトラ テトラ□パック,
テトラ□ポッド

てとり【手取り】
テトリ□アシトリ□オシエル

てな テナ□コト□イッテ,
ソリャ□ムリダテナ□コトデ

テナー テナー□サックス,
トップ□テナー

でなきゃ
ソーサ。□□デ□ナキャ□
ウマク□イク□ハズダヨ

テニス テニス□コート,
テニスヒジ, インドア□テニス

てにする【手にする】テニ□スル

てにてに【手に手に】
テニテニ□ハタヲ□カカゲル

てにをは【弖爾乎波】テニヲハノ□
アワナイ□ブンショー

てのうち【手の内】
テノウチヲ□ミスカサレタ

てのうら【手の裏】テノウラ,
テノウラヲ□カエス

てのこう【手の甲】テノ□コー

てのすじ【手の筋】
テノ□スジガ□イイヨーダ

てのひら【掌】
テノヒラデ□ツツミコム

てのもの【手の者・手の物】
ブチョーノ□テノモノ,
オテノモノ

デはいせん【デ杯戦】
デハイセン〔テニス〕

デビスカップ デビス□カップ

てまえみそ【手前味噌】テマエミソ

― 216 ―

てましごと【手間仕事】テマシゴト

てまひま【手間隙】
　　テマヒマ□カケル

てまわし【手回し】
　　テマワシ□ヨク□ジュンビ□シタ

てむかう【手向う】テムカウ,
　　イツマデモ□テムコーテ□クル

てめえ【手前】テメエ□オボエテロ

でも　デモイシャ,
　　デモシカ□センセイ

デモ　デモ□コーシン,
　　デモ□フライト, デモタイ,
　　デモテープ, コーギ□デモ,
　　ジグザグ□デモ

てもちぶさた【手持ち無沙汰】
　　テモチ□ブサタ

でもって　デ□モッテ□ヤメタンダ

でもどり【出戻り】
　　デモドリ□オンナ

てもなく【手も無く】
　　テモナク□ヤラレテ□シマッタ

デュオ　ジョセイ□デュオ,
　　フォーク□デュオ

てらしあわせ【照らし合せ】
　　テラシアワセ

てらしあわせる【照らし合せる】
　　テラシアワセル

テラス　テラス□ハウス,
　　カフェテラス

てるてるぼうず【照る照る坊主】
　　テルテル□ボーズ

テレ　テレコミュニケーション,
　　テレスコープ, テレタイプ

テレビ　テレビ□ドラマ,
　　テレビマン, ４Ｋ□テレビ,
　　カラー□テレビ, フジ□テレビ

テレホン　テレホン□カード,
　　テレホン□サービス,
　　ホーム□テレホン

てれんてくだ【手練手管】
　　テレン□テクダ

テロ　テロ□カツドー,
　　テロ□ジケン, ジバク□テロ,
　　バクダン□テロ

でわさんざん【出羽三山】
　　デワ□３ザン

でわふじ【出羽富士】デワ□フジ

てん【天】テン□シル□チ□シル,
　　テンワ□２ブツヲ□アタエズ,
　　ビシャモンテン（毘沙門天）

てん【典】カショクノ□テン

てん【点】テン□⠒⠒□カラ□
　　テン□⠿⠿（点Aから点B),
　　コノ□テン, ソー□イウ□テン,
　　モンダイテン

てん【展】コクホーテン，
タケヒサ□ユメジテン（竹久夢二
展），
ワカテ□シャシンカ□２ニンテン

でん【伝】
デン□クーカイ□ヒツ（伝空海筆），
レイゼイケ□デン〔冷泉家に伝わ
る〕，イトー□ヒロブミデン（伊藤
博文伝），エジソンデン，
シュンジュー□サシデン（春秋左氏
伝），トクガワケデン〔徳川家の歴
史〕，ヨハネデン

てんい【転移】
ハイ□テンイ（肺転移）

てんいむほう【天衣無縫】
テンイ□ムホー

でんえんとし【田園都市】
デンエン□トシ

てんか【天下】
テンカ□１ノ□ダンナサマ，
テンカ□イッピン，
テンカ□ハレテ□ジユーノ□ミ，
テンカ□ワケメノ□セキガハラ，
テンカイチ□ソロバン〔商標〕，
ミッカ□テンカ

でんか【殿下】
ヒタチノミヤ□デンカ（常陸宮殿
下）

てんがいこどく【天涯孤独】
テンガイ□コドクノ□ミノウエ

でんかいしつ【電解質】
ヒ□デンカイシツ（非電解質），
ジャクデンカイシツ（弱電解質）

でんきいす【電気椅子】
デンキイス

てんこう【転向】プロ□テンコー

でんこうせっか【電光石火】
デンコー□セッカノ□ハヤワザ

てんし【天使】ヨイドレ□テンシ

てんじ【点字】テンジ□タイプ，
テンジ□ヨーシ，テンジキ

でんし【電子】デンシ□オンガク，
デンシ□レンジ，
ヨーデンシ（陽電子）

てんじくぼたん【天竺牡丹】
テンジク□ボタン

てんじくもめん【天竺木綿】
テンジク□モメンフーノ□ヌノジ

てんじょう【天井】
テンジョー□サジキ，
テンジョー□シラズノ□ネアガリ，
テンジョーウラ

てんじょうてんげゆいがどくそん
【天上天下唯我独尊】テンジョー□
テンゲ□ユイガ□ドクソン

218

てんじん【天神】
　テンジン□チギ（天神地祇），
　テンジンサマ，オハツ□テンジン
　（お初天神）

てんしんらんまん【天真爛漫】
　テンシン□ランマンナ□セイカク

でんせつ【伝説】
　ウラシマ□デンセツ（浦島伝説），
　チョー□デンセツ（蝶伝説），
　トシ□デンセツ

てんちしんめい【天地神明】
　テンチ□シンメイ

てんちょうちきゅう【天長地久】
　テンチョー□チキュー

てんでんばらばら
　テンデン□バラバラナ□イケン

てんてんはんそく【輾転反側】
　テンテン□ハンソク

てんにんごすい【天人五衰】
　テンニン□５スイ

てんねん【天然】 テンネン□ガス，
　テンネン□パーマ，テンネンボケ

てんのう【天皇】 テンノー□ヘイカ，
　ゴミズノオ□テンノー（後水尾天
　皇）

てんばつ【天罰】
　テンバツ□テキメン

てんびきちょきん【天引き貯金】
　テンビキ□チョキン

てんぴょうほうじ【天平宝字】
　テンピョー□ホージ□２ネン

でんぷやじん【田夫野人】 デンプ□
　ヤジンノゴトキ□フルマイ

てんぷら【天麩羅】
　テンプラ□ウドン，
　テンプラ□ガクセイ，
　テンプラソバ

てんぺんちい【天変地異】
　テンペン□チイ

テンポ アップ□テンポ，
　ハイテンポ

てんもう【天網】 テンモー□
　カイカイ□ソニシテ□モラサズ

てんやもの【店屋物】 テンヤモノ

てんやわんや テンヤ□ワンヤ

てんらんかいじょう【展覧会場】
　テンラン□カイジョー

でんわ【電話】 デンワ□バンゴー，
　ヨビダシ□デンワ，イトデンワ

と【途】キコクノ□トニ□ツク
と【都】ト□ク□シナイ,
　　ト□ク□キョーギカイ,
　　トクナイ□バス,
　　トーキョー□トクナイ□ハツ
ど【度】 ⠼⠂⠢ ⠐⠙ (25°C),
　　⠼⠑⠚ ⠐⠙ (50度C),
　　ドヲ□ウシナウ, ベヲ□コス
ドア　ドア□ツー□ベア,
　　ドアチェーン, ドアノブ,
　　ドアボーイ,
　　アコーディオン□ドア,
　　アウトドア, ジドードア
とある　トアル□イエデ
とい【問】トイ□1
といい　ネダント□イイ□
　　ナイヨート□イイ□テゴロダ
という　ト□イウ□コトワ,
　　ト□イウノワ,
　　1□オクト□イウ□タイキン

といえども【と雖も】ニチヨート□
　　イエドモ□ヤスマナイ
といち【十一】ト1ノ□リソク
どいつもこいつも　ドイツモ□
　　コイツモ□ヤクタタズダ
といわず　コドモト□イワズ□
　　オトナト□イワズ
とう【問う】アンピヲ□トウ,
　　ヨニ□トータ
とう【当】トー□ゲキジョー,
　　トー□シセツ（当施設）,
　　トー□センター,
　　トー□ヤシロ（当社）,
　　トーカイ（当会）,
　　トーシャ（当社）, トーショ（当所）,
　　トーヲ□エタ□シツモン
とう【棟】⠼⠁ ⠐⠞ （A棟）,
　　ガン□ビョートー
とう【党】トー□ソシキ,
　　キョーサントーイン（共産党員）,
　　クロシャツトー
とう【糖】
　　トー□フカ□シケン（糖負荷試験）,
　　トーイジョー（糖衣錠）,
　　グラニュートー
とう【島】タヒチトー,
　　レブントー（礼文島）

― 220 ―

とう【塔】ゾーゲノ□トー,

エッフェルトー,

5□リントー（五輪塔）

とう【等】トーカンカク,

ギューバ□トーノ□カチク,

ドクショ□エイガ□ゴルフ□

トートー

どう　ドー□イウ□ワケダ,

ドー□イタシマシテ,

イッタイ□ドー□シタ,

ドー□シタラ□イイ？,

ドー□シテモ□カマワナイ,

ドー□ショー，ドー□スル,

ドー□ナルンダロー,

ドー□ヤッテモ，ドーカシラ？,

ドーダッタ？，ドーデショーカ,

グアイワ□ドーナンダ？

どう【同】

〔「同じ」の意〕ドーエキ,

ドーカイジョー，ドーシ（同市）,

ドージダイジン，ドーネンレイソー,

ドーコー（同校）

〔「その」の意〕ドー□エキ,

ドー□カイジョー，ドー□シ（同市）,

ドーコー（同校）

とういそくみょう【当意即妙】

トーイ□ソクミョーナ□ヘンジ

どういつ【同一】

ドーイツ□ジンブツ,

ドーイツシ□スル（同一視する）

どうおんいぎご【同音異義語】

ドーオン□イギゴ

どうか　ドーカ□コーカ□カテタ,

ドーカ□シテ□イルヨ,

ドーカ□シテ□トーセン□シタイ,

ドーカ□スルト□ライネンマデ□

カカル,

イルカ□ドーカ□ワカラナイ

とうかいどう【東海道】

トーカイドー□53ツギ,

トーカイドー□ホンセン,

トーカイ□ドーチュー□

ヒザクリゲ（東海道中膝栗毛）

とうきょう【東京】

トーキョー□オンド,

トーキョー□タワー,

ダイトーキョー

どうぎょう【同行】

ドーギョー□2ニン（同行二人）

とうきょく【当局】

シ□トーキョク,

ムラ□トーキョク

どうぐ【道具】ショタイ□ドーグ,

ソージ□ドーグ，ナナツ□ドーグ,

トビドーグ

— 221 —

とうげ【峠】
　ダイボサツ□トーゲ（大菩薩峠），
　ビホロ□トーゲ（美幌峠），
　ニタ□トーゲ（仁田峠），
　ミツトーゲ（三ッ峠）
どうこう　ドーコー□イウナヨ
とうごうしっちょうしょう【統合失調
　症】トーゴー□シッチョーショー
とうざいとうざい【東西東西】
　トーザイ□トーザイ
とうざいなんぼく【東西南北】
　トーザイ□ナンボク
とうさく【倒錯】
　セイ□トーサクシャ（性倒錯者）
とうざしのぎ【当座凌ぎ】トーザ□
　シノギニ□スギナイケレド
とうさん【父さん】
　セッカチ□トーサン
とうさんさい【唐三彩】
　トーサンサイノ□ヤキモノ
とうし【闘志】トーシ□マンマン
どうし【同志】レーニン□ドーシ
どうし【同士】オトコ□ドーシ，
　シラヌ□ドーシ，ナカマ□ドーシ，
　ハタラク□モノ□ドーシ，
　ヨワイ□モノ□ドーシ，
　オヤドーシ，クニドーシ

どうして　ドー□シテ□クラシヲ□
　タテテ□イクカ，
　ドーシテ□カレワ□コナイノカ？，
　ドーシテナノ？，
　ドーシテ□ドーシテ□カラキシ□
　ダメデスヨ，ナカナカ□
　ドーシテ□キガ□ツヨイ
どうしても
　ドー□シテモ□シケンニ□
　トオラナケレバ□ナラナイ，
　ナニヲ□ドー□シテモ□
　ドーニモ□ナラナイ
とうしょうだいじ【唐招提寺】
　トーショーダイジ
どうぜん【同然】
　タダ□ドーゼンノ□ネダン
とうだい【燈台】
　トーダイ□モト□クラシ，
　オオシマ□トーダイ（大島燈台）
とうちゅうかそう【冬虫夏草】
　トーチュー□カソー
どうちょうとせつ【道聴塗説】
　ドーチョー□トセツ
とうとい【尊い・貴い】トートイ
どうどう【堂堂】
　ドードータル□フーカク，
　ドードー□メグリ，
　イフー□ドードー

とうなん【東南】トーナン□アジア

どうにいる【堂に入る】
　ドーニ□イル

どうにか
　ドーニカ□コーニカ□マニアッタ，
　ドーニカ□シテ□タスケテ□
　アゲタイ

とうねん【当年】
　トーネン□トッテ□６０サイ

どうのこうの
　ドーノ□コーノ□モンクヲ□イウ

とうのちゅうじょう【頭の中将】
　トーノ□チュージョー

とうのむかし【疾うの昔】
　トーノ□ムカシニ□ナクナッタ

とうはちけん【藤八拳】
　トーハチケン

とうひきゅうすう【等比級数】
　トーヒ□キュースー

とうほんせいそう【東奔西走】
　トーホン□セイソー

どうやらこうやら
　ドーヤラ□コーヤラ

どうよう【同様】
　ワタクシ□ドーヨー□ヨロシク

どうらく【道楽】
　ドーラク□ムスコ，
　イショー□ドーラク，

　オンナ□ドーラク，クイドーラク

とうろうながし【燈籠流し】
　トーロー□ナガシ

とえはたえ【十重二十重】
　トエ□ハタエニ□トリカコム

トー　トーシューズ，トーダンス

とおい【遠い】
　トオイ□トオイ□クニ，
　トオイ□ムカシノ□コト，
　ホドトオイ

とおか【十日】トオカ□エビス，
　１０ガツ□トオカワ□メノ□
　アイゴデー

トーク　トーク□セッション，
　トークショー，フリー□トーク

とおし【通し】
　トオシ□キョーゲン，
　トオシ□バンゴー，
　キセル□トオシ，イトトオシ

とおせんぼう【通せん坊】
　トオセンボー
　※トオセンボ

トーテムポール　トーテム□ポール

トーフル【ＴＯＥＦＬ】
　⠿⠿⠿⠿⠿⠿⠿

ドーム　ゲンバク□ドーム

とおり【通り】トオリ□ソーバ，
　オシエタ□トオリニ，トオリスガリ，

トオリミチ，イナノ□トオリ，
マサニ□ソノ□トオリ，
ジョーセキドオリ，スズランドオリ，
４トオリノ□ホーホー

とおりいっぺん【通り一遍】
トオリ□イッペンノ□アイサツ

とおる【通る・徹る・透る】
スキトオル

トーン　トーン□ダウン，
ハーフ□トーン，モノトーン

とか【都下】トカ□ゼンイキ，
トカ□ニシタマグン，
トーキョー□トカ

とかく　トカク□スル□ウチニ

とかげ【蜥蜴】エリマキ□トカゲ，
コモド□オオトカゲ，クロトカゲ

とかし【溶かし】トカシ□バター

とがめ【咎め】オトガメ□ナシ，
コトバ□トガメ

とき【時】トキノ□ヒト，
ショーブワ□トキノ□ウン，
ソノ□トキ，ソトエ□デル□トキ，
カレノ□ワカイ□トキダッタ

ときた
ヤキュート□キタ□ヒニワ，
ソレガ□オモシロイト□キテ□
イル

ときとして【時として】
トキト□シテ□シッパイモ□アル

ときなし【時無し】
トキナシ□ダイコン，
トキナシノ□ユキ

ときならぬ【時ならぬ】
トキナラヌ□アラシガ□オソウ

ときのこえ【鬨の声・鯨波の声】
トキノ□コエ

ときのま【時の間】
トキノマモ□ワスレナイ

ときれとぎれ
トギレ□トギレニ□ハナス

ときわず【常磐津】
トキワズノ□シショー

とく【得】トク□スル，
ソン□シテ□トク□トレ

とくい【得意】
トクイ□マンメンノ□カオ□シタ，
オトクイ□マワリ

とくしってん【得失点】
トクシッテンサ

とくしんずく【得心ずく】
トクシンズク

どくソ【独ソ】
ドクソ□フカシン□ジョーヤク

とくひつたいしょ【特筆大書】
トクヒツ□タイショ

とくほん【読本】
　ショーガク□トクホン，
　シン□ブンショードクホン

どけんぎょうしゃ【土建業者】
　ドケン□ギョーシャニ□マカセタ

とこ　イイ□トコモ□アルンダヨ，
　ウソモ□イイ□トコダ，
　オジサン□トコエ□イク，
　１００⠿⠿エンガ□トコ□クダサイ，
　イイトコドリ

どこ【何処】 ドコ□ドコ？，
　ドコ□フク□カゼ，
　ドコカラトモ□ナク，ドコソコ，
　ドコドコノ□ヒト，ドコラヘン

とこう　トコー□スル□ウチニ

ドコサヘキサエンさん【ドコサヘキサ
　エン酸】ドコサヘキサエンサン
　※⠿⠿⠿⠿⠿⠿（ＤＨＡ）

どことなく　ドコトナク□オカシイ
どことなしに　ドコト□ナシニ
とこのま【床の間】
　トコノマノ□カザリ

ところ【所・処】
　アソコン□トコロガ□ワカラナイ，
　オモウ□トコロガ□アル，
　キョーノ□トコロワ□コレデ，
　カレニ□ハナシタ□トコロガ

どころ
　コドモドコロカ□オトナマデ

ところかまわず【所構わず】
　トコロ□カマワズ

ところきらわず【所嫌わず】
　トコロ□キラワズ

ところせまし【所狭し】
　トコロ□セマシ

ところどころ
　トコロドコロ□ムシガ□クッテル

ところばんち【所番地】
　トコロ□バンチモ□カイトイテネ

とさ【土佐】
　トサ□シミズシ（土佐清水市），
　トサ□ニッキ，トサイヌ

どさくさまぎれ【どさくさ紛れ】
　ドサクサ□マギレニ□ニゲダス

とし【年】 トシ□オイタ□ヒト，
　トシノ□コロナラ□⠿⠿⠿⠿⠿⠿
　（年のころなら十七八），
　トシノ□サ，トシノサコン（年の差
　婚），トシ□ワカイ□オンナ，
　トシノハモ□ユカヌ□コドモ

とし【都市】 トシ□コッカ，
　１００マン□トシ，
　シン□サンギョー□トシ

としかっこう【年格好】
　３０クライノ□トシカッコー

としこしそば【年越し蕎麦】
　トシコシソバ

として
　ケイビイント□シテ□ヤトウ,
　コレワ□コレト□シテ,
　ヒトツト□シテ□コタエラレナイ,
　フラフラト□シテ□サマヨウ,
　ワタシト□シテワ, ガント□シテ,
　セキト□シテ, トキト□シテ,
　ヨート□シテ,
　シュトシテ〔もっぱら〕

としとる【年取る】トシトル
としのいち【年の市】トシノイチ
としのくれ【年の暮】トシノ□クレ
としのこう【年の功】トシノ□コー
としのせ【年の瀬】トシノセ
どしゃ【土砂】ドシャ□サイガイ,
　ドシャクズレ
としゅくうけん【徒手空拳】
　トシュ□クーケン
としよる【年寄る】トシヨル
ドス【DOS】

　⠠⠙⠕⠎（DOS／V機),

　⠠⠍⠎⠤⠙⠕⠎（MS－DOS)

とすれば　ト□スレバ□ツギワ

とそ【屠蘇】トソキゲン,
　トソキブン
　※オトソ□キゲン, オトソ□キブン
とたん【途端】ソノ□トタン,
　イエヲ□デタ□トタンニ
トタンやね【トタン屋根】
　トタンヤネ
とち【土地】トチ□ダイチョー,
　トチコトバ, トチサガシ,
　トチナマリ
とちのき【栃の木】トチノキ
とつおいつ　トツ□オイツ□シテ
とっかえひっかえ【取っ換え引っ換
　え】トッカエ□ヒッカエ□スル
とっき【突起】
　ニューヨー□トッキ（乳様突起),
　キョクトッキ（棘突起)
ドッグ　ドッグ□レース,
　ドッグ□レッグ, ドッグショー,
　ドッグラン, シープ□ドッグ
とっくのむかし【とっくの昔】
　トックノ□ムカシニ□カエッタ
どっこいどっこい　ドッコイ□
　ドッコイノ□イイ□ショーブ
ドッジボール　ドッジ□ボール
どっち　ドッチ□ツカズノ□ヘンジ,
　ドッチニ□シロ, ドッチミチ,
　ドッチモ□ドッチ

－ 226 －

とっつき【取っ付き】
　トッツキニクイ□ヒト

とって
　カレニ□トッテワ□コーウンダ,
　トーネン□トッテ□２０サイ

とっておき【取って置き】
　トッテオキノ□ウイスキー
　※トッテ□オク

とってかえす【取って返す】
　スグニ□イエエ□トッテ□
　カエシタ

とってかわる【取って代る】
　トッテ□カワル

とってつけたよう【取って付けたよ
　う】トッテ□ツケタヨーナ□オセジ

とっぴょうし【突拍子】
　トッピョーシモ□ナイ□ハナシダ

トップ　トップ□１０,
　トップ□カイダン,
　トップ□コート,
　トップ□ニュース,
　トップ□モード,
　トップ□レディー, トップギア,
　トップレス, タンク□トップ,
　ラップ□トップ, ツートップ,
　プルトップ

とて　キュージツノ□コトトテ□
　ヒトデガ□オオイ,

　ダイジントテ□バッセラレル

どて【土手】アラカワ□ドテ,
　ドテナベ

とてつもない【途轍もない】
　トテツモ□ナイ□キンガク

とてもかくても　トテモ□カクテモ

とてもとても　トテモ□トテモ

とてものことに　トテモノ□コトニ

とどうふけん【都道府県】
　３０スートドーフケン（30数都道
　府県）, ４７トドーフケン□チジ

とどけ【届】トドケデ□ヨーシ,
　シュッショー□トドケ,
　ヒガイ□トドケ, ツケトドケ

とどこおりなく【滞りなく】
　トドコオリ□ナク□オワッタ

とどのつまり　トドノツマリ□
　ソー□イウ□コトダ

とともに【と共に】ソレト□トモニ

とない【都内】トナイ□バス,
　トーキョー□トナイ

となえ【唱え】トナエ□コトバ

となりあわせ【隣り合せ】
　トナリアワセニ□スワル,
　グーゼン□トナリアワセタ□ヒト

となりきんじょ【隣り近所】
　トナリ□キンジョニ□シラレタ

とにかく【兎に角】トニカク

どにち【土日】
ド□ニチ□シュクワ□ヤスミ，
ド□ニチ□トモニ□アメダッタ，
コンドノ□ドニチワ□ドー□
スルノ？，ドニチトモ□アメ，
ドニチノ□テンキ，
ドニチ□ヤスミ，
ドニチ□シュッキン

とにもかくにも【兎にも角にも】
トニモ□カクニモ□ハナシニ□
ナラン

との　8ジニ□ツクトノ□コトデス

どの　ドノ□アタリカシラ，
ドノ□シナヲ□サシアゲマスカ，
ドノクライ□ヒツヨーデショー

どの【殿】スズキ□イチロー□ドノ
（鈴木一郎殿），
イケダ□ソーリ□ダイジンドノ
（池田総理大臣殿），
キラ□コーズケノスケドノ（吉良
上野介殿），
ツチミカドドノ（土御門殿），
ヨドドノ（淀殿）

どのつら【どの面】
ドノ□ツラ□サゲテ□キタノカ

どのへん【どの辺】
ドノヘンニ□オスマイデスカ

どのみち【どの道】
ドノ□ミチヲ□イクノ？，
ドノミチ□イカネバ□ナラヌ

とはいうものの
トワ□イウ□モノノ

とはいえ　トワ□イエ□ウマク□
イクカ□ドーカ

とび【飛び・跳び】3ダントビ，
ソノバトビ，ハシリ□ハバトビ，
ボータカトビ，トビトビニ□ヨム

とび【鳶】トビショクニン

とぶ【飛ぶ】トブ□トリ□オトス，
ソラ□トブ□エンバン

とほ【徒歩】トホ□5フン，
トホ□リョコー

とほ【杜甫】リハクト□トホ

とほうもない【途方もない】
トホーモ□ナイ□オオキサ

トマト　トマト□ジュース，
トマト□ピューレ，プチトマト

とまり【泊】
オオワダノ□トマリ（大輪田の泊）

とみこうみ【と見こう見】
トミ□コーミ□シナガラ

とむね【と胸】
トムネヲ□ツカレル

とめどなく【止めどなく】
トメド□ナク

とも【共】３ニントモ□コナイ，
　ソーリョートモ□２００⠰⠆エン
　　（送料共二百円）

とも　ケッコーデストモ，
　タショートモ□ココロエガ□アル

ともあれ
　トモアレ□ブジデ□ヨカッタ

ともしらが【共白髪】トモシラガ

ともすると　トモスルト

ともすれば　トモスレバ

ともづな【纜】トモヅナヲ□ハズス

ともども【共共】オヤコ□トモドモ

ともに【共に】オヤコ□トモニ，
　コイビトト□トモニ

とやかく　トヤカク□イウナ

とやこう　トヤコー□スル

とよのあかり【豊の明り】
　トヨノ□アカリ

ドライ　ドライ□アイス，
　ドライ□クリーニング，
　ドライアイ

トライアスロン　トライアスロン

トライアングル　トライアングル

ドライブ　ドライブ□イン，
　ドライブ□ウエイ，
　リア□ドライブ

とらおおかみ【虎狼】
　トラ□オオカミノ□タグイ

とらのお【虎の尾】
　トラノ□オヲ□フム，
　トラノオ〔植物名〕

とらのこ【虎の子】
　トラノ□コヲ□ダイテ□アソンダ，
　トラノコノ□チョキンヲ□
　ヌスマレタ

とらのまき【虎の巻】トラノマキ

ドラマ　タイガ□ドラマ，
　ラジオ□ドラマ，メロドラマ

とり【取り】シンジュトリ，
　タノクサトリ

とり【酉】トリノ□ヒ，
　トリノイチ，２ノ□トリ，
　３ノ□トリ

とり【鳥・鶏】トリ□ササミ，
　トリ□モモニク，トリモモ，
　トリレバー

とりあえず【取り敢えず】
　トリアエズノ□ザイゲン，
　トル□モノモ□トリアエズ

とりあげばば【取上げ婆】
　トリアゲババ

とりインフルエンザ【鳥インフルエ
　ンザ】トリ□インフルエンザ

トリオ　クリーン□アップ□トリオ

とりかたづける【取片付ける】
　トリカタヅケル

とりこしぐろう【取越し苦労】

トリコシグロー

※トリコシ□クロー

とりこみさぎ【取込み詐欺】

トリコミ□サギ

とりざた【取り沙汰】

トリザタ□サレル

とりつく【取付く】

トリツク□シマモ□ナイ

とりつけさわぎ【取付け騒ぎ】

トリツケ□サワギ

とりで【砦】

アパッチ□トリデ〔映画〕

とりとめ【取留・取止め】

トリトメ□ナイ,

トリトメモ□ナク

とりどり イロ□トリドリ

とりのこもち【鳥の子餅】

トリノコモチ

とりひき【取引き】

キン□トリヒキ,

ショーヒン□トリヒキ,

ショートリヒキ（商取引）,

ヤミトリヒキ

とりもなおさず【取りも直さず】

トリモナオサズ

ドリル ドリル□ガクシュー

とる【取る】 トルニ□タリナイ,

トル□モノモ□トリアエズ

ドル ドル□シヘイ,

ドルショップ,

⠿□ドルニ□カエル（US

ドルに替える）,

1□ホンコン□ドル,

1カナダドル

トレ

キュージツ□ヘンジョー□トレ

（休日返上トレ）, キントレ,

ジシュトレ, ノートレ（脳トレ）

どれ ドレ□ヒトツ,

ドレクライ, ドレホド

トレーシングペーパー

トレーシング□ペーパー

トレード トレード□オフ,

トレード□マーク,

トレード□マネー,

フェア□トレード

トレーニング

トレーニング□シャツ

トレーラー トレーラー□バス

ドレス ドレス□アップ,

ドレス□メーカー,

ドレス□メーキング,

ウエディング□ドレス,

ハウス□ドレス, サンドレス

トロール　トロール□ギョギョー,
　トロールセン

どろくさい【泥臭い】ドロクサイ

どろのき【白楊】ドロノキ

どろはっちょう【瀞八丁】
　ドロハッチョー

どろぼうこんじょう【泥棒根性】
　ドロボー□コンジョー

トロリーバス　トロリー□バス

とろろこんぶ【とろろ昆布】
　トロロ□コンブ

ドロンワーク　ドロン□ワーク

トン【t】
　⠿⠿ (12.7t),
　⠿⠿ (2t車),
　２トンシャ

どん　オタケドン, サブロードン,
　バントードン

ドン　ドン□キホーテ,
　ドン□ジョバンニ,
　ドンファン〔漁色家〕

どんぐりまなこ【どんぐり眼】
　ドングリ□マナコ

とんしょうぼだい【頓証菩提】
　トンショー□ボダイ

とんだ　トンダ□メニ□アッタ

どんちゃんさわぎ【どんちゃん騒ぎ】
　ドンチャン□サワギ

どんちょうやくしゃ【緞帳役者】
　ドンチョー□ヤクシャ

どんづまり【どん詰り】ドンヅマリ

とんでもない　トンデモナイ
　※トンデモ□アリマセン

とんとんびょうし【とんとん拍子】
　トントンビョーシ

どんぴしゃり　ドンピシャリ

どんぶり【丼】
　ドンブリ□カンジョー,
　オヤコ□ドンブリ
　※オヤコドン

とんぼ【蜻蛉】トンボ□メガネ,
　ゴクラク□トンボ,
　シオカラ□トンボ,
　ヒマラヤ□ムカシ□トンボ,
　アカトンボ

な【名】ナ□アル□ヒト，
ナモ□ナイ□ハナ，
ナナシノ□ゴンベエ，マタノ□ナ

なあなあ
ナア□ナア□ソーダロー，
ナアナアデ□スマセル，
ナアナア□シュギ

ナース　ナース□コール，
オート□ナース

ない【無い】イジョー□ナシ（異常なし），オカワリ□ナイ？，
ドリョクノ□カイ□ナク□
フゴーカク，
カズ□カギリ□ナイ□オモイデ，
カレワ□カンケイ□ナイ，
ゲンキ□ナイ□ヨース，
コエ□ナキ□コエ，ゴゾンジ□ナイ，
コダワリ□ナイ□タイド，
コノウエ□ナイ□ヨロコビダ，
サシサワリ□ナイ，
ソレニ□チガイ□ナイ，
デキッコ□ナイ，ムリ□ナイ，
ウツクシク□ナイ，スクナク□ナイ，
ホシク□ナイ，ソレワ□ヨク□ナイ，
ミタク□ナイ，クルシュー□ナイ，
オカシイッタラ□ナイ，
ダラシガ□ナイ，ナニモ□ナイ，
ニベモ□ナク□コトワル，
カレニワ□マダ□ハナシテ□ナイ，
シバラク□ヤスンデ□ナイ，
ハナデワ□ナイ，ソージャ□ナイ，
メジャ□ナイ，
ネ□ソージャ□ナイ？，
カギリナイ□オオウナバラ，
ココロナイ，セツナイ，セワシナイ，
タヨリナイ□アイテダ，ハシタナイ

ない　モー□アルカナイ，
マエト□カワラナイ，
アメガ□フラナイ

ない【内】
シンジュク□クナイ（新宿区内），
ギフ□ケンナイ（岐阜県内），
エド□ジョーナイ（江戸城内），
テンジ□トショカンナイ，
トーキョー□トナイ（東京都内），
ザイムショーナイ（財務省内），
センキョクナイ

ないがい【内外】ナイガイジン，
クニ□ナイガイ，

ケン□ナイガイ，シ□ナイガイ，
１００ニン□ナイガイ，
コクナイガイ

ないかく【内閣】
ナイカク□カンボー□チョーカン，
レンリツ□ナイカク

ないこくみんたいぐう【内国民待遇】
ナイコクミン□タイグー

ないし【内侍】ナイシノ□ツカサ，
ナイシノカミ，ナイシノジョー
（掌侍），ナイシノスケ，
ナカツカサノ□ナイシ（中務内侍）

ないし【乃至】
３ニン□ナイシ□５ニン

ないしんのう【内親王】
カズノミヤ□チカコ□
ナイシンノー（和宮親子内親王）

ナイス　ナイス□ボール，
ナイスガイ

ナイズ　アメリカナイズ，
シンクロナイズ，
トーキョーナイズ（東京ナイズ）

ないぞうきかん【内臓器官】
ナイゾー□キカン

ないち【内地】
ナイチ□リューガク，
ニホン□ナイチ（日本内地）

ナイト　ナイト□キャップ，
ナイト□クラブ，ナイトケア，
オール□ナイト

ないないづくし　ナイナイヅクシ

ナイフ　ナイフ□スイッチ，
ジャック□ナイフ，ペティナイフ

ないぶ【内部】ナイブ□マサツ，
カイシャ□ナイブ

ないものねだり【無い物ねだり】
ナイモノネダリ

なお【猶・尚】ナオ□イッソー，
ナオノ□コト，ナオ□マタ，
イマモ□ナオ，
ハル□ナオ□アサイ

なおかつ【尚且つ】ナオカツ

なおきさんじゅうご【直木三十五】
ナオキ□サンジューゴ

なおさら【尚更】ナオサラ

なおし【直し】オイロ□ナオシ，
キブン□ナオシ，シタテナオシ

なおなお【猶猶・尚尚】
ナオナオ□ハゲミナサイ，
ナオナオガキ

なおもって【尚以て】ナオモッテ

なか【中】ナカ□１ニチ□オイテ，
ココロノ□ナカ，
ヘヤン□ナカ（部屋ん中）

なか【仲】ナカ□ムツマジク，
　ナカ□ヨキ□コト

なが【長】ナガ４カク，
　ナガガタ□３ゴー〔封筒〕，
　ナガドーチュー

ながし【流し】ナガシ□ソーメン，
　ナガシアミ，イカダ□ナガシ，
　シンナイ□ナガシ，シマナガシ

なかせ【泣かせ】
　カメラマン□ナカセ，
　センセイ□ナカセノ□アクドー，
　オヤナカセ

なかとおか【中十日】
　ナカ□トオカ□オイテ，
　ナカトオカ〔中旬〕

なかなかもって【中中以て】
　ナカナカモッテ□ノッパダ

なかのいん【中の院】ナカノイン

なかのいんみちかつ【中院通勝】
　ナカノイン□ミチカツ

なかのおおえのおうじ【中大兄皇子】
　ナカノ□オオエノ□オージ

なかのくち【中の口】ナカノクチ
　〔玄関と台所口との間の出入口〕

なかのま【中の間】ナカノマ

なかば【半ば】
　アイゾー□ナカバ□スル，
　エン□ナカバ（宴半ば）

なかま【仲間】ナカマ□アラソイ，
　ナカマ□イシキ，ナカマ□ドーシ，
　ナカマ□ハズレ，ナカマイリ，
　ベンゴシ□ナカマ，カブナカマ，
　ツリナカマ，ノミナカマ

ながめ【眺め】モヨー□ナガメ

ながや【長屋】ナガヤモン，
　３ゲン□ナガヤ，
　ナメクジ□ナガヤ，ウラナガヤ

なかよく【仲良く】ナカ□ヨク

なかよし【仲良し】ナカヨシ□コヨシ

ながら　ナガラ□スマホ，
　アルキナガラ□ハナソー

なかれ【勿れ・莫れ】
　オゴル□ナカレ，
　モンクヲ□イウ□コト□ナカレ，
　コトナカレ□シュギ

ながれ【流れ】ナガレ□カイサン，
　ナガレ□サギョー，
　ナガレ□ナガレテ，
　テイトー□ナガレ，シチナガレ

なきかず【亡き数】
　ナキ□カズニ□イル

なきくずれる【泣き崩れる】
　ナキクズレル

なぎなたほおずき【長（薙）刀酸漿】
　ナギナタ□ホオズキ

なきにしもあらず【無きにしも非ず】
　ナキニシモ□アラズ

なきのなみだ【泣きの涙】
　ナキノ□ナミダ

なきひと【亡き人】ナキ□ヒト

なきもの【無き者】
　ヨー□ナキ□モノ

なきもの【亡き者】
　ナキモノニ□スル

なく【無く】オクメン□ナク,
　オコタリ□ナク, オシゲ□ナク,
　カフキュー□ナク（過不及なく）,
　カンダン□ナク（間断なく）,
　ソコハカト□ナク,
　ナニクレト□ナク,
　ネル□マモ□ナク□ハタラク,
　イカンナク, クマナク,
　ココロオキナク, ソレトナク,
　テモナク, ドコトナク, ナントナク,
　ナンナク, ホドナク, マモナク,
　マンベンナク, モレナク,
　ヤムナク, ユクリナク

なくこ【泣く子】
　ナク□コモ□ダマル

なくして
　ナミダ□ナクシテ□カタレナイ

なくする【無(亡)くする】
　キケンデ□ナク□スル,

　ソフヲ□ナクスル,
　ノートヲ□ナクスル,
　ボーシヲ□ナクシタ

なくなく【泣く泣く】
　ナクナク□テバナシタ
　※ナキ□ナキ□カエル

なくなる【無(亡)くなる】
　ウツクシク□ナク□ナル,
　ソーデワ□ナク□ナル,
　ナントモ□ナク□ナリマシタ,
　アヤマル□ホカ□ナク□ナル,
　ゲンキデ□ナク□ナル,
　ゲンキモ□ナクナル,
　オヤガ□ナクナル,
　ホンガ□ナクナル,
　オカネガ□スッカリ□ナクナッタ,
　ヒトケノ□ナクナッタ□カイガン

なぐり【殴り】ナグリコミ,
　カタテ□ナグリ

なげ【無げ】シンパイ□ナゲ,
　チカラ□ナゲ, ココロモトナゲ,
　タヨリナゲ

なげき【嘆き】ナゲキカナシム,
　ナゲキクラス

なければ　デ□ナケレバ,
　ウンドー□シナケレバ,
　カンガエナケレバ□ナラナイ

なごり【名残】ナゴリ□ツキナイ

なごりおしい【名残惜しい】
　ナゴリオシイ
　※オナゴリオシイ
なごりきょうげん【名残狂言】
　ナゴリ□キョーゲン
なごりのつき【名残の月】
　ナゴリノ□ツキ
なさ【無さ】アイソ□ナサ,
　チカラ□ナサ,　オボツカナサ,
　タヨリナサ
ナサ【ＮＡＳＡ】⠼⠠⠝⠁⠎⠁,
　ナサ□ファッション
なさい　オマチ□ナサイ,
　マチナサイ,　ゴラン□ナサイ,
　シッカリ□ナサイ,
　ハヤク□ナサイ,
　ベンキョー□ナサイ,
　ヨミカキ□ナサイ,
　タッテ□ナサイ〔立ってしなさい
　の意〕,　タッテナサイ〔立ってい
　なさいの意〕,オカアサンノ□
　オテツダイ□ナサイ,
　ハヤク□オヤスミ□ナサイ,
　ヤスミナサイ,
　オヤスミナサイ〔挨拶〕,
　オカエリナサイ〔挨拶〕,
　ゴメンナサイ〔挨拶〕

なさけ【情】
　ナサケワ□ヒトノ□タメナラズ,
　ナサケ□ムヨー,
　ナサケ□ヨーシャモ□ナク
なさけしらず【情知らず】
　ナサケ□シラズ
なさけない【情ない】
　ナサケナイ□オトコダ
なさぬなか【生さぬ仲】
　ナサヌ□ナカ
なさる【為さる】
　オハナシ□ナサル,
　オヨミ□ナサル,　ヨミナサル,
　ゴアンシン□ナサル,
　シンパイ□ナサル,
　シタタメナサル
なし【無し】エンリョ□ナシ,
　サケ□ナシデ□１シューカン□
　スゴス,　ドコト□ナシ,
　ナント□ナシ,
　サケナシデー（酒なしデー）,
　タネナシ□ブドー,
　ミミナシ□ホーイチ（耳無し芳一）
なしのつぶて【梨のつぶて】
　ナシノ□ツブテ
なじみ【馴染】ムカシ□ナジミ,
　オサナナジミ

なす【成す・為す】 ナスガ□ママ,
　　ムレ□ナシテ□アルク,
　　オモイナス（思いなす）

なす　ミドリナス,
　　ヤマナス□オオナミ

なす【茄子】 ナスグラタン,
　　アキナス, カモナス（加茂茄子）,
　　マーボーナス

なす【那須】 ナス□オンセン,
　　ナスノハラ□ダイチ（那須野原台地）

なだ【灘】 ナダノ□キイッポン,
　　ゲンカイナダ（玄海灘）

なだいやくしゃ【名題役者】
　　ナダイ□ヤクシャ

ナタデココ　ナタデココ

なち【那智】 ナチノ□タキ

なつ【夏】 ナツシーズン,
　　ナツジカン, ナツバショ

ナップザック　ナップ□ザック

など　イソギナド□シナイ,
　　カシナド□ウル,
　　キツネ□タヌキナドナド

ナトー【ＮＡＴＯ】 ⠠⠠⠠⠠⠠⠠⠠⠠

なな【七】 ７カイノ□ウラ,
　　カン７〔環状七号線〕,
　　ナナイロノ□ニジ

なないろとうがらし【七色唐辛子】
　　ナナイロ□トーガラシ

ななえやえ【七重八重】
　　ナナエ□ヤエ

ななくさ【七草・七種】 ナナクサ

ななころびやおき【七転び八起き】
　　ナナコロビ□ヤオキ

ななしのごんべえ【名無しの権兵衛】
　　ナナシノ□ゴンベエ

ななつさがり【七つ下がり】
　　ナナツ□サガリ

ななつどうぐ【七つ道具】
　　ナナツ□ドーグ

ななひかり【七光】
　　オヤノ□ナナヒカリ

ななふしぎ【七不思議】 ７フシギ

ななまがり【七曲り】 ナナマガリ

ななめ【斜め】 ナナメ□マエニ,
　　ミギ□ナナメ□シタ

なに【何】 ナニ□シテルノ,
　　ナニ□フジユー□ナク,
　　ナニダイジン,
　　ナニナニ□キョクチョー

なにがさて【何がさて】 ナニガサテ

なにがなし【何がなし】 ナニガナシ

なにがなんだか【何が何だか】
　　ナニガ□ナンダカ

なにがなんでも【何が何でも】
　　ナニガ□ナンデモ

なにかにつけ【何彼につけ】
　ナニカニ□ツケ

なにくれ【何くれ】
　ナニクレト□ナク

なにくわぬかお【何食わぬ顔】
　ナニクワヌ□カオ

なにげない【何気無い】ナニゲナイ

なにごころない【何心無い】
　ナニゴコロナイ

なにする【何する】ナニ□スルノ,
　ナニ□スル□モノゾ,
　ナニガ□ナニ□シテ□ナントヤラ

なにはさておき【何は抛措き】
　ナニワ□サテオキ

なにはともあれ【何はともあれ】
　ナニワ□トモアレ

なにはなくとも【何は無くとも】
　ナニワ□ナクトモ

なにひとつ【何一つ】ナニ□ヒトツ

なにもかも【何も彼も】
　ナニモ□カモ

なにやかや【何や彼や】
　ナニヤ□カヤ

なにゆえ【何故】ナニユエ

なぬし【名主】
　ローナヌシ（牢名主）

ナノ　ナノ□バイオロジー,
　ナノセコンド〔単位名〕

なのだ　コレガ□ケツロンナノダ,
　ソーナノダ
　※コドモナンダカラ

なのはな【菜の花】ナノハナ

ナビゲーター　カー□ナビゲーター
　※カーナビ

なま【生】ナマアタタカイ,
　ナマチューケイ,　ナマワクチン,
　サッポロ□ナマ,　ビンナマ

なまぐさぼうず【生臭坊主】
　ナマグサ□ボーズ

なまず【鯰】ナマズ□リョーリ,
　ナマズヒゲ,　ビワコ□オオナマズ

なまり【訛り】オクニ□ナマリ,
　カンサイ□ナマリ,　クニナマリ

なみ【並】ナミタイテイ,
　ナミハズレテ□アシガ□ハヤイ,
　ナミヒトトオリ,
　⠿⠿⠿⠿⠿⠿（ＪＲ並),
　１０ニンナミ,　セケンナミ

なみいる【並み居る】
　ナミイル□ヒトビト

なみうつ【波打つ】
　ナミウツ□イナホ

なみき【並木】イチョー□ナミキ,
　サクラ□ナミキ,　ポプラ□ナミキ,
　マツナミキ

— 238 —

なみだ【涙】ナミダ□マジリ，
ナミダアメ，ナミダモロイ，
ナキノ□ナミダ，ウレシナミダ

なみだする【涙する】ナミダ□スル

なみなみ【並並】
ナミナミナラヌ□シンセツ

なみのはな【波の花】
ナミノハナ〔塩〕

なむ【南無】ナム□アミダブツ
〔念仏を唱える場合は続ける〕，
ナム□ミョーホー□レンゲキョー
〔お題目を唱える場合は続ける〕，
ナム□サンボー，ナムサン

なめし【鞣】ナメシ□ショクニン，
クロム□ナメシザイ

なやみ【悩み】ナヤミ□オオイ，
ナヤミノ□タネ，
ナヤミクルシミヌイテ

なら【奈良】ナラ□ジダイ，
ナラ□チャメシ

ならい【習い】
ナライ□セイト□ナル（習い性と
なる），ナライショー（習い性），
ヨノ□ナライ

ならいおぼえる【習い覚える】
ナライオボエル

ならし【慣し】ナラシ□ウンテン，
ナラシ□ホイク，

ジャジャウマ□ナラシ，
カタナラシ

ならしめる　カノー□ナラシメル

ならず　ガマン□ナラズ，
１ドナラズ□２ドマデモ，
オイシャサンナラズトモ，
ヒナラズシテ（日ならずして）

ならでは　アノ□ヒトナラデワ

ならない　イカナキャ□ナラナイ，
ユダン□ナラナイ，ホカナラナイ

ならぬ　カンベン□ナラヌ，
ノッピキ□ナラヌ，
カミナラヌ□ミ，ヨーイナラヌ
※セニャ□ナラン

ならび【並び】
ナラビ□ダイミョー，
ナラビショーサレル

ならびない【並び無い】
ナラビナイ□メイシュ

ならべ【並べ】５モク□ナラベ，
７ナラベ

なり　ワカイ□ナリヲ□スル，
ワカイナリニ□ガンバル，
イイナリ□シダイ，
キタナリデ□ネル，
ユー□ナキナリ，
メシナリ□サケナリ□ダセ

なる【成る・為る・生る】
　ウツクシク□ナル，コナク□ナル，
　コー□ナリ□ナ□トグ，
　マケテ□ナル□モノカ，
　ヤスミニ□ナル

なる
　カスガナル□ミカサノ□ヤマ（春
　日なる三笠の山），
　セイナル□カワ，
　ゼンリョーナル□ヒト，
　ハハナル□ヒト

なるまい　ガマン□ナルマイ，
　ソー□ナルマイ

なれのはて【成れの果て】
　ナレノハテ

なわばり【縄張り】
　ナワバリ□アラソイ，
　ナワバリ□コンジョー

なん【何】ナン１０，ナンビャク，
　ヘイセイ□ナンネン，
　１０ナンネンカ□マエ

なん　カエリナン□イザ，
　キエナント□スル□トモシビ

なんか
　トリカ□ナンカ□ナイテル，
　オマエニナンカ□オシエナイ，
　コワクナンカ□ナイ，
　ボクナンカニワ□ワカラナイ

なんぎょうくぎょう【難行苦行】
　ナンギョー□クギョー

なんこうふらく【難攻不落】
　ナンコー□フラク

なんじゃもんじゃ
　ナンジャ□モンジャ

なんせんほくば【南船北馬】
　ナンセン□ホクバ

なんそうさとみはっけんでん【南総
　里見八犬伝】
　ナンソー□サトミ□８ケンデン

なんたいどうぶつ【軟体動物】
　ナンタイ□ドーブツ

なんだかんだ【何だ彼んだ】
　ナンダ□カンダ
　※ナンダ□カダ

なんて　ナンテ□キレイ，
　ウラギッタナンテ□イウナ，
　ベンキョーナンテ□イヤダ

なんでもない　ナンデモ□ナイ

なんと【何と】
　ナント□イウ□コトダ，
　ナント□シタ□モノカ，
　ナントワ□ナシニ

なんとか【何とか】
　ナントカ□カントカ，
　ナントカ□シテ□クレ，
　スズキ□ナントカサン

なんとしても【何としても】
　ナント□シテ

なんとなく【何となく】ナントナク

なんとなれば【何となれば】
　ナントナレバ

なんともはや【何ともはや】
　ナントモハヤ

なんなく【難無く】
　ナンナク□パス□シタ

なんの　ナンノ□カノト□イッテ,
　ナンノ□カンノ,
　オモシロイノ□ナンノ

なんのき【何の気】
　ナンノ□キモ□ナク,
　ナンノキナシニ

なんのこれしき【何のこれしき】
　ナンノ□コレシキ

なんのその【何のその】
　シケンナンテ□ナンノソノ

ナンバー
　スタンダード□ナンバー,
　バック□ナンバー

ナンバーワン【Ｎｏ．１】
　⠿⠿□⠿,
　ナンバー□ワン

ナンバリング　ナンバリング

なんぼ　ナンボ□ナンデモ

に

に【尼】シュードーニ,
　レンゲツニ（蓮月尼）

ニア　ニア□イースト，ニアビール,
　ニアミス

にあがり【二上り】
　２⠿アガリ□シンナイ

にあげにんぷ【荷揚人夫】
　ニアゲ□ニンプ

にいさん【兄さん】デブ□ニイサン

にいちスト【二・一スト】
　⠿⠿□スト

にいちてんさくのご【二一天作五】
　⠿⠿□テンサクノ□⠿

ニー　ニー□ソックス,
　ニー□ドロップ，ニーパッド,
　オーバー□ニー

にいのあま【二位尼】
　２⠿イノ□アマ

にいんせいど【二院制度】
　２⠿イン□セイド

にえくりかえる【煮え繰り返る】
　ニエクリカエル

におい【匂・臭】ニオイ□アブラ,
　ニオイ□アラセイトー〔植物名〕

におん【二恩】
　2□オンニ□ムクイル

にかい【二階】チカ□2カイ,
　オ2カイサン,チュー2カイ

にがつどう【二月堂】2ガツドー

にかてん【二科展】ニカテン

にがびゃくどう【二河白道】
　2ガ□ビャクドー

にかめいが【二化螟蛾】
　2カ□メイガ

にきかい【二期会】ニキカイ

にきさく【二期作】2キサク

にぎょうち【二業地】
　2ギョーチデ□ソダツ

にぎりこぶし【握り拳】
　ニギリ□コブシ

にぎりつぶす【握り潰す】
　ニギリツブス

にくい　イイニクイ,ハナシニクイ,
　レンラク□シニクイ

にくじきさいたい【肉食妻帯】
　ニクジキ□サイタイ

にくしゅ【肉腫】
　ナンコツ□ニクシュ,

コツニクシュ

にクロムさん【ニクロム酸】
　2クロムサン□カリウム

にげこうじょう【逃げ口上】
　ニゲコージョー

にげん【二元】2ゲンロン,
　ブッシン□2ゲン

にげんきん【二弦琴】2ゲンキン

にこ【二胡】2コヲ□カナデル

にごう【二号】2ゴーサン

にこみ【煮込み】ニコミ□オデン,
　ニコミ□リョーリ,モツニコミ

にごん【二言】
　ブシニ□2ゴンワ□ナイ

にさん【二三】
　⠿⠿⠿⠿⠿□テイセイ□アリ
　（二、三の訂正あり）

にさんか【二酸化】
　2サンカ□タンソ
　※⠿⠿⠿⠿（CO$_2$）

にし【西】
　ニシ□ローマ□テイコク,
　ニシアフリカ,ニシニホン,
　アカバネ□ニシ

にじ【二次】2ジ□カンセン,
　2ジ□シケン,2ジ□セイチョー,
　2ジカイ,2ジテキ□カチ

にしき【錦】
サガ□ニシキ（佐賀錦）〔織物〕,
デワニシキ（出羽錦）〔四股名〕

にじき【二食】２ジキ□シュギ

にじぐち【二字口】
ニジグチ〔土俵〕

にじげん【二次元】２ジゲン

にじっせいきなし【二十世紀梨】
２０セイキナシ

にして　カレニ□シテ□ミレバ,
ソレヲ□キニ□シテ□イル,
タカサニ□シテ□３０メートル,
４０ニシテ□マドワズ,
イナガラニシテ,
イマニシテ□オモエバ,
オーオーニシテ,
ガクシャニシテ□カツ□シジン,
コノ□ワタシニシテカラガ□
ジカンニ□オクレタ

にしのきょう【西の京】
ニシノキョー

にしのまる【西の丸】ニシノマル

にしゃさんにゅう【二捨三入】
２シャ□３ニュー

にしゃたくいつ【二者択一】
２シャ□タクイツ

にじゅう【二重】
２ジュー□コーゾー,

２ジューショー（二重唱）,
２ジューバシ，２ジューマド,
ニジュー□マワシ〔和服用外とう〕

にじゅうしこう【二十四孝】
２４コーニ□マナブ

にじょう【二乗】
⠢⠆□ノ□２ジョー（xの二乗）
※⠢⠆⠆（3²）

にじょう【二条】
２ジョー□オオジ（二条大路）,
２ジョージョー（二条城）,
ニジョー□テンノー（二条天皇）,
ニジョーノ□キサキ（二条后）

にしん【二伸】２シン〔追伸〕

にしん【二心・弐心】
２シンヲ□イダク

にしんとう【二親等】２シントー

にしんほう【二進法】２シンホー

にせ【偽・贋】
ニセ□シンポ□シュギシャ,
ニセ□ダイガク□キョージュ,
ニセガクセイ,
ニセケイサツカン，ニセサツ

にせ【二世】２セノ□チギリ

にせい【二世】チャールズ□２セイ

にそくさんもん【二束三文】
２ソク□３モン

にそくのわらじ【二足の草鞋】

　２ソクノ□ワラジヲ□ハク

にたものどうし【似た者同士】

　ニタモノ□ドーシ

にたものふうふ【似た者夫婦】

　ニタモノ□フーフ

にたりよったり【似たり寄ったり】

　ニタリ□ヨッタリ

にち【日】

　ニチ□チュー□カン（日中韓），

　ニチ□ドク□イ□３ゴク□

　ドーメイ，

　ニチ□ベイ□オー（日米欧），

　ニチベイ□カンケイ（日米関係），

　ニッチュー□カンケイ（日中関係）

にちじょうさはん【日常茶飯】

　ニチジョー□サハンジ

にチャンネル【２チャンネル】

　２チャンネル

ニッカーボッカー

　ニッカー□ボッカー

にっきゅうげっきゅう【日給月給】

　ニッキュー□ゲッキュー

ニックネーム　ニックネーム

にづくり【荷造り・荷作り】

　ニヅクリ

にっこうきすげ【日光黄菅】

　ニッコー□キスゲ

にっしんげっぽ【日進月歩】

　ニッシン□ゲッポ

にっちもさっちも

　ニッチモ□サッチモ

ニット　ニット□ウエア，

　ニットタイ，シルク□ニット

にっぱち【二八】

　ニッパチワ□ケイキガ□ワルイ

にっぽん【日本】

　ニッポン□ギンコー，

　ニッポン□シャカイトー（日本社

　会党），

　ニッポン□テンジ□トショカン，

　ニッポン□ライトハウス，

　ニッポン１，

　ニッポンバシ（日本橋）〔大阪〕

にっぽんくちきれつのがい【日本口

切角貝】

　ニッポン□クチキレ□ツノガイ

にてひなる【似て非なる】

　ニテ□ヒナル

にてもにつかぬ【似ても似つかぬ】

　ニテモ□ニツカヌ

にと【二兎】　２トヲ□オウ□

　モノワ□１トヲモ□エズ

にと【二途】

　ギロンガ□２トニ□ワカレル

— 244 —

にど【二度】２ド□３ド，
 ２ド□アライ□スル，
 ２ドト□フタタビ

にとうだてばしゃ【二頭立馬車】
 ２トーダテ□バシャ

にとうへんさんかくけい【二等辺三
 角形】２トーヘン□３カクケイ

ニトロ ニトロ□グリセリン，
 ニトロ□ベンゼン

にないあきない【担い商い】
 ニナイ□アキナイ

ににろくじけん【二・二六事件】
 ⠼⠃⠄⠼⠃⠋□ジケン

ににんさんきゃく【二人三脚】
 ２ニン□３キャク

ににんしょう【二人称】
 ２ニンショー

ににんばおり【二人羽織】
 ２ニンバオリ

にぬきたまご【煮抜き卵】
 ニヌキ□タマゴ

にのあし【二の足】
 ニノアシヲ□フム

にのうで【二の腕】ニノウデ

にのく【二の句】
 ニノクガ□ツゲズ

にのじ【二の字】
 ニノジノ□ゲタノ□アト

にのぜん【二の膳】２ノ□ゼン

にのたち【二の太刀】２ノ□タチ

にのつぎ【二の次】
 ２ノツギ□３ノツギ，
 ニノツギニ□スル

にのとり【二の酉】２ノ□トリ

にのまい【二の舞】
 ニノマイヲ□エンズ

にのまる【二の丸】２ノマル

にのや【二の矢】
 ２ノ□ヤガ□ツゲナイ

にはいず【二杯酢】２ハイズ

にはちそば【二八蕎麦】
 ⠼⠃⠦⠼⠓⠴⠀⠋⠎⠀⠴

にばんせんじ【二番煎じ】
 ２バン□センジ

にひゃくさんこうち【二百三高地】
 ２０３□コーチ

にひゃくとおか【二百十日】
 ２ヒャク□トオカ

にぶがっしょう【二部合唱】
 ２ブ□ガッショー

にぶさく【二部作】２ブサク

にぶん【二分】
 テンカヲ□２ブン□スル

にべ ニベモ□ナイ，ニベナイ

ニホニウム ニホニウム

にほん【日本】
　ニホン□キョーサントー（日本共産
　党），ニホン□ショキ，
　ニホン□テンジ□イインカイ，
　ニホン□ノーエン，ニホン□シン，
　ニホン□シンキロク，ニホン１，
　ニホンキリャク（日本紀略），
　ニホンバシ（日本橋）〔東京〕

にほんカモシカ　ニホン□カモシカ

にほんざし【二本差し】　２ホンザシ

にまいがい【二枚貝】　２マイガイ

にまいごし【二枚腰】　２マイゴシ

にまいじた【二枚舌】　２マイジタ

にまいめ【二枚目】
　２マイメノ□オトコ

にめんせい【二面性】　２メンセイ

にもうさく【二毛作】　２モーサク

にもかかわらず【にも拘らず】
　ニモ□カカワラズ

にやけ　ニヤケ□オ丶コ

ニュー
　ニュー□サウス□ウェールズ，
　ニュー□ファッション，
　ニューイヤー，ニューフェース，
　ニューメディア，ニュールック，
　ニューイングランド，
　ニュージーランド，
　ニューデリー，ニューヨーク

ニュース　ニュース□エイガ，
　ニュース□キャスター，
　ニュース□ソース，ミニニュース

にゅうどう【入道】
　ニュードーノミヤ，
　キヨモリ□ニュードー（清盛入道），
　タコニュードー

にゅうりょく【入力】
　ニューリョク□キー，
　テンキー□ニューリョク，
　カナ□ニューリョク，
　ローマジ□ニューリョク

によいほうじゅ【如意宝珠】
　ニョイ□ホージュ

によいりんかんのん【如意輪観音】
　ニョイリン□カンノン

にょう【二様】
　２ヨーノ□カイシャク

にょう【尿】　ニョー□シッキン，
　ニョーサイカン（尿細管），
　ニョータンパク，ニョードクショー

にょうご【女御】
　フジツボノ□ニョーゴ（藤壺女御）

にょうぼうことば【女房詞(言葉)】
　ニョーボー□コトバ

にょぜがもん【如是我聞】
　ニョゼ□ガモン

にょらい【如来】

　アミダ□ニョライゾー

にらみ【睨み】 ニラミダイ,

　ハッポー□ニラミ, ヤブニラミ

にらみあわせる【睨み合せる】

　ニラミアワセル

にりつはいはん【二律背反】

　2⠿リツ□ハイハン

にりゅう【二流】

　2リュー□サッカ,

　2リューコー

にりゅうかたんそ【二硫化炭素】

　2リューカ□タンソ

にろくじちゅう【二六時中】

　⠿⠿⠿⠿⠿⠿⠿⠿⠿⠿⠿⠿

にわか【俄・仁輪加】

　ニワカ□キョーゲン,

　ニワカ□シンサ□イイン,

　ニワカアメ,

　ハカタ□ニワカ（博多俄）

にんき【人気】

　ニンキ□ヤクシャ,

　ニンキトリ, ニンキモノ

にんぎょう【人形】

　ニンギョー□シバイ,

　ニンギョー□ツカイ,

　ニンギョーゲキ,

　ニホン□ニンギョー,

　キョーニンギョー（京人形）,

　ドロニンギョー

にんげん【人間】

　ニンゲン□ドック,

　ニンゲンクサイ,

　ニンゲンゾー,

　ニンゲンワザ,

　トーメイ□ニンゲン,

　マジメ□ニンゲン

にんさんばけしち【人三化七】

　ニン3□バケ7

にんしょう【人称】

　ニンショー□ダイメイシ,

　ダイ1□ニンショー,

　1ニンショー

にんしん【妊娠】

　ニンシン□チューゼツ,

　ソーゾー□ニンシン

にんめんじゅうしん【人面獣心】

　ニンメン□ジューシン

に

によらーにんめ

ヌード ヌード□モデル，
　　ヌードショー，ヘアヌード
ヌードル ヌードル□スープ，
　　カップ□ヌードル
ぬかずく ヌカズク
ぬかたのおおきみ【額田王】
　　ヌカタノ□オオキミ
ぬかづけ【糠漬け】 ヌカヅケ
ぬかよろこび【糠喜び】
　　ヌカヨロコビ
ぬからぬかお【抜からぬ顔】
　　ヌカラヌ□カオ
ぬかりなく【抜かりなく】
　　ヌカリ□ナク
ぬき【抜き】 ショーヒゼイ□ヌキ，
　　ヒルメシ□ヌキ，リクツ□ヌキ，
　　5ニンヌキ，ゴボーヌキ，
　　サビヌキノ□スシ，メシヌキ
ぬきあしさしあし【抜き足差し足】
　　ヌキアシ□サシアシ□シノビアシ

ぬきさし【抜き差し】
　　ヌキサシ□ナラヌ
ぬきとり【抜き取り】
　　ヌキトリ□ケンサ
ぬく【抜く】 ガンバリヌク，
　　ナヤミクルシミヌク
ぬけかわる【抜けかわる】
　　ヌケカワル
ぬけめない【抜け目ない】
　　ヌケメ□ナイ
ぬし【主】 ヌシサン，
　　ナカマロノ□ヌシ（仲麻呂の主），
　　モリノ□ヌシ，ジヌシ
ぬすびとはぎ【盗人萩】
　　ヌスビトハギ〔植物名〕
ぬすみ【盗み】 ヌスミ□ワライ，
　　ヌスミヨミ
ぬま【沼】 インバヌマ（印旛沼），
　　ゴシキヌマ（五色沼）
ぬめり【滑り】 ヌメリ□オトシ
ぬらりくらり ヌラリ□クラリ
ぬり【塗り】 ペンキ□ヌリタテ，
　　2ドヌリ，ペンキヌリ，
　　ワジマヌリ（輪島塗）
ぬれ【濡れ】 ヌレオチバ，
　　ヌレテヌグイ，ヌレネズミ
ぬれしょぼたれる【濡れしょぼたれる】 ヌレショボタレル

— 248 —

ね

ね【根】ネモ□ハモ□ナイ,
　アクノ□ネヲ□タツ,
　ハノ□ネガ□アワズ, キノ□ネ,
　クサノ□ネ□ワケテモ,
　クサノネ□ウンドー,
　イキノネヲ□トメル
ね【音】コトノ□ネ, スズノ□ネ,
　ムシノ□ネ, グーノネモ□デナイ
ネアンデルタールじん【ネアンデル
　タール人】ネアンデルタールジン
ネイル　ネイル□アート, ネイルケア
ねえ　ネエ□アナタ,
　イイジャ□ネエカ,
　オカシカ□ネエ,
　オカシイネエ, ショーガネエ,
　ソーダッタネエ
　※イインジャ□ネ？,
　オカシク□ネ？
ねえさん【姉さん・姐さん】
　ネエサン

ネーチャー　ネーチャー□フォト
　※ネーチャリング
ネービー　ネービー□ブルー,
　ネービー□ルック
ネーム　ネーム□バリュー,
　ネーム□プレート, ニックネーム,
　ペンネーム
ネオ　ネオ□ナチズム,
　ネオ□ロマンチシズム,
　ネオナチ, ネオポリス
ネオン　ネオン□サイン,
　ネオン□テトラ
ねがい【願い】ネガイサゲ,
　キューカ□ネガイ,
　ソーサク□ネガイ
ねがいでる【願い出る】ネガイデル
ねがう【願う】
　ネガッテモ□ナイ□コト,
　オカンガエ□ネガウ,
　オヨミ□ネガウ
ねぎ【葱】ネギボーズ,
　シモニタネギ（下仁田葱）,
　バンノーネギ
ねこ【猫】ネコ□カブル,
　ネコノ□テ, ネコノ□メ,
　ネコイラズ, ネコカブリ,
　ネコカワイガリ, ドロボーネコ

ねざめのとこ【寝覚の床】
　ネザメノ□トコ

ねじりはちまき【捩り鉢巻】
　ネジリ□ハチマキ

ねじれ【捩れ・捻れ】
　ネジレ□ゲンショー，
　ネジレ□コッカイ

ねずのばん【寝ずの番】
　ネズノ□バン

ねずみ【鼠】ネズミ□イラズ，
　ネズミ□コモン，ネズミ□ハナビ，
　ネズミシノ（鼠志野），
　フクロノ□ネズミ
　リキュー□ネズミ（利休鼠）

ねずみこぞう【鼠小僧】
　ネズミ□コゾー

ねた　ネタサガシ，
　スキャンダルネタ，
　スシネタ，ラクゴネタ

ねたきり【寝たきり】
　ネタキリ□ロージン

ねたこ【寝た子】
　ネタ□コヲ□オコス

ねつ【熱】ネツ□コーカセイ，
　ネツ□デンドーリツ，
　ネツキキュー（熱気球），
　ネツショリ，
　ネツテンシャ□プリンター，

ネツデンドー，ネツヨーリョー，
　ネツリキガク

ねつエネルギー【熱エネルギー】
　ネツエネルギー，
　タイヨーネツ□エネルギー

ねつかくさん【熱拡散】
　ネツ□カクサン

ねつかくはんのう【熱核反応】
　ネツ□カクハンノー

ネッカチーフ　ネッカチーフ

ねつきかん【熱機関】ネツキカン

ネック　ネック□ライン，
　ネックレス，
　𝐕□ネック（Ｖネック），
　タートル□ネック，ハイネック

ねったいうりん【熱帯雨林】
　ネッタイ□ウリン

ネット　ネット□プレー，
　ネット□ワーク，ネットイン，
　セーフティー□ネット，
　バック□ネット，ヘアネット

ねてもさめても【寝ても覚めても】
　ネテモ□サメテモ

ねなし【根無し】ネナシグサ

ねのくに【根の国】
　ネノクニ〔黄泉の国〕

ねのこく【子の刻】ネノ□コク

ねのひ【子の日】ネノ□ヒ

ねぼけ【寝惚け】ネボケ□マナコ

ねほりはほり【根掘り葉掘り】
ネホリ□ハホリ□キク

ねみみにみず【寝耳に水】
ネミミニ□ミズ

ねむのき【合歓木】ネムノキ,
ネムノキ□ガクエン

ねむり【眠り】ネムリ□ネズミ,
ネムリネコ

ねむりこける【眠りこける】
ネムリコケル

ねもやらず【寝もやらず】
ネモ□ヤラズ

ねらい【狙い】ネライウチ,
アキス□ネライ,
イッパツ□ネライ, アナネライ

ねり【練・煉】ネリセイヒン,
ネリハミガキ, ネリヨーカン

ねりまだいこん【練馬大根】
ネリマ□ダイコン

ねん【年】
ネン□1ネン□オオキク□ナル,
ネン□ヘイキン

ねん【念】ネンニワ□ネンヲ□イレ

ねんがっぴ【年月日】ネンガッピ

ねんがらねんじゅう【年がら年中】
ネンガラ□ネンジュー

ねんかん【年鑑】
シンブン□ネンカン

ねんげみしょう【拈華微笑】
ネンゲ□ミショー

ねんじゅうぎょうじ【年中行事】
ネンジュー□ギョージ

ねんだい【年代】
ネンダイキモノ（年代記物）,
ネンダイジュン,
タイショー□ネンダイ（大正年代）,
２０１０ネンダイ

ねんてん【捻転】チョーネンテン

ねんど【年度】ネンド□ハジメ,
カイケイ□ネンド,
ヘイセイ□30ネンドマツ

ねんねんさいさい【年年歳歳】
ネンネン□サイサイ

ねんのため【念の為】
ネンノ□タメ

ねんぱい【年配】50□ネンパイ,
ドーネンパイ

ねんびゃくねんじゅう【年百年中】
ネンビャク□ネンジュー

ねんぶつ【念仏】
ネンブツ□オドリ,
ネンブツザンマイ,
クーヤ□ネンブツ（空也念仏）

ね

ねほけ―ねんふ

の

のう【脳】ノー□カイボー, ノー□カガク, ノー□セイリガク, ノーコーソク, ノーサイボー, ノースイシュ

のう【能】ノー□アル□タカ, ノーキョーゲン, ノーナシ, ノーヤクシャ, タキギノー

のう【農】ノー□スイ□チクサンブツ, ノーサギョー, ノーサクブツ, ノースイサン, ノースイ□ダイジン, ノーチクサンブツ, ジサクノー

のうかすいたい【脳下垂体】ノーカスイタイ

のうげか【脳外科】ノーゲカ

のうさんぎょそん【農山漁村】ノーサンギョソン

のうしゅっけつ【脳出血】ノーシュッケツ

のうしんけい【脳神経】ノーシンケイ

のうせきずいまくえん【脳脊髄膜炎】ノーセキズイマクエン

のうないしゅっけつ【脳内出血】ノーナイ□シュッケツ

のうなんかしょう【脳軟化症】ノーナンカショー

ノウハウ　ノウハウ

のうりんすいさんぎょう【農林水産業】ノーリン□スイサンギョー

ノー
　ノー□カロリー□ショクヒン, ノー□コメント, ノー□サンキュー, ノー□スリーブ, ノーカーデー, ノーゲーム, ノータイム, ノータッチ, ノーヒット□ノーラン, ノーマーク, ノーモア□ヒロシマ

ノース　ノース□ダコタ, ノース□ポール

ノートブック　ノート□ブック

のがし【逃し】チャンス□ノガシ

のがれ【逃れ】イットキ□ノガレ, セキニン□ノガレ

のける【退ける】イッテ□ノケル, シテ□ノケル, ヤッテ□ノケル,

オシノケル

のこりおおい【残り多い】
ノコリオオイ

のこりおしい【残り惜しい】
ノコリオシイ

のこりすくない【残り少ない】
ノコリ□スクナイ

のこりなく【残りなく】
ノコリ□ナク

のこんのゆき【残んの雪】
ノコンノ□ユキ

のし【熨斗】ノシアワビ,
ノシツツミ, ワラビノシ

のぞき　ノゾキ□カラクリ,
ノゾキ□メガネ,
カキノゾキ（垣のぞき）

のぞみ【望み】ノゾミ□シダイ,
ノゾミ□ハルカ, ノゾミウス,
キリョー□ノゾミ, タカノゾミ

のたりのたり　ノタリ□ノタリ

のち【後】ソノ□ノチ,
ハレ□ノチ□クモリ,
フツカ□ノチ

のちのよ【後の世】ノチノ□ヨ

のちほど【後程】
ノチホド□マイリマス

ノック　ノック□アウト,
シート□ノック, ドアノック

ノックス【ＮＯx】　ノックス,
⠰⠻⠂⠐⠣⠿⠂⠒⠶⠶（ＮＯx）

のっしのっし
ノッシ□ノッシ□アルク

のっぴきならぬ　ノッピキ□ナラヌ

のっぽ　ノッポビル,
セイタカ□ノッポ

のと【能登】ノト□チヂミ,
ノト□ハントー

のばし【延し】
ノバシ□ノバシニ□スル,
１ニチ□ノバシ, シワノバシ

のべ【延】
ヒロサワ□ノベ□２００ツボ,
ノベジンイン, ノベニッスー,
ノベユカメンセキ

のべ【野辺】ノベノ□オクリ,
ノベノ□ケムリ, ノベオクリ

のべつまくなし　ノベツ□マクナシ

のぼり【上り・登り・昇り】
ノボリ□クダリ,
ノボリ□チョーシ, ノボリオリ,
ノボリザカ, ウナギ□ノボリ,
エントツ□ノボリ, タキノボリ

のみ
カネノミガ□ジンセイデ□ナイ,
カレニノミ□ヒツヨーダ

のみこうい【呑み行為】ノミコーイ
のみともだち【飲友達】
　ノミトモダチ
のみとりまなこ【蚤取り眼】
　ノミトリ□マナコ
のみならず　シゴトノミナラズ
のみのいち【蚤の市】ノミノイチ
のら【野良】ノライヌ，ノラシゴト
のらむすこ【のら息子】ノラムスコ
のらりくらり
　ノラリ□クラリ□シテ
のり【海苔】
　ノリ□ヨーショクジョー，
　ノリチャヅケ，ノリマキ，
　アサクサノリ（浅草海苔）
のりあい【乗合】
　ノリアイ□ジドーシャ，
　ノリアイ□バス
のりする【糊する】
　クチヲ□ノリ□スル
のるかそるか　ノルカ□ソルカ
ノロウイルス　ノロ□ウイルス
ノン　ノンアルコール，
　ノンカロリー□ショクヒン，
　ノンキャリア，
　ノンステップ□バス，
　ノンストップ，ノンタイトル，
　ノンフィクション，ノンプロ，

　ノンレム□スイミン
のんべえ【飲兵衛・呑兵衛】
　ノンベエ□ヤロー
のんべんだらりと
　ノンベンダラリト

は【端】クチノハニ□ノボル，
　ヤマノハ
は【葉】オチャノ□ハ，キノ□ハ，
　クサノ□ハ，コノハ
は【歯】ハガ□ウク，
　ハニ□キヌ□キセヌ，
　ハノ□ネガ□アワヌ，ハイシャ，
　ハナラビ，クシノ□ハ，
　ゲタノ□ハ
は【派】ハヲ□ワカツ，アサ□
　タベル□ハト□タベナイ□ハ，
　カレラ□1パノ□ヤリカタ，
　タナカハ（田中派），
　スキハ□キライハ

ば【場】 バニ□アウ□ハツゲン,
　バヲ□トル,
　ソノ□バニ□イアワス,
　ソノバ□カギリ

バー　バー□ケイエイ,
　バーテン, スナック□バー,
　ドリンク□バー,
　ボーリョク□バー, サラダバー

ばあい【場合】
　カク□バアイノ□チューイ

バーコード　バーコードヲ□ヨム

ばあさん【婆さん】
　イジワル□バアサン,
　オヨネ□バアサン, ヒイバアサン
　※オヨネ□ババ

パーセント【％】
　⠿⠿⠿⠿⠿⠿ (25%),
　⠿⠿⠿⠿⠿⠿ (X%),
　⠿⠿⠿⠿⠿⠿□⠿⠿⠿ (25%増),
　⠿⠿⠿⠿⠿⠿⠿ (25%増し),
　⠿⠿⠿⠿⠿⠿□⠿⠿ (25%中),
　２５パーセント

ハード　ハード□ディスク,
　ハード□ボイルド, ハードウェア

バード　バード□ウイーク,
　ブルー□バード

パートタイム　パート□タイム
　※パートタイマー

ハーフ　ハーフ□アンド□ハーフ,
　ハーフ□コート,
　ハーフ□タイム,
　ハーフ□トーン,
　ハーフ□メード, ハーフケア,
　ベター□ハーフ, ニューハーフ

ハープシコード
　ハープシコードヲ□エンソー□
　スル

ハーラーダービー
　ハーラー□ダービー□トップ

はい【杯】 ハイヲ□カサネル,
　⠿⠿⠿⠿⠿⠿ (W杯),
　デビスハイ, ミウラ□ヤヘイハイ
　（三浦弥平杯）

はい【肺】 ハイ□エシ,
　ハイ□キノー□ケンサ,
　ハイ□シンジュン,
　ハイ□セツジョ,
　ハイ□センイショー（肺繊維症）,
　ハイカツリョー, ハイキシュ,
　ハイケッカク, ハイジストマ,
　ジンコーハイ（人工肺）

ハイ　ハイ□スクール,
　ハイ□スピード,
　ハイ□ソサエティー,
　ハイウエイ, ハイクラス,
　ハイジャック, ハイソックス,

ハイティーン，ハイヒール，
ハイファイ

ばい【倍】
バイ□バイト□フヤシテ□イク，
２バイ□スル，
キューニ□バイスル□ゴアイコヲ

バイ〔ｂｉ～〕　バイセクシャル，
バイリンガル

バイ〔ｂｙ～〕　バイ□プレーヤー，
バイパス□シュジュツ（バイパス
手術）

パイ　パイキジ，パイシート，
アップル□パイ，ウナギパイ，
チョコパイ，ミートパイ

ハイエナ　カッショク□ハイエナ，
シマハイエナ，ブチハイエナ

バイオ　バイオ□ショクヒン，
バイオ□テクノロジー，
バイオ□リズム，バイオマス
※バイオロジカル，
バイオロジー

はいきガス【排気ガス】ハイキガス

はいすいのじん【背水の陣】
ハイスイノ□ジン

バイト　７２０バイト，
１⠿⠿⠿⠿⠿（1MB），
メガバイト〔単位名〕

はいはんちけん【廃藩置県】
ハイハン□チケン

はいばんろうぜき【杯盤狼藉】
ハイバン□ローゼキ

はいび【拝眉】
イズレ□ハイビノ□ウエ

ハイファイ【ｈｉ－ｆｉ】
⠿⠿⠿⠿⠿，
⠿⠿⠿⠿⠿⠿⠿（Ｈｉ－Ｆｉ），
ハイファイ□ステレオ

はいぶつきしゃく【排(廃)仏毀釈】
ハイブツ□キシャク

ハイブリッド
ハイブリッド□バス，
ハイブリッドカー，
ハイブリッドマイ（ハイブリッド
米）

ハウ　ハウツーモノ，ノウハウ

ハウス　ハウス□ダスト，
ビーチ□ハウス，ピザハウス

バウムクーヘン　バウム□クーヘン

はえ【栄え】ハエ□アル

はおりはかま【羽織袴】
ハオリ□ハカマ

ばか【馬鹿】バカナ□メニ□アウ，
バカナ□ヤローダ，
バカニ□ナラナイ，
バカサ□カゲンニ□アキレル，

バカクサイ，バカサワギ，
バカショージキ，バカヅラ，
バカテイネイ，バカムスコ，
バカヤロー，
バカヨバワリ□スル，バカヨメ，
4ガツバカ，ウスラバカ，
オヤバカ，ヤクシャバカ

はがし【剥がし】キッテ□ハガシ，
ポスター□ハガシ，
トチノ□カシハガシ，ビラハガシ

はかせ【博士】モノシリ□ハカセ，
サカナ□ハカセ，トリハカセ

はかない【儚い・果敢ない】
ハカナイ□イノチ

ばかり
トビアガランバカリニ□オドロク

はかりしれない【計り知れない】
ハカリシレナイ□ガクシキ

はがんいっしょう【破顔一笑】
ハガン□イッショー

はぎれ【歯切れ】ハギレ□ヨク

はく【伯】ガハク，
ジンギハク（神祇伯），
モンテクリストハク

はく【泊】キョート□ハク（京都泊），
1パク□リョコー，
2ハク□ミッカ，シャチューハク

ばく【貘】アメリカバク，
マレーバク

はくいっしょく【白一色】
アタリワ□ハク□1ショクダ

はくいんぼうしょう【博引旁証】
ハクイン□ボーショー

はくぎょくろう【白玉楼】
ハクギョクローチューノ□ヒト

はくし【博士】ハクシゴー，
イガク□ハクシ，
ユカワ□ヒデキ□ハクシ（湯川秀
樹博士）

はくしゃせいしょう【白砂青松】
ハクシャ□セイショー

はくしょくじんしゅ【白色人種】
ハクショク□ジンシュ

はくぶんきょうき【博聞強記】
ハクブン□キョーキ

はくらんかいじょう【博覧会場】
ハクラン□カイジョー

はぐれハグレ□オオカミ，
ハグレ□ケイジ，ハグレネコ，
クイハグレ

ばけのかわ【化けの皮】
バケノ□カワ

はこいりむすめ【箱入り娘】
ハコイリ□ムスメ

はこび【運び】ニモツ□ハコビ,
　　フデハコビ

はさみ【挟み】ハサミ□コトバ,
　　ハサミ□ショーギ, ハサミウチ

はじ【恥】ハジサラシ,
　　ハジシラズ,
　　マヌカレテ□ハジ□ナシ,
　　ナニ□ハジナイ（名に恥じない）

はしたない　ハシタナイ□フルマイ

ばじとうふう【馬耳東風】
　　バジ□トーフー

はしなくも【端なくも】
　　ハシナクモ□ジュショー□シタ

はじめ【初め・始め】
　　オヤブン□ハジメ□コブン□
　　イチドー, ５ガツ□ハジメ,
　　シゴト□ハジメ, ツキハジメ

はじめる【始める】
　　アワテハジメル,
　　イラダチハジメル

ばしゃ【馬車】バシャウマ,
　　テツドー□バシャ, エキバシャ

はじゃけんしょう【破邪顕正】
　　ハジャ□ケンショー

ばしょ【場所】バショイリ,
　　バショフサギ,
　　オチツキ□バショ,
　　キューシュー□バショ（九州場所）,

シニバショ, ナツバショ

はしり【走り】ハシリ□イチゴ

はしりたかとび【走高跳び・走高飛
　　び】ハシリ□タカトビ

はず【筈】ソノ□ハズ,
　　アシタ□ツク□ハズダ

バス　バスガイド, バスツアー,
　　カンコー□バス,
　　スクール□バス, シャトルバス,
　　ハトバス, ロセンバス

バス　バス□カシュ（バス歌手）,
　　バス□クラリネット,
　　バスドラム, コントラバス

バス　バス□ユニット,
　　バスタオル, バスルーム,
　　ユニット□バス, ジェットバス

バスケットボール
　　バスケット□ボール

はずみ【弾み】
　　コロンダ□ハズミニ,
　　モノノ□ハズミ

はずれ【外れ】ハズレ□バケン,
　　ハズレクジ, キタイ□ハズレ,
　　ナカマ□ハズレ,
　　ピント□ハズレ, マトハズレ

はせさんずる【馳せ参ずる】
　　ハセサンズル

バセドーびょう【バセドー病】
バセドービョー
※バセドーシビョー（バセドー氏
病）

はぜのき【黄櫨】
ハゼノキニ□カブレル

はだかいっかん【裸一貫】
ハダカ□イッカンカラ□デナオス

はだかまいり【裸参り】
ハダカ□マイリ

バタくさい　バタクサイ□シュミ

はたけちがい【畑違い】
ハタケ□チガイノ□シゴト

はだし【跣・裸足】
クロート□ハダシ,
ルパン□ハダシノ□カイトー

ばたばた　バタバタ□ハシル,
バタバタバタ

はたまた【将又】
ホッカイドーカ□ハタマタ□
キューシューカ

はためいわく【傍迷惑】
ハタメイワクナ□ハナシ

はたもとやっこ【旗本奴】
ハタモト□ヤッコ

はたらきあり【働き蟻】
ハタラキアリ

ばたんきゅう
キノーワ□バタンキューダッタ

はちくぶどおり【八九分通り】
⠿⠿⠿⠿⠿⠿⠿⠿⠿⠿⠿⠿⠿⠿

はちじゅうはちや【八十八夜】
８８ヤ

はちじょう【八丈】
ハチジョーギヌ（八丈絹）,
キハチジョー（黄八丈）

はちにんげい【八人芸】
８ニンゲイノ□ヤクシャ

はちねつじごく【八熱地獄】
８ネツ□ジゴク

はちのあたま【蜂の頭】 ハチノ□
アタマデ□ヤクニ□タタナイ

はちのこ【蜂の子】 ハチノ□コ,
ハチノコ〔食べ物〕,
ハチノコメシ

はちのこ【鉢の子】 ハチノコヲ□
モッテ□タクハツ□スル

はちのじ【八の字】
ホータイヲ□８ノジニ□マク,
ハチノジヒゲ,
ヒタイニ□ハチノジヲ□ヨセル

はちのす【蜂の巣】 ハチノ□ス,
ハチノスジョー

はちぶ【八分】 ハラ□８ブ,
ムラハチブ

はちぼく【八木】 ８ボクヲ□ウエル
〔松・柏・桑など８種の木〕，
ハチボク〔米の異称〕

はちまん【八幡】
ハチマン□ダイボサツ，
ハチマングー

はちミリ【八ミリ】 ８ミリ□エイガ

はちめんたい【八面体】 ８メンタイ

はちめんれいろう【八面玲瓏】
ハチメン□レイロー

はちめんろっぴ【八面六臂】
８メン□６ピノ□カツヤク

はちもんじ【八文字】ハチモンジ，
ウチハチモンジ，ソトハチモンジ

ぱちりぱちり
パチリ□パチリ□ウツス

はちりはん【八里半】
ハチリハン〔焼芋〕

はつ【初】
ハツ□シュノー□カイギ，
ハツウグイス，ハツゴオリ，
ハツシュッキン，セカイ□ハツ

はつ【発】
ウエノ□ハツ（上野発），
ゴゼン□７ジ□ハツ，
トーキョーエキ□ハツ（東京駅発），
トーホー□ハツノ□テガミ（当方
発の手紙）

ばつ【閥】ガクバツ，モンバツ，
スミトモバツ（住友閥），
ワセダバツ（早稲田閥）

ばついち バツ１

はつか【二十日】
ハツカ□ショーガツ，
ハツカ□ダイコン，
ハツカ□ネズミ

はっか【薄荷】ハッカ□パイプ，
ハッカトー，セイヨー□ハッカ，
ヒメハッカ

はっかく【八角】
８カクドー〔法隆寺夢殿〕，
ハッカク〔香辛料〕

ばっかし シゴトバッカシ□シテル

ばっかんさなだ【麦稈真田】
バッカン□サナダ

はっく【八苦】７ナン□８ク，
４ク□８ク〔仏教用語〕，
シクハック□スル

バック バック□アップ，
バック□グラウンド，
バック□ナンバー，
バック□ネット，
バック□ボーン，
バック□ミラー，バックレス，
クオーター□バック，
フィード□バック，カムバック

バッグ　ハンド□バッグ,
　ボストン□バッグ, ティーバッグ

パック　シンクー□パック,
　パック□リョコー, カオパック,
　カミパック

バックパッカー　バック□パッカー

はづくろい【羽繕い】ハヅクロイ

はっけい【八景】
　オーミ□8ケイ（近江八景）

はっけみ【八卦見】ハッケミ

はっけよい　ハッケヨイ□ノコッタ

はっこういちう【八紘一宇】
　ハッコー□イチウ

はっさく【八朔】
　8サクヲ□イワウ,
　ハッサクヲ□タベル

ばつざんがいせい【抜山蓋世】
　バツザン□ガイセイ

はっしゅうけんがく【八宗兼学】
　8シュー□ケンガク

はっしん【発疹】ハッシン□チフス

はっすん【八寸】8スンゼン,
　カイセキ□リョーリノ□ハッスン

はっせん【八専】
　8センダカラ□アメバカリ□フル

はっそう【八相】シャカ□8ソー

はつそうでんぶんり【発送電分離】
　ハツソーデン□ブンリ

ばった【飛蝗・蝗】オンブ□バッタ,
　コメツキ□バッタ

はったんおり【八端織り・八反織り】
　ハッタンオリ

はっちょう【八丁】
　ハッチョー□ミソ,
　ムナツキ□ハッチョー,
　クチハッチョー□テハッチョー

パッチワーク　パッチ□ワーク

ばってん〔方言〕
　サッキモ□イウタバッテン

ハット　ハット□トリック,
　ハットピン, シルク□ハット

はっとうしん【八頭身】8トーシン

ぱっとみ【ぱっと見】
　パットミデ□ワカル

はっぱ【発破】ハッパ□カケル

はっぱく【八白】8パク□ドセイ

ハッピーエンド　ハッピー□エンド

はつひので【初日の出】ハツヒノデ

はっぴゃく【八百】
　8ピャクヤチョー（八百八町）,
　ウソ□ハッピャク

はっぽう【八方】
　ハッポー□ビジン,
　ハッポー□フサガリ,
　シホー□ハッポー

－ 261 －

はっぽうさい【八宝菜】

　ハッポーサイ

はて【果て】 ハテ□ナキ□タビ，

　チノ□ハテ，ナレノハテ

はで【派手】 ハデスガタ

はてさて　ハテサテ□コマッタ

はてしない【果てしない】

　ハテシナイ

ばとうかんのん【馬頭観音】

　バトー□カンノン

はとづえ【鳩杖】 ハトヅエ

パトロールカー　パトロールカー

バトン　バトン□ガール，

　バトン□タッチ，バトンパス

はな【花・華】 ハナ□１㌻リン，

　ハナ□イッパイ□ウンドー，

　ハナ□サク□ハル，

　ハナ□ヒラク□サイノー，

　ハナモ□ミモ□アル，

　ハナアカリ，ハナイチバ，

　ハナカンザシ，ハナヅクシ，

　ハナヅツ，ハナハズカシイ，

　キクノ□ハナ，ナノハナ

はな【鼻】 ハナ□タカダカダ，

　ハナ□ツキアワス，

　ハナニ□ツク，

　ハナノ□シタガ□ナガイ，

　ハナヂ，ハナヅラ，ハナマガリ，

ハナメガネ，メト□ハナノ□サキ

はなさかじじい【花咲爺】

　ハナサカ□ジジイ

はなし【話】 ハナシ□カワッテ，

　ハナシ□コトバ，

　ハナシ□ジョーズ，

　ハナシ□ハンブン

はなみ【花実】

　シンデ□ハナミガ□サク□モノカ

はなもち【鼻持ち】

　ハナモチ□ナラナイ

はなれ【離れ】 ハナレ□コジマ，

　ハナレ□ザシキ，ハナレバナレ，

　シロートバナレ

バニーガール　バニー□ガール

はば【幅】 ハバ□３メートル，

　ハバヒロイ，

　⠿⠿⠿⠿⠿⠿ （3m幅），

　３メートルハバ

はばかりさま【憚り様】

　ハバカリサマ

はばかりながら【憚りながら】

　ハバカリナガラ

ははごぜん【母御前】 ハハゴゼン

はばつあらそい【派閥争い】

　ハバツ□アラソイ

パプアニューギニア

　パプア□ニューギニア

パフェ チョコレート□パフェ,
　イチゴパフェ, チョコパフェ

バベルのとう【バベルの塔】
　バベルノ□トー

はま【浜】 ハマナットー,
　クジュークリハマ（九十九里浜）,
　シチリガハマ（七里ヶ浜）

ハム ハム□ステーキ,
　ハムエッグ, ボンレス□ハム,
　ロースハム

はものざんまい【刃物三昧】
　ハモノザンマイ

ハモンドオルガン
　ハモンド□オルガン

はや【早】 ハヤ□５ネン□タッタ

はやい【早い】 ハヤイガ□カチ,
　ハヤイ□トコ□カタヅケヨー,
　ハヤイ□ハナシガ

はやいものがち【早い者勝ち】
　ハヤイモノガチ

はやしことば【囃子詞】
　ハヤシ□コトバ

ハヤシライス ハヤシ□ライス

はやてまわし【早手回し】
　ハヤテマワシ

はやのみこみ【早呑み込み】
　ハヤノミコミ

はやり【流行】 ハヤリ□コトバ,
　ハヤリ□スタリ, ハヤリ□ヤマイ

はやり【逸り】 ハヤリウマ,
　ハヤリムシャ

はら【原】
　ウツクシガハラ（美ヶ原）,
　センジョーガハラ（戦場ヶ原）

はら【腹】 ハラ□イッパイ,
　ハラ□８ブ, ハラガ□タツ,
　ハラモ□ミノ□ウチ

はらい【払い】 ハライモドシ,
　ホコリ□ハライ, ススハライ

パラグライダー パラグライダー

はらだちまぎれ【腹立ち紛れ】
　ハラダチ□マギレ

はらちがい【腹違い】 ハラチガイ

はらつづみ【腹鼓】 ハラツヅミ

はらのむし【腹の虫】
　ハラノ□ムシガ□オサマラナイ

パラフレーズ パラフレーズ

はらみ【孕み】 ハラミ□オンナ,
　ハラミ□ススキ

パラメディカル パラメディカル

パラリンピック パラリンピック

バランスシート バランス□シート

はらんばんじょう【波瀾万丈】
　ハラン□バンジョー

は

は
ふ
ぇ
ー
は
ら
ん

はり【針・鍼】

　　ハリ□キュー□アンマ,

　　ハリキュー□チリョー,

　　テイシューハ□ハリ□ツーデン,

　　ハリ□シゲキ, ハリ□チリョー,

　　ハリ□チンツー, ハリマスイ

パリ　パリ□コレクション,

　　パリ□ダカール□ラリー,

　　パリジェンヌ,

　　エコール□ド□パリ

バリアフリー　バリア□フリー

パ・リーグ　パリーグ

ばりぞうごん【罵詈雑言】

　　バリ□ゾーゴン

はる【春】ハル□サ╱ル〔季語〕,

　　ハル□タケナワ,

　　ハル□ナツ□アキ□フユ,

　　ワガ□ヨノ□ハル

　　※シュンカシュートー

はる〔方言〕

　　ナンデ□ナキハル□ナイテハル,

　　ヨロコンデハル

はるいちばん【春一番】

　　ハル□1バン

バレーボール　バレー□ボール

バレンタインデー

　　バレンタインデー

はれんちざい【破廉恥罪】

　　ハレンチザイ

バロメーター　バロメーター

パワー　パワー□アップ,

　　パワー□ハラスメント,

　　ジューミン□パワー,

　　ヤング□パワー, ハイパワー,

　　マンパワー

　　※パワハラ

はん【反】ハン□アメリカ,

　　ハン□シャカイテキ,

　　ハン□シュリューハ,

　　ハン□トケイ□マワリ,

　　ハンカク□ウンドー,

　　ハンサヨー,

　　ハンタイセイ□ブンシ

はん【版】5ハン,

　　イワナミ□ショテンバン（岩波

　　書店版）, カイゾクバン

はん【半】ハン□エイヨー□

　　シッチョー□ジョータイ,

　　ハンエイキューテキ,

　　ハンビョーニン, 1ジカンハン,

　　2バイハン, 3カイテンハン,

　　セキニンノ□イッパン（責任の

　　一半）

はん【判】

　　⠀（A5判),

⠿⠇⠿⠇⠿⠇⠿ （四六判），
3モンバン

はん【汎】ハン□アメリカ，
ハン□タイヘイヨー□ドーメイ
（汎太平洋同盟），
ハンシンロン（汎神論）

はん【藩】
サツマ□ハンシ（薩摩藩士），
ミト□ハンテイ（水戸藩邸），
アイヅハン（会津藩）

はん〔方言〕　オハナハン，
バントーハン，
ヤマダハン（山田はん）

ばん【万】バン□イロー□ナキ，
バン□ヤムヲ□エズ

ばん【盤】
⠿⠇⠿⠇⠿⠇⠿⠇⠿ （ＣＤ盤），
ホロヴィッツバン

パン　パン□ショクニン，
パンケーキ，カシパン，
コッペパン，ジャムパン，
ブドーパン，フランスパン，
メロンパン，ロールパン，
ヤキタテパン

パンアメリカン　パンアメリカン

はんか【半跏】
ハンカ□シイ（半跏思惟），
ハンカ□フザ（半跏趺坐）

はんかんはんみん【半官半民】
ハンカン□ハンミン

はんき【半期】カミハンキ，
ダイ1□4ハンキ

はんきゅう【半球】
ミナミ□ハンキュー，
キタハンキュー

バンク　メーン□バンク，
アイバンク

ばんごう【番号】バンゴーフダ，
デンワ□バンゴー，セバンゴー

はんこく【汗国】
キプチャク□ハンコク，
チャガタイ□ハンコク

ばんこく【万国】
バンコク□オンピョー□モジ，
バンコクキ，
バンコクシキ□シシリョクヒョー
（万国式試視力表）

ばんこんさくせつ【盤根錯節】
バンコン□サクセツ

ハンサムボーイ
ハンサム□ボーイ

はんしはんしょう【半死半生】
ハンシ□ハンショー

ばんじょう【万乗】
イッテン□バンジョーノ□キミ
（一天万乗の君）

— 265 —

はんしょうどろぼう【半鐘泥棒】

　　ハンショー□ドロボー

はんしん【半身】

　　ハンシン□フズイ,

　　ヒダリ□ハンシン, ミギハンシン

はんしんはんぎ【半信半疑】

　　ハンシン□ハンギ

ばんせい【万世】 バンセイ□１ケイ

ハンセンびょう【ハンセン病】

　　ハンセンビョー

　　※ハンセンシビョー（ハンセン氏

　　病）

パンダ ジャイアント□パンダ,

　　レッサー□パンダ

パンタグラフ パンタグラフ

ばんち【番地】

　　１チョーメ□１バンチ

パンチ パンチ□パーマ,

　　ダブル□パンチ, ミスパンチ

ハンディキャップ

　　ハンディキャップ

ハンド ハンド□クリーム,

　　ハンド□イン□ハンド,

　　ハンド□バッグ,

　　ハンド□ブック,

　　ハンド□ボール,

　　ハンド□メード, ハンドベル,

　　バック□ハンド,

　　マジック□ハンド, フォアハンド

バンド バンド□マスター,

　　バンドネオン, ブック□バンド,

　　ブラス□バンド, カワバンド,

　　ジャズバンド

はんとう【半島】

　　イズ□ハントー（伊豆半島）,

　　ノト□ハントー（能登半島）

ばんどうたろう【坂東太郎】

　　バンドー□タロー〔利根川〕

パントマイム パントマイム

はんにゃしんぎょう【般若心経】

　　ハンニャ□シンギョー

はんのうはんぎょ【半農半漁】

　　ハンノー□ハンギョ

はんのき【榛の木】

　　ハンノキヲ□ウエル

パンのき【パンの木】

　　パンノキノ□ミ

はんぶん【半分】

　　オモシロ□ハンブン,

　　ジョーダン□ハンブン,

　　フザケ□ハンブン,

　　ミギ□ハンブン

はんぶんじょくれい【繁文縟礼】

　　ハンブン□ジョクレイ

ひ【日】ヒ□１ニチ,
　ヒ□クレテ□ミチ□トオシ,
　アクル□ヒ, アル□ヒ,
　ウシノ□ヒ,
　カレト□キタ□ヒニワ,
　ネノ□ヒ, ハハノ□ヒ,
　ソノヒグラシ（その日暮らし）
ひ【妃】ヒデンカ, コータイシヒ,
　ヒタチノミヤヒ（常陸宮妃),
　マサコヒ（雅子妃),
　ダイアナ□モト□ヒ（ダイアナ元妃）
ひ【比】タイ□エネルギーヒ,
　ゼンゲツヒ
ひ【被】
　ヒ□セイカツ□ホゴ□セタイ,
　ヒサベツ□ブラク,
　ヒシューショクゴ,
　ヒセンキョニン,
　ヒホケンシャショー,
　ヒホゴ□セタイ

ひ【非】ヒ□カイイン,
　ヒ□カガクテキ,
　カレワ□ヒ□ジョージンダ,
　ヒ□ジョーニン□リジコク,
　ヒ□セントーイン,
　ヒ□ニチジョー,
　ヒ□ニンゲンテキ,
　ヒ□ピリンケイ, トクテイ□ヒエイリ□カツドー□ホージン,
　ヒガイトー,
　ヒカゼイ□ショトク,
　ヒカネツ□セイザイ,
　ヒセイキ□コヨー,
　ヒセイフ□ソシキ,
　ヒセンロンシャ, ヒニンジョー,
　ヒブソー□チタイ
ビア　ビア□ガーデン, ビアホール
ピアカウンセリング
　ピア□カウンセリング
　※ピアカン
ピーアール【ＰＲ】
　⠿⠿⠿⠿⠿⠿□スル,
　⠿⠿⠿⠿⠿⠿□メモ,
　⠿⠿⠿⠿⠿⠿⠿⠿⠿（ＰＲ合戦）
ビーエス【ＢＳ】
　⠿⠿⠿⠿⠿⠿（ＢＳ１),
　⠿⠿⠿⠿⠿⠿□アンテナ

ピーエッチ【ｐＨ】
⠿⠿⠿⠿⠿□7，ピーエッチ□7
※ペーハー□7

ピーエッチディー【Ｐｈ．Ｄ．】
⠿⠿⠿⠿⠿⠿⠿⠿

ピーエム【ＰＭ・ｐｍ】
⠿⠿⠿⠿⠿□8ジ（ＰＭ8時），
8□⠿⠿⠿⠿（8ｐｍ）

ピーエムにてんご【ＰＭ２．５】
⠿⠿⠿⠿⠿□⠿⠿⠿

ピーエルほう【ＰＬ法】
⠿⠿⠿⠿⠿⠿⠿⠿

ピーケー【ＰＫ】
⠿⠿⠿⠿⠿⠿⠿⠿（ＰＫ戦），
⠿⠿⠿⠿⠿⠿⠿⠿（ＰＫ負け）

ビーシー【ＢＣ】
⠿⠿⠿⠿⠿⠿□3セイキ

ピース　スリー□ピース，
マウス□ピース，ソーピース，
ヘアピース

ピーターパン　ピーター□パン

ビーチ　ビーチ□パラソル，
ビーチ□バレー，
ビーチ□ボール，ビーチウェア，
マンザ□ビーチ（万座ビーチ），
ロング□ビーチ

ピーピーエム【ｐｐｍ】
⠿⠿⠿⠿⠿⠿⠿⠿⠿（250ppm）

ビーフ　ビーフ□シチュー，
ビーフ□ステーキ，
ロースト□ビーフ，コンビーフ

ひえいり【非営利】
ヒエイリ□ダンタイ，トクテイ□
ヒエイリ□カツドー□ホージン

ひおうぎ【檜扇】ヒオーギ

ひおおい【日覆い】
ヒオオイヲ□ツケル

ひか【皮下】ヒカ□シボー，
ヒカ□ソシキ

ぴかいち【ぴかー】ピカイチ

ひかえ【控え】ヒカエ□リキシ，
ヒカエノ□マ，
ケイヤクショ□ヒカエ，
トリモノ□ヒカエ

ひかく【比較】
ヒカク□タスー（比較多数），
ヒカクテキ

ひかくせいひん【皮革製品】
ヒカク□セイヒン

ひがけちょきん【日掛け貯金】
ヒガケ□チョキン

ひかげのかずら【日蔭の葛】
ヒカゲノ□カズラ〔植物名〕

ひがし【東】ヒガシ□ニホン，
ヒガシ□ハンブン，
ヒガシ□ヨーロッパ，

ヒガシ□ミナミ〔巽〕,

ヒガシキタ〔艮〕, ヒガシカゼ,

ヒガシクニノミヤ（東久邇宮）,

ナリタ□ヒガシ（成田東）,

ニシ□ヒガシニ□ワカレル

ひがないちにち【日がな一日】

ヒガナ□1ニチ

ひがみこんじょう【僻み根性】

ヒガミ□コンジョー

ひかり【光】ヒカリ□ツーシン,

ヒカリ□ファイバー,

ヒカリモノ, ヒノ□ヒカリ,

ナナヒカリ

ひかるげんじ【光源氏】

ヒカル□ゲンジ

ひき【引き】

⠿⠄⠤ビキ（50%引き）,

2ワリビキ

ひきこもごも【悲喜こもごも】

ヒキ□コモゴモ

ひきつくろう【引き繕う】

ヒキツクロウ

ひきつづき【引き続き】ヒキツヅキ

ひきづな【引き綱】ヒキヅナ

ひきてぢゃや【引き手茶屋】

ヒキテヂャヤ

ひきめかぎはな【引き目鉤鼻】

ヒキメ□カギハナ

ひきもきらず【引きも切らず】

ヒキモ□キラズ

ひきわり【碾割り・挽割り】

ヒキワリ□ナットー,

ヒキワリムギ

ひきんぞくげんそ【非金属元素】

ヒキンゾク□ゲンソ

ひくてあまた【引く手あまた】

ヒクテ□アマタ

びくびく ビクビク□シナガラ,

ビクビクモノ

ひげ【髭・鬚・髯】ヒゲオヤジ,

ヒゲジイサン, カイゼルヒゲ,

ハチノジヒゲ, ブショーヒゲ

ピケ ピケボー, ピケライン

ひけし【火消し】ヒケシツボ

ひげんぎょう【非現業】

ヒゲンギョー

ひこうかい【非公開】ヒコーカイ

ひこうしき【非公式】ヒコーシキ

ひごうほう【非合法】

ヒゴーホー□カツドー

ひごうり【非合理】

ヒ□ゴーリセイ,

ヒゴーリ□シュギ,

ヒゴーリナ□セツ

ひこうりつ【非効率】ヒコーリツ

※ヒ□コーリツテキ

ひ

ひかな―ひこう

ひこくみん【非国民】ヒコクミン

ひごのかみ【肥後守】ヒゴノカミ

ひざ【膝】

　ヒザ□クッキョクイ（膝屈曲位），

　ヒザカンセツ，

　ヒザヅメ□ダンパン

ビザ　カンコー□ビザ

ピザ　ピザ□レストラン，

　ピザハウス，ミックス□ピザ

ひざまずく【跪く】ヒザマズク

ひじちょうもく【飛耳長目】

　ヒジ□チョーモク

ひしつ【皮質】ダイノー□ヒシツ，

　キューヒシツ，シンヒシツ

ビジネス　ビジネス□ショー，

　ビジネスマン，ビジネスライク，

　サイド□ビジネス，

　ショー□ビジネス

びしゃもんてん【毘沙門天】

　ビシャモンテン

ひじょうきん【非常勤】

　ヒジョーキン□ショクイン

ひじょうしき【非常識】

　ヒジョーシキ

ひじょうすう【被乗数】

　ヒジョースー

ビジョン　ユーロ□ビジョン，

　ハイビジョン

ひじり【聖】ウタノ□ヒジリ，

　コーヤ□ヒジリ（高野聖）

びじれいく【美辞麗句】

　ビジ□レイク

ひずなます【氷頭なます】

　ヒズナマス

ひずみ【歪】エイキュー□ヒズミ

ひせんきょけん【被選挙権】

　ヒセンキョケン

ひせんろんしゃ【非戦論者】

　ヒセンロンシャ

ひそうのけん【皮相の見】

　ヒソーノ□ケン

ひそんざい【非存在】ヒソンザイ

ひた【直】ヒタオシ□スル，

　ヒタカクシニ□スル，

　ヒタナキニ□ナク

ひだ【襞】ヤマノ□ヒダ

ひだ【飛騨】

　ヒダ□タカヤマ（飛騨高山），

　オクヒダ□オンセンゴー（奥飛騨

　温泉郷）

びたいちもん【鐚一文】

　ビタ□１モン

ひたはしり【直走り】ヒタハシリ

ビタミン　ビタミン□⠰⠆⠐⠂⠰⠆

　（ビタミンＢ₂）

ひだり【左】 ヒダリ□ギッチョ，
ヒダリ□ナナメ□シタ，
ヒダリ□ハンシン，
ヒダリ□ハンブン，
ヒダリ□ミツドモエ〔紋所〕，
ヒダリウデ，ヒダリシタ

ひだりうちわ【左団扇】
ヒダリ□ウチワ

ひだりづま【左褄】 ヒダリヅマ

ひだりまえ【左前】
ヒダリマエノ□イチ，
キモノヲ□ヒダリマエニ□キル，
シゴトガ□ヒダリマエニ□ナル

ひぢりめん【緋縮緬】 ヒヂリメン

ひつ【筆】
クーカイ□ヒツ（空海筆）

ひっきりなし【引っ切り無し】
ヒッキリナシ

ビッグ ビッグ□エッグ，
ビッグ□スリー，ビッグバン

ピックアップ ピック□アップ

びっくりぎょうてん【びっくり仰天】 ビックリ□ギョーテン

ひっこし【引越し】
ヒッコシ□ニモツ，
ヒッコシ□ビンボー，
ヒッコシソバ

ひっそり
ヒッソリカント□シズマリカエル

ピッチ
ピッチ□ソーホー（ピッチ走法），
ワイルド□ピッチ，ハイピッチ

ヒッチハイク ヒッチハイク

ヒット ヒット□チャート，
ヒット□パレード，ヒットマン，
ロング□ヒット，ノーヒット

ピット ピット□クルー，
ピットイン，コックピット

ビップ【ＶＩＰ】
⠿⠿⠿⠿⠿⠿□ルーム，
⠿⠿⠿⠿⠿⠿⠿⠿（ＶＩＰ用）

ひづめ【蹄】 ヒヅメ

ひつよう【必要】
ヒツヨー□サイショーゲン，
ヒツヨー□サイショー□ゲンド，
ヒツヨーアク

ビデオ ビデオ□テープ，
ビデオ□デッキ，スロー□ビデオ

ピテカントロプスモジョケルテンシス ピテカントロプス□
モジョケルテンシス

ひてつきんぞく【非鉄金属】
ヒテツ□キンゾク

ひと【人】 アノ□ヒト，
ウチノ□ヒト，ヒトノ□コ

ひとあしらい【人あしらい】
ヒトアシライ

ひとあたり【人当たり】ヒトアタリ

ひといちばい【人一倍】
ヒトイチバイノ□ドリョク

ひといれかぎょう【人入れ稼業】
ヒトイレ□カギョー

ひとえ【一重】ヒトエ□マブタ,
カベ□ヒトエ, カミヒトエ

ひとかたならず【一方ならず】
ヒトカタナラズ

ひとくいじんしゅ【人食い人種】
ヒトクイ□ジンシュ

ひとくさい【人臭い】ヒトクサイ

ひとくち【一口】
ヒトクチ□モナカ, ヒトクチカツ

ひとこいしい【人恋しい】
ヒトコイシイ

ひとこしちりめん【一越縮緬】
ヒトコシ□チリメン

ひとさしゆび【人差し指・人指し
指】ヒトサシユビ

ひとさま【人様】
ヒトサマノ□コトワ□イウナ

ひとさわがせ【人騒がせ】
ヒトサワガセ

ひとしなみ【等し並】ヒトシナミ

ひとしれず【人知れず】
ヒトシレズ□ナイタ

ひとつ【一つ】
ヒトツ□アナノ□ムジナ,
ヒトツ□イエニ□クラス,
ヒトツ□カマノ□メシ,
ヒトツ□ココロ,
ヒトツ□トコロ,
ヒトツ□ノコラズ,
ヒトツ□ヤネニ□スム,
ナニ□ヒトツ,
ヒトツコトヲ□クリカエス,
ヒトツズツ（一つずつ）

ひとつおぼえ【一つ覚え】
ヒトツ□オボエ

ひとづきあい【人付き合い】
ヒトヅキアイ

ひとっこひとり【人っ子一人】
ヒトッコ□ヒトリ□イナイ

ひとづて【人伝】ヒトヅテニ□キク

ひとつひとつ【一つ一つ】
ヒトツ□ヒトツ□シラベル

ひとで【海星】ヤツデ□ヒトデ,
オニヒトデ

ひとでなし【人でなし】
アイツワ□ヒトデナシダ

ひととなり【人となり】
ヒトトナリヲ□シル

ひとなつかしい【人懐かしい】
　ヒトナツカシイ

ひとなつっこい【人懐っこい】
　ヒトナツッコイ

ひとみごくう【人身御供】
　ヒトミ□ゴクー

ひともしごろ【火点し頃】
　ヒトモシゴロ

ひともなげ【人も無げ】
　ヒトモナゲニ

ひとり【一人】 ヒトリ□ノコラズ，
　ヒトリ□ヒトリ，ヒトリビトリ，
　ヒトリミ

ひとりあるき【独り歩き】
　ヒトリ□アルキ

ひとりあんない【独り案内】
　ヒトリ□アンナイデ□マナブ

ひとりうらない【独り占い】
　ヒトリ□ウラナイ

ひとりがてん【独り合点】
　ヒトリ□ガテン□スル

ひとりごつ【独り言つ】
　ヒトリゴチタ

ひとりしずか【一人静】
　ヒトリ□シズカ〔植物名〕

ひとりのみこみ【独り呑み込み】
　ヒトリ□ノミコミ

ひとりぶたい【独り舞台】
　ヒトリ□ブタイ

**ひとりぼっち【独りぼっち・一人ぼ
　っち】** ヒトリボッチ

ひとりむすこ【一人息子】
　ヒトリ□ムスコ

ひとりよがり【独り善がり】
　ヒトリ□ヨガリ

ひな【雛】 ヒナニンギョー，
　ヒナノ□セック，ヒナマツリ，
　オヒナ□マツリ，オヒナサマ

ひならず【日ならず】 ヒナラズシテ

ひにひに【日に日に】
　ヒニヒニ□ハルメク

ひにんじょう【非人情】
　ヒニンジョー

ひね ヒネショーガ，
　ヒネマイ（ひね米）

ひねり【捻り】 ヒネリワザ，
　ウワテ□ヒネリ，
　カイナ□ヒネリ，ヒトヒネリ

ひねりまわす【捻り回す】
　ヒネリマワス

ひのあめ【火の雨】
　ヒノ□アメガ□フル

ひのいり【日の入り】 ヒノイリ

ひのうちどころ【非の打ち所】
　ヒノ□ウチドコロガ□ナイ

ひ

ひとな―ひのう

― 273 ―

ひのえ【丙】

ヒノエ□イヌ（丙戌），

ヒノエ□ウマ（丙午），

ヒノエウマノ□オンナ

ひのき【檜】ヒノキ，

ヒノキ□ブタイ

ひのくるま【火の車】

カケイワ□ヒノクルマダ

ひのくれ【日の暮】

ヒノクレガ□ハヤイ

ひのけ【火の気】

ヒノケガ□マダ□アル

ひのこ【火の粉】ヒノコガ□トブ

ひのしたかいさん【日の下開山】

ヒノシタ□カイサン

ひのたま【火の玉】

ヒノタマノヨーニ□オコル，

ボチデ□ヒノタマガ□トブ

ひのて【火の手】ヒノテガ□アガル

ひので【日の出】

ヒノデノ□イキオイ

ひのと【丁】ヒノト□ウ（丁卯）

ひのばん【火の番】

ヒノ□バンヲ□スル，

ヒノバンヤク

ひのまる【日の丸】

ヒノマルノ□ハタ，

ヒノマル□ベントー，

マルニ□ヒノマル□オーギ〔紋所〕

ひのみさき【日御碕】

ヒノミサキ〔地名〕

ひのみやぐら【火の見櫓】

ヒノミ□ヤグラ

ひのめ【日の目】ヒノメヲ□ミル

ひのもと【日の本】ヒノモト□1

ひのもと【火の元】

ヒノモト□ゴヨージン

ひのようじん【火の用心】

ヒノ□ヨージン

ひばいどうめい【非買同盟】

ヒバイ□ドーメイ

ひばいひん【非売品】ヒバイヒン

ひひ【狒狒】ヒヒオヤジ，

マントヒヒ

ひびょういん【避病院】

ヒビョーイン

ひびわれる【罅割れる】ヒビワレル

ひふ【皮膚】ヒフ□コキュー，

ヒフ□チカク（皮膚知覚），

ヒフガン

ひぶ【日歩】ヒブ□ホケン，

エンタイ□ヒブ

ビフォアアフター

ビフォア□アフター

びふくもんいん【美福門院】

ビフク□モンイン

― 274 ―

ひまつぶし【暇潰し】 ヒマツブシ

ひまひま【暇暇・隙隙】
　ヒマヒマニ□ハイクヲ□ツクル

ひみず【火水】
　ヒミズヲモ□イトワナイ

ひみつ【秘密】 ヒミツ□センキョ,
　ヒミツ□ダンタイ, ヒミツカイ

ひめ【姫・媛】 カグヤヒメ,
　コノハナノ□サクヤヒメ（木花之
　開耶姫）, センヒメ（千姫）

ひめきょうだい【姫鏡台】
　ヒメキョーダイ

ひめごぜ【姫御前】 ヒメゴゼ

ひめみこ【姫御子・皇女】
　タジマノ□ヒメミコ（但馬皇女）

びもくしゅうれい【眉目秀麗】
　ビモク□シューレイ

ひもすがら　ヒモスガラ□ハタラク

ひもち【日持ち・日保ち】
　ヒモチノ□イイ□カシ

ひもつき【紐付き】
　ヒモツキ□ヨサン

ひやかし【冷やかし・素見】
　ヒヤカシ□ハンブン,
　ヒヤカシキャク

ひゃく【百】
　ヒャク□⠿⠿⠿（百五六十）,
　１００⠿エンダマ,

　ゼニ□１００モン,
　ヒャク□スー１０ニン,
　ヒャクモ□ショーチ,
　ミツゴノ□タマシイ□ヒャクマデ,
　スーヒャクニン, ナンビャク

ひゃくがい【百害】 ヒャクガイ□
　アッテ□１⠿リ□ナシ

ひゃくじ【百事】
　ヒャクジ□ニョイ（百事如意）

ひゃくしゃくかんとう【百尺竿頭】
　ヒャクシャク□カントー□
　１ポヲ□ススメル

ひゃくしゃまいり【百社参】
　１００シャ□マイリ

ひゃくじゅう【百獣】
　ヒャクジューノ□オー

ひゃくしゅつ【百出】
　ギモン□ヒャクシュツ

ひゃくしょう【百姓】
　ヒャクショー□イッキ,
　タミ□ヒャクショー,
　ミズノミビャクショー

ひゃくせつふとう【百折不撓】
　ヒャクセツ□フトー

ひゃくせん【百千】
　ヒャクセンノ□ヒトビト

ひゃくせん【百戦】
　ヒャクセン□ヒャクショー,

ヒャクセン□レンマ

ひゃくせん【百選】

100センカイ（百選会）,
メイショ□100セン

ひゃくたい【百態】 ヒャクタイ

ひゃくたたき【百叩き】

100タタキノ□ケイ

ひゃくとおばん【110番】

110バン□スル

ひゃくどまいり【百度参り】

100ド□マイリ
※オ100ドヲ□フム

ひゃくにち【百日】

100ニチ□テンカ,
ヒャクニチ□カズラ,
ヒャクニチノ□セッポー□ヘ□
ヒトツ, ヒャクニチゼキ,
ヒャクニチソー

ひゃくにんいっしゅ【百人一首】

100ニン□1シュ

ひゃくにんりき【百人力】

ヒャクニンリキ

ひゃくねん【百年】

カレノ□ナワ□100ネンノ□
ノチマデ□ノコル,
ヒャクネンノ□コイモ□サメル,
ココデ□アッタガ□ヒャクネンメ

ひゃくねんせんそう【百年戦争】

100ネン□センソー

ひゃくパーセント【百パーセント】

コーカ□100パーセント,
シュッセキリツ□100パーセント

ひゃくばい【百倍】

100バイニ□ウスメル,
ユーキ□ヒャクバイ

ひゃくはちぼんのう【百八煩悩】

108ボンノー

ひゃくぶん【百聞】

ヒャクブンワ□1ケンニ□シカズ

ひゃくぶんひ【百分比】

100ブンヒ

ひゃくぶんりつ【百分率】

100ブンリツ

ひゃくまんげん【百万言】

ヒャクマンゲンヲ□ツイヤス

ひゃくまんちょうじゃ【百万長者】

ヒャクマン□チョージャ

ひゃくまんべん【百万遍】

100マンベン□ネンブツ,
ヒャクマンベン〔寺の名前〕

ひゃくみだんす【百味箪笥】

ヒャクミダンス

ひゃくめろうそく【百目蝋燭】

100メ□ローソク

ひゃくめんそう【百面相】
ヒャクメンソー

ひゃくものがたり【百物語】
１００モノガタリ

ひゃくもん【百文】１００モンセン

ひゃくやく【百薬】
サケワ□ヒャクヤクノ□チョー

ひゃくやっつ【百八つ】
ヒャクヤッツ

ひゃくようばこ【百葉箱】
ヒャクヨーバコ

ひゃくらい【百雷】
ヒャクライ□イチジニ□トドロク

ひゃくれん【百錬】
ヒャクレンノ□テツ

ひゃくわ【百話】１００ワ

ひやし【冷し】ヒヤシ□タヌキ，
ヒヤシ□チューカ，ヒヤシソバ

ひゃっか【百花】
ヒャッカ□リョーラン

ひゃっか【百科】
ヒャッカ□ジテン，
ヒャッカ□ゼンショ

ひゃっか【百家】
ヒャッカ□セツリン（百家説林），
ヒャッカ□ソーメイ（百家争鳴），
ショシ□ヒャッカ（諸子百家）

ひゃっかてん【百貨店】
ヒャッカテン

ひゃっかにち【百箇日】
１００カニチ

ひゃっかん【百官】
ブンブ□ヒャッカン

ひゃっかんでぶ【百貫でぶ】
ヒャッカンデブ

ひゃっきやこう【百鬼夜行】
ヒャッキ□ヤコー

ひゃっけい【百計】
ヒャッケイ□ツキル

ひゃっけんながや【百間長屋】
ヒャッケン□ナガヤ

ひゃっこう【百行】
コーワ□ヒャッコーノ□モト（孝
は百行の本）

ひゃっぱつひゃくちゅう【百発百
中】ヒャッパツ□ヒャクチュー

ひゃっぱん【百般】
ブゲイ□ヒャッパン

ひゃっぽ【百歩】
１００ポ□カゾエル，
ヒャッポ□ユズッテ

ひゃっぽう【百方】
ヒャッポー□テヲ□ツクス

ひやとい【日雇・日傭】
ヒヤトイ□ニンプ

― 277 ―

ひやめし【冷飯】
ヒヤメシ□ゾーリ，ヒヤメシクイ

ひゅうがなつ【日向夏】
ヒューガナツ

ひょいひょい
ヒョイヒョイ□カオヲ□ダス

ひよう【費用】
ヒヨー□タイ□コーカ，
リョコー□ヒヨー

ひょう【評】
コバヤシ□ヒデオ□ヒョー（小林
秀雄評）〔…が評す〕，
イシカワ□タクボクヒョー（石川
啄木評）〔…を評す〕，
エイガヒョー

ひょう【表】ヒョー□1，
ヒョーケイサン□ソフト，
タイシャク□タイショーヒョー

びょう【廟】
コーシビョー（孔子廟），
レーニンビョー

びょうしゃ【病者】
コーリョ□ビョーシャ，
ウツビョーシャ，
セイシンビョーシャ，
ムユービョーシャ

ひょうたん【瓢箪】
ヒョータン□オクリ，

ヒョータン□ナマズ，
センナリビョータン

ひょうでん【評伝】
ナツメ□ソーセキ□ヒョーデン
（夏目漱石評伝）

びょうとう【病棟】
ガン□ビョートー，
ケッカク□ビョートー

ひよく【比翼】ヒヨクノ□トリ，
ヒヨクヅカ

ひょっと　ヒョット□シテ

ひよりげた【日和下駄】ヒヨリゲタ

ひら【平】ヒラアヤマリ，
ヒラシャイン，
ヒラテンジョービト

びら　ビラクバリ，
コーコクヨー□ビラ，
センデンビラ

ひらきなおり【開き直り】
ヒラキナオリ

ピラフ　チキン□ピラフ，
エビピラフ

ひる【昼】ヒル□マエ，
ヒルアンドン，ヒルサガリ，
ヒルスギ，ヒルヒナカ，
ヒルヤスミ，15ニチ□ヒル

ヒル　ヒル□クライム，
ヒルサイズ，ノーマル□ヒル，

ラージヒル

ビル　ビル□カンリ,
　ビル□ケンセツ, ビルアラシ,
　ビルカゼ, コーソー□ビル,
　カスミガセキ□ビル (霞が関ビ
　ル), ミツイ□ビル (三井ビル),
　モリ□ビル (森ビル),
　マルビル (丸ビル),
　ボディービル, マネービル

ひるいない【比類ない】
　ヒルイ□ナイ

びるしゃなぶつ【毘盧遮那仏】
　ビルシャナブツ

ヒレ　ヒレ□ステーキ, ヒレカツ,
　ギュー□ヒレニク, ギューヒレ

ひろい【拾い】 オチボ□ヒロイ,
　クズヒロイ

ひろいあるき【拾い歩き】
　ヒロイアルキ

ひろさわのいけ【広沢池】
　ヒロサワノ□イケ

びわ【枇杷】
　アワジ□ビワ (淡路枇杷)

びわ【琵琶】
　チクゼン□ビワ (筑前琵琶),
　ヘイケ□ビワ (平家琵琶),
　ガクビワ (楽琵琶)

びわほうし【琵琶法師】
　ビワ□ホーシ

びわようとう【枇杷葉湯】
　ビワヨートー

ピン　ピン□ディスプレイ,
　ピン□ポイント, ピンホール,
　アンゼン□ピン, ネクタイ□ピン,
　ボウリング□ピン, ヘアピン

ピンク　ピンク□サロン,
　サーモン□ピンク, モスピンク

ひんじゃのいっとう【貧者の一燈】
　ヒンジャノ□1トー

ひんする【貧する】
　ヒンスレバ□ドンスル

ピンチ　ピンチ□ヒッター,
　ピンチ□ランナー

びんつけあぶら【鬢付け油】
　ビンツケ□アブラ

びんぼう【貧乏】
　ビンボー□ナガヤ,
　ビンボー□ヒマ□ナシ,
　ビンボー□ユスリ,
　ビンボークサイ, ビンボークジ,
　ビンボータラシイ,
　キヨー□ビンボー

ふ【不】フカクダイ□ホーシン
　（不拡大方針），フキョーワオン，
　フサンセイ，フテイキビン，
　フニンジョー，フリョードータイ

ふ【富】フ□エイヨーカ

ぶ【部】ブカツドー，ゴゴノ□ブ，
　ダイ１ブ，ヤキュー□ブ

ぶ【無】ブアイソー（無愛想）

ファースト　ファースト（1st），
　ファースト□クラス，
　ファースト□レデイー

ファイア　ファイア□ストーム，
　ファイアマン，
　キャンプ□ファイア，
　ミスファイア

ファイバー
　ファイバー□スコープ，
　グラス□ファイバー，
　ヒカリ□ファイバー

ファイブ　ファイブ□スター，
　ファイブドア，

　アフター□ファイブ

ファイル　ファイル□ブック，
　データ□ファイル

ファインプレー　ファイン□プレー

ファッション
　ファッション□ショー，
　ファッション□モデル，
　ニュー□ファッション

ファミリー　ファミリー□サイズ，
　ファミリーカー，
　ニュー□ファミリー

ファン　ファン□サービス，
　ファンレター，
　オールド□ファン，
　ヤキューファン

ファン　ファン□ヒーター，
　ソーラー□ファン，ターボファン

ブイ【V】　V□サイン，
　V□ネック，
　V□リーグ，
　V字型（Ｖ字型）

ブイアイピー【ＶＩＰ】
　ＶＩＰ□ルーム，
　ＶＩＰ用（ＶＩＰ用）

フィードバック　フィード□バック

フィギュアスケート
　フィギュア□スケート

フィズ バイオレット□フィズ,
カカオフィズ

ブイヤベース ブイヤベース

フィルハーモニー
フィルハーモニー
※ベルリン□フィル,
トーフィル（東フィル）

フィルム フィルム□ケース,
カラー□フィルム, ネガフィルム

ぶいん【部員】
シンニュー□ブイン,
テニス□ブイン

フィンガーボウル
フィンガー□ボウル

ふう【風】コー□イウ□フーニ,
シラナイ□フー, シンシフー,
タケヒサ□ユメジフーノ□エ
（竹久夢二風の絵）

ふうふ【夫婦】フーフ□キドリ,
フーフ□ヨーシ（夫婦養子）,
フーフヅレ, フーフナカ,
オジ□フーフ,
オトート□フーフ,
ニタモノ□フーフ, ニセフーフ

ふうりんかざん【風林火山】
フーリンカザン

プール プール□サイド,
シエイ□プール

ふえ【笛】フエ□タイコ,
フエ□フケドモ□オドラズ

フェア フェア□グラウンド,
フェア□トレード,
フェアナ□タイド,
フェアウエイ, フェアプレー

フェア オーディオ□フェア,
ダイ１カイ□フェア,
ブックフェア

フェイスブック フェイス□ブック

フェース ファニー□フェース,
ポーカー□フェース,
インターフェース,
ニューフェース

フェーンげんしょう【フェーン現
象】フェーン□ゲンショー

フェリー フェリー□ボート,
カーフェリー

プエルトリコ プエルトリコ

フォア フォア□フロント,
フォアハンド

フォーク フォーク□ソング,
フォーク□ダンス, フォークロア

フォークリフト フォーク□リフト

フォーマル フォーマル□ウエア,
インフォーマル, セミフォーマル

フォックス
フォックス□トロット,

ふいす―ふおっ

フォックス□テリア

フォッサマグナ　フォッサ□マグナ

フォト　フォト□アルバム，
フォト□スタジオ，
フォトグラフィー，
⠿⠿⠿⠿□フォト（3Dフォト）

フォロー　フォロー□アップ，
フォロー□スルー

フォン　スマートフォン
※ラクラクホン

ふか【付加】フカ□カチ，
フカ□ハンノー

ふか【府下】キョート□フカ

ふかい【深い】
ミドリ□フカイ□ノリエ，
ユキ□フカイ□ヤマ

ふがいない【腑甲斐無い・不甲斐な
い】フガイナイ□セイセキ

ふかこうりょく【不可抗力】
フカコーリョク

ふかづめ【深爪】フカヅメ

ふかんしへい【不換紙幣】
フカン□シヘイ

ふきのとう【蕗の薹】フキノトー

ぶぎょう【奉行】
カンジョー□ブギョー，
マチブギョーショ，
ミナミ□マチブギョー

ふきょうわおん【不協和音】
フキョーワオン

ふく【副】
フク□シッコー□イインチョー，
フクカンジチョー，　フクサヨー，
フクドクホン，
フクフクキャプテン

ふぐ【河豚】フグ□チョーリシ，
フグ□チュードク，
フグチョーチン，
ユードク□フグ，　トラフグ

ふくこうかんしんけい【副交感神
経】フクコーカン□シンケイ

ふくこうじょうせん【副甲状腺】
フクコージョーセン

ふくすい【覆水】
フクスイ□ボンニ□カエラズ

ふくぞうなく【腹蔵なく】
フクゾー□ナク

ふぐたいてん【不倶戴天】
フグタイテンノ□テキ

ふくのかみ【福の神】フクノカミ

ふくふてん【複付点】
フクフテン□オンプ

ふくみ【含み】フクミ□シサン，
フクミ□ワライ，　フクミエキ，
ツヨフクミ

ふくろ【袋】フクロ□コージ,
フクロ□トダナ,
フクロノ□ネズミ

ぶけ【武家】ブケ□ジダイ,
ブケ□セイジ, ブケヤシキ

ぶげいじゅうはっぱん【武芸十八
般】ブゲイ□18パン

ふげんぼさつ【普賢菩薩】
フゲン□ボサツ

ふざ【跌坐】ケッカ□フザ,
ハンカ□フザ

ふざいじぬし【不在地主】
フザイ□ジヌシ

ふさぎ【塞ぎ】バショフサギ

ふさくいはん【不作為犯】
フサクイハン

ふじ【富士】フジ□カザンタイ,
フジ□5コ, フジ□サンチョー,
エゾ□フジ（蝦夷富士）,
ツガル□フジ（津軽富士）,
デワ□フジ（出羽富士）,
キタフジ（北富士）, チヨノフジ
（千代の富士）〔四股名〕

ふじ【不二】
ケンコン□フジ（乾坤不二）

ふしそうでん【父子相伝】
フシ□ソーデン

ふしゃくしんみょう【不惜身命】
フシャク□シンミョー

ふしょうぶしょう【不承不承】
フショーブショー

ふずいいきん【不随意筋】
フズイイキン

ふぜい【風情】
ワタクシ□フゼイガ

ふそくふり【不即不離】
フソク□フリ

ぶた【豚】ブタ□カクニ,
ブタ□カタロース,
ブタ□ヒキニク, ブタヒキ,
チューゴクサン□ブタ

ふたえ【二重】フタエ□マブタ,
フタエカギ

ふだしょ【札所】
シコク□88フダショ（四国八十
八札所）

ふたつ【二つ】フタツ□ヘンジ,
フタツ□ミツ

プチ プチトマト,
プチブルジョア, プチヤサイ

ふちゃりょうり【普茶料理】
フチャ□リョーリ

ぶちょう【部長】
ジュンサ□ブチョー,
ソーム□ブチョー

283

ふくろ―ふちょ

ブック　ブック□エンド，

　　ブック□カバー，

　　ブック□メーカー，

　　ブックフェア，ブックレット，

　　サイン□ブック，スコア□ブック

プッシュ　プッシュ□アップ，

　　プッシュ□ボタン，プッシュホン

ぶっちょうづら【仏頂面】

　　ブッチョーヅラ

ふってわいた【降って湧いた】

　　フッテ□ワイタ

フット　フット□スイッチ，

　　フット□ボール，

　　フット□ライト，

　　フット□ワーク，フットサル

プット　アウト□プット，

　　インプット

ぶつぶつこうかん【物物交換】

　　ブツブツ□コーカン

ぶてい【武帝】

　　カンノ□ブテイ（漢の武帝）

　　※コーブテイ（光武帝）

ふていけいし【不定型詩】

　　フテイケイシ

ふでづかい【筆遣い】フデヅカイ

ふでづつ【筆筒】フデヅツ

ふと　フト□シタ□ヒョーシニ，

　　フト□ミルト

ぶどう【葡萄】ブドートーエキ

　　（葡萄糖液），ブドーパン，

　　コーシュー□ブドー（甲州葡萄），

　　ヤマブドー

ぶどうじょうきゅうきん【葡萄状球菌】ブドージョー□キューキン

ふどうみょうおう【不動明王】

　　フドー□ミョーオー

ふとくようりょう【不得要領】

　　フトク□ヨーリョー

ふところ【懐】

　　フトコロ□カンジョー，

　　フトコロ□グアイ，ヤマフトコロ

ふにおちない【腑に落ちない】

　　フニ□オチナイ

フニクリフニクラ

　　フニクリ□フニクラ

ふひと【史】

　　ヤマダノ□フヒト（山田史）

ふぶき【吹雪】サクラ□フブキ，

　　カミフブキ

ぶぶん【部分】

　　ブブン□ニッショク，

　　キョーツー□ブブン，

　　ウエ□ブブン，ヒダリ□ブブン，

　　ミギ□ブブン，ヨコ□ブブン，

　　イチブブン

ぶぶんきょくひつ【舞文曲筆】
　ブブン□キョクヒツ

ふへんふとう【不偏不党】
　フヘン□フトー

ふみづかい【文使い】　フミヅカイ

ふみとどまる【踏み止まる】
　フミトドマル

ふゆふにゅう【不輸不入】
　フユ□フニュー

フライ　フライパン,
　ポテト□フライ, カキフライ

ブラシ　ボディー□ブラシ,
　ヨーフク□ブラシ, ヘアブラシ

プラス　プラス□アルファ,
　プラス□マイナス,
　プラスキョク, プラスワン,
　1□プラス□1

ブラスバンド　ブラス□バンド

フラダンス　フラダンス

ブラック　ブラック□コーヒー,
　ブラック□ホール,
　ブラック□ユーモア,
　ブラック□リスト,
　ブルー□ブラック

ブラックバス　ブラック□バス

プラットホーム　プラットホーム

ぶらり　ブラリ□ヒョータン,
　ブラリ□ブラリ

フラン　50□スイス□フラン
　〔単位名〕

ブランド　ブランド□シェア,
　ブランド□シコー（ブランド志
　向）, ブランドモノ,
　ノー□ブランド,
　ニセブランドヒン

ふり【振り】　フリノ□キャク,
　ヒトノ□フリ□ミテ□ワガ□
　フリ□ナオセ,
　ミテ□ミヌ□フリ,
　シラヌ□フリ□シテ,
　カタナ□ヒトフリ

ぶり【振り・風】
　オトコブリガ□イイ,
　3ネンブリニ□アッタ

プリ　プリアンプ,
　プリペイド□カード

フリー　フリー□スタイル,
　フリー□トーキング,
　フリー□ハンド,
　フリーウェア□ソフト,
　フリーパス, アルコール□フリー

フリーランス　フリーランス,
　フリーランサー

ふりだし【振り出し】
　フリダシ□アライ,
　フリダシ□テガタ

ふ

ふふん─ふりた

ふりつづみ【振鼓】フリツヅミ

プリマ　プリマ□ドンナ，
　　プリマ□バレリーナ

ふりみふらずみ【降りみ降らずみ】
　　フリミ□フラズミノ□テンキ

ふりゅうもんじ【不立文字】
　　フリュー□モンジ

ぶりょうとうげん【武陵桃源】
　　ブリョー□トーゲン

ふりわけ【振分け】
　　フリワケ□スガタ，
　　フリワケ□ニモツ

プリンス　プリンス□オブ□
　　ウェールズトー，
　　プリンス□メロン，
　　リトル□プリンス

プリント　プリント□アウト，
　　プリント□キジ，
　　カラー□プリント，
　　ミス□プリント，ℓプリント

ふる【古】フルシンブン，
　　フルツワモノ，イイフルサレル

フル　フル□カイテン□スル，
　　フル□スピード，
　　フル□スペリング，
　　フル□マラソン，
　　フルカドー（フル稼動），
　　フルスペル，フルタイム，

フルベース，フルムーン

ぶる　イイコブル，
　　イイ□センセイブッテ

プル　プル□オーバー，プルトップ

ブルー　ブルー□カラー，
　　ブルー□ジーンズ，
　　ブルー□チーズ，
　　ブルー□ブラック，
　　ブルーギル，スカイ□ブルー

フルーツ　フルーツ□パーラー，
　　フルーツ□ポンチ，
　　キウイ□フルーツ，
　　グレープ□フルーツ

プレ　プレ□イベント，
　　プレ□オリンピック，
　　プレ□ステージ，プレチョーサ，
　　プレハブ，プレリュード

プレイガイド　プレイ□ガイド

プレー　プレー□ボール，
　　プレーオフ，スタンド□プレー，
　　チーム□プレー，フェアプレー

ブレーン　ブレーン□トラスト

プレーンソーダ　プレーン□ソーダ

プレクストーク【Ｐｌｅｘｔａｌｋ】
　　⠿⠿⠿⠿⠿⠿⠿⠿⠿⠿，
　　プレクストーク〔商品名〕

ブレザーコート　ブレザー□コート

― 286 ―

プレス　プレス□コード,
　　ラジオ□プレス

プレスハム　プレスハム

プレタポルテ　プレタポルテ

フレッシュ　フレッシュ□アップ,
　　フレッシュマン,　リフレッシュ

フレンゾクセン【不連続線】
　　フレンゾクセン

フレンチ　フレンチ□カンカン,
　　フレンチ□キス,
　　フレンチ□トースト

フレンド　フレンドシップ,
　　ガール□フレンド,
　　ペン□フレンド

ふろ【風呂】フロアガリ,
　　フロソージ

プロ　プロ□アマ□センシュケン,
　　プロ□ゴルファー,
　　プロ□ボクシング,　プロテニス,
　　プロヤキュー,　ゲイノー□プロ,
　　ジョシプロ,　ノンプロ

ふろうふし【不老不死】
　　フロー□フシ

フロー　フロー□チャート,
　　オーバー□フロー

フロックコート　フロック□コート

プロトタイプ　プロト□タイプ

プロパンガス　プロパン□ガス

プロモーション　プロモーション
　　※プロモーター

フロンガス　フロンガス

ふわたり【不渡】フワタリ□テガタ

ふわらいどう【付和雷同】
　　フワ□ライドー

ふん【分】
　　フンキザミノ□スケジュール

ぶん【分】ブン□フソーオー,
　　ヒトノ□ブンマデ□タベル,
　　ブンヲ□ワキマエル,
　　ミル□ブンニワ□カマワナイ,
　　３ニンブン,　５ブンノ□１,
　　ゾーカブン

ぶん【文】テラダ□トラヒコ□ブン
　　（寺田寅彦文),　ブンゴブン

ぶんか【文化】ブンカ□イサン,
　　マヤ□ブンカ

ぶんがく【文学】
　　エイベイ□ブンガク,
　　ジドー□ブンガクシャ

ぶんこつさいしん【粉骨砕身】
　　フンコツ□サイシン

ぶんしょこうじゅ【焚書坑儒】
　　フンショ□コージュ

ぶんせきざいきしゃ【文責在記者】
　　ブンセキ□ザイ□キシャ

ふ

ふれすーふんせ

ぶんそうおう【分相応】
　ブン□ソーオー
ふんだりけったり〔踏んだり蹴ったり〕フンダリ□ケッタリ
ぶんちょう【文鳥】
　テノリ□ブンチョー
ふんどしかつぎ【褌担ぎ】
　フンドシ□カツギ
ぶんぶくちゃがま【分福茶釜】
　ブンブク□チャガマ
ふんべつ【分別】
　　フンベツ□アリゲ
　　フンベツクサイ，フンベツラシイ
ぶんべつ【分別】
　　ブンベツ□カキカタ〔分かち書き〕，ブンベツ□シューシュー
ふんぼ【墳墓】フンボノ□チ
ふんまん【憤懣・忿懣】
　　フンマン□ヤルカタナイ
ぶんり【分離】ブンリ□カゼイ，
　セイキョー□ブンリ（政教分離），
　ハツソーデン□ブンリ（発送電分離），ヨーツイ□ブンリショー
ぶんれつ【分裂】
　　サイボー□ブンレツ，
　　カクブンレツ

へ　　　　　　　□エノ□テイアン（ＩＳＯへの提案），
　５　エ□トブ
ヘア　ヘア□スタイル，
　ヘア□トニック，
　ヘア□ローション，ヘアケア，
　ヘアピース，ヘアピン，
　セミショート□ヘア，
　ショートヘア
ペア　ペア□スタイル，
　ペアルック，オヤコ□ペア
　（親子ペア），ツーペア
へい【弊】
　ヘイイ□ハボー（弊衣破帽），
　ヘイシャ（弊社），
　ヘイテン（弊店）
へい【兵】カシカン□ヘイニ□ツグ
　（下士官兵に告ぐ），１ペイソツ，
　ジョートーヘイ
　※ゾーヒョー（雑兵）

べい【米】
　　ベイ□エイ□フツ（米英仏），
　　ベイ□ダイトーリョー，
　　ベイ□リクグン，
　　ベイグン□キチ，
　　ベイコクミン（米国民），
　　ベイソ□カンケイ，
　　ベイロ□リョーコク

ベイ　　ベイ□ブリッジ，
　　ベイエリア

ペイ　　ペイオフ，ペイバック，
　　ノー□ワーク□ノー□ペイ

へいいはぼう【弊衣破帽】
　　ヘイイ□ハボー

へいか【陛下】テンノー□ヘイカ

へいきのへいざ【平気の平左】
　　ヘイキノ□ヘイザ

へいきんてんすう【平均点数】
　　ヘイキン□テンスー

へいこうしへんけい【平行四辺形】
　　ヘイコー□4ヘンケイ

べいこくねんど【米穀年度】
　　ベイコク□ネンド

へいしんていとう【平身低頭】
　　ヘイシン□テイトー

へいそく【閉塞】
　　コーコー□ヘイソク（港口閉塞），
　　チョーヘイソク

へいべい【平米】１００ヘイベイ

ぺいぺい　　ペイペイズモー，
　　ワタシワ□マダ□ペイペイデス

へいへいぼんぼん【平平凡凡】
　　ヘイヘイ□ボンボン

へいほう【平方】
　　⠿⠿⠿⠿⠿（10m²），
　　2メートル□ヘイホー，
　　4ヘイホーメートル

へいや【平野】イセ□ヘイヤ，
　　カントー□ヘイヤ

ベーシック【ＢＡＳＩＣ】
　　⠿⠿⠿⠿⠿⠿□ゲンゴ

ベース　　ベース□アップ，
　　ベース□キャンプ，
　　ベース□ボール，
　　データ□ベース，
　　ホーム□ベース，フルベース

ペース　　ペース□メーカー，
　　オーバー□ペース，ハイペース

ペースト　レバー□ペースト

ベータ【β】⠿⠿⠿□カロテン，
　　⠿⠿⠿⠿⠿⠿（β線），
　　ベータセン

ペーパー　　ペーパー□ナイフ，
　　ペーパー□プラン，
　　ペーパーレス□ジダイ，
　　サンド□ペーパー，

ニュース□ペーパー

べからず　ハイルベカラズ

ペキンダック【北京ダック】
　ペキン□ダック

べくして　カツベクシテ□カッタ

ヘクタール【ｈａ】
　（500ha），
　５００ヘクタール

ヘクトパスカル【ｈＰａ】
　１０１３ （1013hPa），
　１０１３ヘクトパスカル

べし　カク□アルベシ，
　ソッコク□サンジョー□スベシ

ベスト　ベスト□スリー，
　ベスト□セラー，ベスト□１０，
　ベストテン

べそ　ベソヲ□カク，ナキベソ

へそのお【臍の緒】ヘソノオ

へた【下手】ヘタ□スルト，
　ジョーズ□ヘタ

ベターハーフ　ベター□ハーフ

べたいちめん【べた一面】
　ベタイチメン

べつ【別】ベツカイケイ，
　ベツリョーキン，
　ショーヒゼイ□ベツ，
　ソーリョー□ベツ，
　ガクネンベツ，

シューショクサキベツ□リスト，
ゼイベツ

べつあつらえ【別誂え】
　ベツアツラエ

べっせかい【別世界】ベッセカイ

ヘッド　ヘッド□コーチ，
　ヘッド□ライト，ヘッドギア，
　ヘッドフォン，ボーン□ヘッド

ベッド　ベッド□サイド，
　ベッド□タウン，ベビー□ベッド

ペット　ペット□ネーム，
　ペット□フード

へっぽこ　ヘッポコ□イシャ

べにおしろい【紅白粉】
　ベニオシロイ

べにさしゆび【紅差指】
　ベニサシユビ

へのかっぱ【屁の河童】
　ソンナ□コトワ□ヘノカッパサ

へのじ【への字】
　クチヲ□ヘノジニ□ムスブ

ペパーミント　ペパーミント□ガム

ヘビー　ヘビー□スモーカー，
　ヘビー□パンチ，ヘビーキュー，
　ラスト□ヘビー

ベビー　ベビー□ウエア，
　ベビー□シッター，ベビーカー

へへののもへじ　ヘヘノノモヘジ

へぼ ヘボイシャ，ヘボキューリ，
ヘボショーギ

へや【部屋】ヘヤ□セイド，
ヘヤサガシ，トキツカゼベヤ
（時津風部屋），ベンキョーベヤ

べらんめえ ベランメエ□クチョー

ベリー クランベリー，
ストロベリー，ブラックベリー，
ブルーベリー，ラズベリー

ベル ベルマーク，
ボーハン□ベル，
ポケット□ベル，カウベル，
ヒジョーベル

ヘルス ヘルス□キーパー，
ヘルス□センター，
ヘルス□メーター

ヘルツ【Ｈｚ】
　⠿⠿⠿⠿⠿（50Hz），
　⠿⠿⠿⠿⠿⠿⠿（10MHz），
　⠿⠿⠿⠿⠿⠿⠿⠿
　（1.9GHz帯），
メガヘルツ〔単位名〕

ベルト ベルト□コンベヤー，
グリーン□ベルト，ガンベルト

ペレストロイカ ペレストロイカ

べろんべろん
ベロン□ベロンニ□ヨウ

へん【辺】
ナガイ□ホーノ□ヘンヲ□オル，
コノヘンデ□オヒラキニ□シヨー，
コノヘンワ□シズカダ，
シズオカヘンノ□トチ，
ソノヘンノ□ジジョーガ□
ワカラナイ

へん【編・篇】ヘンチョシャ，
サンセイドー□ヘン（三省堂編），
シンムラ□イズル□ヘン（新村出
編），ゲンダイゴヘン，
シ□３ペン，チョーヘン

へん【変】ヘンホチョーチョー（変ホ
長調），サクラダモンガイノ□ヘン
（桜田門外の変）

ペン ペン□フレンド，
ペンネーム，ペンパル，
ペンライト，ケイコー□ペン，
サインペン，ユセイペン

ペンギン アデリー□ペンギン，
イワトビ□ペンギン，
コーテイ□ペンギン，
ヒゲペンギン

へんじょう【遍照】ヘンジョー□
コンゴー（遍照金剛），
コーミョー□ヘンジョー（光明遍照）

へんずつう【偏頭痛】ヘンズツー

へほ―へんす

へんとうせんえん【扁桃腺炎】
　ヘントーセンエン
べんべん
　ベンベンタル□タイコバラ
へんまひ【片麻痺】ヘンマヒ
べんもうそうるい【鞭毛藻類】
　ベンモー□ソールイ

ほ【穂】ススキノ□ホ,
　ムギノ□ホ, イナホ
ほ【補】ケイブホ,
　コクム□ジカンホ（国務次官補）
ぽいすて【ぽい捨て】
　ポイステ□キンシ
ほいっぽ【歩一歩】
　ホ□1ポト□チカヅク
ボイラーマン　ボイラーマン
ポイント　ポイント□ゲッター,
　キー□ポイント, ワン□ポイント
　※ワンポイント□レッスン

ほう【方】アルク□ホーガ□ヨイ,
　ソノ□ホーエ□イク,
　ヒガシノ□ホー, ワガ□ホー,
　シホー□ハッポー,
　ソノホーワ□ナニモノジャ？
ほう【法】ホー□カイシャク,
　ホー□カイセイ,
　ホー□シャカイガク,
　ホー□セイド, ホー□セイビ,
　ホー□タイケイ,
　ホー□チツジョ,
　ホーイガク, ホーテツガク,
　ソンナ□クチヲ□キク□
　ホーガ□アルカ, コクサイホー,
　ショトクゼイ□ホーアン,
　フクシ□8ホー,
　ホジョケンホー（補助犬法），
　アハキ□トーホー（あはき等法）
ほう【報】
　シキョノ□ホーニ□セッスル
ほう【豊】ホータイコー（豊太閤）
ぼう【坊】アサネボー,
　オハナボー（お花坊），
　シュクボー,
　ムサシボー（武蔵坊）
ぼう【防】ボーダニ□カコー（防ダ
　ニ加工），ボーカビザイ

ぼう【某】ボー□エキ，
　　ボー□キョーシ，ボーシ（某氏），
　　ボーショ，ボーネン□ボーゲツ，
　　ボーボーカタ（某某方），
　　ガクセイ□ボー

ぼうあんき【棒暗記】ボーアンキ

ぼういんぼうしょく【暴飲暴食】
　　ボーイン□ボーショク

ほうえんだんう【砲煙弾雨】
　　ホーエン□ダンウ

ぼうえんレンズ【望遠レンズ】
　　ボーエン□レンズ

ほうおう【法王】ローマ□ホーオー

ほうおう【法皇】
　　ゴシラカワ□ホーオー（後白河法
　　皇），トバ□ホーオー（鳥羽法皇）

ほうかいりんき【法界悋気】
　　ホーカイ□リンキ

ほうがくちがい【方角違い】
　　ホーガク□チガイ

ほうかこうぎん【放歌高吟】
　　ホーカ□コーギン

ぼうかようすい【防火用水】
　　ボーカ□ヨースイ

ほうがんびいき【判官贔屓】
　　ホーガンビイキ

ぼうくうずきん【防空頭巾】
　　ボークー□ズキン

ぼうグラフ【棒グラフ】ボーグラフ

ぼうけい【傍系】
　　ボーケイ□ケツゾク，
　　ボーケイガイシャ

ほうけん【封建】
　　ホーケン□ジダイ，ホーケンセイ

ぼうこひょうが【暴虎馮河】
　　ボーコ□ヒョーガ

ほうし【法師】ホーシウタ，
　　ケンコー□ホーシ（兼好法師），
　　１スンボーシ，カゲボーシ

ぼうし【帽子】トリウチ□ボーシ，
　　ムギワラ□ボーシ，ワタボーシ

ほうしき【方式】
　　リョーサン□ホーシキ

ぼうじゃくぶじん【傍若無人】
　　ボージャクブジン

ほうしょう【褒章】
　　ランジュ□ホーショー

ほうしょくだんい【飽食暖衣】
　　ホーショク□ダンイ

ほうじん【法人】ホージンカク，
　　ホージンゼイ，
　　⠿⠿⠿⠿⠿⠿□ホージン（ＮＰＯ
　　法人），
　　シャカイ□フクシ□ホージン，
　　トクテイ□ヒエイリ□カツドー□
　　ホージン，コーホージン，

ほう―ほうし

シホージン

ほうしんのう【法親王】
カクギョー□ホーシンノー（覚行
法親王）

ぼうず【坊主】 ボーズ□アタマ,
ウカレ□ボーズ,
ノンキ□ボーズ,
ミッカ□ボーズ, ウミボーズ

ぼうぜんじしつ【茫然自失】
ボーゼン□ジシツ

ほうだい【放題】
イイタイ□ホーダイヲ□イウ,
カッテ□ホーダイ,
ツカイ□ホーダイ,
ワガママ□ホーダイ,
クイホーダイ

ぼうたかとび【棒高跳び】
ボータカトビ

ぼうだん【防弾】
ボーダン□ガラス,
ボーダン□チョッニ

ほうち【法治】 ホーテ□コッカ,
ホーチコク

ぼうちゅうかんあり【忙中閑あり】
ボーチュー□カン□アリ

ぼうっと ボーット□カスム

ほうてん【宝典】
カテイ□イガク□ホーテン

ほうてん【法典】
ハムラビ□ホーテン

ぼうのつ【坊津】 ボーノツ〔地名〕

ほうふくぜっとう【抱腹絶倒】
ホーフク□ゼットー

ほうぶんタイプ【邦文タイプ】
ホーブン□タイプ

ほうほうのてい【ほうほうの態】
ホーホーノ□テイ

ほうむる【葬る】 ホームル

ほうめん【方面】
カンサイ□ホーメン（関西方面）,
キタ□ホーメン（北方面）

ぼうや【坊や】 ボーヤ□ボーヤ□
シタ□セイネン,
トッチャン□ボーヤ,
トム□ボーヤ

ほうりだす【放り出す】 ホーリダス

ほうる【放る】 ホール,
ホーッテ□オク

ほえづら【吠え面】
ホエヅラ□カクナヨ

ほお【朴】 ホオノ□キ

ほお【頬】 ホオ, ホオズリ,
ホオヅエ, ホオボネ, カタホオ
※ホホエム

ボーイ ボーイ□スカウト,
ボーイ□ソプラノ,

ラッキー□ボーイ,

カウボーイ, ドアボーイ

ポーカーフェース

ポーカー□フェース

ほおずき【酸漿・鬼灯】

ホオズキヂョーチン

ボーダー ボーダー□ライン,

ボーダーレス

ボート ボート□レース,

ボートマン, モーター□ボート,

ショーボート, タグボート

ポート ポート□アイランド,

ヘリポート

ポートレート ポートレート

ポートワイン ポート□ワイン

ホーム ホーム□シック,

ホーム□ステイ,

ホーム□ストレッチ,

ホーム□ドラマ,

ホーム□ルーム, ホームラン,

ホームレス, アット□ホーム,

スイート□ホーム,

マイホーム□シュギ

ホームスパン ホームスパン

ホール ホール□イン□ワン,

イン□ザ□ホール,

ブラック□ホール, ピンホール

ボール ボール□ベアリング,

ボール□ボーイ, ボールペン,

テニス□ボール,

バスケット□ボール,

プレー□ボール, フォアボール

ボーン ボーン□チャイナ,

ボーン□ヘッド, バック□ボーン

ほか【外・他】

アヤマル□ホカ□ナイヨ,

ソノ□ホカ

※ソノタ

ぼかし【暈し】 ボカシ□モヨー,

ヨーテン□ボカシ

ほかでもない【他でもない】

ホカデモ□ナイ

ほかならない【他ならない】

ホカナラナイ

ぼくし【牧師】 イナカ□ボクシ,

ローボクシ（老牧師）

ほくとしちせい【北斗七星】

ホクト□7セイ

ぼけ ボケ□ショージョー,

ボケ□ボーシ, ボケナス,

ボケロージン, ジサボケ,

ナツヤスミボケ

ポケット ポケット□ベル,

ポケット□マネー, エア□ポケット

※ポケベル

ほ

ほおか―ほけつ

― 295 ―

ほご【保護】ホゴ□ボーエキ，
　ホゴシャ
ほこり【誇り】ホコリ□タカイ
ほさ【補佐・輔佐】ホサヤク，
　カチョー□ホサ
ぼさつ【菩薩】
　ボサツカイ（菩薩戒），
　ミロク□ボサツ（弥勒菩薩），
　ゲメン□ニョボサツ（外面如菩薩）
ぼし【母子】ボシ□セタイ，
　ボシ□テチョー，ボシリョー
ほしい【欲しい】
　ツレテ□イッテ□ホシイ
ほしいまま【縦・恣】
　ケンリョクヲ□ホシイママニ□
　スル
ほしづきよ【星月夜】ホシヅキヨ
ポスト　ポスト□ハーベスト，
　ポスト□モダン
ポストイット　ポスト□イット
ボストンバッグ　ボストン□バッグ
ぼたん【牡丹】ボタンユキ，
　キツネノ□ボタン，
　マツバ□ボタン，ナンボタン
ボタン　ボタン□ダウン，
　ボタン□ホール，
　カフス□ボタン，
　オシボタン，キンボタン

ぼつ【歿】
　ショーワ□20ネン□ボツ
ぼつ【没】ボツガノ□キョー，
　ボツコセイ，ボツコセイテキ，
　ボツジョーシキ（没常識）
ぽっきり　100□エン□ポッキリ
ほっけ【法華】ホッケザンマイ，
　ホッケシュー
　※ホケキョー
ほったて【掘っ建て・掘っ立て】
　ホッタテゴヤ
ぽっち
　10グラムポッチシカ□ナイ，
　ヒトリポッチ
　※ヒトリボッチ
ぼっちゃんそだち【坊ちゃん育ち】
　ボッチャン□ソダチ
ほっと　ホット□スル
ホット　ホット□ケーキ，
　ホット□ドッグ，
　ホット□ニュース，
　ホット□ライン，ホットジャズ
ポット　コーヒー□ポット，
　シュガー□ポット，ティーポット
ポップコーン　ポップ□コーン
ぽっぽ　ポッポ□ポッポト□
　ナイテ□アソベ，
　キシャポッポ，ハトポッポ

ぽつりぽつり
　ポツリ□ポツリト□ハナス

ボディー　ボディー□チェック，
　ボディー□ガード，ボディービル

ポテト　ポテト□チップ，
　マッシュ□ポテト

ほど【程】
　トシノ□ホドワ□⠿⠇⠿⠇⠿⠇⠿（年
　の程は十七八），
　ゴヨーシャノ□ホドヲ，
　オセワ□イタシマスホドニ，
　オオケレバ□オオイホド□ヨイ，
　コレホド□ウレシイ□コトワ□
　ナイ，サッカク□スルホド，
　トモダチッテホドデモ□ナイヨ，
　フシギナホド□シズカダ，
　マツホドモ□ナイ，
　ミッツホド□アル

ほどき【解き】セーター□ホドキ，
　ガンホドキ，テホドキ

ほとけ【仏】ホトケサマ，
　シラヌガ□ホトケ

ほどちかい【程近い】ホドチカイ

ほどとおい【程遠い】エイユート□
　ヨブニワ□ホドトオイ

ほどなく【程無く】ホドナクシテ，
　チクジョー□ホドナク（築城ほど
　なく）

ほどへて【程経て】
　ホド□ヘテ□アラワレタ

ほどよい【程よい】
　ホドヨイ□オンド

ほとり【辺】イケノ□ホトリ，
　ムラノ□ホトリ

ボトル　ボトル□キープ，
　ボトル□シップ，
　ペット□ボトル，ミニボトル

ポニーテール　ポニー□テール

ほね【骨】ホネオシミ，
　ホネオリゾン，ホネナシ，
　ホネヌキ，ホネヤスメ

ほねおる【骨折る】シンコッカ□
　ケンセツニ□ホネオル

ほの　ホノアカルイ，ホノミエル

ほのお【炎】ホノオ

ほのじ【ほの字】
　アノ□コニ□ホノジ

ほふる【屠る】ウシヲ□ホフル

ほぼ【略・粗】ホボ□１ジカン，
　ホボホボ□カンセイ

ほほえましい【微笑ましい】
　ホホエマシイ□カゾク□フーケイ

ほほえむ【微笑む】ホホエム

ほめそやす【誉めそやす・褒めそや
　す】ホメソヤス

― 297 ―

ホモ　ホモ□エレクトス，
　ホモ□サピエンス，
　ホモ□セクシュアル

ぼや【小火】ボヤサワギ

ほやほや　シンコン□ホヤホヤ

ほら【法螺】ホラ□ダンシャク，
　ホラフキ

ほらがとうげ【洞ヶ峠】
　ホラガ□トーゲヲ□キメコム

ほり【堀】ソトボリドオリ，
　テイザンボリ（貞山堀）

ポリ　ポリ□エンカ□ビフェニル，
　ポリエステル，ポリバケツ，
　ポリブクロ，ポリプロピレン，
　ポリヨーキ

ポリス　ポリス□ボックス，
　ポリスマン

ポリス　アクア□ポリス，
　アクロ□ポリス，
　テクノ□ポリス，
　メガロ□ポリス，
　メトロ□ポリス，ネオポリス

ほりだしもの【掘り出し物】
　コノ□ツボワ□ホリダシモノダ

ボリューム
　⠿⠿⠿⠿□1（Vol. 1），
　ボリューム□ゾーン，
　ボリュームカン（ボリューム感），

　フル□ボリューム

ポルノ　ポルノ□ショップ，
　ポルノグラフィー，
　ロマン□ポルノ

ぼろ　ボロガッコー，ボロモーケ

ほろほろ
　ホロホロト□ナミダヲ□コボス，
　ホロホロ□ホロホロ

ホワイト　ホワイト□ソース，
　ホワイト□ハウス，
　ホワイトデー，オフ□ホワイト

ほん【本】
　〔「正式」の意〕ホンカイギ，
　ホンコー（本校），ホンシンジュ，
　ホンバショ，ホンホーテイ
　〔「この」の意〕ホン□カイギ，
　ホン□ホーテイ，
　ホンコー（本校）

ほん【本】１ポンアシノ□カカシ，
　エンピツ□３ボン

ホン　ラクラクホン

ほんい【本位】ホンイ□カヘイ，
　シンセツ□ホンイ，
　キンホンイセイ

ほんいんぼう【本因坊】
　ホンインボー□サンサ（本因坊算
　砂），ホンインボーセン

ほんかどり【本歌どり】ホンカドリ

ほんがんおうじょう【本願往生】
　ホンガン◽オージョー
ほんぎまり【本決まり】ホンギマリ
ぼんくれ【盆暮れ】
　ボンクレノ◽ツケトドケ
ほんじすいじゃく【本地垂迹】
　ホンジ◽スイジャク
ほんせん【本線】
　トーカイドー◽ホンセン（東海道本線）
ぼんち【盆地】コーフ◽ボンチ，
　ナラ◽ボンチ
ほんとう【本島】
　オキナワ◽ホントー
ほんの　ホンノ◽オシルシデス，
　ホンノ◽スコシ
ぼんのくぼ【盆の窪】ボンノクボ
ぼんぴゃく【凡百】
　ボンピャクノ◽マヨイ
ボンベ　サンソ◽ボンベ，
　ガスボンベ
ほんまつてんとう【本末転倒】
　ホンマツ◽テントー

ま【間】マ◽ナシニ◽イイツケル，
　マガ◽ヌケル，シラヌ◽マニ，
　8ジョーノ◽マ，アカズノ◽マ，
　マツノ◽マ，3ノマ，イタノマ，
　オクノマ，コノマガクレ，
　チャノマ，ツギノマ，トコノマ，
　ナカノマ，ヒトマ
マーク　マーク◽シート，
　トレード◽マーク，キスマーク
マーケット　マーケット◽シェア，
　スーパー◽マーケット
まい　2ドト◽イクマイ，
　ウルサク◽イウマイゾ
まい【舞】マイヒメ，
　ジョノ◽マイ（序の舞），
　コーワカマイ（幸若舞），
　シシマイ
まい【毎】
　マイ◽ダイ1◽ニチヨービ，
　マイチョーショクゴ，マイツキ，
　マイドヨービ

マイ　マイ□フレンド，
　　マイペース，マイホーム
まいあがる【舞い上がる】
　　ホコリガ□マイアガル
マイクロ　マイクロ□ウエーブ，
　　マイクロ□コンピュータ，
　　マイクロ□バス，
　　マイクロ□ファイバー，
　　マイクロ□フィルム，
　　マイクロ□メーター，
　　マイクロハ，マイクロホン，
　　１マイクロシーベルト〔単位名〕
まいちもんじ【真一文字】
　　マイチモンジ
まいづる【舞鶴】マイヅル
まいまい【舞舞】
　　マイマイ□ツブリ，
　　アフリカ□マイマイ
まいり【参り】イセ□マイリ，
　　ウシノ□トキ□マイリ，
　　オミヤ□マイリ，ハカマイリ
まいる【参る】ミテ□マイリマス
まえ【前】マエ□ハンブン，
　　マエウシロニ□キル（前後ろに着
　　る），３ネン□マエノ□コト，
　　１０ジ□１０プン□マエ，
　　４０□マエノ□オトコ，
　　３ニンマエノ□リョーリ，

イチニンマエノ□オトコ，
ナゴヤ□エキマエ（名古屋駅前），
トショカンマエ，チューオー□
ユービンキョクマエ，
タマモノマエ（玉藻の前）
まえつかた【前つ方】マエツカタ
まえならえ【前倣え】
　　マエナラエ□スル
まえのめり【前のめり】マエノメリ
まえもって【前以て】マエモッテ
まか【摩訶】マカ□ハンニャ□
　　ハラミッタ□シンギョー，
　　マカフシギ
まがい【紛い】エドッコ□マガイ，
　　サギマガイ
まがう【紛う】マガウ□カタ□ナク
まかせ【任せ】アナタ□マカセ，
　　ゴースト□ライター□マカセ，
　　チカラ□マカセ，カゼマカセ，
　　ヒトマカセニ□スル
まがなすきがな【間がな隙がな】
　　マガナ□スキガナ
まがり【曲り】
　　コンジョー□マガリ，
　　ツムジ□マガリ，ヘソマガリ
まがりくねる【曲がりくねる】
　　マガリクネッタ□ミチ

－ 300 －

まかりとおる【罷り通る】
マカリトオル

まかりならぬ【罷り成らぬ】
マカリナラヌ

まがりなり【曲がりなり】
マガリナリニモ□ヤッテ□ミル

まかりまちがう【罷り間違う】
マカリマチガウ

まき【巻】
キリツボノ□マキ（桐壺の巻），
マンヨーシュー□マキ□2（万葉
集巻二）

まきかえし【巻き返し】マキカエシ

まぎれ【紛れ】マギレモ□ナイ，
ハラダチ□マギレ，クルシマギレ

マグナカルタ　マグナ□カルタ

マグニチュード
マグニチュード□7
※⠿⠿□⠿⠿（M7）

まくのうち【幕の内】
マクノウチ□ベントー

まくらことば【枕詞】
マクラ□コトバ

まくらのそうし【枕草子】
マクラノ□ソーシ

まぐれあたり【まぐれ当たり】
マグレ□アタリ

まぐろ【鮪】キハダ□マグロ，
クロマグロ

まけ【負け】マケイクサ，
⠿⠿⠿⠿⠿（PK負け），
ギャクテンマケ

まけじだましい【負けじ魂】
マケジダマシイ

まけずおとらず【負けず劣らず】
マケズ□オトラズ

まけるがかち【負けるが勝】
マケルガ□カチ

まごうかたなく【紛うかたなく】
マゴー□カタ□ナク

まことしやか【実しやか】
マコトシヤカナ□ウソ

まごのて【孫の手】
マゴノテデ□セナカヲ□カク

まさり【勝り】マサリ□オトリ，
オトコ□マサリ，オヤマサリ

まし【増し】
ナイ□ホーガ□マシダ，
⠿⠿⠿⠿⠿⠿（5%増し），
1ニチマシニ□ハルラシク□
ナル，2ワリマシ

まじ
スマジキ□モノワ□ミヤヅカエ，
ゲンバク□ユルスマジ

ましかく【真四角】
マ４カクニ□キル

マジック　マジック□ショー，
マジック□ミラー

まじめくさる【真面目くさる】
マジメクサッテ□イウ

まじり【交じり】
タメイキ□マジリ，
ミゾレ□マジリ，グチマジリ，
カンジ□カナマジリブン

マシン　マシンガン，
スロット□マシン，
タイム□マシン

ます【鱒】カラフトマス，ニジマス

マス　マス□コミュニケーション，
マス□セールス，
マス□プロダクション，
マスゲーム，マスコミ，
マスメディア

マスター　マスター□キー，
マスター□コース，
バンド□マスター

マスターベーション
マスターベーション

まずもって　マズモッテ

また【又・復】コレ□マタ，
ヤマ□マタ□ヤマ

またいとこ【又従兄弟・又従姉妹】
マタイトコ

またしても【又しても】マタシテモ

またぞろ　マタゾロ

またたくまに【瞬く間に】
マタタク□マニ

またとない【又とない】
マタト□ナイ

またのな【又の名】マタノ□ナ

またのひ【又の日】マタノ□ヒ

またのよ【又の世】マタノ□ヨ

マダム　マダム□キラー，
マダム□バタフライ，
ユーカン□マダム

まち【待ち】マチジカン，
シンサツマチ，ツーカマチ

まぢか【間近】マヂカ

まちがい【間違い】
マチガイ□デンワ，
マチガイ□ナク，
ケイサン□マチガイ，
ヒトマチガイ

まちにまった【待ちに待った】
マチニ□マッタ□シラセ

まちぶぎょう【町奉行】
エド□マチブギョー（江戸町奉行），
ミナミ□マチブギョー，
キタマチブギョー

まつ【末】５ガツ□マツジツ，
５ガツマツ，１２セイキマツ
※５ガツ□スエ

まっくら【真っ暗】マックラヤミ，
オサキ□マックラ

まっこうくさい【抹香臭い】
マッコークサイ

マッシュポテト　マッシュ□ポテト

マッシュルーム　マッシュルーム

マッターホルン　マッターホルン

まったくもって【全く以て】
マッタクモッテ

まったなし【待ったなし】
マッタ□ナシ

マッチ　マッチ□プレー，
マッチ□ポイント，
タイトル□マッチ，
リターン□マッチ，デスマッチ

マット　マットレス，
スポンジ□マット，ドアマット

まっとうする【全うする】
マットー□スル

まつのうち【松の内】マツノウチ

まっぴらごめん【真っ平御免】
マッピラ□ゴメン

マップ　ロード□マップ，
フォトマップ

まつり【祭り】
カモノ□マツリ（賀茂祭），
ゼンコク□ジザケ□マツリ，
ミナト□マツリ，ナツマツリ

まで【迄】ミギ□オンレイマデ，
トモダチニマデモ

まど【窓】マドガラス，カザリマド

マドロスパイプ　マドロス□パイプ

マナー　テーブル□マナー

まなこ【眼】ネボケ□マナコ，
ノミトリ□マナコ

まなし【間無し】
マ□ナシニ□ハナシカケル

マニア　キッテ□マニア

まにあう【間に合う】マニアウ，
マニアワセル，マニアワナイ

まにうける【真に受ける】
ジョーダンヲ□マニ□ウケル

マニラあさ【マニラ麻】マニラアサ

まね【真似】ヒトガ□マネ□スル

マネー　マネー□ゲーム，
マネービル，ポケット□マネー，
ノーマネー

まねき【招き】マネキ□カンバン，
マネキネコ

まのあたり【目の当り】
マノアタリニ□ミル

ま

まつ―まのあ

― 303 ―

まのて【魔の手】
　マノ□テガ□ノビル

まひ【麻痺】 マヒ□ジョータイ，
　４シ□マヒ，イッカセイ□マヒ，
　ショーニ□マヒ，
　シンゾー□マヒ，テアシ□マヒ，
　ノーセイ□マヒ，
　マッショー□シンケイ□マヒ，
　カタマヒ，ヘンマヒ（片麻痺）

まびき【間引】 マビキ□ウンテン

まひと【真人】
　キヨハラノ□マヒト（清原真人）

まほうつかい【魔法使い】
　マホー□ツカイ

まま【儘】 ママナラヌ□ヨ，
　アノ□ママ，アルガ□ママ，
　イノ□ママニ，
　ヨガ□フケル□ママニ，
　ミタ□ママヲ□カク，
　アリノママ，キノミ□キノママ，
　コノママ，ソノママ，ワガママ
　※ミタ□マンマヲ□カク，
　ソノマンマ

まま【間間】 ママ□アル□コト

ママ　キョーイク□ママ，
　ステージ□ママ

ままこあつかい【継子扱い】
　ママコ□アツカイ

ままごとあそび【飯事遊び】
　ママゴト□アソビ

まみれ【塗れ】 アブラ□マミレ，
　ウソマミレ，ドロマミレ

まもない【間も無い】
　オキテ□マモ□ナイ□コロ，
　シリアッテ□マダ□マモ□
　ナイノニ

まもなく【間も無く】
　ネル□マモ□ナク□ハタラク，
　マモナク□ハルガ□クル，
　マモナクシテ，マモナクノ□
　ハッシャト□ナリマス

まもりほんぞん【守り本尊】
　マモリ□ホンゾン

まゆつばもの【眉唾物】
　マユツバモノ

マリアマリ　マリア□マリ

マリン　マリン□ブルー，
　アクア□マリン，
　ウルトラ□マリン，サブマリン

まる【丸】 マル□１ネン，
　マル□ミッカ，
　マルニ□イチノ□ジ〔紋所〕，
　２ノマル，
　ウシワカマル（牛若丸），
　ヒカワマル（氷川丸）

— 304 —

マルチ マルチ□ショーホー,
　　マルチ□タスク,
　　マルチ□メディア
まるのうち【丸の内】マルノウチ
まわし【回し・廻し】
　　ケショー□マワシ,
　　タライ□マワシ,
　　ライゲツ□マワシ, サラマワシ
まわり【回り・廻り】
　　マワリ□ブタイ,
　　マワリ□マワッテ,
　　オトクイ□マワリ,
　　ヒガシ□マワリ□コーロ,
　　トオマワリ, ヒトマワリ
まわる【回る・廻る】
　　キイテ□マワル, ミテ□マワル
まん【満】マン□5ネン,
　　マン□3サイ, マンネンレイ
まん【万・萬】
　　5208マン□2731,
　　10スーマン, スー10マン
マン マン□ウオッチング,
　　マン□ツー□マン, マンパワー,
　　エイギョーマン, ビジネスマン
まんいち【万一】マンイチ
まんがいち【万が一】マンガイチ
まんがチック マンガチック

まんがん【万巻】
　　マンガンノ□ショ
まんじゅう【饅頭】
　　オシクラ□マンジュー,
　　オンセン□マンジュー,
　　クリマンジュー
マントルピース
　　マントルピース
まんべんなく【満遍なく】
　　マンベンナク□ユキワタラセル
まんま イッタ□マンマデ,
　　コノマンマ, ソノマンマ
まんまんいち【万万一】
　　マンマンイチ
マンモグラフィー
　　マンモグラフィー
マンモス マンモス□タワー,
　　マンモス□トシ

ま

まるち―まんも

み【実】 キノ□ミ, クリノ□ミ,
コノミ

み【身】 ミニ□ツケル,
ミノ□コナシ,
ミモ□フタモ□ナイ,
ミモ□ヨモ□ナイ ミヲ□モッテ

み【未】 ミカイハツコク,
ミカクニン□ブッタイ,
ミカンセイ

ミート ミート□ソース,
ミート□ローフ, ミートパイ,
コールド□ミート

みかえり【見返り】
ミカエリ□ビジン,
ミカエリ□ヤナギ, ミカエリヒン

みがき【磨き・研き】
ミガキ□マルタ,
スプーン□ミガキ, クツミガキ

みがきにしん【身欠鰊】
ミガキ□ニシン

みかど【御門・帝】
キリツボノ□ミカド（桐壺の帝）,
サキノ□ミカド

みかん【蜜柑】
イヨ□ミカン（伊予蜜柑）,
ナツミカン

みぎ【右】 ミギ□ゼンポー,
ミギ□ソーダイ,
ミギ□ナナメ□ウエ,
ミギ□ハンブン,
ミギ□マエミゴロ,
ミギ□ムケ□ミギ, ミギシタ,
ミギテ□オク（右手奥）,
ミギ□テマエ（右手前）,
ミギハンシン, ミギヒダリ,
ミギヨコ, マワレ□ミギ

みぎよつ【右四つ】
ミギヨツニ□クム

みきり【見切り】
ミキリ□ハッシャ, ミキリヒン

みくだりはん【三行半】
ミクダリハン

ミクロ ミクロ□コスモス,
ミクログラム〔単位名〕

ミクロン【μ】 ⠿⠿⠿⠿⠿（1μ）,
⠿⠿⠿⠿⠿（1mμ）,
1ミクロン, 1ミリミクロン

みこ【神子・巫女】アズサミコ，
クチヨセミコ

みこ【御子・皇子・皇女】
１ノ□ミコ，
オオツノ□ミコ（大津皇子），
ナカノ□オオエノ□ミコ（中大兄
皇子），オノコミコ

みこと【尊・命】
アメノ□タヂカラオノ□ミコト
（天手力男命），
イザナミノ□ミコト（伊邪那美
命），ヤマト□タケルノ□ミコト
（日本武尊）

みこみ【見込】ミコミ□チガイ，
ミコミ□ハズレ，ミコミウス，
ソツギョー□ミコミ

ミサ　ミサ□ソレニムス，
ソーゴン□ミサ，
ショーミサキョク（小ミサ曲）

みさき【岬】
サタ□ミサキ（佐多岬），
シオノ□ミサキ（潮岬），
ソーヤ□ミサキ（宗谷岬）

みささぎ【陵】ウネビヤマノ□
ウシトラノ□スミノ□ミササギ
（畝傍山東北陵）

ミス　ミス□キモノ，
ミス□ユニバース，

オールド□ミス，ハイミス

ミス　ミス□プリント，
ミスジャッジ，ミステイク，
ミスプリ，ケアレス□ミス，
コーセイ□ミス，ショホ□ミス，
セッケイ□ミス，
プログラム□ミス，ボンミス

みず【水】ミズアソビ，
ミズサイバイ，ミズシゲン，
ミズシゴト，ミズショーバイ，
ミズリョーホー，サソイミズ

みずしらず【見ず知らず】
ミズシラズノ□ヒト

みすずかる　ミスズ□カル〔枕詞〕

みずのあわ【水の泡】セッカクノ□
クシンモ□ミズノ□アワダ

みずのえ【壬】
ミズノエ□サル（壬申）

みずのて【水の手】
ミズノテガ□キレル

みずのと【癸】
ミズノト□トリ（癸酉）

みすみ【三隅】ミスミ

みせ【店・見世】
ミセジョロー（見世女郎），
ユージョミセ（遊女見世）

みそ【味噌】ミソヲ□ツケル，
ミソオデン，ミソデンガク，

ミソニコミ□ウドン,

ミソラーメン,

キンザンジ□ミソ (径山寺味噌),

センダイ□ミソ (仙台味噌),

ハッチョー□ミソ (八丁味噌),

３ネンミソ, サンショーミソ (山

椒味噌), テマエミソ, ネギミソ

みぞう【未曽有】

ミゾウノ□デキゴト

みそひともじ【三十一文字】

ミソヒトモジ

みたい　イッテ□ミタイ,

シテ□ミタイ, アメガ□

フッテ□イルミタイナ□オト,

キツネミタイナ□カオ,

デカケタミタイダ

みたみ【御民】ミタミ□ワレ

みため【見た目】ミタメガ□ワルイ

みち【道】ミチ□ユク□ヒト,

ミチナラヌ□コイ,

キヌノ□ミチ,

ソノ□ミチノ□タツジン,

ヒトノ□ミチ,

ヤマノベノ□ミチ, ケモノミチ,

ドッチミチ

みぢか【身近】ミヂカナ□モンダイ

みちかけ【満ち欠け】

ツキノ□ミチカケ

みちみちる【満ち満ちる】

ミチミチル□ツキ

みっか【三日】ミッカ□テンカ,

ミッカ□ボーズ, ナカ□ミッカ

ミッド　ミッド□ナイト,

ミッド□フィールダー

みっともない　ミットモナイ

みつば【三葉】オランダ□ミツバ,

ネミツバ

みつばあおい【三葉葵】

ミツバ□アオイ〔紋所〕

みてくれ【見てくれ】

コレヲ□ミテ□クレ,

ミテクレガ□ワルイ

みてとる【見て取る】ミテ□トル

みと【水戸】ミト□ナットー

ミドル　ミドル□スクール,

ナイス□ミドル

みどろ　アセミドロ, チミドロ

みなし【見なし・看做し】

ミナシ□ハイトー

みなと【港・湊】

シミズ□ミナト (清水港),

ハブノ□ミナト (波浮の港)

みなのしゅう【皆の衆】

ミナノ□シュー

みなのもの【皆のもの】

ミナノ□モノ

みなみ【南】ミナミ□アジア，
ミナミ□アルプス，
ミナミ□カイキセン，
ミナミ□3ジョー，
ミナミ□ジュージセイ，
ミナミ□ハンキュー，
ミナミムキ，アサガヤ□ミナミ
（阿佐谷南）

みなもと【源】
ミナモトノ□ヨシツネ（源義経），
ミナモトノ□ヨリトモ（源頼朝）

ミニ　ミニ□イベント，
ミニ□ドーブツエン，
ミニ□ハンバーグ，
ミニミニ□コンサート，
ミニカー，ミニコーザ，
ミニコンポ，ミニスカート，
ミニバイク，ウルトラ□ミニ

みね【峰・嶺】
ミネノ□チャヤ（峰の茶屋），
クモノ□ミネ，
ケンガミネ（剣ケ峰），
トーノミネ（多武峰）

みの【美濃】
ミノ□ミカワ□コーゲン（美濃三
河高原），ミノ□カモシ（美濃加
茂市），ミノヤキ

みのうえ【身の上】
ミノウエ□ソーダン

みのかわ【身の皮】
ミノカワヲ□ハグ

みのけ【身の毛】ミノケモ□ヨダツ

みのたけ【身の丈】
ミノタケ□6シャク

みのほどしらず【身の程知らず】
ミノホド□シラズ

みのまわり【身の回り】
ミノマワリノ□セワヲ□スル

みひとつ【身一つ】
ミ□ヒトツデ□イエヲ□デル

みふたつ【身二つ】
ミ□フタツニ□ナル

みほのせき【美保関】
ミホノセキ〔地名〕

みほのまつばら【三保の松原】
ミホノ□マツバラ

みまい【見舞】キンカ□ミマイ，
カジミマイ

みまん【未満】
10エン□ミマン，
18サイ□ミマン

みみ【耳】ミミニ□スル，
ミミニ□ツク，
ミミナシ□ホーイチ（耳無し芳
一），ミミナレナイ，

キク□ミミヲ□モタヌ,

キキミミヲ□タテル

みみあたらしい【耳新しい】

　ミミアタラシイ

みめうるわしい【見目うるわしい】

　ミメウルワシイ

みめかたち【見目形】 ミメカタチ

みめよい【見目良い】 ミメヨイ

みもしらぬ【見も知らぬ】

　ミモシラヌ□ヒト

みや【宮】

　アスカノ□イタブキノ□ミヤ

　（飛鳥板蓋宮），ナニワノ□ミヤ,

　アキシノノミヤヒ（秋篠宮妃）,

　カズノミヤ（和宮），

　6ノミヤノ□ヒメギミ

みゃくうつ【脈打つ】 ミャクウツ

みゃくらくまくえん【脈絡膜炎】

　ミャクラクマクエン

みやげ【土産】

　オオサカ□ミヤゲ（大阪土産）

みやこ【都】 ミヤコ□オオジ,

　ナラノ□ミヤコ（奈良の都）,

　モリノ□ミヤコ□センダイ（杜の

　都仙台）

みやこわすれ【都忘れ】

　ミヤコ□ワスレ〔植物名〕

みやすんどころ【御息所】

　6ジョーノ□ミヤスンドコロ

みやつこ【造】 クニノ□ミヤツコ,

　ヤマシロノ□クニノ□ミヤツコ

　（山城国造），

　ヤマダノ□ミヤツコ（山田造）

みやま【深山】

　ミヤマ□ウグイス□カズラ,

　ミヤマ□オロシ,

　ミヤマ□カタバミ,

　コ□ミヤマ□カタバミ,

　ミヤマ□キリシマ,

　ミヤマ□ネコノメソー,

　ミヤマザクラ

ミュージカルショー

　ミュージカル□ショー

ミュージック

　ミュージック□ホール,

　ニュー□ミュージック,

　ムード□ミュージック

みょう【明】 ミョー□17ニチ,

　ミョーゴニチ,

　ミョーミョーゴニチ

みょうおう【明王】

　アイゼン□ミョーオー（愛染明王）,

　フドー□ミョーオー（不動明王）

みょうじん【明神】

　カンダ□ミョージン（神田明神）

みようみまね【見様見真似】
　ミヨー□ミマネ
みょうり【冥利】
　オトコ□ミョーリ,
　カシュ□ミョーリ,
　ショーバイ□ミョーリ
ミラー　ミラー□ボール,
　バック□ミラー, ドアミラー
ミリ　ミリアンペア〔単位名〕,
　ミリメートル〔単位名〕
ミリオン　ミリオン□セラー,
　ミリオン□ダラー
みる【見る】ミル□マニ,
　ミル□メガ□ナイ,
　カンガエテモ□ミロ,
　ハシッテ□ミル
ミル　コーヒー□ミル, ロールミル
みるかげもない【見る影もない】
　ミル□カゲモ□ナイ
ミルク　ミルク□セーキ,
　ミルク□プラント,
　ミルク□ホール, ミルクティー,
　スキム□ミルク, コナミルク
みるみる【見る見る】
　ミルミル□ウチニ

む

む【無】ムコクセキシャ,
　ムシカク, ムセイフ□シュギ
むいちもつ【無一物】ムイチモツ
むいちもん【無一文】ムイチモン
むいとしょく【無為徒食】
　ムイ□トショク
むいむかん【無位無冠】
　ムイ□ムカン
ムード　ムード□メーカー,
　アキラメ□ムード,
　ソフト□ムード
ムーランルージュ
　ムーラン□ルージュ
ムーン　ムーン□ウオーク,
　ムーン□サルト,
　ムーン□ライト, ハネムーン
むかいあわせ【向い合せ】
　ムカイアワセ
むかえ【迎え】
　ムカエ□チョーチン,
　ムカエボン, オクリ□ムカエ,

ショーリョー□ムカエ,
カドムカエ

むかし【昔】 ムカシ□カタギ,
ムカシ□ナジミ,
ムカシ□ナツカシイ,
ムカシ□ムカシ,
ムカシ□モノガタリ

むがむちゅう【無我夢中】
ムガ□ムチュー

むき【向き】 ムキ□フムキ,
ゴキボーノ□ムキフ,
バンニンムキノ□シナ,
ミナミムキノ□ヘヤ

むき【無機】 ムキ□カガク,
ムキ□ヒリョー

むき【無期】 ムキ□エンキ,
ムキ□チョーエキ

むぎわらとんぼ【麦藁蜻蛉】
ムギワラ□トンボ

むく【無垢】 ムク□サンマイ,
ジュンシン□ムク

むくのき【椋の木】 ムクノキ

むけ【向け】 ミギ□ムケ□ミギ,
アメリカムケ,
ハッテン□トジョーコクムケ

むこう【向う】
ムコー□1シューナン,
ムコー□3ゲン□リョードナリ,

ムコー□サジキ,
ムコー□ハチマキ

むし【虫】
ムシノ□イイ□ハナシダ,
ムシノ□シラセ,
ガクモンノ□ムシ,
ナキムシ, ヨワムシ

むしのいき【虫の息】 ムシノ□イキ

むしゃ【武者】
ムシャ□シュギョー,
ムシャカクシ,
イノシシ□ムシャ, カゲムシャ

むしゃむしゃ ムシャムシャ□クウ

むしり【毟り】 ムシリザカナ,
ザッソー□ムシリ, クサムシリ

むしんろんしゃ【無神論者】
ムシンロンシャ

むすい【無水】 ムスイ□アルコール

むすこ【息子】 ドーラク□ムスコ,
ヒトリ□ムスコ, ドラムスコ

むすび【結び】 ムスビ□コンブ,
ムスビノ□1バン,
ムスビノ□カミ,
オタイコ□ムスビ

むすめ【娘】 ムスメ□カタギ,
ムスメ□ギダユー,
ムスメ□ドージョージ(娘道成寺),
ムスメ□ムスメ□シタ,

ジプシー□ムスメ,

ヒトリ□ムスメ, ムラムスメ

むちうつ【鞭打つ】

ローコツニ□ムチウツ

むちもうまい【無知蒙昧】

ムチ□モーマイ

むちゃくちゃ【無茶苦茶】

ムチャクチャ

むてかつりゅう【無手勝流】

ムテカツリュー

むなくそ【胸糞】ムナクソ□ワルイ

むなつきはっちょう【胸突き八丁】

ムナツキ□ハッチョー

むに【無二】ムニノ□シンユー,

ムニ□ムサン

むにする【無にする】

コーイヲ□ムニ□スル

むね【胸】ムネ□イッパイ,

ムネ□ウツ, ムネ□3ズン,

ムネポケット

むみかんそう【無味乾燥】

ムミ□カンソー

むめい【無名】ムメイシ（無名氏）

むやみやたら【無闇矢鱈】

ムヤミ□ヤタラ

むゆうびょうしゃ【夢遊病者】

ムユービョーシャ

むら【村】

アタラシキ□ムラ（新しき村）,

ミカヅキムラ（三日月村）

むらさきキャベツ【紫キャベツ】

ムラサキ□キャベツ

むらさきしきぶ【紫式部】

ムラサキ□シキブ

むらさきのうえ【紫の上】

ムラサキノウエ

むらじ【連】

オワリノ□ムラジ（尾張連）,

モノノベノ□オオムラジ□モリヤ

（物部大連守屋）

むらはちぶ【村八分】ムラハチブ

むり【無理】ムリ□ナク,

ムリカラヌ

むりさんだん【無理算段】

ムリ□サンダン

むりしんじゅう【無理心中】

ムリ□シンジュー

むりなんだい【無理難題】

ムリ□ナンダイ

むりむたい【無理無体】

ムリ□ムタイ

むりやり【無理矢理】ムリヤリ

むろうさいせい【室生犀星】

ムロー□サイセイ

む

むちう―むろう

め【目】メガ□ナイ
メニ□スル, メニ□ミエテ,
メニ□モノ□ミセル,
ゴバンノ□メ,
ヒドイ□メニ□アウ,
オオイメニ□クバル,
オオキメノ□ホーヲ□トル,
コイメノ□アジ,
フタツメノ□カドヲ□マガル

め【女】メノ□ワラワ, メノコ,
オハラメ

めあて【目当て】カネ□メアテ,
ジサンキン□メアテ

めい【名】
メイ□ジム□ソーチョー（名事務
総長）, メイ□フクソーサイ,
メイヴァイオリニスト,
メイコンビ, メイトーシュ,
ヤクショクメイ

めいうつ【銘打つ】メイウツ

めいぎ【名義】メイギガシ,
メイギニン, タニン□メイギ,
チチ□メイギ

めいきゅういり【迷宮入り】
メイキューイリ

めいきょうしすい【明鏡止水】
メイキョー□シスイ

めいじいしん【明治維新】
メイジ□イシン

めいせん【銘仙】
イセサキ□メイセン（伊勢崎銘
仙）

めいっぱい【目一杯】
メ□イッパイノ□ナミダ,
メイッパイ□ガンバル

めいぼくせんだいはぎ【伽羅先代
萩】メイボク□センダイハギ

めいめいはくはく【明明白白】
メイメイ□ハクハク

めいろくざっし【明六雑誌】
メイ6□ザッシ

メーキャップ メーキャップ

メークアップ メーク□アップ

メーター サーモ□メーター,
タコ□メーター,
ヘルス□メーター

メーデー トーイツ□メーデー

メード　メード□イン□ジャパン,
　ホーム□メード,
　レディー□メード
メートル　⠿⠿⠿⠿⠿⠿（100m）,
　⠿⠿⠿⠿⠿（数m）,
　5メートル, スーメートル
メール　メール□ボックス,
　⠿⠿⠿□メール（Eメール）,
　デンシ□メール, エアメール
メーン　メーン□イベント,
　メーン□ストリート,
　メーン□ポール, メーン□マスト
メガ　メガ□カンパニー,
　メガ□ソーラー, メガシティー,
　メガバイト〔単位名〕
めかす　ジョーダンメカシテ
メガロポリス　メガロ□ポリス
メキシコわんりゅう【メキシコ湾流】メキシコワンリュー
めく　ハルメク,
　ワザトメイタ□シンセツ
めくらめっぽう【盲滅法】
　メクラ□メッポー
めくり【捲り】メクリ□カルタ,
　メクリフダ, スカート□メクリ,
　ボーズ□メクリ
めぐり【巡り・廻り】
　メグリ□メグッテ,
　フジ□5コ□メグリ（富士五湖巡り）, フダショ□メグリ,
　ミサキ□メグリ, シマメグリ
めし【飯】メシノ□タネ,
　1ゼン□メシヤ, ゴモクメシ
メジャー　メジャー□リーガー,
　メジャー□リーグ,
　セキユ□メジャー（石油メジャー）
めす【召す】オキニ□メス,
　オトシ□メシテ
めす【雌】メスライオン
メゾ　メゾソプラノ, メゾピアノ,
　メゾフォルテ
メタボリックシンドローム
　メタボリック□シンドローム
　※メタボ
メタル　メタル□ウッド,
　バイメタル
メタンハイドレート
　メタン□ハイドレート
めちゃくちゃ【目茶苦茶・滅茶苦茶】メチャクチャ
めちゃめちゃ【目茶目茶・滅茶滅茶】メチャメチャ
めっき【鍍金】クロム□メッキ
めっそうもない【滅相もない】
　メッソーモ□ナイ

めったやたら【滅多矢鱈】
　メッタ□ヤタラ

メディア　メディア□リサーチ,
　マルチ□メディア,
　ニューメディア

メトロ　メトロ□ポリス,
　メトロポリタン,
　トーキョー□メトロ

メトロノーム　メトロノーム

めのいろ【目の色】
　メノ□イロヲ□カエテ

めのかたき【目の敵】メノカタキ

めのこ【目の子】
　メノコ□カンジョー

めのした【目の下】
　メノ□シタ□1シャクノ□タイ

めのたま【目の玉】
　メノタマノ□クロイ□ウチ

めのまえ【目の前】
　メノ□マエ□1メートル,
　メノ□マエノ□シゴト,
　キゲンワ□メノマエニ□セマッタ

めはちぶ【目八分】
　メ8ブ〔八分目〕,
　メハチブニ□ミル

めひきそでひき【目引き袖引き】
　メヒキ□ソデヒキ□カゲグチヲ□
　イウ

めぶき【芽吹き】メブキ□ヤナギ

メモ　メモ□スル,　メモヨーシ,
　タクジョー□メモ

めもあやに【目もあやに】メモ□
　アヤニ□カザッタ□イショー

メリーゴーラウンド
　メリー□ゴー□ラウンド

メルトダウン　メルト□ダウン

メロン　メロンパン,
　マスク□メロン

めん【綿】メンコーギョー,
　メンセイヒン,　アルコールメン

メンタル　メンタル□テスト,
　メンタル□マップ

めんどうくさい【面倒臭い】
　メンドークサイ

めんとむかって【面と向かって】
　メント□ムカッテ□ドクヅク

めんぼくしだい【面目次第】
　メンボク□シダイモ□ナイ

めんぼくない【面目無い】
　メンボクナイ

も　タノモ（田の面），ミナモ
もう　モー□１ド，モー□ジキ，モー□スグ，モー□ヒトツ
　※モ１ド，モヒトツ
もう【盲】モー□ヨーゴ□ロージン□ホーム，モーチョーフク□ガッキュー，モーロージン□ホーム，センテンモー（先天盲）
もうがっこうちょう【盲学校長】
　モーガッコーチョー
もうけ【儲け】モーケ□シゴト，クタビレ□モーケ，ボロモーケ
もうし【孟子】モーシノ□オシエ
もうしあげる【申し上げる】
　ゴアンジ□モーシアゲル
もうしあわせ【申合せ】
　モーシアワセ
もうしおくり【申送り】
　モーシオクリ□ジコー

もうしひらき【申開き】
　モーシヒラキ□デキル
もうしぶんない【申し分ない】
　モーシブン□ナイ
もうじゃ【亡者】
　ガリガリ□モージャ
もうしわけ【申し訳】
　モーシワケ□アリマセン，
　モーシワケ□ナイ
もうしわたし【申渡し】
　モーシワタシ□スル
もうす【申す】
　オシラセ□モーシマス，
　シツレイ□モーシマシタ，
　オタノモーシマス，
　キキモーシタ，
　ココロエモーシソーロー
もうで【詣で】
　カモ□モーデ（賀茂詣で），
　クマノ□モーデ（熊野詣で），
　ハツモーデ
モーター　モーター□ショー，
　モーター□バイク，
　モーター□ボート，
　モーターカー，セル□モーター
モード　トップ□モード，
　ニューモード，ヘアモード

― 317 ―

モーニング モーニング□コール，
モーニング□ショー

もぎ【模擬】モギ□サイバン，
モギ□シケン

もぎり【椀ぎり】キップ□モギリ

もぐら【土竜】モグラ□タタキ，
モグラウチ

もぐり【潜り】
モグリ□エイギョー，スモグリ

もじ【文字】モジ□ゲンゴ，
クサビガタ□モジ．オンナモジ，
カシラモジ，カナモジ，
ムスビモジ，イロハ□４７モジ

もしか モシカ□シタラ，
モシカ□シテ，モシカ□スルト

モダン モダン□アート，
モダン□ガール，モダンジャズ，
ウルトラ□モダン

もちつもたれつ【持ちつ持たれつ】
モチツ□モタレツ

もちのき【黐の木】モチノキ

もっけのさいわい【物怪の幸い・勿
怪の幸い】モッケ〆□サイワイ

もったいない【勿体ない】
モッタイナイ

もって【以て】
モッテ□イカント□ナス，
モッテ□シテモ，

ショメンヲ□モッテ□ツーチ，
ソレデ□モッテ，リコーデ□
モッテ□キリョーモ□イイ，
イマモッテ，ナカナカモッテ，
マスマスモッテ，マッタクモッテ

もってこい【持って来い】
サケ□モッテ□コイ，
カレニ□モッテコイノ□シゴト

もってのほか【以ての外】
モッテノホカ

もってまわる【持って回る】
モッテ□マワッタ□イイカタ

もってゆきば【持って行き場】
ハナシノ□モッテ□ユキバガ□
ナイヨ

もっともごかし【尤もごかし】
モットモゴカシ

もっともしごく【尤も至極】
モットモ□シゴク

もっともせんばん【尤も千万】
モットモ□センバン

もて イシ□モテ□オワレル

モデム オンキョー□モデム，
ヒカリ□モデム

モデル モデル□ケース，
モデルカー，スーパー□モデル，
プラモデル

— 318 —

もと【元】 モトモ□コモ□ナイ，
モト□シュショー，モト□ツマ
（元妻），モトウケオイ，
モトカノ，モトモトカレ，
モトゲンコー，ジミン□モト
（自民元），セイゾーモト

もどき【擬】 ウメモドキ，
シバイモドキ

もとづく【基づく】 モトヅク

もとのもくあみ【元の木阿弥】
モトノ□モクアミ

もどり【戻り】 モドリ□テガタ，
モドリカゴ，ギャクモドリ

モナリザ モナリザノ□ホホエミ

もの モノサワガシイ，
モノメズラシイ

もの【物・者】 モノ□イウ，
モノ□オモウ，
モノ□トイタゲナ，
モノイイ，モノオボエ，
イッタ□モノデスカラ，
カッタ□モノ，
ソー□シタイ□モノダ，
オテノモノ，ノミモノ，
ハクジョーモノ，ワスレモノ
※ヨク□アソンダ□モンダ，
タマッタ□モンジャ□ナイ，
ドンナ□モンダ

もの シリタインデスモノ，
ナツデスモノネ
※ナツダモン，
チャント□ヤッタモンナ，
シッテルモンネ

モノ モノカルチャー，
モノクローム，モノセックス，
モノトーン，モノレール

ものか マケル□モノカ
※ユルス□モンカ

ものがたり【物語】
ウジ□シューイ□モノガタリ
（宇治拾遺物語），
ゲンジ□モノガタリ（源氏物語），
ウタモノガタリ，ユメモノガタリ

ものする【物する】 １ク□モノスル

ものなら ソンナ□コトヲ□
シヨー□モノナラ

ものの モノノ□１プンモ□
スレバ□デキル，
モノノ□ハズミ，
モノノ□ミゴトニ，ドリョクワ□
シタ□モノノ□デキナカッタ

もののあわれ モノノ□アワレ

もののかず【物の数】
モノノ□カズデワ□ナイ

もののぐ【物の具】
モノノグ〔道具〕

もののけ【物の気・物の怪】
モノノケ

もののほん【物の本】モノノ□ホン

ものみゆさん【物見遊山】
モノミ□ユサン

ものもうす【物申す】
トーキョクシャニ□モノモース

ものやら　ドー□シテ□イイ□
モノヤラ□ワカラナイ

ものゆえ　アカイ□モノ□ユエ□
メニ□ツキヤスイ

ものを　タベレバ□イイ□モノヲ

もまれもまれて　モマレ□モマレテ

もみじ【紅葉】モミジ□アオイ，
モミジ□オロシ，クサモミジ

もめん【木綿】ハナイロ□モメン，
モオカ□モメン（真岡木綿）

もも【桃】モモ□クリ□３ネン□
カキ□８ネン，モモノ□セック

もよう【模様】
キシャワ□オクレル□モヨーダ，
シグレ□モヨー，
ニンゲン□モヨー，アレモヨー

もらい【貰い】モライ□ナミダ，
モライジコ，モライミズ，
モノモライ

もらう【貰う】
ツレテ□イッテ□モラウ，

トメテ□モラウ

もり【森】
ウツクシノ□モリ（美ノ森），
タダスノ□モリ（糺ノ森），
スズガモリ（鈴ヶ森）

もれなく【漏れなく】モレナク

もろとも　カケゴエ□モロトモ

もん【門】
ソーセキ□モンカ（漱石門下），
ソーセキモン（漱石門）

もんいん【門院】
ケンレイ□モンイン（建礼門院），
ビフク□モンイン（美福門院）

もんがい【門外】
モンガイ□フシュツ，
サクラダモンガイノ□ヘン（桜田
門外の変）

もんく【文句】モンク□ナク，
キマリ□モンク

モンタージュしゃしん【モンタージ
ュ写真】モンタージュ□シャシン

もんだいない【問題ない】
モンダイ□ナイ

もんどう【問答】
モンドー□ムヨー，オシモンドー

もんどりうつ　モンドリウッテ

－　320　－

や【矢・箭】
　ヤモ□タテモ□タマラズ，
　コーイン□ヤノゴトシ
や【屋・家】
　コノ□ヤノ□シュジン，
　キクノヤ，スズノヤ
ヤード【ｙｄ】
　⠿⠿⠿⠿⠿⠿（5yd），5ヤード
ヤードポンドほう【ヤードポンド法】
　ヤード□ポンドホー
やいづ【焼津】ヤイヅシ（焼津市）
やいのやいの　ヤイノ□ヤイノト□
　サイソク□スル
やえ【八重】ヤエ□ジューモンジ，
　ヤエムグラ，ヤエヤマブキ，
　ナナエ□ヤエ
やお【八百】ヤオチョー，
　ヤオヨロズノ□カミ
やかた【屋形・館】オヤカタサマ，
　シンゲン□ヤカタ（信玄館）

やから【輩・族】ウカラ□ヤカラ，
　フテイノ□ヤカラ
やがる　ズルヤスミ□シヤガッテ，
　ヌカシヤガル，ミクダシテヤガル
やき【焼き】ヤキガ□マワル，
　ヤキヲ□イレル，ダイモンジヤキ
やぎゅうじゅうべえ【柳生十兵衛】
　ヤギュー□ジューベエ
やく【役】ユーコヤクノ□ジョユー
　　（裕子役の女優）
やく【約】ヤク□２ジカン，
　ヤク□ハンブン，
　サイカイヲ□ヤクスル
やく【訳】ヤクシュー（訳詩集），
　モリ□オーガイ□ヤク（森鷗外訳），
　ゲンダイゴヤク□スル，
　コーゴヤク□セヨ（口語訳せよ），
　エイゴニ□ヤクスル，
　フランスゴヤク
やくしゃ【役者】ヤクシャバカ，
　カブキ□ヤクシャ
やくしょ【役所】
　ハギ□シヤクショ（萩市役所），
　ミナト□クヤクショ（港区役所）
やくにたつ【役に立つ】
　ヤクニ□タツ
やくば【役場】
　オオタマムラ□ヤクバ（大玉村役

場）, クニガミソン□ヤクバ（国
頭村役場）, ムラヤクバ

やぐら【矢倉・櫓】
テンシュ□ヤグラ,
ヒノミ□ヤグラ

やし【椰子】 ヤシノ□ミ,
ココヤシ, ナツメヤシ

やじ【野次・弥次】 ヤジウマ,
ヤジコンジョー

やしき【屋敷・邸】
バケモノ□ヤシキ
イエヤシキ, ブケヤシキ

やじきた【弥次喜多】
ヤジキタ□ドーチュー

やしゃ【夜叉】 コンジキ□ヤシャ

やじろべえ【弥次郎兵衛】
ヤジロベエ

やす【安】 ヤスアパート,
１０□エンヤス

やすい【易い・安い】 イイヤスイ,
カンガエヤスイ,
ハツゲン□シヤスイ,
ハナシヤスイ

やすみ【休み】 ヤスミ□ジカン,
ヤスミアケ,
ショーガツ□ヤスミ, ナツヤスミ

やすみやすみ【休み休み】
ヤスミ□ヤスミ□シテ,

バカモ□ヤスミ□ヤスミ□イエ

やすめ【休め】 クタビレ□ヤスメ,
ココロ□ヤスメ, ハシヤスメ

**やすものかいのぜにうしない【安物
買いの銭失い】**
ヤスモノカイノ□ゼニウシナイ

やたら ヤタラ□メッタラ,
メッタ□ヤタラ

やつ【奴】 イイ□ヤツ,
ウイ□ヤツ, ナニヤツダ

やっかいもっかい【厄介もっかい】
ヤッカイ□モッカイ

やっこ【奴】 ハタモト□ヤッコ,
マチヤッコ

やっさもっさ ヤッサ□モッサ

やっつけしごと【やっつけ仕事】
ヤッツケ□シゴト

やってくる【やって来る】
ヤッテ□クル

やってられない ヤッテラレナイ

やつれ【窶れ】 ショタイ□ヤツレ,
オモヤツレ, タビヤツレ

やとい【雇・傭】 ヤトイ□オトコ,
ヤトイドメ, ヤトイヌシ,
リンジ□ヤトイ

やといいれる【雇い入れる】
ヤトイイレル

やどろく【宿六】 ヤドロク

やとわれ【雇われ】
　ヤトワレ□シャチョー，
　ヤトワレ□マダム

やなぎ【柳】ヤナギゴーリ，
　ヤナギタデ，　ビヨー□ヤナギ，
　ユキヤナギ

やね【屋根】ヤネショクニン，
　ヤネウラベヤ，
　ヤネナシ□バシャ，　トタンヤネ，
　ワラブキヤネ

やのあさって　ヤノアサッテ

やのじむすび【やの字結び】
　ヤノジ□ムスビ

やのね【矢の根】ヤノネ〔やじり〕

やぶいしゃ【やぶ医者】ヤブイシャ

やぶからぼう【藪から棒】
　ヤブカラ□ボーニ□ナニヲ□イウ

やぶり【破り】キロク□ヤブリ，
　レコード□ヤブリ，　ローヤブリ

やぶれ【破れ】ヤブレ□ショージ，
　ハッポー□ヤブレ

やぶれかぶれ【破れかぶれ】
　ヤブレ□カブレ

やぼくさい【野暮臭い】ヤボクサイ

やま【山】
　フジノ□ヤマ（富士の山），
　アダタラヤマ（安達太良山），
　クリコマヤマ（栗駒山）

やまとなでしこ【大和撫子】
　ヤマト□ナデシコ

やまのいも【山の芋・薯蕷】
　ヤマノイモ

やまのうえのおくら【山上憶良】
　ヤマノウエノ□オクラ

やまのかみ【山の神】
　ヤマノカミ〔妻〕

やまのて【山の手】ヤマノテ

やまのは【山の端】ヤマノハ

やみ【闇】ヤミショーバイ，
　ヤミトリヒキ，　マックラヤミ

やみほうける【病みほうける】
　ヤミホーケル

やむない【止むない】
　ヤムナク□ヒキカエス，
　クヤンデモ□ヤムナイ□コト

やむをえず【止むを得ず・已むを
　得ず】ヤムヲ□エズ

やむをえない【止むを得ない】
　ヤムヲ□エナイ

やや　ヤヤ□アッテ，
　ヤヤモ□スレバ

やら　トタンヤラ□カワラヤラ□
　トンデ□キタ

やらずのあめ【遣らずの雨】
　ヤラズノ□アメ

－ 323 －

やらずぶったくり
　ヤラズ□ブッタクリ
やらせ　ヤラセ□ジケン
やりくり【遣り繰り】
　ヤリクリ□サンダン，
　ヤリクリ□ジョーズ，
　ヤリクリ□スル
やる【遣る】ヤル□キガ□ナイ，
　ヤル□キ□ナシ，カッテ□ヤル，
　ドナリツケテ□ヤル
やるかたない【遣る方ない】
　ムネン□ヤルカタナイ
やるせない【遣る瀬ない】
　ヤルセナイ
やろう【野郎】アノ□ヤロードモ，
　コノ□ヤロー，
　ヒコーキ□ヤロー　バカヤロー
やわ【夜話】オンガク□ヤワ
やわらか【柔らか・軟らか】
　ヤワラカ□シアゲ
ヤング　ヤング□アダルト，
　ヤング□ミセス，ヤングマン
やんごとない
　ヤンゴトナイ□オカタ
やんす〔方言〕
　ムスメデ□ヤンス，
　オカエリヤンス

やんばるくいな【山原水鶏】
　ヤンバル□クイナ

ゆ【湯】アリマノ□ユ（有馬の湯），
　ガケノ□ユ□オンセン（崖の湯温
　泉），マツノユ〔屋号〕
ゆいいつ【唯一】ユイイツ□ムニ，
　ユイイツシンキョー（唯一神教）
ゆいぶつ【唯物】
　ユイブツ□シカン，
　ユイブツロンシャ
ゆう【有】ユーサンソ□ウンドー
　（有酸素運動），
　ユーシカクシャ（有資格者），
　１０□ユー□５ネン（十有五年），
　１０□ユー□３シュンジュー（十
　有三春秋）
ゆう【勇】ギヲ□ミテ□セザルワ□
　ユー□ナキナリ，
　ヒップノ□ユー（匹夫の勇）

ゆうき【結城】ユーキ□ツムギ,
　ユーキ□モメン

ユーじこう【U字溝】
　[点字]

ゆうずう【融通】ユーズー□ムゲ

ユースホステル　ユース□ホステル

ゆうそくこじつ【有職故実】
　ユーソク□コジツ

ユーターン【Uターン】
　[点字]□ターン

ユーチューブ【ＹｏｕＴｕｂｅ】
　[点字],
　ユーチューブ□ドーガ

ゆうつかた【夕つ方】ユーツカタ

ゆうはん【有半】１ネン□ユーハン

ユーブイ【ＵＶ】
　[点字]□カット

ユーフォー【ＵＦＯ】[点字]

ユーボート【Ｕボート】
　[点字]□ボート

ゆうやけ【夕焼け】
　ユーヤケ□コヤケ

ゆうよ【有余】１０□ユーヨネン,
　３ネン□ユーヨ,
　６００□ユーヨ

ゆうらんバス【遊覧バス】
　ユーラン□バス

ユーロ　ユーロ□ダラー,
　ユーロ□ネット,
　ユーロエン□ソーバ（ユーロ円相
　場）

ゆえ【故】ユエ□アッテ□
　ミブンヲ□カクス,
　オモウガ□ユエニ,
　ソノ□ユエニ,
　ヒン□ユエノ□ヌスミ,
　ヒトアタリガ□ヤワラカイ□
　ユエ，ソレユエ，ナニユエ

ゆえありげ【故有りげ】
　ユエ□アリゲ

ゆえん【所以】
　ヒトノ□ヒトタル□ユエンワ

ゆき【行き・往き】
　[点字]（ＵＳＡ行き），
　ナガノユキ□アサマ□６０１ゴー
　（長野行あさま601号），
　テンゴクユキ

ゆきあたりばったり【行き当たりば
　ったり】ユキアタリ□バッタリ

ゆきつもどりつ【行きつ戻りつ】
　ユキツ□モドリツ

ゆきのした【雪の下】
　ユキノシタ〔植物名〕

ゆくえ【行方】ユクエ□シレズ,
　ユクエ□フメイ

ゆくさき【行く先】

ユクサキ□ハルカ

※ユク□サキザキ

ゆくすえ【行く末】

コシカタ□ユクスエ

ゆくとし【行く年】

ユク□トシ□クル□トシ

ゆくはる【行く春】

ユク□ハル□オシミテ

ゆくりなく　ユクリナク

ゆげ【湯気】ユゲアタリ

ゆず【柚子】ユズコショー，

ユズポンズ，ユズミソ，

ハナユズ（花柚）

ゆすり【揺すり】

ビンボー□ユスリ

ゆずり【譲り】ユズリウケル，

ユズリワタシ，

エンショー□ユズリノ□ワジュツ

（圓生譲りの話術），

オヤジ□ユズリ，テヤユズリ

ゆすりたかり【強請たかり】

ユスリ□タカリ

ゆたか【豊か】

6シャク□ユタカナ□オオオトコ

ゆだんなく【油断なく】

ユダン□ナク

ユニ　ユニカラー，ユニコーン，

ユニセックス，ユニフォーム

ユニオン　ユニオン□ジャック，

ユニオン□ショップ

ユニセフ【ＵＮＩＣＥＦ】

⠿⠿⠿⠿⠿⠿⠿□ボキン

ユニット　ユニット□カグ，

バス□ユニット

ユニバーシアード

ユニバーシアード

ユネスコ【ＵＮＥＳＣＯ】

⠿⠿⠿⠿⠿⠿⠿□ケンショー

ゆのはな【湯の花・湯の華】

ユノハナ

ゆば【湯葉】

ニッコー□ユバ（日光湯葉），

エビノ□ユバツツミ，

トージユバ（東寺湯葉），

ヒキアゲユバ

ゆびおり【指折り】ソノ□ヒヲ□

ユビオリ□カゾエテ□マツ

ゆびさす【指さす】ユビサス

ゆめ【夢】ユメ□オオイ，

ユメノ□マニ□スギル，

ユメモノガタリ

ゆめうつつ【夢現】ユメウツツ

ゆめまぼろし【夢幻】

ユメ□マボロシ

ゆめみる【夢見る】
　ミライヲ▢ユメミル
　※カレノ▢ユメ▢ミタヨ
ゆめゆめ【努努】ユメユメ▢
　ワスレル▢コト▢ナカレ
ゆられゆられて　ユラレ▢ユラレテ
ゆりのき【百合樹】ユリノキ
ゆるぎない【揺ぎない】
　ユルギナイ▢メイセイヲ▢キズク

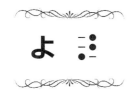

よ【世・代】ヨガ▢ヨナラ，
　ヨモ▢スエ，ヒトノ▢ヨ，
　メイジノ▢ヨ（明治の代），
　アノヨ，コノヨ，
　キミガヨ▢セイショー
よ【四】３ジ▢４ジ▢５ジ，
　３ニン▢４ニン▢５ニン，
　ヒー▢フー▢ミー▢ヨー，
　ミッカ▢ヨッカ▢イツカ，
　ミッツ▢ヨッツ▢イツツ
よ【夜】ヨモ▢ヒモ▢アケナイ，
　ヨヲ▢ヒニ▢ツイデ，ソノ▢ヨ
よ【余】
　⠼⠙⠚⠅⠍⠫（40㎞余），
　１００ニンヨ，
　１００ヨニン，５００ヨ，
　５００ニンガ▢ヨノ▢サンカシャ
よい【良い・善い・好い】
　ヨイ▢コダネ，
　ヨイ▢トコロエ▢キタ，
　ヨイ▢ワルイノ▢フンベツ，
　ハヤク▢イクガ▢ヨイ，
　キモチ▢ヨイ，カキヨイ▢ペン，
　ココチヨイ，ノミヨイ▢クスリ
　※ココチイイ
よいとまけ　ヨイトマケ
よいどれ【酔いどれ】
　ヨイドレ▢テンシ
よいのうち【宵の内】ヨイノ▢ウチ
よいのくち【宵の口】
　マダ▢ヨイノクチダ
よいのみょうじょう【宵の明星】
　ヨイノ▢ミョージョー
よう【様】アスカヨーノ▢ブツゾー
　（飛鳥様の仏像），
　カラヨー（唐様），
　タントーヨーノ▢キョーキ，
　ツクリヨーガ▢ナイ，

アルケルヨーニ□ナル,

ユメヲ□ミテ□イルヨーダ,

ゴーカク□シマスヨーニ,

ソノヨーナ, チノヨーナ□イロ

よう【用】⠡⠡⠡⠡⠡⠡⠡⠡⠡

（iPad用）, コーコー□

１ネンヨー□キョーカショ,

ショードクヨー□アルコール

よう【洋】ヨーガッキ,

ヨーショッキ（洋食器）,

インドヨー, タイセイヨージョー

よう【要】

ケントーノ□ヨー□アリ,

ヨー□チェック,

ヨー□トイアワセ,

ヨー□ニューイン,

ヨー□ヒッキ□ヨーグ,

ヨー□レイゾー,

サイガイジ□ヨーエンゴシャ,

ヨーカイゴ,

ヨーカイゴ□ニンテイ,

ヨーシエン,

ヨーチューイイキ（要注意域）,

ヨーチューイ□ジンブツ,

ヨーホゴ□ジドー（要保護児童）

よう【窯】

ケイトクチンヨー（景徳鎮窯）

ようイオン【陽イオン】ヨーイオン

ようか【八日】

キュー□ヨーカ□イチバシ（旧八

日市場市）,

キュー□ヨーカイチシ(旧八日市市)

ようき【陽気】ポカポカ□ヨーキ

ようき【容器】

コンポスト□ヨーキ, ポリヨーキ

ようきひ【楊貴妃】ヨーキヒ

ようぐ【用具】モージン□ヨーグ

ようけいさいるい【葉茎菜類】

ヨーケイサイルイ

ようご【用語】イガク□ヨーゴ,

カンヨーゴ（慣用語）

ようさりつかた【夜さりつ方】

ヨーサリツカタ〔夕方〕

ようし【用紙】ヨーシ□ウリバ,

テンジ□ヨーシ,

トーアン□ヨーシ,

ホーソー□ヨーシ（包装用紙）,

メモヨーシ

ようしき【様式】

ビザンチン□ヨーシキ

ようしゃ【容赦】

ヨーシャ□ナク□キリステル,

ゴヨーシャ□クダサイ

ようすい【用水】

コーギョー□ヨースイ,

ノビドメ□ヨースイ（野火止用水）

ようすみ【様子見】
　ジタイヲ□ヨースミ□スル

ようだ　ゼンブ□オナジヨーダ,
　コレワ□タベラレルヨーダ,
　マルデ□ハナノヨーダ

ようち【用地】ケンセツ□ヨーチ,
　アカサカ□ゴヨーチ

ようちえん【幼稚園】
　ヨーチエンジ, ヨーチエンチョー

ようでんき【陽電気】ヨーデンキ

ようとして【杳として】ヨート□
　シテ□ショーソクガ□ワカラナイ

ようなし【用無】ヨーナシノ□シナ

ようひん【用品】
　ダイドコロ□ヨーヒン

ようふぼ【養父母】ヨーフボ

ようふようせつ【用不用説】
　ヨー□フヨーセツ

ようよう【揚揚】イキ□ヨーヨー

ようりょう【要領】
　ヨーリョー□ヨク

ヨードチンキ　ヨード□チンキ

よかれあしかれ　ヨカレ□アシカレ

よぎない【余儀無い】
　ソレモ□ヨギナイ□コトダ,
　ケイカクノ□ヘンコーヲ□
　ヨギナク□サレタ

よく【欲】ヨクノ□カワ,
　ヨクフカ□ジイサン, チシキヨク

よく【翌】
　ヨク□５７ネンノ□ナツ,
　ヨク□エイギョービ,
　ヨク□ニチヨービ,
　ヨクアサ, ヨクチョー,
　ヨクトシ, ヨクヘイジツ,
　ヨクヨクジツ

よくじょう【浴場】
　タイシュー□ヨクジョー,
　カイスイヨクジョー

よくする【良くする・能くする】
　ヨク□スル□トコロデワ□ナイ,
　ショヲ□ヨク□スル,
　セケンワ□ヨク□シタ□モノデ

よくする【浴する】
　オンケイニ□ヨクスル

よくせき　ヨクセキノ□コト

よくとく【欲得】
　ヨクトク□ヌキデ,
　ヨクトクズク

よくなる【良くなる】ヨク□ナル

よくよく　ヨク□ヨク□アソベ,
　ヨクヨク□コマッタラシイ,
　ヨクヨク□ミルト,
　ヨクヨクノ□コト

よげ　キモチ□ヨゲニ，
　　ココチヨゲニ

よこ【横】ヨコ□ブブン，
　　ヨコホーコー，ヨコムキ，
　　クーコーヨコノ□アキチ，
　　ヒダリヨコノ□ヒト

よこがみやぶり【横紙破り】
　　ヨコガミ□ヤブリ

よごし【汚し】オクチ□ヨゴシ，
　　カタナ□ヨゴシ，ゴマヨゴシ，
　　ツラヨゴシ

よこす【寄越す】
　　ソー□イッテ□ヨコシタ

よこちょう【横町・横丁】
　　アメヤ□ヨコチョー，
　　ムコー□ヨコチョー

よこづけ【横付け】ヨコヅケ

よこづな【横綱】ヨコヅナ

よごれ【汚れ】ヨゴレ□オトシ，
　　ヨゴレヤク，アブラ□ヨゴレ

よさ　オモイキリ□ヨサ，
　　カキヨサガ□トクチョーダ

よさげ　ヨサゲナ□オミセ，
　　キモチ□ヨサゲニ

よし【由】ヨシ□アル□ヒト，
　　オゲンキノ□ヨシ，
　　シル□ヨシモ□ナイ

よしあし【善し悪し】
　　コトノ□ヨシアシ，
　　ショージキスギルノモ□
　　ヨシアシダ

よしありがお【由有顔】
　　ヨシアリガオ

よしきた【よし来た】ヨシ□キタ

よじげん【四次元】
　　4ジゲンノ□セカイ

よしつねせんぼんざくら【義経千本
　　桜】ヨシツネ□センボンザクラ

よしない【由無い】
　　ヨシナイ□コトヲ□イウ，
　　ヨシナク□カレノ□イイナリニ□
　　ナル

よしなしごと【由無し言】
　　ヨシナシゴト

よしなしものがたり【由無し物語】
　　ヨシナシ□モノガタリ

よしなしわざ【由無し業】
　　ヨシナシワザ

よしみのひゃっけつ【吉見の百穴】
　　ヨシミノ□ヒャッケツ

よじょうはん【四畳半】
　　4ジョーハン□シュミ，
　　4ジョーハンノ□ヘヤ

よしわらかご【吉原駕籠】
　　ヨシワラカゴ

よしわらことば【吉原言葉】
ヨシワラ▢コトバ

よしわらすすめ【葦原雀】
ヨシワラ▢スズメ

よす【止す】
イクノワ▢ヨス▢コトニ▢シタ,
ヨシナサイ, オヨシ▢ナサイ,
ヨセバ▢ヨイ▢モノヲ

よすみ【四隅】ヨスミ

よせ【寄せ】ヨセナベ, ゼリーヨセ

よせ【寄席】ヨセゲイニン,
シロートヨセ, テレビヨセ,
ドヨーヨセ

よそながら【余所ながら】
ヨソナガラ

よそゆき【余所行き】
ヨソユキノ▢コトバ

よたかそば【夜鷹蕎麦】
ヨタカソバ

よち【予知】ヨチ▢ノーリョク,
ジシン▢ヨチ

よつ【四つ】ヨドキ,
ミツ▢ヨツ, ヒダリヨツニ▢クム

よつあし【四つ足・四つ脚】
ヨツアシ▢ドーブツ,
ヨツアシドリイ, ヨツアシモン

よつおり【四つ折り】ヨツオリ

よっか【四日】
⠿⠿⠿⠿ (三、四日),
3 ⠿⠿ ヨッカ (三〜四日),
3 パク▢ヨッカ,
ミッカ▢ヨッカ▢イツカ
※１４カ, ２４カ

よっかいちし【四日市市】
ヨッカイチシ

よつかど【四つ角】ヨツカド

よつぎり【四つ切り】ヨツギリ

よつずもう【四つ相撲】ヨツズモー

よって【依って・因って】
ヨッテ▢キタル▢トコロ,
ソレニ▢ヨッテ

よって〔方言〕 ソヤヨッテ,
ワカレ▢シマヘナンダヨッテ

よつであみ【四つ手網】
ヨツデアミ

よってたかって【寄ってたかって】
ヨッテ▢タカッテ▢イジメル

よってたつ【依って立つ・因って立
つ】ヨッテ▢タツ▢トコロ

ヨット ヨット▢ハーバー,
ヨットマンシップ

よつめ【四つ目】
ヨツメガキ (四つ目垣),
ヨツメユイ (四つ目結)

よ

よしわ―よつめ

─ 331 ─

よつんばい【四つん這い】
ヨツンバイ

よどみ【淀み・澱み】
ヨドミ□ナイ□クチョー

よなよな【夜な夜な】
ヨナヨナ□オニガ□デル

よねん【余念】
ヨネン□ナク□ドクショ□スル

よのぎ【余の儀】
ヨノギニ□アラズ

よのきこえ【世の聞こえ】
ヨノ□キコエ

よのつね【世の常】ヨノ□ツネ

よのなか【世の中】
スミニクイ□ヨノナカニ□ナッタ

よのならい【世の習い】
ヨノ□ナライ

よのめ【夜の目】
ヨノメモ□ネズニ□ガンバル

よばわり【呼ばわり】
アクニン□ヨバワリ,
バカヨバワリ□スル

よび【予備】ヨビ□チシキ,
ヨビ□チョーサ

よみ【読み】コーセイヨミ,
タイヘイキヨミ（太平記読み）

よみかき【読み書き】
ヨミカキ□ソロバン

よみする【嘉する】ヨミスル

よみのくに【黄泉の国】
ヨミノ□クニ

よみびと【読み人・詠み人】
ヨミビト□シラズ

よめ【嫁】ヨメ□シュートメ,
ヨメイビリ, アニヨメ

よめ【夜目】
ヨメ□トオメ□カサノ□ウチ

よもぎ【蓬・艾】ヨモギ□ダンゴ,
ヨモギモチ, カワラ□ヨモギ

よもすがら【夜もすがら】
ヨモスガラ

より【寄り】
シリツ□コーコーヨリノ□カド
（市立高校寄りの角）,
ヤマノテヨリ

より
ヨリ□イッソー□ガンバロー,
ヨリ□ヨイ□クニニ□スル,
ドリョク□セヌニ□ヨリ,
セイフノ□ホーシンニ□ヨリ,
コー□スルヨリ□ホカ□ナイ,
ソー□スルヨリシカ□
ホーホーワ□ナイ,
タケトリ□モノガタリヨリ,
トーキョーエキヨリ□シュッパツ,
ユキヨリ□シロイ

よりけり　ヒトニ□ヨリケリダ

よりどり【選り取り】
　ヨリドリ□ミドリ

よりによって　ヨリニ□ヨッテ

よる【因る・縁る・由る・依る・拠る】ロードーニ□ヨル□ショトク，ナニゴトニ□ヨラズ

よる【寄る】ヨル□トシナミ，ヨルト□サワルト，オモイモ□ヨラズ

よるひる【夜昼】ヨルヒル□アソビツヅケル，ヨルヒル□ナシノ□シュエン

よるべ【寄る辺】ヨルベ□ナイ□ミ

よるよなか【夜夜中】ヨルヨナカ

よろい【鎧】ヨロイ□カブト（鎧兜），ヨロイムシャ（鎧武者）

よろこびいさむ【喜び勇む】ヨロコビイサム

よろしい【宜しい】カエッテモ□ヨロシイ，チョード□ヨロシイ，コチラデ□ヨロシュー□ゴザイマスカ

よろしく　ウエイター□ヨロシク□フルマウ

よわ【余話】ザイカイ□ヨワ

よわいものいじめ【弱い者苛め】ヨワイ□モノ□イジメ

よわなさけうきなのよこぐし【与話情浮名横櫛】ヨワ□ナサケ□ウキナノ□ヨコグシ

よわりめ【弱り目】ヨワリメニ□タタリメ

よんエッチクラブ【4Hクラブ】⠿⠿⠿⠿□クラブ

よんサイクルきかん【四サイクル機関】4サイクル□キカン

よんだいひげき【四大悲劇】4ダイ□ヒゲキ

よんどころない【拠無い】ヨンドコロナイ□ヨージデ□ヤスム

ら

ら【等】ヤマノウエノ□オクララ
（山上憶良ら），コノ□コラ

ラージ ラージ□プリント□ブック，
ラージヒル

ラーメン インスタント□ラーメン，
カップ□ラーメン
ショーユ□ラーメン，
シオラーメン，ネギラーメン，
ミソラーメン

らい【来】ライガッキ，
ライシーズン，サクネンライ

ライオン ヒトクイ□ライオン，
ボス□ライオン，オスライオン，
メスライオン

らいさんよう【頼山陽】
ライ□サンヨー

ライス ライス□グラタン，
カレー□ライス，オムライス

ライター オイル□ライター，
ガス□ライター

ライター コピー□ライター，
シナリオ□ライター，
ルポ□ライター

ライト ライト□アップ，
ライト□ブルー，
ライト□ヘビーキュー，
ニッポン□ライトハウス，
ライトバン，ライトペン，
スポット□ライト，ハイライト

ライトモチーフ ライト□モチーフ

ライフ ライフ□ジャケット，
ライフ□ワーク，ライフケア，
アウトドア□ライフ

ライフルじゅう【ライフル銃】
ライフルジュー

ライむぎ【ライ麦】ライムギ

ライムライト ライム□ライト

ライン ライン□アップ，
ライン□ダンス，ラインズマン，
ラインナップ，エー□ライン
（Aライン），エンド□ライン，
ガイド□ライン，
スズキ□タナカ□ライン（鈴木・
田中ライン），ニホン□ライン，
アイライン，オンライン，
ピケライン

らかん【羅漢】１６ラカン，
５００ラカン，

ダイアラカン（大阿羅漢）

らく【楽】 ラク□アレバ□ク□アリ,
ラク□スル, ラクインキョ,
ゴショーラク

ラグ セイサク□ラグ（政策ラグ）,
タイムラグ

ラグ ラグ□ペーパー, ラグタイム

らしい

〔推定の助動詞〕１７⠿ラシイ,
カノジョワ□⠿⠿⠿⠿⠿⠿□□ラシイ
（ＯＬらしい）, アノ□イヌワ□
カレノ□⠿⠿⠿⠿⠿⠿□ラシイ
（petらしい）,
ドーモ□⠿⠿⠿⠿⠿⠿□ラシイ
（ＵＦＯらしい）,
アスワ□テンキニ□ナルラシイ

〔形容詞の接尾語〕１７⠿ラシイ,
カノジョノ□フクソーワ□
⠿⠿⠿⠿⠿⠿ラシイ（ＯＬらしい）,
⠿⠿⠿⠿⠿⠿ラシイ□シグサ
（petらしい）,
オトコラシク□ナサイ,
カワイラシイ□コ

ラジオ ラジオ□タイソー,
ラジオ□ドラマ,
ラジオ□ビーコン, ラジオカー,
ポケット□ラジオ, カーラジオ

ラスト ラスト□シーン,
ラスト□スパート,
ラスト□バッター, ラストラン

らち【埒】 ラチガ□アカナイ,
ラチモ□ナイ

らっかせいゆ【落花生油】
ラッカセイユ

ラッキー ラッキー□セブン,
ラッキー□ゾーン, アンラッキー

ラック マガジン□ラック,
ワイン□ラック

ラッシュ ラッシュ□アワー,
キセイ□ラッシュ,
ゴールド□ラッシュ,
ビルラッシュ

ラップ ラップ□フィルム,
サラン□ラップ, クレラップ

ラテ トーニュー□ラテ（豆乳ラテ）,
プレミアム□ラテ,
カフェラテ, ティーラテ,
マッチャラテ（抹茶ラテ）

ラテン ラテン□アメリカ,
ラテンケイ□ミンゾク

ラパロマ ラ□パロマ

ラフ ラフ□スケッチ, ラフプレー

ラブ ラブ□ストーリー,
ラブシーン, ラブレター,
プラトニック□ラブ,

オフィスラブ

ラマ　ラマ□キョート,
ラマキョー（ラマ教）,
ラマソー（ラマ僧）,
ダライ□ラマ

ラム　ラム□ステーキ, ラムスキン

ラム【ＲＡＭ】
⠿⠿⠿⠿□ディスク

ラリー　サファリ□ラリー

られる　サキガ□アンジラレル,
ヒトニ□ミラレル

らん【乱】
ランカイハツ（乱開発）,
オーニンノ□ラン（応仁の乱）,
タイヘイ□テンゴクノ□ラン
（太平天国の乱）

らん【欄】カテイラン,
ドクシャ□トーコーラン,
ブンゲイラン

ラン　ランウエイ,
ウイニング□ラン,
オーバー□ラン,
２⠿ラン□ホーマー,
ツーラン□ホーマー,
ノーヒット□ノーラン,
ホームラン, ロングラン

ラン【ＬＡＮ】
⠿⠿⠿⠿□ケーブル

らんアルブミン【卵アルブミン】
ラン□アルブミン

らんがくことはじめ【蘭学事始】
ランガク□コトハジメ

ランク　ランク□アップ,
ランクイン,
⠿⠿□ランク（Ｂランク）

らんさいぼう【卵細胞】
ランサイボー

らんじゅほうしょう【藍綬褒章】
ランジュ□ホーショー

ランチ　ランチ□タイム,
ランチジャー,
⠿⠿□ランチ（Ａランチ）,
オコサマ□ランチ

らんちきさわぎ【乱痴気騒ぎ】
ランチキ□サワギ

ランド　ランド□マーク,
ランドケア,
ディズニー□ランド,
ヨミウリ□ランド,
レジャー□ランド,
アイスランド, グリーンランド,
ニュージーランド, フィンランド

ランドサット【ＬＡＮＤＳＡＴ】
⠿⠿⠿⠿⠿⠿⠿,
ランドサット

ランニング　ランニング□シャツ

らんはんしゃ【乱反射】
　ランハンシャ
ランプ　ランプ◻シェード，
　テール◻ランプ，アカランプ
らんまん【爛漫】
　テンシン◻ランマン，
　ハル◻ランマン

り【利】 リマワリ，
　タタカイ◻リ◻アラズ，
　チノ◻リヲ◻シメル
り【理】 リガ◻ヒデモ，
　リノ◻トーゼン，
　リカガク（理化学），
　リスーカ（理数科），
　ジメイノ◻リ（自明の理）
り【裏】
　ダイセイコーリニ◻オワル，
　ハナシヲ◻ヒミツリニ◻ススメル
リア　リア◻ウインドー，
　リアシート

リーグ　リーグ◻シン（リーグ新），
　リーグセン（リーグ戦），
　⠨⠃リーグ（Ｊリーグ），
　セントラル◻リーグ，セリーグ，
　メジャー◻リーグ
リーダー　リーダーシップ，
　サブ◻リーダー，チア◻リーダー，
　チーム◻リーダー
リード　リード◻ギター，
　リードオフマン，ミスリード
りき【力】 １０ニンリキ，
　ヒャクニンリキ
りきゅう【離宮】
　アカサカ◻リキュー（赤坂離宮），
　カツラ◻リキュー（桂離宮），
　シュガクイン◻リキュー（修学院離宮），ハマリキュー（浜離宮）
りく【陸】
　リク◻カイ◻クーグン（陸海空軍），
　リクカイグン，リクツヅキ，
　サンリク◻カイガン（三陸海岸）
りくぎえん【六義園】
　リクギエン〔庭園〕
りくけい【六経】
　リクケイ〔中国、６種の経書〕
りくげい【六芸】
　リクゲイ〔中国、６種の技芸〕

りくしょ【六書】

リクショ〔漢字の分類〕

りくたい【六体】

リクタイ〔漢字の書体〕

りくちょう【六朝】

リクチョー□ジダイ

りくつ【理屈】 リクツ□ナシ,

リクツ□ヌキ

りくとうさんりゃく【六韜三略】

リクトー□サンリャク

りこ【利己】 リコ□シュギ

りし【利子】 リシ□ホキュー,

リシウミ□シホン,

ギンコー□リシ, フクミリシ

りしちょうせん【李氏朝鮮】

リシ□チョーセン

リスト リスト□アップ,

チェック□リスト

りつ【率】 １００ブンリツ,

シツギョーリツ,

ホケンリョーリツ

りつ【立】

コッコーシリツ□ショーガッコー

りつ【律】 インガリツ（因果律）,

１２⠂リツ

りっこくし【六国史】 リッコクシ

りっし【律詩】 ７ゴン□リッシ

りっしん【立身】

リッシン□シュッセ□スル,

リッシンズク

リットル【ℓ】 ⠿⠒⠿⠒⠿⠒ （5ℓ）,

５⠂リットル

りっぽう【立方】

⠿⠒⠿⠒⠿⠒ ⠿⠒⠿⠒⠿⠒ （24cm^3）,

２メートル□リッポー,

８⠂リッポーメートル

りつりょう【律令】

リツリョー□キャクシキ（律令

格式）

りとかんぱく【李杜韓白】

リトカンパク〔リハク（李白）・

トホ（杜甫）・カン□ユ（韓愈）・

ハク□キョイ（白居易）〕

リトマスしけんし【リトマス試験紙】

リトマス□シケンシ

リニアモーター

リニア□モーターカー

りはく【李白】 リハク

※リ□タイハク

りひきょくちょく【理非曲直】

リヒ□キョクチョク

リブ リブ□ステーキ,

リブロース, スペアリブ

リフト リフトツキ□バス,

フォーク□リフト,

338

チェアリフト

リボかくさん【リボ核酸】
リボカクサン

リボルビング
リボルビング□ドア,
リボルビング□ローン

リミット　オフ□リミット,
タイム□リミット

りゃく【略】イカ□リャク,
ケイショー□リャク,
チューリャク

りゃくぎ【略儀】リャクギナガラ

りゅう【流】
サイクワ□リューリュー,
オイエリュー,
モリ□オーガイリュー（森鷗外
流），３リュー□ブンシ,
ジコリュー，ニテンリュー（二天
流）

りゅうあんかめい【柳暗花明】
リューアン□カメイ

りゅうか【硫化】
リューカ□スイソ，リューカドー

りゅうげんひご【流言蜚語】
リューゲン□ヒゴ

りゅうこう【流行】
リューコー□カシュー,
リューコーショク

りゅうさん【硫酸】
リューサン□ダイ１テツ,
リューサン□ナトリウム,
リューサンエン□アンモニウム

りゅうじょうこはく【竜攘虎搏】
リュージョー□コハク

りゅうと　リュート□シタ□ミナリ

りゅうとうだび【竜頭蛇尾】
リュートー□ダビ

りゅうのひげ【竜の鬚】
リューノ□ヒゲ〔植物名〕

りゅうりゅう【隆隆】
リューリュータル□コクウン,
キンニク□リューリュー

りゅうりゅうしんく【粒粒辛苦】
リューリュー□シンク

リュックサック　リュック□サック

りょう【両】
リョー□ジョリュー□ガカ,
リョー□フクダイトーリョー,
リョー□メイキャッチャー,
リョーノ□テ，リョー３ニチ,
リョーテノヒラ,
リョートショカン,
セパ□リョーリーグ,
ニチベイ□リョーシュノー,
１リョージツ

— 339 —

りょう【料】ゲンコーリョー,
　ハイカンリョー

りょう【陵】
　ニントク□テンノーリョー（仁徳
　天皇陵）

りょう【量】セキサイリョー,
　ハイスイリョー

りょう【寮】リョーセイカツ,
　ドクシンリョー

りょう【領】イギリスリョー,
　フツリョー□インドシナ（仏領
　インドシナ）,
　グソク□3リョー（具足三領）

りょう【漁】サケマスリョー,
　タラバガニリョー

りょうきょくたん【両極端】
　リョーキョクタン

りょうきん【料金】
　ガス□リョーキン,
　スイドー□リョーキン,
　ベツリョーキン

りょうさいしい【聊斎志異】
　リョーサイ□シイ

りょうじょうのくんし【梁上の君子】
　リョージョーノ□クンシ

りょうじんひしょう〔梁塵秘抄〕
　リョージン□ヒショー〔書名〕

りょうせいばい【両成敗】
　ケンカ□リョーセイバイ

りょうてんびん【両天秤】
　リョーテンビンヲ□カケル

りょうとうのいのこ【遼東の豕】
　リョートーノ□イノコ

りょうり【料理】
　リョーリ□ジョーズ,
　1ピン□リョーリ,
　サカナ□リョーリ,
　タイ□リョーリ（タイ料理）,
　タイリョーリ（鯛料理）,
　ニクリョーリ

りろせいぜん【理路整然】
　リロ□セイゼン

りんきおうへん【臨機応変】
　リンキ□オーヘン

リング　リング□サイド,
　リングプル，マジック□リング,
　イヤリング

リンゲルえき【リンゲル液】
　リンゲルエキ

りんご【林檎】リンゴ□オイワケ,
　リンゴ□ジュース，リンゴジャム,
　アオモリ□リンゴ（青森林檎）,
　アオリンゴ

り

りょう─りんこ

るい【塁】２ルイダ，
　ホンルイダ
るい【類】タニルイヲミナイ，
　コンチュールイ
るいがいねん【類概念】
　ルイガイネン
るいじんえん【類人猿】
　ルイジンエン
ルイセンコがくせつ【ルイセンコ学説】ルイセンコガクセツ
ルーズリーフ　ルーズリーフ
ルート　ルート６６，
　ホクヘキルート
ルーフ　ルーフガーデン，
　サンルーフ
ループ　ループアンテナ，
　ループタイ
ルーム　ルームクーラー，
　ルームメート，
　ルームライト，ルームシェア，
　ホームルーム，バスルーム

ルール　ルールブック，
　ルールムシ（ルール無視），
　コーツールール，
　ローカルルール
ルカふくいんしょ【ルカ福音書】
　ルカフクインショ
るす【留守】ルスカゾク，イルス
ルック　ルックイースト，
　ミリタリールック，ペアルック
ルビ　ルビツキカンジ，
　ソールビノホン
ルポ　ルポライター，
　ルポルタージュ，ゲンチルポ

レア　レアチーズケーキ，
　レアメタル
れい【令】レイフジン，
　カイゲンレイ，ソードーインレイ
れい【例】レイ１，
　レイニヨッテレイノゴトシ，
　レイナラズ，シヨーレイ（使用例）

― 341 ―

れい【零・0】⠼⠚ (0時),
⠼⠚ (0点),
ゼッタイ□⠼⠚ (絶対零度),
レイイホー (零位法),
レイカ□3ド

れいがい【例外】レイガイ□ナク

れいかん【冷汗】レイカン□3ト

れいぎ【礼儀】レイギ□タダシイ

れいとう【冷凍】
レイトー□マグロ,
レイトーイカ, レイトーエビ

れいの【例の】レイノ□トオリ,
レイノ□トコロ

レース オート□レース,
ダイ1□レース, 1⠿レース,
カーレース

レール レール□ロード,
レールバス, ガード□レール,
モノレール

レーン スロー□レーン,
シーレーン, バスレーン

れき【暦】レキネンレイ,
グレゴリオレキ, タイヨーレキ

レグホン ハクショク□レグホン

レコード レコード□プレーヤー,
レコード□ヤブリ

レス コードレス, シュガーレス,
セックスレス, プライスレス,
ペーパーレス

レスト レスト□ハウス,
レスト□ルーム, アーム□レスト

レター レター□ヘッド,
レター□ラック,
ビジネス□レター,
ファンレター, ラブレター

れっきと レッキト□シタ□ミブン

れっしゃ【列車】
レッシャ□ダイヤ,
オメシ□レッシャ,
ノボリ□レッシャ

レッツ レッツ□スタート,
レッツゴー

レッド レッド□パージ,
ワイン□レッド

れっとう【列島】
ゴトー□レットー (五島列島),
ニホン□レットー (日本列島)

レディー レディー□ファースト,
ファースト□レディー

レディー レディー□メード

レベル レベル□アップ,
ケン□レベルノ□トーロン (県レ
ベルの討論), トップ□レベル,
ハイレベル

レムすいみん【レム睡眠】
レム□スイミン,

ノンレム⬜スイミン

レモン レモン⬜スカッシュ,
レモンティー

れん【連】レンブンセツ,
イチレンノ⬜ジケン,
ジュズ⬜1レン,
3レンノ⬜ネックレス,
アクドーレン, ゼンガクレン

れんげ【蓮華】レンゲ⬜ツツジ,
チリレンゲ

れんごう【連合】
レンゴーコクグン（連合国軍）,
アラブ⬜レンゴー,
モージンカイ⬜レンゴー

レンジ オーブン⬜レンジ,
デンシ⬜レンジ, ガスレンジ

れんじゅう【連中】
オハヤシ⬜レンジュー
※トシヨリ⬜レンチュー

レンズ レンズマメ（レンズ豆）,
セツガン⬜レンズ, トツレンズ

レンタ レンタ⬜サイクル,
レンタカー

れんぽう【連峰】
ウシロ⬜タテヤマ⬜レンポー
（後立山連峰）,
ヒラ⬜レンポー（比良連峰）

れんぽう【連邦】
エイ⬜レンポー（英連邦）,
ソビエト⬜レンポー,
ロシア⬜レンポー

ろ

ろ【露】ロ⬜タイシ（露大使）,
ロコク, ロブンガク（露文学）,
ベイロ⬜リョーコク

ロイドめがね【ロイド眼鏡】
ロイド⬜メガネ

ろう【老】
ロー⬜ウエキ⬜ショクニン,
ロー⬜トルストイ,
ローセンセイ, ロータイカ,
ローホアンカン,
ヨシダロー（吉田老）

ろうし【老子】ローシ

ろうじゅう【老中】ロージュー

ろうしょうふじょう【老少不定】
ローショー⬜フジョー

ろうじん【老人】
ロージン□ホーム，ボケロージン

ろうする【労する】ロースル，
ローシテ□コー□ナシ

ろうせずして【労せずして】
ローセズシテ

ろうそうがくは【老荘学派】
ローソー□ガクハ

ろうたけた【﨟たけた】
ロータケタ□ヒメギミ

ろうどう【労働】
ロードー□3ポー

ろうとして【牢として】
ロート□シテ□ヌキガタイ

ろうはちえ【臘八会】
ローハチエ〔12月8日〕

ロー　ロー□ウエスト，
ロー□カロリー，ローギア，
ローコスト，ローティーン，
ロービジョン，アウトロー，
インロー

ローカル　ローカル□カラー，
ローカル□サービス，
ローカルショク（ローカル色）

ロース　ロース□カツレツ，
ロースハム，ブタロース，
リブロース

ローズ　ローズ□ウッド，
ローズ□マリー〔植物名〕，
ローズマリーノ□アカチャン

ロースト　ロースト□ビーフ，
ロースト□ラム

ロード　ロード□レース，
ロードショー，シルク□ロード

ロープ　ロープ□ウエイ，
ワイヤ□ロープ

ローヤルゼリー　ローヤル□ゼリー

ローラー　ローラー□カナリヤ，
ローラー□サクセン，
ローラー□スケート，
ローラー□ベアリング，
ピンチ□ローラー

ロール　ロール□アップ，
ロール□キャベツ，ロールパン，
バター□ロール

ロールスロイス
ロールス□ロイスシャ（ロールス
ロイス社）

ログ　ログ□ブラウザ□キノー，
ログアウト，ログイン，
アクセス□ログ，
カコログ（過去ログ）

ろくあみだもうで【六阿弥陀詣】
6□アミダ□モーデ

ろくかんのん【六観音】6カンノン

— 344 —

ろくさんせい【六三制】
⠿⠿⠿⠿⠿⠿⠿⠿

ろくじぞう【六地蔵】６ジゾー

ろくじのみょうごう【六字の名号】
６ジノ□ミョーゴー

ろくしゃくぼう【六尺棒】
６シャクボー

ろくじゅうのてならい【六十の手習】
６０ノ□テナラライ

ろくじゅうろくぶ【六十六部】
ロクジューロクブ〔巡礼〕

ろくじょうがわら【六条河原】
６ジョーガワラ

ろくだいとし【六大都市】
６ダイ□トシ

ろくだんのしらべ【六段の調べ】
６ダンノ□シラベ

ろくでなし　ロクデナシ

ろくでもない
ロクデモナイ□ハナシ

ろくどうせん【六道銭】６ドーセン

ログハウス　ログハウス

ろくはらたんだい【六波羅探題】
ロクハラ□タンダイ

ろくはらどの【六波羅殿】
ロクハラドノ

ろくはらみつ【六波羅蜜】
６ハラミツ〔仏教用語〕

ろくはらみつじ【六波羅蜜寺】
ロクハラミツジ

ろくぶんぎ【六分儀】ロクブンギ

ろくめんたい【六面体】６メンタイ

ロケ　ロケ□ゲンバ，ロケセット，
カイガイ□ロケ

ロケット　ロケットダン，
ミュー□ロケット

ロゴ　ロゴ□デザイン，ロゴマーク

ろじ【路地・露地】
ロジ□サイバイ，ロジウラ

ろじん【魯迅】ロジンノ□サクヒン

ロス　ロスタイム，
エネルギー□ロス，タイムロス

ロタウイルス　ロタ□ウイルス

ろっかく【六角】６カクケイ，
６カクドー

ろっかクロム【六価クロム】
６カ□クロム

ろっかせん【六歌仙】６カセン

ろっく【六区】
アサクサ□６ク（浅草六区）

ロックアウト　ロック□アウト

ロッククライミング
ロック□クライミング

ロックンロール
ロックン□ロール□ミュージック

345

ろっこう【六甲】
ロッコー□オロシ,
ロッコーサン（六甲山）

ろっこんしょうじょう【六根清浄】
ロッコン□ショージョー〔唱え
文句〕

ろっぱく【六白】
6パク□キンセイ

ろっぷ【六腑】 5ゾー□6プ

ろっぽう【六方】
ロッポーヲ□フム〔歌舞伎〕

ろっぽうしょうけい【六方晶系】
6ポー□ショーケイ

ろっぽうぜんしょ【六法全書】
6ポー□ゼンショ

ろっぽんぎ【六本木】
ミナトク□ロッポンギ（港区六本
木）

ロハス【LOHAS】
⠿⠿⠿⠿⠿⠿⠿⠿⠿⠿,
ロハスナ□クラシ

ロマンス ロマンス□グレー,
ロマンス□シート,
ロマンスカー, ラブ□ロマンス

ロム【ROM】
⠿⠿⠿⠿⠿⠿⠿⠿⠿⠿⠿⠿⠿⠿⠿
（CD−ROM）

ろん【論】 エトー□ジュン□シ□
ロンニ□ヨル□ナツメ□
ソーセキロン（江藤淳氏論による
夏目漱石論）, ユイブツロン

ロング ロング□アイランドトー
（ロングアイランド島）,
ロング□ショット,
ロング□ビーチ, ロングヘア,
ロングラン, セミロング

ろんこうこうしょう【論功行賞】
ロンコー□コーショー

ろんしゃ【論者】
カンキョー□ホゴ□ロンシャ,
ウンメイロンシャ,
カナロンシャ, シンカロンシャ,
ヒセンロンシャ（非戦論者）,
ムシンロンシャ（無神論者）,
ユイブツロンシャ（唯物論者）,
ユイメイロンシャ（唯名論者）

わ

ワーカホリック ワーカホリック
ワーク ワーク□シェアリング,
　ワーク□ショップ,
　ワーク□ブック, ワークシェア,
　ネット□ワーク,
　ハード□ワーク,
　ライフ□ワーク, パスワーク
ワースト ワースト□ワン
わあっ ワアッ□キレイダナア
ワード キャッチ□ワード,
　キーワード, パスワード
ワールド ワールド□カップ,
　ワールド□シリーズ,
　ミス□ワールド
わい ウマク□イッタワイ
ワイせんしょくたい【Y染色体】
　⠠⠽□センショクタイ
ワイド ワイド□スクリーン,
　ワイド□レンズ, ワイドショー
ワイファイ【Wi-Fi】
　⠠⠺⠊⠤⠠⠋⠊

ワイヤ ワイヤ□ロープ,
　ワイヤレス□マイク
ワイン ワイン□グラス,
　ドイツ□ワイン,
　ポート□ワイン, アカワイン,
　シロワイン
わが【我が・吾が】ワガ□イエ,
　ワガ□イヲ□エタリ,
　ワガ□コ, ワガ□コキョー,
　ワガ□ココロ,
　ワガ□コトナガラ,
　ワガ□シ（我が師）, ワガ□シャ,
　ワガ□ツマ, ワガ□トモ,
　ワガハイ, ワガママ, ワガミ,
　ワガヤ
わかいしゅ【若い衆】ワカイシュ
わかいつばめ【若い燕】
　ワカイ□ツバメ
わかいもの【若い者】
　ワカイ□モノ, ワカイモノガシラ
　※ワカイ□モン
わかいんきょ【若隠居】
　ワカインキョ
わがきみ【吾君】ワガ□キミ
わかげ【若気】
　ワカゲノ□アヤマチ,
　ワカゲノ□イタリ

— 347 —

わかし【沸かし】

コーヒー□ワカシ，ユワカシ

わがたつそま【我が立つ杣】

ワガ□タツ□ソマ

わがとう【我が党】

ワガ□トーノ□セイサク

わがはい【我が輩・吾が輩】

ワガハイ

わがほう【我が方】 ワガ□ホー

わがまま【我が儘】

ワガママ□カッテ

わがみ【我が身】 ワガミ□カワイサ

わかむき【若向き】

ワカムキノ□フク

わかめ【若布・和布】

コモチ□ワカメ，

ナルト□ワカメ，タキワカメ

わがもの【我が物】 ワガ□モノ，

ワガモノガオ

わがや【我が家】 ワガヤニ□カエル

わがよ【我が世】 ワガ□ヨノ□ハル

わかり【分り】 ワカリヤスイ，

シロート□ワカリノ□スル□

ハナシ，モノワカリガ□イイ

わかれ【別れ】 フーフ□ワカレ，

コワカレノ□ズ（子別れの図）

わかれわかれ【別れ別れ】

ワカレ□ワカレニ□ナル

わかんさんさいずえ【和漢三才図会】

ワカン□３サイ□ズエ

わかんよう【和漢洋】

ガクワ□ワカンヨーニ□ワタル

わき【脇】 ドーロワキノ□イエ，

ヒダリワキノ□ヒト，

シリツ□コーコーワキノ□ミセ

わきあいあい【和気藹藹】

ワキ□アイアイ

わきおこる【沸き起こる】

ハクシュガ□ワキオコル

わきのした【腋の下・脇の下】

ワキノシタ

わきほんじん【脇本陣】

ワキホンジン

わく【枠】 １ワクガ□ホンメイダ，

コンネンド□ヨサンワク

わけ【訳】 ワケ□アル□ナカ，

ワケ□ナイ□コトサ，

ワケアリガオ，

ワケアリノ□シナ，ワケシリ，

ドー□イウ□ワケデ，

ハナス□ワケニワ□イカナイ

わけ【分け】 カタミワケ，ヤマワケ

わけしりだて【訳知り立て】

ワケシリダテ

わけへだて【別け隔て】

ワケヘダテ□ナク

わかし―わけへ

わ

わこうどうじん【和光同塵】
ワコー□ドージン

わこさま【和子様】ワコサマ

わこんかんさい【和魂漢才】
ワコン□カンサイ

わざ【技・業】
ワザアリヲ□トラレタ,
ウデニ□ワザ□アリ,
ニンゲンワザデ□ナイ

わさび【山葵】ワサビ□オロシ,
ワサビモチ,セイヨー□ワサビ

わじょう【和尚・和上】
ガンジン□ワジョー（鑑真和上）

ワシントン
ワシントン□⠿⠿⠿⠿
（ワシントンD．C.），
ワシントン□ポストシ（ワシント
ンポスト紙）

わずらい【煩い】
ナガイ□ワズライ,
コイワズライ,ナガワズライ

わすれ【忘れ】ワスレ□オーギ,
イナカ□ワスレ,ミヤコ□ワスレ
〔植物名〕,カゾエワスレ

わすれなぐさ【勿忘草】
ワスレナグサ

わたくし【私】ワタクシ□コト,
ワタクシギ（私儀）

わたくししょうせつ【私小説】
ワタクシ□ショーセツ

わたし【渡し】ワタシモリ,
ゲンバ□ワタシ,
ヤギリノ□ワタシ,
レンダイ□ワタシ（輦台渡し）

わたぼうし【綿帽子】ワタボーシ

わたり【渡り】
ワタリ□ショクニン,
ワタリニ□フネ,
オランダ□ワタリノ□シナ

わたりあるく【渡り歩く】
ゼンコクヲ□ワタリアルク

わたりろうか【渡廊下】
ワタリ□ローカ

わたる【渡る】スミワタル,
ヒビキワタル,
ミヲ□ツクシテヤ□
コイワタルベキ（恋い渡るべき）

ワット【W】⠿⠿⠿⠿（1kW），
⠿⠿⠿⠿（1MW），
⠿⠿⠿⠿（1W時），
１メガワット〔単位名〕

わのごおう【倭の五王】
ワノ□5⠿オー

わようせっちゅう【和洋折衷】
ワヨー□セッチュー

わらい【笑い】 ワライ□ジョーゴ,
　　ワライサザメク, オワライヨセ,
　　オモイダシ□ワライ,
　　シノビ□ワライ,
　　ツクリ□ワライ,
　　ハニカミ□ワライ,
　　フクミ□ワライ, ウスラワライ,
　　オオバカワライ, セセラワライ

わり【割】 ワリニ□アワナイ,
　　ワリヲ□クウ, ⠿⠿⠿⠿⠿⠿
　　（五割入り）〔この場合のつなぎ符
　　は「⠒」が位取り点と誤読されるた
　　め〕, １ワリ□２ブ, ジカンワリ,
　　ヘヤワリ

わりない【理無い】
　　ワリナイ□ナカ,
　　ニクサ□ワリナシ

わりに【割に】 ワリニ□ヤスイ,
　　アツイ□ワリニ□サワヤカダ,
　　ネダンノ□ワリニワ□シツガ□
　　ワルイ

わる【悪】 ワルガキ, ワルナカマ,
　　ワルフザケ, ワルヨイ,
　　イジワル, チョイワル□オヤジ

わるい【悪い】
　　ワルイ□ムシガ□ツク,
　　ワルイ□コブル,
　　ワルイ□コトズクメ

ワルイヨーニワ□シナイ

わるくすると【悪くすると】
　　ワルク□スルト

ワルツ ワルツオー（ワルツ王）,
　　ウィンナー□ワルツ

われ【我】 ワレ□カンセズ,
　　ワレトワ□ナシニ,
　　ワレニモ□ナク, ワレ□ヒトリ,
　　ワレモ□ワレモ

われさきに【我先に】 ワレサキニ

われしらず【我知らず】
　　ワレシラズ□クチバシッタ

われながら【我乍ら】
　　ワレナガラ□アキレル

わん【湾】
　　トーキョー□ワンガン□ドーロ,
　　トーキョーワン

ワン ワン□クッション,
　　ワン□ステップ,
　　ワン□パターン,
　　ワン□ポイント, ワンコイン,
　　ワンサイド□ゲーム,
　　ワンタッチ, ワンツー□パンチ,
　　ワンルーム□マンション,
　　オンリー□ワン,
　　ホール□イン□ワン,
　　ベストワン, ラストワン

わんさ
　ワンサ□ワンサト□オシカケル
ワンスモア　ワンスモア
ワンダーフォーゲル
　ワンダー□フォーゲル
ワンボックスカー
　ワンボックスカー
ワンマン　ワンマン□ウンテン，
　ワンマン□チーム，
　ワンマン□バス
ワンマンカー　ワンマンカー
ワンマンショー　ワンマンショー

ん　アン□コト，キミン□トコロ，
　スカン□ヤツ，ソン□コト，
　ヤマン□ナカ，
　イイタク□ナインデスモン，
　コノマンマデ□イインダモン，
　タイシタ□モンダ，
　ボクノ□モンダ，ボクンチ

を　キヲ□ツケル，
　キヲツケノ□シセイ，
　セザルヲ□エナイ，
　ヤムヲ□エナイ
をして
　テンヤクヲ□シテ□クダサイ，
　ワタクシヲシテ□イワシムレバ

— 351 —

点字表記辞典　　第7版

1981年12月15日	初　版（標　　　準）	第1刷発行
1987年6月30日	第2版（改　訂　版）	第1刷発行
1991年4月1日	第3版（最　　　新）	第1刷発行
1998年3月10日	第4版（増補改訂版）	第1刷発行
2002年7月15日	第5版（改 訂 新 版）	第1刷発行
2014年6月30日	第6版	第1刷発行
2019年3月16日	第7版	第1刷発行

編　　　者　『点字表記辞典　第7版』編集委員会

発　行　者　社会福祉法人　視覚障害者支援総合センター
　　　　　　〒167-0034　東京都杉並区桃井4－4－3
　　　　　　スカイコート西荻窪2
　　　　　　電話（03）5310－5051

発　売　元　株式会社　博文館新社
　　　　　　〒116-0002　東京都荒川区荒川5－9－7
　　　　　　電話（03）6458－3838

印刷・製本　東京／墨田　合同印刷株式会社
　　　　　　〒130-8621　東京都墨田区業平2－9－13
　　　　　　電話（03）3624－6111　代表

© 視覚障害者支援総合センター　2019　Printed in Japan
ISBN978-4-86115-198-9　C3001
本書の無断転載・複製を禁じます。